LA PROVINCE DE QUEBEC

There is no doubt that local and regional history, considered by many as a kind of minor historical study, has a pressing need for a systematic inventory of its resources. This collection shows the durability, the vividness, and the astonishing productivity of a sector of history which is the stronghold of the history-lover rather than the professional historian.

The nature and content of each book determines its selection. For each book included, the compilers have weighed its contribution to local and regional history rather than the style in which it is written - narrative, memoir, descriptive study, or novel. It is this criterion of selection that has permitted the retention of several general histories of a varied nature – Bouchette, Charlevoix, Nicholas Denys, La Potherie, Lescarbot, Hanotaux, Suite, etc. – where local and regional life takes on a major importance for reasons of order in history, method, or quite simply because local life is the principal object of the study itself. The editors have also retained certain works – those of George W. Brown, Arthur Buies, George M. Grant, Blodwen Davies, etc. – because they are primarily descriptive and contain numerous elements in which local history blends with the manners and customs of the inhabitants of certain regions.

This bibliography is designed primarily for historiographers who have until now paid little attention to local, regional, or parochial history. It will also be invaluable for librarians who suffer from the numerous difficulties involved in the classification of such works. Since 1950, all works published in Canada are, by virtue of the book deposit law, provided to the National Library of Canada, and recorded in *Canadiana*.

ANDRÉ BEAULIEU is Adjoint au Directeur de la Bibliothèque de la Législature du Québec. From 1963 to 1970 he held the position of Directeur du Service de référence et de bibliographie à la Bibliothèque de l'université Laval. Among his published works are *Guide de l'étudiant en histoire du Canada*, and *Les Journaux du Québec de 1764 à 1964*, both written in collaboration with Jean Hamelin. W.F.E. Morley is Curator of Special Collections in the Douglas Library at Queen's University. From 1959 to 1964 he was Bibliographer at the John Carter Brown Library at Brown University. Benoît Bernier is Professeur d'histoire au Département des sciences humaines à l'université du Québec à Trois-Rivières. He was in charge of the history collection and specialized reference works at the library of l'université Laval from 1965 to 1969, and in addition taught two courses. In collaboration with André Beaulieu and Jean Hamelin he wrote *Guide d'histoire du Canada*. Agathe Garon has held several positions with the library of l'université Laval, and is now responsible for general reference works and inter-library loans.

La Province de Québec

Abitation de Qvébecq

HISTOIRES LOCALES ET REGIONALES CANADIENNES DES ORIGINES A 1950
CANADIAN LOCAL HISTORIES TO 1950: A BIBLIOGRAPHY

Ouvrage publié sous la direction de
William F. E. Morley

I The Atlantic Provinces
II La Province de Québec
III Ontario and the Canadian North

Cet ouvrage a été subventionné par la
COMMISSION DU CENTENAIRE
à titre de
Projet du Centenaire
de la Confédération canadienne

LA PROVINCE DE QUEBEC

par

ANDRE BEAULIEU

et

WILLIAM F. E. MORLEY

avec la collaboration de

BENOIT BERNIER

et

AGATHE GARON

membres du Service de référence

de la Bibliothèque de l'Université Laval

UNIVERSITY OF TORONTO PRESS

Toronto and Buffalo
Reprinted in paperback 2014
ISBN 978-0-8020-1733-8 (cloth)
ISBN 978-1-4426-5174-6 (paper)
Microfiche ISBN 0-8020-0032-0
LC 72-151355

AVANT-PROPOS

Contrairement à la technologie et à l'électronique qui ont bouleversé, depuis quelques décennies, la vie quotidienne de tous les Canadiens, la science bibliographique poursuit, semble-t-il, sans révolution aucune, une voie sans heurt, toute paisible, droite à l'infini et, par surcroît, souvent monotone au regard de l'observateur du dehors.

Pourtant ce n'est là qu'apparence, que mirage semblable à celui que poursuit inlassablement, sur la chaussée baignée de soleil, le conducteur d'une voiture. La bibliographie canadienne se renouvelle; elle suit le mouvement des études et, parfois même, aide le chercheur à reconnaître "le mien du tien"; elle éclaire les aspects faibles ou négligés de certaines études; elle indique encore les secteurs encombrés ou surchargés. Elle tente de plus en plus, en dépit de ses lacunes, des équipes de bibliothécaires et de chercheurs qui n'ambitionnent plus de mettre à la disposition du public un ouvrage important par la quantité, mais plutôt par la qualité de la description de l'analyse typographique et intellectuelle des matériaux rassemblés. En ce sens, et en ce sens seulement, la bibliographie a pris un nouvel essor; elle est devenue adulte et, disons-le, plus scientifique en se définissant comme un répertoire de faits. C'est en cela peut-être, que le genre se renouvelle et qu'il peut être considéré comme un élément valable de connaissance de l'histoire culturelle d'une nation.

C'est dans ce contexte que William F. E. Morley nous confia - osons-nous l'avouer - un certain jour de mai 1966, son projet de bibliographie d'histoire locale et régionale. La minutie avec laquelle il avait élaboré le plan de travail, l'ouverture du champ de recherche s'étendant à tout le Canada et, surtout, l'absence de travaux récents consacrés au Québec dans ce domaine, suffirent à nous convaincre. La voie était libre. Le travail nous attendait; il suffisait de s'y engager. Pourtant, il était de taille et on sait maintenant le long délai qu'il nous a fallu pour compléter, parmi des taches quotidiennes de plus en plus exigeantes, cette bibliographie.

Certes les perspectives de ce travail méritent un mot d'explication. Pourquoi - le titre général de la série l'indique - trois volumes et non pas dix puisque le Canada compte dix provinces? Pourquoi également la date limite de 1950? C'est que des travaux déjà publiés ou en préparation délimitaient les frontières de notre bibliographie, tel celui de Bruce Peel qui, dans sa Bibliography of the Prairie Provinces to 1953 et ses Supplements recense tous les ouvrages relatifs au Manitoba, à la Saskatchewan et à l'Alberta. De même il y a le projet du Centre de recherche en Sciences sociales de l'université de Victoria qui entend, dans une série de bibliographies, couvrir toutes les facettes de la production intellectuelle de la Colombie Britannique, et dont la première publication présentera, sous la direction de Mme Barbara J. Lowther, la liste des études d'histoire locale et régionale de 1849 à 1964. Restait donc à couvrir les autres régions: les Maritimes (1), le Québec, l'Ontario et les Territoires du Nord-Ouest. Quant à la date de 1950, elle s'impose d'elle-même à la pensée de tout bibliographe puisque c'est celle de l'apparition de notre bibliographie nationale. Depuis cette date, on suppose que la presque totalité des ouvrages publiés au Canada sont, en vertu de la loi du dépôt légal, déposés à la Bibliothèque Nationale du Canada, puis signalés dans Canadiana. Le lecteur n'oubliera pas qu'il trouvera en cet instrument de travail le complément de cette compilation.

Si les limites d'ordre externe de cette bibliographie, c'est-à-dire régions et périodes couvertes, s'imposent d'elles-mêmes, il n'en fut pas ainsi des limites d'ordre interne; outre celles que s'impose le bibliographe, elles procèdent de choix plus raffinés et, partant, moins aisés à justifier. Il en est ainsi de toute bibliographie spécialisée de sujet qui, pour être pratique, doit être parfaitement délimitée dans son contenu. Là, et nulle part ailleurs, elle trouve son sens et sa justification.

Le sujet abordé était suffisamment vaste pour prêter à confusion. Nous pouvions, à la rigueur, tenir compte des récits de voyages, des mémoires, des programmes-souvenirs, des guides touristiques et même des histoires générales lorsqu'elles contiennent - et c'est souvent le cas - des données relatives à une paroisse, une ville ou une région. Force nous était donc de réduire les perspectives à des dimensions moins audacieuses. Il nous est apparu clairement qu'avant le genre, la nature et le contenu des ouvrages détermineraient nos critères de sélection. Ainsi en sommes-nous venus, pour chaque livre (2) parcouru, à soupeser son apport à l'histoire locale et régionale plutôt que le genre - récit, mémoire, étude descriptive ou romancée. C'est ce critère de sélection qui nous autorise à retenir quelques histoires générales de caractères divers - Bouchette, Charlevoix, Nicolas Denys, La Potherie, Lescarbot, Hanotaux, Sulte, etc. - où la vie locale et régionale prend une importance majeure pour des raisons d'ordre historique, méthodique ou, tout simplement, parce qu'elle est l'objet principal de l'étude. Nous avons également retenu certains ouvrages - ceux de George W. Browne, Arthur Buies, George M. Grant, Blodwen Davies, etc. - qui, pour être descriptifs surtout, contiennent de nombreux éléments où l'histoire locale se

---

(1) Volume premier de cette série paru en 1967.

(2) Il est bien entendu que la recension des articles de périodiques était hors de portée de notre travail.

mêle avec les us et coutumes des habitants de telle ou telle région, tels des nombreux guides touristiques et programmes-anniversaires lorsqu'ils livraient des notes historiques pertinentes. Notons cependant que nous avons tenu compte du programme-souvenir chaque fois que nous étions en présence de la seule publication consacrée à la paroisse ou à la ville.

Cette optique nous permettait, en outre, d'établir le plan de l'ouvrage. Les chapitres ont été regroupés à la fois selon l'ordre géographique - de la plus grande étendue à la plus petite - et selon les divisions civiles et religieuses du territoire: ces deux pôles étant séparés par le découpage que fut (3) l'entité seigneurie. Ainsi retrouvons-nous les histoires générales suivies de celles des régions, des comtés, des municipalités et des villes, des seigneuries, des diocèses et des paroisses.

Si la bibliographie de sujet gagne à circonscrire le champ de son contenu, elle gagne davantage à se nommer clairement. De la simple liste signalétique à la description analytique poussée, il y a place pour un large éventail d'options. Ici ce sont, d'une part, les catégories d'usagers susceptibles de s'adresser à cette bibliographie et, d'autre part, les modes possibles d'utilisation qui nous ont dicté les détails de la méthode à suivre. Ayant eu en mémoire les besoins de l'historien aussi bien que ceux des bibliothécaires, des bibliophiles et des libraires, nous avons opté pour la bibliographie analytique, plus exigeante, il est vrai, mais combien plus féconde.

Dans cet esprit nous avons multiplié les éléments de la description bibliographique afin que chacun puisse y trouver sa pâture. Ainsi, trouvera-t-on après les détails de la collation, et ce à l'intention de l'historien surtout, la période couverte par l'étude, les documents publiés: cartes, plans, fac-similés, tableaux généalogiques, statistiques diverses, etc., les régions, comtés et paroisses autres que le lieu qui est l'objet principal de l'étude signalée. A l'intention des libraires, des bibliophiles et des bibliothécaires, nous avons soigné tout particulièrement les descriptions typographiques - surtout dans le cas des ouvrages anciens - et les détails de la collation. Toutes les éditions et réimpressions d'un même ouvrage sont signalées à la suite de l'entrée principale avec la description des éléments nouveaux et différents selon le cas. C'est aussi pour faciliter le travail du chercheur, toujours pressé, que nous avons indiqué la présence de la page ou du feuillet d'errata, les tables des gravures, des illustrations et des matières. Quant à l'index, partie vitale d'un livre s'il en est, nous avons cru bon de mentionner son absence plutôt que sa présence parce que nous n'aurions à peu près pas eu l'occasion d'utiliser le mot. Ce simple fait suffit à mettre en lumière le peu de cas que font de leurs lecteurs éventuels les auteurs de monographies, puisqu'un index y semble être un objet rarissime.

---

(3) Nous hésitons à utiliser ce passé après la polémique récente touchant la disparition ou la non disparition juridique et historique de la seigneurie.

Trouver rapidement un ouvrage qui n'est pas sur place occasionne toujours une perte de temps considérable au chercheur et c'est pour lui éviter ce désagrément que nous donnons, pour chaque volume, un ou des sigles de localisation. Il ne s'agit pas, bien entendu, de toutes les copies conservées dans toutes les bibliothèques canadiennes, mais d'un échantillonnage très large - nous oserions dire d'un échantillonnage "ad mare usque ad mare" - compilé d'après le catalogue collectif de la Bibliothèque Nationale du Canada. Les sigles se présentent par ordre régional, d'est en ouest, en tenant compte des principales bibliothèques législatives, universitaires, publiques et autres. On notera que le sigle de la Bibliothèque Nationale du Canada (OONL) a toujours été placé au début des localisations. De même figurent en fin de liste les sigles de certaines grandes bibliothèques lorsqu'il nous a été loisible de contrôler nos références par leurs catalogues imprimés. Il s'agit en l'occurrence des dépôts suivants: la Bibliothèque du Congrès de Washington (LC), la Bibliothèque publique de New York (NN) et la Bibliothèque du British Museum de Londres (BM).

Ce travail n'aurait pu être complété sans l'assistance de nombreux bibliothécaires, dont nous avons mis, trop souvent peut-être, la patience à épreuve. Nous ne saurions passer sous silence l'aide précieuse de M. Antonio Drolet, directeur de la Bibliothèque des Archives nationales du Québec, non plus que celle de M. Jean-Charles Bonenfant, ex-directeur de la Bibliothèque de la Législature. Notre gratitude va également au Conservateur de la Bibliothèque de l'Université Laval, l'abbé J.-M. Blanchet, qui nous a facilité la tâche en permettant au personnel du Service de référence de mettre la main à la pâte. Enfin, comment remercier Mme Diane Gagnon qui a assumé, de concert avec Mlle M. Jean Houston des Presses de l'Université de Toronto, l'entière responsabilité de la préparation matérielle du manuscrit.

A.B. et B.B.

INTRODUCTION

Il en est de la bibliographie comme des autres sciences où, de génération en génération, les chercheurs remettent sur le métier l'ouvrage déjà amorcé, le livre déjà connu. Tantôt le travail est complété, poussé plus loin, tantôt il apparaît dans un nouvel éclairage donnant ainsi à l'étude d'une question une dimension jusqu'alors inconnue.

Notre bibliographie n'échappe pas à cette règle: elle s'inscrit dans une lignée qui pour n'être pas jalonnée de nombreux phares n'en est pas moins vivante et digne d'être parcourue. Parmi les bibliographes-historiens qui nous ont précédés dans ce domaine, retenons les noms de James M. LeMoine et de M. Antoine Roy.

LeMoine donnait, dès 1897, dans un article des Mémoires et Comptes rendus de la Société royale du Canada (1) un premier bilan où la liste des monographies consacrées aux paroisses du Québec est accompagnée de remarques relatives à l'engouement des Québecois pour ce genre historique. Ces études, poursuit LeMoine, jettent un faisceau de lumière sur les origines raciales qui composent la population canadienne tout en contribuant, par ailleurs, à la réalisation de l'histoire générale de notre pays (2). Antoine Roy, archiviste et membre du groupe des Dix, publiait dans le Rapport de l'Archiviste de la Province de Québec de 1937-1938 (3) une bibliographie plus complète des monographies paroissiales. Présenté par ordre alphabétique d'auteurs et de titres, l'ouvrage contient des index - régional et d'auteurs - et paraît à un moment crucial de l'évolution de l'histoire locale qui, après les appels de Hormisdas Magnan (4) et de l'abbé Ivanhöe Caron (5), avait besoin d'une sorte de bilan afin de se réorienter, il est vrai, mais surtout de conjuguer les efforts jusqu'alors dispersés des nombreux amants de l'histoire qui oeuvraient dans ce domaine. Notre travail poursuit et vient donc compléter l'oeuvre de nos prédécesseurs après plus de 30 ans

---

(1) "Materials for Canadian history - The annals of towns, parishes, etc., extracted from church registers and other sources". MSRC, 1897, section II, p. 309-11.

(2) Ibid., p. 309.

(3) "Les histoires de paroisses". Rapport de l'Archiviste de la Province de Québec, 1937-1938, p. [254]-383.

(4) "La paroisse canadienne: son heureuse influence". Monographies paroissiales, Québec, 1913, p. [8]-15.

(5) Les monographies, leur rôle, leur caractère, Québec, 1926, 23p.

de silence des bibliographes (6).

L'originalité de la bibliographie que nous présentons - si originalité il y a - vient surtout de la méthode utilisée. Alors que Roy se contente d'une description bibliographique simplifiée et d'une collation sommaire, nous donnons, en plus d'une description typographique complète, de nombreuses notes analytiques relatives au contenu. Ainsi pensons-nous justifier davantage la publication de ce travail dont le seul apport, nous l'espérons, ne saurait être réduit au fait d'être venu après.

Qu'en est-il maintenant du contenu des ouvrages signalés? Lorsque le chercheur examinera attentivement la nature du matériel recensé, de nombreuses questions se présenteront à son esprit telles l'évolution de l'histoire locale, les genres les plus cultivés, les caractères dominants de ce type de monographies, la place de l'histoire locale et régionale dans l'historiographie québecoise. En un mot, où en était ce genre historique à la veille de sa réorientation des années 1950 alors que, peu à peu, il se dégageait de la pure apologie religieuse tout en retenant toujours l'attention d'un plus grand nombre de clercs.

Loin de nous l'idée de répondre de façon satisfaisante à toutes ces interrogations. Notre ambition, dans les perspectives de ce travail, serait grandement réalisée si nous pouvions dégager quelques constantes, si nous parvenions à indiquer quelques voies de recherches (7).

Nous observons que l'apparition de la monographie d'histoire locale comme genre se situe au milieu du 19e siècle. Exception faite, d'une part, des études anciennes où l'histoire locale s'identifie à l'histoire générale (8) pour des raisons géographiques et historiques évidentes et, d'autre part, des monographies écrites avant 1860 mais publiées après (9), un genre historique naît avec les compilations des registres paroissiaux des abbés

---

(6) Il convient de signaler les courtes bibliographies spécialisées parues dans le Bulletin des Recherches historiques et un travail demeuré à l'état de manuscrit de Rosario Fortin (Monographies paroissiales, 1938, 40p.) présenté dans le cadre d'un cours de bibliothéconomie à l'Université de Montréal.

(7) Il n'entre pas dans nos habitudes de lancer des appels empressés, mais comment ne pas constater qu'il y a ici matière à ce que l'on se plaît à qualifier de "beau sujet de thèse".

(8) Ainsi en va-t-il des oeuvres de Charlevoix, Lescarbot, Denys.

(9) L'histoire de Cap-Santé par exemple rédigée par l'abbé Gatien, vers 1830, mais restée manuscrite jusqu'en 1884; de même l'histoire de Montréal de Dollier de Casson parue sous l'égide de la Société historique de Montréal en 1868 seulement.

Jean-Baptiste-A. Ferland (10) et Jean Langevin (11). De plus, ces compilations, accompagnées de commentaires nombreux, représentent les premiers jalons d'une véritable histoire de paroisse, mais ce n'est vraiment qu'avec l'apparition de l'Histoire de l'Isle d'Orléans de l'abbé Bois que ce genre historique amorce sa carrière, particulièrement au cours de la décennie de 1860.

Cependant, nous devons souligner que l'histoire locale dans une forme beaucoup plus précise (12) avait tout de même vu le jour bien avant le milieu du siècle. Il suffit de penser aux Rapports des Missions du Diocèse de Québec qui tracent un tableau de la vie quotidienne des paroissiens de nombreuses missions à travers le Canada, tout en jaugeant le pouls de la vie religieuse. Les villes, par ailleurs - Québec et Montréal surtout - dont la vocation touristique s'est déjà fait sentir vers 1850, sont l'objet de certaines attentions de la part des éditeurs de guides touristiques, où l'on peut lire de brefs survols des principaux événements de leur histoire (13). Il y a, en outre, bon nombre d'ouvrages consacrés au Canada, mais publiés à Londres, entre 1815 et 1843, dans lesquels l'histoire des principaux centres de population se mêle à une propagande bien orchestrée d'immigration. Il est facile de constater cet intérêt des Anglais pour le Canada d'alors, car, outre les travaux de Bouchette et le Rapport Durham, pas moins de cinq études générales s'attardent à décrire et à faire connaître la colonie (14).

Dès après 1850, l'histoire locale entreprend donc quantitativement, sinon qualitativement, une montée continue. Son évolution se découpe moins en périodes rigoureuses qu'en multiples courants qui drainent des éléments divers. D'abord la monographie est cultivée par des littérateurs - Sulte et

---

(10) Notes sur les registres de Notre-Dame de Québec.

(11) Notes sur les Archives de Beauport.

(12) Nous ne parlons pas ici de la monographie, mais d'éléments d'histoire locale et régionale vus à travers des études de caractère divers.

(13) A Québec, dès 1831, Cockburn publie un guide, imité, en 1834, par Hawkins qui lance la première édition du sien.

(14) Elles sont publiées en l'espace de quelques années, c'est-à-dire entre 1836 et 1846. Nous avons: Robert M. Martin, History of Upper and Lower Canada. London, J. Mortimer, 1836, VII, [2], 337p.; Hugh Murray, An historical and descriptive account of British America ... Edinburgh, Oliver & Boyd, London, Simpkin, Marshall, 1839, 3 v. (352p.; 356p.; [5]-388p.); James S. Buckingham, Canada, Nova Scotia, New Brunswick, and the other British provinces of North America. London, Fisher, Son & Co., [1843], 540p.; Canada, Nova Scotia, New Brunswick, Newfoundland, etc. ... London, Cradock & Co., 1843, 64p.; Eliot Warburton, Hochelaga; or, England in the New World. New York, Wiley & Putnam, 1846, 2 t. en 1 vol. (XIII, 174; 198, VII-XIIp.).

LeMoine se considéraient comme tels - et par des amants de l'histoire plutôt que par des historiens de métier. Ensuite, les auteurs de langue anglaise possèdent une vision diamétralement opposée aux auteurs de langue française. Ceux-là prennent pour champ d'étude ou une ville ou un comté ou une région alors que ceux-ci concentrent leurs efforts sur la description de la vie paroissiale. Chez les uns comme chez les autres cependant de nombreux noms s'imposent sans qu'aucun ne domine totalement la scène. Il y a bien du côté des auteurs de langue anglaise la fécondité d'un James M. LeMoine de même que celle d'un John D. Borthwick (15). Il y a encore des noms éclatants, tels ceux du journaliste anglican Robert Sellar, rédacteur-propriétaire du Huntingdon Gleaner (16), de Cyrus Thomas, de L.S. Channell, de John P. Noyes et de C.-S. Lebourveau qui, ensemble, dans des monographies de comtés tracent l'histoire d'une large part du territoire des Cantons de l'Est. Du côté francophone, il est à se demander cependant si l'appartenance au clergé de la grande majorité des auteurs de langue française n'a eu pour effet de donner à la monographie une homogénéité et une uniformité plus paralysante, plus sclérosante que bénéfique par l'attachement à l'histoire religieuse paroissiale et la forme fixe qu'on retrouve encore aujourd'hui dans ce genre.

Cette impression serait davantage marquée sans cette bouffée de fraicheur et de renouveau qu'apportent, à partir de 1896, certains membres du Département de l'Agriculture et de la Colonisation. En effet, il entrait dans la politique du Ministère, afin d'aider davantage au mouvement de colonisation, de faire connaître la Province de Québec par des monographies. Le sort veut que le premier ouvrage publié soit signé Arthur Buies (17). En 1913, une vingtaine de titres avait déjà vu le jour: un genre et une tradition à la fois étaient nés (18). Plus question uniquement des trois églises et des quatre presbytères successivement incendiés, plus question de la liste des baptêmes, des religieux et des religieuses de la paroisse; ici, le champ des préoccupations s'élargit tout à coup, on respire une sorte de vent du large avec des notes descriptives concernant le climat, le sol, la topographie, le peuplement, les conditions de vie, les perspectives économiques et industrielles.

Pourtant l'âge d'or de la monographie traditionnelle (19) apparaît assez

(15) Leurs nombreux travaux historiques et biographiques respectivement sur les villes de Québec et de Montréal.

(16) A publié, en 1898, une histoire fort bien documentée du comté de Huntingdon.

(17) La Vallée de la Matapédia, Québec, 1896, 54p.

(18) Hormisdas Magnan, op. cit., p. 247.

(19) Nous caractérisons ainsi l'étude qui obéit à un plan rigide et est entreprise pour des fins d'ordre moral et apologétique.

tardivement. Elle se situe, nous semble-t-il, entre les années 1910 et 1940, et est marquée par l'influence profonde de l'abbé Ivanhöe Caron. Conscient de l'importance de l'histoire locale, ce dernier faisait paraître, en 1926, à l'intention de l'apprenti historien, une sorte de petit compendium de ce qu'il faut faire ou éviter en s'attaquant à la monographie. Sa brochure, en effet, intitulée Les monographies, leur rôle, leur caractère, loin de marquer une rupture du genre en consacre à peu près tous les aspects de son contenu. Caron cherche davantage à retenir et à mettre en forme qu'à innover, car son étude vient justifier ce qui se fait. Tout au plus cherche-t-il à aider l'amateur en lui indiquant comment il doit orchestrer son travail.

Si nous nous permettons d'insister sur cet ouvrage de méthodologie, c'est qu'il définit clairement, pour la première fois, un genre pratiqué depuis plus d'un demi-siècle. Non seulement témoigne-t-il de son époque, mais, tout aussi bien des premiers essais de monographies paroissiales du milieu du 19e siècle par le lien au passé et par la synthèse qu'il présente. C'est pourquoi il nous paraît essentiel de l'analyser en détail.

La brochure de l'abbé Caron, fait déconcertant, présente un caractère plutôt éclectique. Il est étonnant de constater qu'il fait tout aussi bien appel à Michelet, à Fustel de Coulanges et à Taine qu'à Thomas Chapais, Mgr Benjamin Paquet et Mgr Paul Bruchési. Bien sûr, il ne leur demande pas le même tribut: aux grands historiens français, il emprunte des éléments de leur conception positiviste de l'histoire, alors qu'aux autres, il réclame un esprit: des leçons morales, patriotiques, chrétiennes du passé.

On conçoit que cet étrange voisinage de Taine et de Mgr Paquet puisse pousser l'abbé Caron à certaines contradictions. Comme tant d'autres, il n'arrive pas à réconcilier en lui l'historien et le chrétien, le chercheur et le prêtre. Alors qu'il cite de nombreux textes concernant l'objectivité de l'historien - nous disons avec Fustel de Coulanges que le "meilleur historien sera celui qui aura fait le plus abstraction de lui-même" et avec Taine que "le pire sera celui qui aura cherché dans l'histoire des arguments pour sa doctrine et des armes pour sa cause (20)" - il ne peut s'empêcher finalement d'enjoindre ses confrères, les curés, à entreprendre l'histoire de leur paroisse puisqu'ils y gagneront non seulement en influence morale auprès des paroissiens, mais encore feront-ils "des découvertes importantes pour le triomphe de la religion (21)". Sous l'influence de Mgr Paquet, il acceptait que le passé soit "école de respect, de fierté, de constance, de magnanimité, de courage". "Notre histoire, écrit-il, mérite d'être étudiée et d'être commentée pour l'instruction virile et chrétienne des générations de l'avenir. Les leçons du passé quand elles sont comme celles de nos annales,

(20) Ivanhöe Caron, op. cit., p. 15.
(21) Ibid., p. 16.

toutes vivantes et toutes palpitantes de patriotisme et de foi, doivent être conservées et proposées en exemple, car c'est de nos pures traditions nationales que vivront toujours nos meilleures aspirations comme race et comme peuple (22)".

Ainsi l'abbé Caron mène-t-il une lutte en faveur de l'objectivité historique tout en demeurant profondément attaché à l'axe traditionnel qui fonde tout et ne cède devant rien: notre nationalité, notre langue, notre religion. Il écrit à ce sujet: "C'est au soleil de la foi que le lis a fleuri sur les bords du St-Laurent, et c'est à l'ombre des autels que notre nationalité s'est formée (23)".

Certains élèves, comme il se doit, dépassent de plusieurs coudées le maître dans l'apologie de la religion catholique et de la nationalité française. Plusieurs même oublient les conseils précieux qu'il donne (24) pour utiliser le pire, c'est-à-dire des plans rigides qu'il propose, et entre autres "le deuxième plan" qui se limite à une longue litanie de successives cures. Peut-être a-t-on trouvé également ici l'inspiration de titres de chapitres: première église, deuxième église ... premier presbytère, deuxième presbytère ...

Il est un autre fait touchant l'histoire locale qui ne peut échapper à l'observateur: le lien étroit entre la conception de la monographie et les nombreux écrits ayant pour thème la paroisse ou la vie paroissiale. Ceux-ci sont en quelque sorte des condensés de ceux-là: les mêmes idées de l'un à l'autre se retrouvent inlassablement répétées puisque parler de l'un c'est éclairer l'autre (25).

---

(22) Ibid., p. 7. Ces idées lui sont dictées par des commentaires de Mgr Bruchési; elles représentent cependant l'idéologie traditionnelle du clergé depuis 1840: l'Eglise sauvegarde de la foi et de la nationalité.

(23) Ivanhöe Caron, op. cit., p. 8.

(24) Ses conseils pratiques par exemple relatifs à l'analyse du document, à l'utilisation des sources et du plan selon la qualité de la documentation.

(25) On consultera: Hormisdas Magnan, op. cit., p. [8]-15; Emile Chartier, "Le Canada français; l'Eglise catholique et la paroisse". La Revue canadienne, N.S. vol. XXVI (1921), p. [343]-53 et p. [4]-32; J.-M. Emard, "La vie paroissiale". Oeuvres pastorales, Paris, Téqui, 1922, tome IV, p. 265-84; Adélard Dugré, "La paroisse au Canada français. Première partie: Le rôle de la paroisse. Deuxième partie: Une paroisse de ville au Canada, L'Immaculée-Conception, Montréal". Montréal, L'Action populaire, 1929, 58p. (L'Ecole sociale populaire, nos 183-4); Philémon Desmarchais, "La paroisse, facteur d'économie". Revue trimestrielle canadienne, vol. 24, no 93 (1938), p. 300-27; J.-T.-Donat Fortier, La paroisse canadienne-française et Saint-Louis-de-Gonzague ... Valleyfield, 1947, 20p.; Victor Tremblay, La paroisse et la race canadienne-française ... (Hull), 1948, 15p.

Une première interrogation s'impose immédiatement. Mais qu'est-ce qu'une paroisse? C'est d'abord une entité physique et matérielle: un territoire délimité, une église, un presbytère et un cimetière selon J.-T.-Donat Fortier (26), et une force spirituelle, ajoute Mgr Victor Tremblay, "l'action divine, discrète mais réelle (27)". Historiquement, affirme un autre, la paroisse a été une force essentiellement catholique, qui à la suite d'événements hors de notre volonté - entendez la Conquête - s'est transformée "en une force nationale". Pour Emile Chartier la paroisse présente une immense unité: physique puisqu'elle repose sur le Trait-Carré ou la bande de terre, raciale en vertu des alliances selon le sang et, enfin, unité administrative grâce au rôle de la Fabrique. Expression concrète de l'être de l'Eglise, la paroisse, poursuit-il, est inaltérable, à preuve "depuis un siècle et demi de contact avec une population de mentalité toute opposée à la leur, les catholiques français du Canada, là où ils sont enrégimentés dans une paroisse bien à eux, forment un bloc chaque jour plus solide (28)".

La paroisse, loin de se limiter à un lieu privilégié, constitue une valeur sûre pour les Canadiens français. Tous les observateurs étrangers - André Siegfried, Gustave Ziedler et Gabriel Hanotaux en tête - ont insisté sur le rôle de préservation qu'a joué la paroisse dans la conservation de la race française et de la foi catholique en Amérique du Nord. Siegfried, contrairement aux autres, a également insisté sur les inconvénients de ce régime clos, fermé sur lui-même, coupé des réalités économiques vitales. Tous affirment et confirment le caractère protecteur de la paroisse. Benjamin Sulte, pour sa part, pense que la lecture de monographies de paroisses stimule "l'ardeur patriotique", "renforce l'orgueuil du sang" et même rend "une nation vaillante (29)". A son tour Hormisdas Magnan envisage la paroisse comme une triple source de vie nationale, de vie religieuse, de progrès matériels; elle est, écrit-il, "l'arche simple où se conservent les traditions, le langage et la foi du peuple"; elle développe en outre "l'esprit de charité, de fraternité, d'assistance mutuelle (30)". La paroisse, on le répète à qui mieux mieux dans les monographies, "a sauvé le Canada français" en le préservant de "toute infiltration étrangère (31)". En un mot, pour reprendre les mêmes idées, la paroisse a "fait le peuple canadien-français; elle l'a sauvé aussi (32)". Oeuvre de salut national, la paroisse

---

(26) J.-T.-Donat Fortier, *op. cit.*, p. 15-6.
(27) Victor Tremblay, *op. cit.*, p. 5.
(28) Emile Chartier, *op. cit.*, p. 414.
(29) *Mélanges historiques*, tome 10, p. 78-9.
(30) Hormisdas Magnan, *op. cit.*, p. 12.
(31) Adélard Dugré, *op. cit.*, p. 1-2.
(32) Victor Tremblay, *op. cit.*, p. 9.

possède donc toutes sortes de charismes attribués tantôt à son existence tantôt à celle de la Providence "qui mène les hommes à sa guise et fait tout servir, le mal comme le bien, à l'accomplissement de ses desseins (33)".

Il est fort probable que les canons nationaliste et apologétique selon lesquels l'histoire locale a été le plus souvent conçue, la rendent suspecte aux regards des historiens de métier. Ce genre historique n'a pas encore trouvé place dans les études récentes d'historiographie canadienne; il nous paraît le grand méconnu si l'on considère que les études se dénombrent par centaines. Pourquoi cette indifférence? Quand l'histoire locale trouvera-t-elle la place véritable qui lui revient? En dépit de sa contribution à la généalogie et à l'histoire du peuplement, en dépit de l'éclairage qu'elle projette sur l'évolution de la colonisation, la monographie, pour atteindre un statut professionnel, devra corriger certaines lacunes. Afin de jouir d'un crédit accru, elle devra s'insérer plus étroitement à l'histoire générale du Canada pour y trouver un cadre naturel, une toile de fond. Elle devra également se débarrasser de ses airs d'amateurisme et gagner plus de rigueur; elle devra enfin cesser de défendre une cause, d'épouser une foi ou de dorer le blason d'une race. Somme toute l'histoire locale devra accentuer davantage le renouveau qu'elle connaît depuis quelques années: intérêt des laïcs, rigueur scientifique ...

Une bibliographie quelle qu'en soit la perfection n'est qu'un instrument de travail brut, mais ce n'est qu'à l'analyse globale de l'ouvrage qu'elle peut se révéler un instrument de connaissance valable, et un apport important à l'histoire culturelle d'une nation. C'est sous cet angle que la recherche bibliographique peut être féconde et pour le bibliographe et pour l'usager en dépassant le niveau de la compilation pour déboucher sur une réflexion qui montre à l'historien qu'elle est une science auxiliaire essentielle à l'histoire.

A.B. et B.B.

(33) Ivanhöe Caron, _op. cit._, p. 7.

TABLE DES MATIERES

TABLE DES ILLUSTRATIONS

SOURCES BIBLIOGRAPHIQUES ET OUVRAGES DE REFERENCE CONSULTES

La bibliographie, présentée ci-dessous, comprend deux parties. La première regroupe les ouvrages bibliographiques - catalogues imprimés de bibliothèques, bibliographies nationales, répertoires et simples listes - qui nous ont permis de dresser l'inventaire des ouvrages imprimés. Cependant, nous avons volontairement négligé certaines sources tantôt équivalentes tantôt mineures afin de ne pas multiplier, d'une part, nos fiches de base et, d'autre part, de ne pas alourdir davantage nos descriptions. La seconde partie, par ailleurs, concerne les instruments de travail - encyclopédies, dictionnaires et répertoires de toponymes - qui, à un moment ou à un autre de l'évolution de notre travail, ont dû être consultés. Il s'agissait le plus souvent de situer géographiquement un toponyme ou encore de vérifier l'orthographe d'un canton, d'une paroisse, d'une seigneurie.

Malgré tout ce que nous venons d'affirmer, il reste que les meilleures sources d'indications bibliographiques sont encore les listes citées dans les monographies. C'est là que nous avons puisé bon nombre de titres ne figurant nulle part ailleurs.

1. Sources

BM. British Museum. General catalogue of printed books. London, 1931-54, ainsi que la Photolithographic Edition (to 1955). London, 1959-70 (en cours de publication).

BN. Bibliothèque Nationale. Catalogue général des livres imprimés de la Bibliothèque Nationale. Auteurs. Paris, 1897- (en cours de publication: A-Veles).

Beaulieu, André et Jean Hamelin. Répertoire des publications gouvernementales du Québec, 1867-1964. Québec, 1968.

The books of French Canada. An exhibit prepared for the annual meeting of the American Library Association, Toronto, June 1927, under the distinguished patronage of the Hon. Athanase David. Montréal, Louis Carrier, Les Editions du Mercure, 1927. (Hist. locale, p. 24-7).

CBI. The cumulative book index; a world list of books in the English language. New York, 1933- (livres parus depuis 1928).

Can. Cat. Toronto Public Library. The Canadian catalogue of books published in Canada, about Canada, as well as those written by Canadians, with imprint 1921-1949. Toronto, 1923-1950. (La "Consolidated English language reprint edition" de 1959 rejette - bien sûr - les ouvrages de langue française).

Dionne, Narcisse-E. Inventaire chronologique des livres, journaux et revues de langue française publiés dans la province de Québec ... 1764-1905. Tome I. Québec, 1905.

Dionne, Narcisse-E. Inventaire chronologique des ouvrages publiés à l'étranger ... sur la Nouvelle-France et la province de Québec, 1534-1906. Tome II. Québec, 1906.

Dionne, Narcisse-E. Inventaire chronologique des livres, journaux et revues de langue anglaise publiés dans la province de Québec ... 1764-1907. Tome III. Québec, 1907.

Ducharme-Malchelosse [Catalogue sur fiches des imprimés canadiens et étrangers portant sur le Canada. Fichier consulté à l'Université Laval]

Faribault, Georges-B. Catalogue d'ouvrages sur l'histoire de l'Amérique, et en particulier sur celle du Canada ... Québec, 1837.

Fortin, Rosario. Monographies paroissiales; bibliographie. Montréal, 1938.

Gagnon, Philéas. Essai de bibliographie canadienne; inventaire d'une bibliothèque ... Québec, 1895; Montréal, 1913. 2 vol.

Harrisse, Henry. Notes pour servir à l'histoire, à la bibliographie et à la cartographie de la Nouvelle-France et des pays adjacents, 1545-1700. Paris, 1872.

Harvard University Library. Canadian history and literature. Classification schedule. Classified listing by call number. Alphabetical listing by author and title. Chronological listing. Cambridge, Mass., Harvard University Press, 1968.

JBML. The John Bassett Memorial Library. Catalogue of the Eastern Townships historical collection in the John Bassett Memorial Library, Bishop's University. Lennoxville, Quebec, 1965.

LC. Library of Congress. A catalog of books represented by Library of Congress printed cards. Ann Arbor, Mich., 1942 (livres parus à 1942) et Supplement, 1948 (à 1947). Author catalog, 1953 (1948-52); The national union catalog, 1958 (1953-57); The national union catalog, New York, 1963 (1958-62); The national union catalog, Washington, D.C., 1969 (1963-67) suivi de vol. cumulatifs annuels, 1968, 1969.

Leclercq, Charles. Bibliotheca Americana ... Paris, Maisonneuve & Cie, 1878.

LeMoine, James M. Materials for Canadian history. The annals of towns, parishes, etc., extracted from church registers and other sources. Ottawa, J. Durie & Son; Toronto, The Copp-Clark Co.; London, Bernard Quaritch, 1897.

Morgan, Henry J. Bibliotheca canadensis; or, A manual of Canadian literature. Ottawa, 1867.

NN. New York Public Library. Reference Department. History of the Americas collection. Boston, G.K. Hall, 1961. (Le tome 19 contient les fiches-sujets Québec).

RES. Royal Empire Society, London. Subject catalogue of the library ... By Evans Lewin. [London] 1930- (Vol. 3: The Dominion of Canada and its provinces, the Dominion of Newfoundland ... [London] 1932).

Rich, Obadiah. Bibliotheca Americana nova; or, A catalogue of books relating to America, printed since 1700. London, 1835-46. 2 vol.

Roy, Antoine. "Les histoires de paroisses; bibliographie des monographies et histoires de paroisses". Rapport de l'Archiviste de la Province de Québec pour 1937-1938, p. [254]-383.

Sabin, Joseph. Bibliotheca Americana. A dictionary of books relating to America, from its discovery to the present time. New York, 1868-1936. 29 vol.

Stewart, Charles H. The Eastern Townships of the province of Quebec; a bibliography of historical, geographical and descriptive material. Montreal, McGill University Library School, 1940.

TPL. Toronto Public Library. A bibliography of Canadiana; being items in the Public Library of Toronto, Canada, relating to the early history and development of Canada [1534-1867] ; edited by Francis M. Staton and Marie Tremaine. Toronto, 1934 ainsi que le First supplement ... [1534-1867] edited by Gertrude M. Boyle. Toronto, 1959.

Tod & Cordingley. A check list of Canadian imprints, 1900-1925. Catalogue d'ouvrages imprimés au Canada. Comp. by, compilé par Dorothea D. Tod & Audrey Cordingley. Ottawa, 1950.

Université Laval. Centre d'études nordiques. Bibliographie de la péninsule du Québec-Labrador. Compilé par Alan Cooke et Fabien Caron. Boston, G.K. Hall, 1968. 2 vol. (Le tome 2 est un index).

Watters, Reginald E. A check list of Canadian literature and background materials, 1628-1950. Toronto [1959]. "Local history and description", p. [478] -536.

2. Ouvrages de référence

Canada. Assemblée législative. Subdivisions du Bas-Canada en paroisses et townships, en réponse à l'adresse ci-jointe de l'Assemblée législative, 1853. Québec, E.-R. Fréchette, 1853. /1853: Ed. anglaise. /1860: Subdivisions du Bas-Canada en paroisses et townships, depuis 1853 ...

Canada. Geographic Board. Place-names in the Thousand Islands, St. Lawrence river, by James White ... of the Geographic Board of Canada ... Ottawa, Govt. Printing Bureau, 1910.

Deschamps, Clément-E. Liste des municipalités dans la province de Québec /List of municipalities ... Lévis, Mercier & Cie, 1886. (Autre éd.: 1896).

Dunkin, Christopher. Chronological list or index of grants in fief and royal gratifications of grants in fief, made in New France to the time of its session to the British Crown in 1760. [Quebec, Canada Gazette Office, 1853]

Encyclopedia Canadiana. Centennial edition. Toronto, Ottawa ... Grolier of Canada Ltd., 1966. 10 vol.

Fafard, F.-X. Les cantons de la province de Québec, nomenclature. Québec, 1913. (Extrait du Bulletin de la Société de Géographie de Québec).

Glackmeyer, Edouard C. Almanach contenant une liste des cités, villes, villages, paroisses et cantons de la province de Québec ainsi que le nom des comtés, districts et diocèses dans lesquels ils sont situés, etc. Lévis, Mercier, 1880.

Magnan, Hormisdas. Dictionnaire historique et géographique des paroisses, missions et municipalités de la province de Québec. Arthabaska, L'Imprimerie d'Arthabaska, 1925.

Piché, Odessa. Municipalités, paroisses, cantons, etc., de la province de Québec de 1896 à 1924. Québec, 1924. (Complète l'ouvrage de Deschamps).

Québec (Prov.). Assemblée législative. Description of the surveyed townships and explored territories of the province of Quebec taken from the official reports of surveys filed in the Crown lands Department, as well as from those of the Geological survey of Canada and other official sources. Quebec, Charles-François Langlois [Queen's printer] 1889. /1889: Ed. française.

Québec (Prov.). Commission de Géographie. Noms géographiques de la province de Québec. 2e éd. Québec, Dépt des Terres et Forêts, 1921. /1926: 3e éd.

Québec (Prov.). Commission de Géographie. Répertoire géographique du Québec. Québec, 1969.

Québec (Prov.). Ministère des Terres et Forêts. Régions de Québec, du Lac Saint-Jean, de Chicoutimi et de la Côte-Nord du Saint-Laurent. Description des cantons arpentés, explorations de territoires et arpentage des rivières et des lacs de 1889 à 1908. Québec, 1908. /1908: Trad. anglaise.

Québec (Prov.). Ministère des Terres et Forêts. Régions du Bas du fleuve, de la Matapédia et de la Gaspésie. Description des cantons arpentés, explorations et arpentage des rivières. [Québec] 1908.

Rouillard, Eugène. Dictionnaire des rivières et lacs de la province de Québec. [Québec] Département des Terres et Forêts, 1914.

Roy, Pierre-G. Les noms géographiques de la province de Québec ... Lévis, "Cie de publication Le Soleil", 1906.

ABREVIATIONS

Append. Appendice
Augm. Augmenté(s), augmentée(s)
BM. British Museum
BN. Bibliothèque Nationale
Bibliogr. Bibliographie(s), bibliographique(s)
Biogr. Biographie(s), biographique(s)
Chap. Chapitre(s)
Chronol. Chronologie(s), chronologique(s)
Col. Coloré(s), colorée(s)
Corr. Corrigé(s), corrigée(s)
Coul. Couleur(s)
Dépl. Dépliant(s), dépliante(s)
Descr. Description(s), descriptif(s)
Dét. Détaillé(s), détaillée(s)
Diagr. Diagramme(s)
Doc. Document(s)
Ed. Editeur(s), édition(s)
Exempl. Exemplaire(s)
F.p. Feuille(s) préliminaire(s)
Fac-sim. Fac-similé(s)
Fasc. Fascicule(s)
Front. Frontispice
Géogr. Géographie, géographique(s)
Hist. Histoire(s), historique(s)
Ill. Illustration(s)
Impr. Imprimerie, imprimé(s)
Incl. Incluant
Introd. Introduction
LC. Library of Congress
NN. New York Public Library
P. Page(s)
Pag. Pagination
Part. Partiellement, en partie, particulièrement
Pl. h. t. Planche(s) en hors-texte
Polit. Politique
Portr. Portrait(s)
Princ. Principalement
Prov. Province(s)
Publ. Publier, publication(s)
Rééd. Réédition
Réf. Référence(s)
Réimpr. Réimpression(s)
Rev. Revue
S. Siècle
S. éd. Sans éditeur
S. l. Sans lieu
S. l. n. d. Sans lieu ni date
Stat. Statistiques
Suppl. Supplément
Tabl. Tableau(x)
Table dét. des mat. Table détaillée des matières
Trad. Traduction
V., vol. Volume(s)

SIGLES DES BIBLIOTHEQUES MENTIONNEES

Nous mentionnons ci-dessous les sigles des bibliothèques les plus fréquemment utilisés. Le lecteur, afin de compléter son information, se référera à la quatrième édition de la liste i tulée: Sigles des bibliothèques canadiennes (Ottawa, Bibliothèque Nationale, 1968). De plus, nous signalons, dans l'esprit de servir le lecteur étranger, et à l'aide des sigles LC (Bibliothèque du Congrès), BM (Bibliothèque du British Museum), BN (Bibliothèque Nationale de Paris) et NN (Bibliothèque Publique de la ville de New York), le fait que les ouvrages recensés sont conservés ou non par ces grandes bibliothèques.

Canada

AC Calgary Public Library
ACG Glenbow Foundation Library, Calgary
ACU University of Calgary Library
AE Edmonton Public Library
AEP Alberta Provincial Library, Edmonton
AEU University of Alberta Library, Edmonton
BVa Vancouver Public Library
BVaU University of British Columbia Library, Vancouver
BVi Victoria Public Library
BViP British Columbia Provincial Library, Victoria
BViPA British Columbia Provincial Archives Library, Victoria
BViV University of Victoria Library
MW Winnipeg Public Library
MWP Provincial Library of Manitoba, Winnipeg
MWU University of Manitoba Library, Winnipeg
NBFL New Brunswick Legislative Library, Fredericton
NBFU University of New Brunswick Library, Fredericton
NBMoU University of Moncton Library, Moncton, N.B.
NBS Saint John Public Library, Saint John, N.B.
NBSM Library, New Brunswick Museum, Saint John, N.B.
NBSaM Mount Allison University Library, Sackville, N.B.
NfSG Gosling Memorial Library, St. John's, Nlfd.
NfSM Memorial University Library, St. John's, Nfld.
NSH Halifax Memorial Library, Halifax, N.S.
NSHD Dalhousie University Library, Halifax, N.S.
NSHK University of King's College Library, Halifax, N.S.
NSHL Nova Scotia Legislative Library, Halifax, N.S.
NSHP Library, Nova Scotia Public Archives, Halifax, N.S.

NSHPL Nova Scotia Provincial Library, Halifax, N.S.
NSWA Acadia University Library, Wolfville, N.S.
NSY Yarmouth Public Library, Yarmouth, N.S.
OH Hamilton Public Library, Hamilton, Ont.
OHM McMaster University Library, Hamilton, Ont.
OK Kingston Public Library, Kingston, Ont.
OKF Fort Frontenac Library, National Defence College, Kingston
OKQ Queen's University Library, Kingston, Ont.
OKR Royal Military College Library, Kingston, Ont.
OL London Public Library, London, Ont.
OLU University of Western Ontario Library, London, Ont.
OOA Public Archives of Canada Library, Ottawa
OOAg Dept. of Agriculture Library, Ottawa
OOC Ottawa Public Library
OOCC Carleton University Library, Ottawa
OOG Library, Geological Survey of Canada, Ottawa
OOGB Geographical Branch Library, Ottawa
OON National Science Library, National Research Council, Ottawa
OOND Dept. of National Defence Library, Ottawa
OONL National Library of Canada, Ottawa
OONM National Museum Library, Ottawa
OOP Library of Parliament, Ottawa
OORD Dept. of Indian Affairs and Northern Development Library, Ottawa
OOSJ La Bibliothèque, Scolasticat St-Joseph, Ottawa
OOSU Saint Paul University, Ottawa
OPAL Lakehead University Library, Port Arthur, Ont.
OPeT Trent University Library, Peterborough, Ont.
OTL Ontario Legislative Library, Toronto
OTP Toronto Public Library
OTU University of Toronto Library
OTV Victoria University, Toronto
OTY York University Library, Toronto
OW Windsor Public Library, Windsor, Ont.
OWA University of Windsor Library, Windsor, Ont.
OWtU University of Waterloo Library, Waterloo, Ont.
PC Prince Edward Island Libraries, Charlottetown, P.E.I.
PCL Legislative and Public Library, Charlottetown, P.E.I.
QCSHS Société historique du Saguenay, Chicoutimi, Qué.
QGS Séminaire de Gaspé, Qué.
QLB Bishop's University Library, Lennoxville, Que.
QMAI Arctic Institute of North America Library, Montreal
QMBM Bibliothèque Municipale de Montréal (Collection Gagnon)
QMBN Bibliothèque Nationale du Québec (nouvelle appellation de la Bibliothèque Saint-Sulpice, antérieurement QMSS)
QMG Sir George Williams University Library, Montreal

QMM McGill University Library, Montreal

QMSS voir QMBN

QMU La Bibliothèque de l'Université de Montréal

QNicS Séminaire de Nicolet, Nicolet, Qué.

QPC Collège Sainte-Anne-de-la-Pocatière, Qué.

QQ La Bibliothèque Publique, Québec

QQA Bibliothèque des Archives, Québec

QQL Bibliothèque de la Législature, Québec

QQLa Bibliothèque de l'Université Laval, Québec

QQS Séminaire de Québec, Québec

QRC Collège de Rouyn, Qué.

QRS Séminaire de Rimouski, Qué.

QSherU Bibliothèque de l'Université de Sherbrooke, Qué.

SRC Regina College Library, Regina, Sask.

SRL Saskatchewan Legislative Library, Regina, Sask.

SRU Library, University of Saskatchewan, Regina, Sask.

SSU Library, University of Saskatchewan, Saskatoon, Sask.

Etats-Unis

CSmH Henry E. Huntington Library, San Marino, Calif.

CtY Yale University Library, New Haven, Conn.

DS Dept. of State Library, Washington, D. C.

ICN Newberry Library, Chicago, Ill.

IU University of Illinois Library, Urbana, Ill.

MB Boston Public Library, Boston, Mass.

MeB Bowdoin College Library, Brunswick, Me.

MeU Library, University of Maine, Orono, Me.

MH Harvard University Library, Cambridge, Mass.

MiU Library, University of Michigan, Ann Arbor, Mich.

MiU-C William L. Clements Lib., Univ. of Michigan, Ann Arbor

MWA American Antiquarian Society Library, Worcester, Mass.

N New York State Library, Albany, N. Y.

NcD Duke University Library, Durham, N. C.

NNC Columbia University Library, New York City, N. Y.

PSt Pennsylvania State University, University Park, Penna.

RPB Brown University Library, Providence, R.I.

RPJCB John Carter Brown Library, Brown Univ., Providence, R.I.

ViU Library, University of Virginia, Charlottesville, Va.

ViW Library, College of William and Mary, Williamsburg, Va.

Bibliographie d'histoires locales et régionales

CHAPITRE I

LE QUEBEC
Histoires générales et régionales incluant la Nouvelle-France et le Bas-Canada

Nous retenons dans ce premier chapitre de notre bibliographie, et ce indépendamment de la période historique couverte - Nouvelle-France, Bas-Canada et Québec - les études générales qui apportent une contribution directe ou immédiate à l'histoire locale ou régionale. Outre quelques ouvrages anciens - Charlevoix, Denys, Bacqueville de la Potherie - nous sommes en présence le plus souvent ou d'études spécialisées de colonisation - Magnan, Caron, Pelland - ou de livres descriptifs dont les objectifs semblent être la découverte de l'âme québecoise à travers les particularismes régionaux.

AN ACCOUNT of the French settlements in North America: shewing from the latest authors, the towns, ports, islands, lakes, rivers, &c. of Canada ... by a Gentleman. To which is added an appendix, giving a more particular and exact account of Quebec, with its inhabitants and their manner of living, by P. Charlevoix. Boston, Rogers and Fowle, 1746. 26p. 20 cm. L'append. est la trad. de la lettre III tirée de l'Histoire et description générale de la Nouvelle-France de Charlevoix. Paris, Rollin, 1744 (1ère éd.), vol. 3: descr. surtout. Index et errata à la fin. /1937: [Boston, Mass. Hist. Soc.] 24 cm. (Photostat Americana, 2e série, no 43). Réimpr. en fac-sim.
OONL (microfiche); LC RPJCB NN

ANGUS, ALEXANDER D. Old Quebec, in the days before our day. Edited and published for the family by Louis Carrier. [1ère éd.] Montréal, 1949 [c1946] 232p. front. (portr.), pl., carte. 25 cm. Carte de la vallée du Saint-Laurent. Hist. locale de Québec (p. 17-64), Tadoussac (p. 65-71), l'Ile d'Orléans (p. 94-109), Chambly (p. 143-76) et Montréal (p. 216-21). Bibliogr., p. 222-4. /1955: réimpr.
QQL QQLa QMM OTP BVaU; LC

BABBAGE, E.F. The "phat boys", 16 years on the St. Lawrence. The people met and the things seen. A guide for tourists and travelers. [8e éd.] Rochester, N.Y., Democrat and Chronicle Print, 1889. 183p.

18 cm. Brèves notes hist. des principaux centres touristiques du Québec. Pas d'index. /1888: 176p.
1888: NN /1889: QQA OTP

BARBEAU, MARIUS. Au coeur de Québec. Montréal, Ed. du Zodiaque [1934] 200, [1] p. 19 cm. (Collection du Zodiaque "35"). Descr. surtout l'ouvrage porte en part. sur les Laurentides et l'Ile d'Orléans. Pas d'index.
OONL NSHPL QPC QQA QQL QQLa QSherU QNicS QMBN QMM QMU QMBM OOA OOP OONG OOU OTU OTP OLU AEU; NN; BM

BARBEAU, MARIUS. Québec où survit l'ancienne France ... Illustrations de Marjorie Borden. Québec, Librairie Garneau [1937] 175p. front., ill., pl. h. t., portr., carte. 22 cm. Rappel hist. des principaux lieux du Québec. Table des mat. ; pas d'index. /1936: Quebec, where ancien France lingers ... Toronto, Macmillan. 173, [1] p.
1936: OONL PC NSHPL NBSM NBFL NBSaM NBFU QQL QQLa QMBN QMM QMBM OOA OOP OOG OOCC OOC OOsh OKQ OKR OTU OTV OTP OTAG OTC OTStB OTStM OTRM OH OHM OL OLU MW BVa BVaU BVi BViP; LC NN; BM /1937: QQA QQL QQLa

BERNARD, ANTOINE. Histoire de la survivance acadienne, 1755-1935 ... Montréal, Les Clercs de Saint-Viateur [1935] 465p. ill., portr., cartes. 25 cm. Couvre le Nouveau-Brunswick, la Nouvelle-Ecosse, l'Ile du Prince-Edouard, les Iles-de-la-Madeleine et l'Ile d'Anticosti, part. le Labrador et le Québec. Bibliogr., p. 457; notes bibliogr. en bas de page. Table dét. des mat. ; pas d'index.
OONL NSHP NBFU NBSM NBSaM QQL QQLa QNicS QMBN QMM QMU QMBM OOA OOP OOU OONM OOSJ OKQ OKR OTU OTP OHM AEU BVaU; LC NN; BM

BLANCHARD, RAOUL. Le centre du Canada français "province de Québec". Montréal, Librairie Beauchemin, c1947 [1948] 577, [2] p. ill., pl. h. t., plans, cartes dépl. 26 cm. (Publications de l'Institut scientifique franco-canadien). La région du fleuve Saint-Laurent; région du Lac Saint-Pierre, p. [65]-112, de Trois-Rivières, p. [153]-76; région des Cantons de l'Est, p. [181]-369; de Sherbrooke, p. 317-22; des Laurentides, p. [371]-532. Ouvrage géogr. comprenant l'hist. du peuplement et de la colonisation de ces régions. Bibliogr., p. [535]-45 et notes bibliogr. en bas de page. Tables des planches, p. [575]-7.
OONL QQL QQLa QMBN QMU OOA OOGB OOG OOAg OOTC BVaU

BLANCHARD, RAOUL. L'Est du Canada français "province de Québec". Paris, Librairie Masson & Cie; Montréal, Librairie Beauchemin, 1935. 2 v. : [9]-366p. ; [7]-336p. pl. h. t., plans, cartes. 26 cm. (Publications de l'Institut scientifique franco-canadien). Vol. 1: La Gaspésie, p. 11-106; Estuaire du Saint-Laurent, p. 107-310; région Québec-Saguenay, p. 311-60. Vol. 2: Le Saguenay et le Lac Saint-Jean, p. [7]-155; Québec, p. [157]-289. Ouvrage géogr. et hist. concernant le peuplement et la colonisation de ces régions. Bibliogr., vol. 2, p. [295]-307 et notes bibliogr. en bas de page. Table dét. des mat. à la fin de chaque vol. ; table des pl. h. t.
OONL NSHPL QQL QQLa QMU OOP OONF OHM OKQ OKR OSuL MWU AEU BVaU; LC NN; BM

BLANCHARD, RAOUL. Le Québec par l'image. Montréal, Beauchemin, 1949. 138p. ill., pl. h. t. (54), plans. 25 cm. Abrégé de la série des Etudes canadiennes. Intéressants résumés hist. pour Québec, p. [59]-65 et Montréal, p. [115]-22. Table des ill. ; table dét. des mat. ; pas d'index.
OONL QRC QPC QQA QQL QQLa QMU OOP OONM OOU OLU BVaU

BONNYCASTLE, SIR RICHARD H. Canada and the Canadians, voir: Canada, as it was, is, and may be.

BONNYCASTLE, SIR RICHARD H. Canada, as it was, is, and may be. ... With considerable additions, and an account of recent transactions. By Sir James Edward Alexander [Bonnycastle]. London, Colburn & Co., 1852. 2 v. : xiv, 315, [1] p. carte dépl. ; 320p. carte. 20 cm. Chap. 1: Survol de l'hist. du Canada, 1506-1791; les autres chap. concernent surtout l'hist. politique et militaire du Haut-Canada et du Bas-Canada de 1791 à 1850. Publié posthume cet ouvrage poursuit l'oeuvre entreprise avec The Canadas in 1841 (London, 1841, 2 vol. - cf. Préf.). Cette dernière oeuvre de même que le Canada and the Canadians (London, 1846, 2 vol. ; 1849, 2 vol.) sont proprement descr. Table dét. des mat. ; pas d'index (TPL: 2825).
NSWA QMM OKQ OTP

BONNYCASTLE, SIR RICHARD H. The Canadas in 1841, voir: Canada, as it was, is, and may be.

BOUCHETTE, JOSEPH. A topographical description of the province of Lower Canada, with remarks upon Upper Canada, and on the relative connexion of both provinces with the United States of America. By

Joseph Bouchette, esq. ... London, Print. for the author, and pub. by W. Faden, 1815. xv, 640, lxxxvi, [2] p. ill., portr., carte dépl., plans (3 dépl.), 2 tables (1 dépl.). 25 cm. Errata: dernière page. Descr. avec notes hist. (début de la colonisation à date de publ.) de Québec. Villes & seigneuries, p. 86-588. Append.: ("Extrait des titres de concessions de terre octroyées en fiefs ... "). Descr. de l'Ontario, p. 589-640. La section sur le Québec, revue et remaniée de A-Z, se présente comme: A topographical dictionary of the province of Lower Canada, 1831 & 1832. /1815: éd. française. Descr. topographique de la prov. du Bas-Canada, avec des remarques sur le Haut-Canada et sur les relations des deux prov. avec les Etats d'Amérique. Londres, W. Faden. xv, 664p. front., plans, cartes. 23 cm. /1908: éd. anglaise. Toronto, W. F. Ganong (The Champlain Society).
1815, éd. française: OONL NSHP QQL QQLa QSherU QMBN QMU QMBM OOA OOP OOG OTP BViP /1815, éd. anglaise: OONL NSHPL NBS NBSM NBSaM QQL QQLa QMBN QMM QMU QMBM OOC OOU OOGB OOND OORD OKQ OKR OTP OTU OTTC OTRM OH OLU MWU SSU AE AEP AEU BVaU BViP; LC NN; BM /1908: QQA QQL QQLa QMM QMU OOA OTP OTU BVaU

BOUCHETTE, JOSEPH. The British dominions in North America; or, a topographical and statistical description of the provinces of Lower and Upper Canada, New Brunswick, Nova Scotia, the islands of Newfoundland, Prince Edward, and Cape Breton. Including ... a topographical dictionary of Lower Canada; ... London, Longman, Rees, Orme, Brown, and Green, 1831. 2 v.: xxvi, [4], 498p. ill. (1 double), portr.; xi, [1], 296p. ill., plans (1 dépl.). 29 cm. Toutes les ill. ont une feuille de garde. Vol. 1: p. [2], "Maps by the author" (ad.); p. [3], "List of plates"; p. [4], "Corrigenda"; la table des cartes est collée, et dans certains exempl. de cette éd. et dans celle de 1832, elle apparaît à la fin. Vol. 2 (seul) a un demi-titre, et est publié par H. Colburn & R. Bentley; "Corrigenda" (pour les 2 vol.): p. xi. Contient l'hist. locale de Québec, Ontario et Terre-Neuve: vol. 2, p. [180]-95; Nouvelle-Ecosse: vol. 2, p. [1]-91 et plusieurs append., incluant une chronol. (1764-1828), p. 249-52; Nouveau-Brunswick: vol. 2, p. [92]-157 et plusieurs append.; Ile du Prince-Edouard: vol. 2, p. [158]-79 et plusieurs append. Chronol. de Québec, Ontario et provinces atlantiques (1492-1828), compilée par Robert Armour: vol. 1, p. 434-47. Références bibliogr. dans les notes. Table dét. des mat. (excluant le Topographical dictionary); pas d'index. Il semble qu'il s'agit d'une éd. augmentée de son A topographical description of the province of Lower Canada. London, 1815 (cf. TPL: 1627n.), mais cela ressemble beaucoup plus à son Topographical dictionary, certains articles étant similaires. Topographical dictionary:

[362] p. par les lettres B-ZZ4; certains exempl. ont "A-MAR" à la fin du vol. 1, et "MAS-YAM" à la fin du vol. 2. /Dans une autre éd. du The British dominions (H. Colburn & R. Bentley, 1831). xii-[360] p. Il s'agit du même texte auquel on a ajouté une page-titre, une dédicace et une préface différentes de celles du The British dominions. /1832: Autre éd. du The British dominions. London, Longman, Rees, Orme, Brown, Green and Longman. 2 v. Sans le Topographical dictionary (TPL: 1627), avec le même texte mais nouvelle page-titre, dédicace, même "corrigenda" (non corrigé) et 4 tables gravées ajoutées dans le vol. 2, entre p. 222-3. /The topographical dictionary fut publié séparément (bien qu'il ne contienne aucune page-titre, il a été considéré comme vol. 3 de l'ensemble - cf. TPL: 1627n. - et on le trouve quelquefois comme vol. 3 dans le titre de reliure): A topographical dictionary of the province of Lower Canada. ... London, Longman [etc.] & Longman. xii, [358] p., contenant tables (TPL: 1628). Même texte que l'éd. de 1831 avec nouvelle page-titre.
1831 (incluant le Dictionnaire topographique): QMU QMBM OOO OOCC OKQ OKR OLU; LC /1831 (sans): OOP; BM /1832: OONL NfSG NSHPL NBFL NBFU NBSaM PCL QQLH QMBN QMM OOA OOP OONM OOC OOG OOGB OORD OKQ OTP OTV OTH OH OHM OL MWP MWU SSU BVaU BViP; LC; BM /Dictionnaire topographique (séparé), 1831: QMU QMBM OOG OL AEU; LC /Dictionnaire topographique, 1832: OONL NSHPL NBFL NBSM NBSaM PCL QQA QQL QQS QSherU QMBN OOA OOP OGB OKQ OPeT OTP OTV OTRM OH OHM OLU OWA MWU SRL SSU BVaU BViP; LC NN; BM

BOUCHETTE, JOSEPH. Description topographique de la province du Bas-Canada, voir: A topographical description of Lower Canada.

BRINLEY, KATHERINE G. Away to Quebec; a gay journey to the province by Gordon Brinley ... Twenty four drawings by D. Putnam Brinley. New York, Dodd, Mead & Co., 1937. xii, 286, [6] p. front., ill., pl.h.t. 23 cm. Supplément, p. [265]-86: "A motor trip". Fait revivre les grands traits de l'hist. des lieux parcourus. /1937: Autre impr.: McClelland & Stewart.
OONL NfSM NSHPL PC QQL QQLa QMBN QMM QMBM OOP OOsh OKF OTP OTU OLU MW ACU AEU BVa BVaU BVi BViP; LC NN

BROWNE, George W. The St. Lawrence river, historical - legendary - picturesque. New York, London [etc.], G.P. Putnam's Sons, Knickerbocker Press, 1905. xix, 365p. front., ill., pl., portr., carte dépl. 25 cm. (American waterways). Hist. des principaux centres de la

vallée du Saint-Laurent des origines à date de publ.
OONL NBS QQL QMBN QMM QMU QMBM OOA OOP OOND OOTB OKQ OTP OTU OH OHM MW AEU AEP BVa BVaU; LC NN; BM

BROWNELL, HENRY H. The New World: embracing American history. Comprising an account of the discovery of North and South America: of the founding of colonies by the several European nations, with separate histories of each ... 2 v. en un. Vol. 1 [Vol. II: page-titre diffère après "... American History"]. New York, Dayton and Wentworth, 1855. 2 v. en un: 450p. ill., portr.; [3]-1040 [i.e. 446] p. ill., portr. 24 cm. Page-titre additionnelle, en coul., vol. 1: The New World. Titre courant au verso: The people's book of history. Verso de page-titre, vol. 1 et 2: Entered ... 1854, by Lucius Stebbins in ... District Court of Massachusetts. Contenu sur le Canada: vol. 1, pt. 5, "French in America", hist., ca. 1500-1760, du Canada (surtout Québec), Acadie et Cap Breton. Table dét. des mat.; pas d'index. /Autres éd. (ou réimpr. ?): Boston, Dayton & Wentworth. 2 v. (BM). /Cincinnatti, M.R. Barnitz. 2 v. en un. Verso de page-titre: Entered ... 1854, by Lucius Stebbins ... [comme dans l'éd. de New York] /1857: New York, G. & F. Bill. 2 v.: 450p.; [3]-1056 [i.e. 462] p. 25 cm. Verso de page-titre: Entered ... 1856, by Gurdon Bill, in ... District Court of Massachusetts. Vol. 2, pt. 6, "English in America", surtout les Etats-Unis, a une section ajoutée, "Canada" (Québec et Ontario, 19e s.): p. [433]-40. /1858: Portsmouth, N.H., G. & F. Bill. 2 v. en un (vol. 2: New York, G. & F. Bill, 1857). 24 cm. /1860: Hartford, Conn., Hurlbut, Kellogg & Co. 2 v.: 450p.; 1, [5]-446p. 24 cm. Verso de page-titre: Entered ... 1860, by Hurlbut, Kellogg & Co. /Vol. 2, p. [5]-432, réimpr. avec des chap. additionnels, sous le titre: The English in America; from the first English discoveries to the present day ... Hartford, Conn., Hurlbut, Kellogg & Co., 1861. iv, [5]-545p. ill., portr. 24 cm. Nouvelle page-titre et introd.; table plus dét. des mat.; pas de table d'ill. Nouveaux chap. sur les prov. de l'Atlantique. Table dét. des mat.; pas d'index. /1862: Hartford, Hurlbut, Williams & Co. Autres hist. américaines par Brownell avec des titres différents. (e.g. The people's book of American history, Hartford [c1854]; cf. LC) ont des textes similaires.
1855, N.Y.: OTP /1855, Boston: BM /1855, Cincinnatti: CSmH /1857: QMBN /1858: OOA /1860: CSmH /1861: NSHD /1862: NfSG NSHD NBFL NBFU NBSM NBSaM QQL QMBN QMM OTP

BRUET, EDMOND. Le Labrador et le Nouveau-Québec. Géographie, exploration, géologie, minéralogie, faune, flore, peuplement, ressources naturelles ... Paris, Payot, 1949. 346p. ill., cartes (12 doubles),

diagr., tables. 23 cm. (Bibliothèque géographique). Hist. des explorations dans cette région de Norse à date de publ. avec réf. bibliogr., p. 102-21. Bibliogr. et cartes, p. [330]-44.
NfSM QRS QQL QQLa QQLaC QQLaS QSherU QMBN QMU QMBM QMAI OOA OORD OOG OOGB OOCC OTP OTY OLU AEU BVaU; LC NN

BUCKINGHAM, JAMES S. Canada, Nova Scotia, New Brunswick, and the other British provinces in North America; with a plan of national colonization. London, Fisher, Son & Co. [1843] 540p. front., ill., pl., carte dépl. 23 cm. Hist. de l'Ontario (Niagara, Toronto, Kingston), Québec (Montréal, Québec), Ile du Prince-Edouard, Nouvelle-Ecosse (Halifax, Louisbourg, Cape Breton), Terre-Neuve et Nouveau-Brunswick depuis les débuts. Résumé de l'Acte d'Union en append.: p. [517]-26. Index analytique. /Rééd. moins une planche (TPL: 2352). /1843: New plan of national colonization. 16p. Extrait de l'ouvrage décrit ci-haut.
NSWA NBFU NBFL QMBN OOP OOCC OONM OKQ OKR OTP OH; LC NN; BM

[BUIES, ARTHUR] La province de Québec. Ouvrage publié par le Département de l'Agriculture de la province de Québec. Québec, 1900. 352p. front., ill., pl. 20 cm. Hist., vie agricole et économique du Québec à la fin du 19e s. Table dét. des mat.; pas d'index.
QPC QQLa QMBN; NN; BM

BURT, ALFRED LE ROY. The old province of Quebec. Toronto, The Ryerson Press; Minneapolis, The University of Minnesota Press [1933] xiii, 551p. front., ill., pl., portr., plan, cartes. 24 cm. Hist. de 1760 à 1791. Bibliogr., p. 499-504; notes, p. 505-32.
OONL NSHPL NBFU NBSaM NBS NBSM PC QPC QQL QQLa QSherU QMBN QMM QMU QMBM OOA OOP OOCC OOND OORD OOU OOsh OKF OKQ OKR OPeT OTY OTP OTRM OTU OH OHM OLU OWtU MW MWU SRL ACU AEP BVa BVi BViP; LC NN; BM

CALL, FRANK O. The spell of French Canada by Frank Oliver Call ... Boston, L. C. Page & Co. [c1926] xiv, 372p. front., pl.h.t., portr., carte dépl. 21 cm. (The Spell Series). Largement descr. cet ouvrage contient toutefois des notes hist. sur Montréal et Québec aux 17e et 18e s. Bibliogr., p. 363-4.
OONL NSHPL NfSM QQLa QMBN QMU QMBM OOP OH OKQ OTP OTU OTY OWtUMWU ACU AEP BVa BVaU

CANADA, Nova Scotia, New Brunswick, Newfoundland, etc., with the

history, present state, and prospects of those colonies, in regard to emigration. London, Cradock & Co., 1843. 64p. ill., portr., tables. 17 cm. (New Library of useful knowledge). Bref rappel hist. des prov. et des principales villes, des origines à date de publ. Québec, p. 20-9; Ontario, p. 29-34; Nouvelle-Ecosse, p. 34-9; Ile du Prince-Edouard, p. 39-40; Terre-Neuve, p. 40-2; Nouveau-Brunswick, p. 42-6. Table dét. des mat.; pas d'index (TPL: 2574).
NBSM QMBN QMM QMBM OOCiT OTP; BM

CARON, IVANHOE. La colonisation de la province de Québec. Débuts du régime anglais, 1760-1791, par l'abbé Yvanhöe Caron ... Québec, L'Action Sociale, 1923. xix, 338, [1] p. tables. 24 cm. Comprend une hist. des débuts des seigneuries et des paroisses dans toute la prov. Nombreux doc. en append.: tableaux des paroisses de la prov. en 1764, p. 242-50, en 1784, p. 275-80, en 1790, p. 288-301; liste des curés, p. 275-80; table alphabétique des noms de paroisses, p. 317-8; table des noms de seigneuries et de fiefs, p. 319-21; table des noms de propriétaires de fiefs & seigneuries, p. 322-3; table des noms de lieux, de personnes et de choses, p. 324-33. Notes bibliogr. en bas de page. Table dét. des mat.; pas d'index.
OONL PC NSHD QRC QQL QQLa QSherU QMBN QMDB OOA OOP OOAg OKQ OTP OLU OWtU OTY OLH OWA SSU BVaU BNND

CARON, IVANHOE. La colonisation du Canada sous la domination française. Précis historique. Québec [s.éd.] 1916. xii, 90p. pl.h.t., carte dépl. (coul.). 26 cm. Carte de la prov. de Québec, p. 88. Hist. des seigneuries, des fiefs et des premiers établissements de colonisation. Doc. en append.: population, p. 83; table des concessions en fiefs et seigneuries, p. 86-90. Bibliogr., p. vi-x. Table dét. des mat.; pas d'index.
QQA QQL QQLa QSherU QMBN QMBM OOA OOP OKQ OOU OTP OLU SSU AEU BVaU BViV; LC NN

CHARLEVOIX, PIERRE-F.-X. DE. Histoire et description générale de la Nouvelle-France, avec le Journal historique d'un voyage fait par ordre du roi dans l'Amérique Septentrionale ... Paris, Rolin Fils, 1744. 3 v. Vol. 1: 4, xxvi, 664p. 10 cartes (9 dépl.); vol. 2: 2, lxi, [3], xv, [1], 582, 56p. 2 cartes dépl., 6 plans dépl., 22 pl. dépl.; vol. 3: 2, xix, [1], xiv, 543p. 7 cartes (6 dépl.), 3 plans dépl. 26 cm. (Sabin: 12135). Page-titre du vol. 3: Journal d'un voyage ... Paris, Rolin. Chaque vol. a un faux-titre: Histoire de la Nouvelle-France. "Fastes chronologiques du Nouveau Monde" (1248-1739) & "Liste et examen des

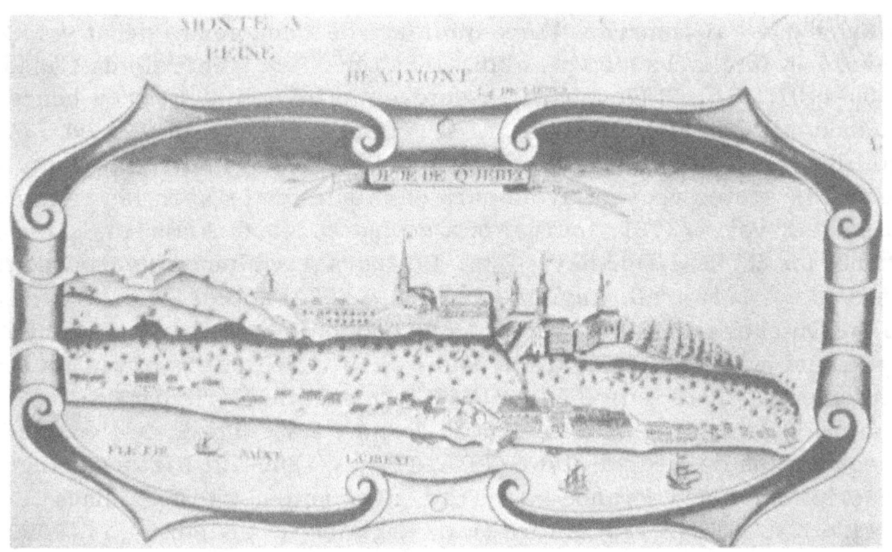

Plan de Gédéon de Catalogne représentant Québec en 1700

auteurs que j'ai consultés"(1ère bibliogr. de Canadiana): début vol. 2. Index à la fin de chaque vol. Vol. 1-2: 1ère hist. générale du Canada; 1500-1737. Vol. 3 (Journal): Première moitié des 36 Lettres concerne le Québec et l'Ontario. Descriptif. 4 réimpr. de cette éd. /2e éd.: Paris, Rollin Fils, 1744. 6 v. 17 cm. (cf. TPL: 188). 4 autres réimpr. de cette éd.: toutes peuvent avoir paru en même temps avec les réimpr. de la série 3-vol. /1761: Journal of a voyage to North America. London, Print. for R. & J. Dodsley. 2 v. Le Journal seulement (vol. 3 de la 1ère éd.). 1ère trad. anglaise. /1766 & 1772: autres éd. /1763: Letters to the Dutchess of Lesdiguières ... London, Print. for R. Goadby & sold by R. Baldwin. Nouvelle trad. pour vol. 3. 35 Letters of the Journal seulement. /1764: autre éd. /1766: A voyage to North America ... Dublin, Print. for J. Exshaw, et J. Potts. 2 v. Trad. de l'éd. de 1763 avec addition de l'éd. de 1761 (TPL: 191). /1866-72: History and general description of New France ... Trad. avec notes, par J. G. Shea ... New York. 6 v. (TPL: 189). 1ère trad. anglaise de l'Histoire. /1900, & London, 1902: autres éd. /1923: Journal of a voyage to North America. Edited ... by L. P. Kellogg ... Chicago. 2 v. (TPL: 190). La trad. de 1761 du Journal. Pour une bibliogr. annotée des éd., réimpr., trad. et localisations de copies, voir Bibliogr. Soc. of Canada Papers, vol. 2, 1963, p. 21-45.
1744: NSHP NSWA NBFU NBSM QQL QQS QQLa QMBN QMM QMU QMBM OOP OOAgB OOND OOSJ OKQ OTU OTP OH OLU AEU BVaU; LC RPJCB; BM /1761: NSHP NSWA NBFU QQS QQLa QMM QMBM OOA OOP OKQ OTU OL; LC RPJCB; BM /1763: NSWA QMM OTP MWP SRL BViPA; LC RPJCB; BM /1766: NSHP QQLa QMM QMBM OTP SRL; LC RPJCB; BM /1866-72: NSHP NSWA QQS QQLa QMU OOA OOP OTP AEU BVa BViP BViPA; LC RPJCB; BM /1923: QMM QMBM OOP OTP OTU BViPA; LC RPB

DAWSON, SAMUEL E. Canada & Newfoundland ... London, E. Stanford, 1897. xxiv, 719p. ill., plans, cartes. 20 cm. En tête du titre: Stanford's compendium of geography and travel (new issue). North America, vol. I. Comprend l'hist. de l'Acadie et des prov. maritimes, p. [105]-210; celle du Québec, p. [226]-321, de l'Ontario, p. [322]-93, du Manitoba, des Territoires du Nord-Ouest et des Prairies, p. [394]-449, de la Colombie Britannique, p. [450]-528, du Yukon & des Territoires du Nord-Ouest, p. [529]-605, de la région de la Baie d'Hudson, du Labrador, incl. Québec-Labrador, p. [633]-59, de Terre-Neuve, p. [660]-705. Chaque partie a sa carte. Réf. bibliogr. à la fin des chap.
NfSG NSHD NSHPL NBFL QQL QMM QMBM OOC OTY OH OLMBC SSU AEU BViP; LC NN; BM

DAWSON, SAMUEL E. The Saint Lawrence basin and its border-lands; being the story of their discovery, exploration and occupation ... London, Lawrence & Bullen, Ltd., 1905. xl, 451p. ill. (2 dépl.), portr., cartes (2 dépl.). 23 cm. (The story of exploration ser.). Errata, p. ix. Régions étudiées: Provinces maritimes, Québec et Ontario. Hist. précolombienne à date de publ. avec accent sur l'aspect géogr. Choix de 20 cartes, de 1492 à date. Sources, p. 429-42. /Autre impression: Toronto, Musson [s.d., 1905?] /1905: Autre impression. The Saint Lawrence, its basin & borderlands. The story of their discovery ... New York, F.A. Stokes. 21 cm. Même texte et mêmes ill. mais dans un ordre différent.
OONL NfSG QQLa QMBN QMM OORD OOC OOCC OOCiT OOT OOO OOG OOGB OKQ OPeT OTP OTY OTRM OH OLH OLU OWtU; LC NN; BM

DEAN, SIDNEY W. We fell in love with Quebec [par] Sidney W. Dean [et] Marguerite M. Marshall. A look of cities, shrines, villages, rivers, mountains, and people. Philadelphia, Macrae Smith Co., 1950 [c1957] 12-272p. ill., pl.h.t., portr., carte. 22 cm. Descr. l'ouvrage concerne surtout les villes de Québec (p. 31-49) et Montréal (p. 50-65); les régions du Saguenay (p. 87-110) et de la Gaspésie (p. 181-229). Table des ill.
OONL NfSM NfSG NSHPL QQL QQLa QNicS QMBN QMBM OOP OOsh OFW OPA OTP OH MW AE BVa BVaU BVi BViP; LC NN; BM

DENYS, NICOLAS. Description géographique et historique des costes de l'Amérique Septentrionale. Avec l'histoire naturelle du Païs. Par Monsieur Denys, Gouverneur Lieutenant Général pour le Roy, & propriétaire de toutes l s [sic] terres & isles qui sont depuis le cap de Campseaux, jusques au cap des Roziers. Tome 1. Paris, Loüis Billaine, 1672. 2 v.: 16, 267, [1] p. carte dépl.; 480 [i.e. 486], [6] p. pl. 16 cm. Le titre du vol. 2 se lit: Histoire naturelle des peuples, des animaux, des arbres & plantes de l'Amérique Septentrionale, & de ses divers climats. Avec une description exacte de la pesche des molües, tant sur le Grand-Banc qu'à la coste; & de tout ce qui s'y pratique de plus particulier, etc. Par Monsieur Denys ... Tome second. Paris, Loüis Billaine, 1672. Ouvrage descr. couvrant la période 1630 à date de publ. Table dét. des chap. dans chaque vol.; pas d'index. /1688: Geographische en historische beschrijving der kusten van Noord-America ... Amsterdam, Jan ten Hoorn (trad. hollandaise, cf. Sabin: 19612. Ed. française, cf. TPL: 66).
NSHL QQL QQLa QMBM OOP OTP; LC RPJCB NN; BM

DESCHAMPS, CLEMENT-E. Liste des municipalités dans la province de Québec; List of municipalities in the province of Quebec, par C.-E.

Deschamps. Lévis, Mercier & Cie, 1886. xxxvi-816p. 26 cm. Errata. Contient un index des municipalités, paroisses et missions du Québec ainsi qu'un tableau synoptique des municipalités. Descr. des municipalités, p. 1-607; cadastre, p. 607-24; paroisses civiles par diocèse, p. 625-815; suppl., p. 816. /1896: 2e éd. sous le titre: Municipalités et paroisses dans la province de Québec; Municipalities and parishes in the province of Quebec. Québec, Léger Brousseau. [50]-xxv-1295p. 25 cm. Même présentation. Compilation faite jusqu'au 31 déc. 1895.
1886: QQA QQL QQLa QLB /1896: QPC QQA QQL QQLa QMBM; LC NN; BM

DRAPEAU, STANISLAS. Etudes sur les développements de la colonisation du Bas-Canada depuis dix ans: 1851-1861 constatant les progrès des défrichements, de l'ouverture des chemins de colonisation et du développement de la population canadienne-française ... Québec, Léger Brousseau, 1863. 593p. tables. 21 cm. Notes hist. sur les débuts des cantons, paroisses et seigneuries divisés par région et par comté. Table dét. des mat.; pas d'index.
QQA QQL QQLa QMBN QMU QMBM OOA OOP OOAg OOU OKQ OKR OTP OOCT OHM OLU; LC NN; BM

DUCREUX, FRANCOIS. Historiae canadensis, seu Nouae-Franciae libri decem, ad annum usque Christi MDCLVI ... Parisiis, Sebastianum Cramoisy, et Sebast. Mabre-Cramoisy, 1664. [14] f.p., 810, [6] p. 13 ill. (1 dépl.), carte dépl. 26 cm. (TPL: 54). Errata: [6] p. à la fin du vol. Couvre la période 1625-56 - avec réf. à 1658 - et concerne entre autres l'établissement des jésuites en Huronie. S'appuie largement sur les Relations des jésuites ainsi que des témoignages oraux des missionnaires jésuites. Pas de table des mat. mais index de une p. /1951-2: The history of Canada or New France ... Translated with an introduction by Percy J. Robinson. Edited with notes by James B. Conacher ... Toronto, Champlain Society. 2 v.: xxviii, 404, xvp. incl. 13 ill., carte dépl.; viii, 405-775, xvp. ill., cartes dépl. (dont 2 sur un feuillet au début du vol.). 25 cm. (Publications of the Champlain Society, 30 et 31). Cette éd. anglaise est une reproduction fidèle de l'éd. de 1664: reproduit en fac-sim. la page-titre, les treize planches et les cartes. Index; pas de table des mat.
1664: NSHD NSWA QQS QMBN OOA OTP OTU BVaU; LC RPJCB; BM /1951-2: PCL NSHD NSHL NSWA NBS NBFL NBFU NBSaM QQLa QQLH QMBN QMM QMU QMBM OOA OOP OK OKQ OTP OTU OH OHM OW OFW MWU SR SRL SSU AC AE AEU BVa BVaU BVi; LC; BM

DUSSIEUX, LOUIS-E. Le Canada sous la domination française; d'après les archives de la Marine et de la Guerre, par L. Dussieux ... Paris, C. Tanera, 1855. 104p. carte dépl. 24 cm. /1862: 2e éd. : Paris, J. Lecoffre. 471p. carte dépl. 19 cm. Notes bibliogr. en bas de page. Table des mat. ; pas d'index. /1883: 3e éd. 348p.
1855: OONL NSHP NSWA QQL QQS QQLa QMBN QMU QMBM OOA OOCC OKQ OKR OLU OTP MWU BVaU; LC NN; BM /1862: NBSM QQLH QNicS QMBN QMU QMBM OOA OOSU OOC OTP OLU MQU /1883: QQLa QSherU QMBM SSU BVaU

EIGHTY years' progress of British North America; ... giving, in a historical form, the vast improvements made in agriculture, commerce, and trade, modes of travel and transportation, mining, and educational interests, etc., etc. With a large amount of statistical information ... Toronto, L. Stebbins, 1863. 776p. incl. tables, ill., cartes. 23 cm. Contenu partiel: Commerce & trade, p. [268]-307, par Henry Youle Hind. Transportation, p. [99]-267, par Thomas C. Keefer. Hist. du Nouveau-Brunswick, 1785 à date, p. [542]-52, par M.H. Perley. Hist. de la Nouvelle-Ecosse, Cabot à 1776, p. [654]-9, & hist. de l'Ile du Prince-Edouard, Cabot à 1832, p. 728-33, & hist. de Terre-Neuve, Norsemen à 1824, p. [744]-7, par William Murray (TPL: 4237). /Réimpressions: 1864, 1865, 1868. /Autres éd. : London [impr. à Toronto] Sampson, Low, 1863; /Toronto, L. Nichols, 1864; /réimprimé: 1865. /Autre éd. : The Dominion of Canada; [contenant un sketch historique sur l'organisation de la Confédération; aussi, the vast improvements ...] [comme titre antérieur] Toronto, L. Stebbins, 1868. xxxiii, [3]-776p. "Historical sketch of the new Confederated Dominion of Canada" ajouté comme pages préliminaires à l'éd. de 1863 (TPL: 4238). /Autre impression: 1869.
80 years - 1863: NSHP NSHPL NSHD NBFU NBS NBSM QQL QMBN QMBM OOA OOP OKQ OTP OH OL OLU MWU SSU ACU ACG BVa BVaPA BVi; LC /Stebbins, 1864: NSHPL NSHD NSHK NBFL NBSM NBSaM QMU OOT OOS OKQ AE; LC /Stebbins, 1865: BVaU /1868: NSWA /Nichols, 1864: NSHPL NSHD NSWA NBFL NBSaM OOT /Nichols, 1865: NBSM /London, 1863: NfSG; BM /Dominion of Canada - 1868: NBSM QQL QMBM OKQ OTP OH MWP MWU /1869: OOA OOCC SSU BVaU; LC

[FAILLON, ETIENNE-M.] Histoire de la colonie française en Canada. Villemarie (Montréal). [Paris, Impr. Poupart-Davyl & Cie] 1865-6. 3 v. Vol. 1: xxiii, 551p. ; vol. 2: xxiv, 568p. ; vol. 3: xxiii, 548p. front. (portr.), ill., plans, cartes. 27 cm. Carte du pays des cinq nations iroquoises Kenté, p. 196; plan de Villemarie et des premières

rues projetées pour l'établissement de la Haute-Ville, p. 374; carte informe du Sault Saint-Louis et d'une partie de l'île de Montréal, dressée par Champlain, p. 548. Ouvrage basé sur les documents des Sulpiciens qui raconte la fondation de Montréal, de 1642 à 1675. Egalement publié dans l'Echo du Cabinet de lecture paroissial. Table dét. des mat. ; pas d'index.
NSHP NSHD NBFU NBSM QQA QQL QQLa QMBN QMU QMBM OOA OOU OOSJ OOC OOSU OKQ OKR OH OTP MWU ACU; LC NN; BM

FINLEY, JOHN H. Les Français au coeur de l'Amérique. Trad. de Madame Emile Boutroux. Préf. de Gabriel Hanotaux. Paris, A. Colin, 1916. xiv, 520p. carte dépl. 18 cm. Carte hist. de la pénétration française en Amérique des débuts de la colonisation jusqu'au 19e s. Carte de l'Amérique du Nord à la fin du vol. Table dét. des mat. ; pas d'index. /1915: The French in the heart of America. London, New York, Smith Elder. /Autre tirage: New York, Charles Scribner's, Sons. x, 431p.
1915: QQLa; LC NN; BM /1916: QQA QQL QMU OOP OORD OH OTP MWU BVaU; LC NN

GAILLARD DE CHAMPRIS, HENRY. Images du Canada français. Préface de Firmin Roz ... Paris, Editions de Flore [1947] xiv, 286, [1] p. front., ill., pl.h.t., portr., fac-sim. 19 cm. Rappel hist. et descr. de la ville de Québec, p. 37-60; de Lorette (Ancienne Lorette), p. 61-5. Table dét. des mat. ; pas d'index.
NBFU QQL QQLa QMBN QMU QMBM OOA OOU OKQ OKR OSuL BVaU; LC NN

GIRARD, ALEXANDRE. La province de Québec; son organisation politique et administrative, ses ressources agricoles, minières et industrielles ... Québec, Dussault & Proulx, 1905. 10-318p. front., ill., pl.h.t., portr. 18 cm. Descr. géographique, politique et économique; hist. locale des villes de Québec et Montréal, p. [289]-310.
QPC QQL QQLa QMBN QMU QMBM OOA OOND OOU OOSU OOSJ OTP; NN

GRANT, GEORGE M. The easternmost ridge of the continent; historical and descriptive sketches of the scenery and life in New Brunswick, Nova Scotia, Prince Edward Island, and along the lower St. Lawrence and Saguenay ... Chicago, A. Belford, 1899. 216p. ill. 31 cm. Nouveau-Brunswick, par C.G.D. Roberts, p. 9-59; Nouvelle-Ecosse, par R. Murray & Mrs. A. Simpson, p. 60-126; Ile du Prince-Edouard, par

R. Murray, p. 127-40; Golfe Saint-Laurent et Saguenay, par J. G. A. Creighton, p. 141-85. Chaque région traitée est précédée d'un survol de son hist. des origines à la fin du 19e s. Pas d'index.
NSHPL NBS NBFL NBFU QMBN QMBM OOP OKQ OTP OLU BVaU; LC NN

GRANT, GEORGE M. French Canadian life and character; with historical and descriptive sketches of the scenery and life in Quebec, Montreal, Ottawa, and surrounding country. Edited by George Monro Grant ... Chicago, Alexander Belford, 1899. 249p. front., ill., pl. 31x23 cm. Hist. et descr., du début à date de publ., de Québec, p. 53-113, de la vallée du Richelieu, des Cantons de l'Est, p. 115-37 et de Montréal, p. 139-78. L'ouvrage est écrit en collaboration. Table dét. des mat., p. [7]; pas d'index.
NSHPL NBSM QMBN QMBM OKQ OTP SSU; LC

GRANT, GEORGE M. Picturesque Canada; the country as it was and is. Ed. by George Monro Grant ... Illustrated under the supervision of L. R. O'Brien with over 500 engravings on wood ... Toronto, Belden [1882] 2 v. front., ill., pl. h. t. 33x25 cm. Pag. continue: vol. 1: ix, 440p.; vol. 2: xii, 441-880p. Contenu relatif au Québec, "Quebec; historical review", par Principal Grant, vol. 1, p. [1]-32; "Quebec; picturesque and descriptive", par A.M. Machar ..., vol. 1, p. [33]-61; "Montreal", par A.J. Bray et J. Lespérance ..., vol. 1, p. [104]-41; "Southeastern Quebec", par J.H. Hunter, vol. 2, p. [675]-96; "The Lower St. Lawrence and the Saguenay", par J. G. A. Creighton ..., vol. 2, p. [697]-740. Table des ill.; table dét. des mat.; pas d'index.
OONL NSHPL NBFL NBFU NBSM NBS QQA QQL QQS QQLa QMBN QMU QMBM OOP OOG OORD OONF OOS OOsh OOU OOC OOSJ OOH OHM OKF OKQ OKR OL OLU OTP OTU OTY OTV OTRM OTStM OPeT OWtU MW MWU MWP SRL SSU AEU ACG BVa BVaU BVi BViP BViPA BViU; LC NN

HANOTAUX, Gabriel A.A. Histoire des colonies françaises et de l'expansion de la France dans le monde. Tome 1. Introd. générale par Gabriel Hanotaux ... L'Amérique par Ch. de La Roncière ... Joannès Tramond ... Emile Lauvrière ... Paris, Société de l'Histoire Nationale; Librairie Plon [1929] xlviii, 630, [1] p. ill., portr., fac-sim., plans, cartes. 30 cm. Gabriel Hanotaux ... Alfred Martineau ... [éditeurs] Vol. 1 d'un ouvrage en 6 vol. parus à Paris de 1929-34. Contenu du vol. 1: Les colonies éphémères et les colonies perdues, par Ch. de La Roncière, hist. de la Nouvelle-France de Cartier à 1711, de Terre-Neuve, 1628-1713, p. 41-95; Le Canada après le Traité d'Utrecht, par Joannès

Tramond, hist. de la Nouvelle-France, 1713-63, p. 97-[187]; L'Acadie, par Emile Lauvrière, 1603-1713, p. 189-242. Table dét. des mat.; liste des ill. et des cartes; pas d'index.
QQL QQLa QMU OOA OOP OOU BVaU; LC; BM

HARPER, JOHN M. Then and now. The earliest beginnings of Canada. The Sillery mission, by J.M. Harper. Toronto, Quebec, The Trade Publ. Co. [1908] 26, 104, 27p. front., ill., pl.h.t. 16 cm. (Souvenir Historical Booklet). Bref aperçu hist. du Canada et de la mission de Sillery au 17e s. Pas d'index.
QQL QMBN QMBM OOA OTP

HERIOT, GEORGE. The history of Canada, from its first discovery, comprehending an account of the original establishment of the colony of Louisiana. Vol. 1. London, T.N. Longman and O. Rees, 1804. xv, 616p. 22 cm. Traite part. de l'hist. du Québec d'aujourd'hui de Cabot à 1713; de la Louisiane jusqu'en 1731, p. 430 sq. La principale source de Heriot fut l'Histoire de la Nouvelle-France de Lescarbot.
NSHPL QQL OOP OKQ OTP BVaU; LC

THE HISTORY of the British dominions in North America: from the first discovery of that vast continent by Sebastian Cabot in 1497, to ... the late treaty of peace in 1763. In fourteen books. London, Print. for W. Strahan and T. Becket & Co., 1773. 2 t. en 1 v.: 297p. carte dépl. (front.). (p. 128, 247 et 253 numérotées 102, 274 et 532 respectivement); 275p. 27 cm. Carte datée 1772. Signalons: Partie 1, Hist. générale de l'établissement des Français et des Anglais en Amérique. Partie 12, Hist. du Canada (Grands Lacs, vallée du Saint-Laurent). Partie 13, Hist. de la région de la Baie d'Hudson et des Territoires du Nord-Ouest, de ses découvertes ... 1576-1742. Partie 14, Hist. de l'Acadie, 1613-ca.1760. Table dét. des mat.; pas d'index (TPL: 448).
OONL NfSM NSHP QQL OOA OKQ OKR OTP SMJ; LC NN; BM

HOPKINS, JOHN C. French Canada and the St. Lawrence; historic, picturesque and descriptive. Philadelphia, J.C. Winston [1913] 431p. front., pl.h.t. 21 cm. /1913: autre tirage à Toronto, chez Bell & Cockburn. /1914: autre éd. London, Duckworth.
1913: NSHPL NBFL NBSM NBS NBJaM QQL QQLa QMBN QMBM OOA OOP OOU OKQ OL OH OTP MWP SRL SSU BVa BVi BViP; LC NN; BM
/1914: pas de localisation

LA RONCIERE, CHARLES G.M.B. DE. Les colonies éphémères et les colonies perdues, voir: Hanotaux, Gabriel A.A. Histoire des colonies françaises.

LA RONCIERE, CHARLES G.M.B. DE. L'empire colonial fondé par Richelieu et par Colbert, par Ch. de La Roncière. Paris, 1929. ill. (1 coul.), portr. Chap. 1: Nouvelle-France; Chap. 2: Terre-Neuve. (Dans Histoire des colonies françaises ... éditée par Gabriel Hanotaux et Alfred Martineau. Paris, 1929. 30 cm. Vol. 1: L'Amérique, p. 41-95). Table dét. des mat. à la fin du vol. ; pas d'index.
QQL QQLa QMU OOA OOP OOU BVaU; LC; BM

LEMOINE, JAMES M. The chronicles of the St. Lawrence, by J.M. LeMoine. Montreal, Dawson, 1878. vii-380p. ill., carte. 22 cm. (Seaside series). Relation de voyage qui contient de nombreuses notes hist. sur les endroits visités. Table dét. des mat. ; pas d'index.
NSHPL NBFU NBSM QQA QQL QMBN QMBM OOA OOP OORD OKQ OTP OH OL MWP AEU BVa BVaU BViP; LC NN; BM

LEMOINE, JAMES M. Quebec past and present; a history of Quebec, 1608-1876; in two parts, by J.M. LeMoine ... Quebec, Augustin Côté, 1876. [v]-xv, [1], 466p. ill., pl.h.t., portr., fac-sim., carte dépl. 21 cm. Annonce de la publication du volume "from the Morning Chronicle, 10th May, 1876", feuille insérée entre p. [viii] et [ix] "Errata", p. xv (verso). Fac-sim. de "l'Abitation de Québec" pris d'une estampe dans les Voyages de Champlain, éd. de 1613. "Sketch of Arnold's assault in 1775", p. 317. Liste des gouverneurs, maires, édifices publics, etc., p. [343]-450. Append.: p. [451]-60. Notes biogr. sur Champlain, Montcalm, Wolfe, etc. Contenu: partie 1, "The annals of the city from 1608 to 31st December 1875"; partie 2, "Quebec present". Notes bibliogr. en bas de page. Table dét. des mat., p. [461]-6; pas d'index.
NSHPL NBFU QRS QPC QQL QQLa QMBN QMU QMBM OOA OOP OOC OKQ OH OHM OTP BVa BVaU BViP; LC NN; BM

LE ROY DE LA POTERIE, dit BACQUEVILLE DE LA POTHERIE, CLAUDE C. Histoire de l'Amérique Septentrionale. Divisée en quatre tomes. Tome premier. Contenant le voyage du Fort de Nelson, dans la Baye d'Hudson, à l'extrémité de l'Amérique. Le premier établissement des François dans ce vaste pais, la prise dudit Fort de Nelson, la description du Fleuve de Saint-Laurent, le gouvernement de Québec, des Trois-Rivières & de Montréal, depuis 1534 jusqu'à 1701. Par M. de Bacqueville de la Potherie ... Paris, Nyon Fils, 1753. 4 v.: 1, [10], 370 [i.e. 356] p. incl. tables, 4 pl. (incl. front.), 2 cartes (1 dépl.), 3 diagr. (2 dépl.);

1, 356 [i.e. 352], [7] p. 5 pl. (incl. 1 de musique, 2 dépl.), carte dépl.; 1, [10], 310 [i.e. 312], [6] p.; 1, 272, [5] p. 2 pl. 17 cm. (Sabin: 2692; cf. TPL: 131). Page-titre des vol. 2-4 diffère dans la descr. du contenu & par M. de la Potherie, etc. (voir TPL), mais pas dans l'adresse bibliogr. Planches (plusieurs mal placées et apparemment incomplètes) & les erreurs de pag. dans les copies vérifiées diffèrent de celles de l'éd. de TPL. Erreurs: vol. 1, p. 275 et vol. 2, p. 254. Vol. 1, Lettre 6, incl. hist. de la côte ouest à l'Hudson & Baie James, 1524 (Verrazzano) à 1697; Lettres 9-12, incl. hist. de la vallée du Saint-Laurent, 1524-1697. Vol. 2-4 décrivent la Nouvelle-France et les Indiens à la fin du 17e s. Contenu dét. de chaque chap. dans vol. 1, & à la fin de chaque vol.; pas d'index. /1753: Paris, Brocas. Autre éd. (TPL: 131). /1722: Paris, J.L. Nyon & F. Didot. 1ère éd. (LC). L'éd. de 1753 diffère seulement par la page-titre nouvelle (TPL & BM). TPL suggère 1716? comme date de la 1ère impr. & BM donne: 1722, 21. /1723: Voyage de l'Amérique, contenant ce qui s'est passé de plus remarquable dans l'Amérique Septentrionale depuis 1534, jusqu'à présent ... Amsterdam, H. des Bardes. 4 v. (Sabin). /1931: Documents relating to the early history of Hudson Bay. Edited ... by J.B. Tyrrell. Toronto, Champlain Soc. (Pubs. of the Champlain Soc., 18). "Letters of la Potherie", p. [143]-310. Contient une réimpr. (de l'éd. de 1753) des Lettres 1-9, vol. 1, avec trad. anglaise par David R. Keys, fac-sim., titre & quelques pl. et notes explicatives en bas de page.
1722: QQL QQS QMBN QMM QMBM OOA OOP OORD AEU ACU; LC NN; BM /1723: aucune localisation canadienne; IU ICN /1753 (Brocas): OONL (vol. 4) OTP /1753 (Nyon): NSBM QQL QMBN QMM OOP OOC OKQ OTP OTU MWU; LC; BM /1931: OONL QQL QQLa OOA OOP OOND OORD OOC OKQ OKR OTP OTU OH OHM OLU OPAL MWU SRL AEP BVa BViP; LC NN; BM

LESCARBOT, MARC. Histoire de la Nouvelle-France contenant les navigations, découvertes, & habitations faites par les François és Indes Occidentales & Nouvelle-France ... depuis cent ans jusques à hui. En quoy est comprise l'histoire morale, naturele, & géographique de ladite province: avec les tables & figures d'icelle ... Paris, Jean Milot, 1609. 24 f.p., 888p. 3 cartes. 17 cm. 8 vo. [in-octavo] 1ère éd. Table dét. des chap.; pas d'index. Par Nouvelle-France, Lescarbot désigne l'Amérique située au nord du Tropique du Cancer (v. 1, chap. 4). Histoire et description des établissements françois au Québec (v. 3), Nouvelle-Ecosse & Nouveau-Brunswick (v. 4) avec quelques réf. à Terre-Neuve. (En addition: Les muses de la Nouvelle-France.

Fortifications de Montréal en 1760

Paris, 1609. 3, 66p.). /[1609]: Nova Francia; or, The description of that part of New France, which is one continent with Virginia ... Translated out of French into English by P.E. Londini, Impensis Georgii Bishop. 9 f.p., 307p. 4 t. [in-quarto]. Ed. abrégée de la précédente, par Pierre Erondelle. /1625: Samuel Purchas, Hakluytus posthumus; or, Purchas his pilgrimes ... London, Printed by William Stansby for Henrie Fetherstone. Bk. 8, chap. 7, p. 1619-41. /1745: Thomas Osborne, A collection of voyages & travels ... Vol. II. London, Printed for & Sold by Thomas Osborne. Ce vol. de "The Harleian Collection" contient, p. 795-917, une réimpr. complète de la trad. d'Erondelle. /1747: Le vol. précédent republié comme vol. 7-8 de "A collection of voyages" (London, Printed by Assignment from Messrs. Churchill) par Awnsham Churchill; vol. 8 est une réimpr. de la trad. d'Erondelle (cf. TPL: 170 & 205). /[1928]: ... Nova Francia, a description of Acadia, 1606 ... London, G. Routledge. xxxi,346p. cartes, fac-sim. 23 cm. (Broadway travellers ser.). Index. Autre réimpr. d'Erondelle, avec une introd. par H.P. Biggar. /Réimpr.: New York & London, Harper & Bros. [1928] /1611: Paris, Jean Millot; "Seconde édition, reveuë, corrigée, & augmentée par l'autheur". Livre 5 concerne les événements en Nouvelle-France (aujourd'hui Québec) depuis 1607. /1612: réimpr. de la 2e éd. /1613: Nova Francia. Gründliche history ... Augspurg, Bey Chrysostomo Dabertzhofer. 4, 86 [i.e. 88] p. 20 cm. Pages nos 62-3 numérotées deux fois. Trad. allemande d'un bref résumé de l'Histoire. /1866: Histoire de la Nouvelle-France ... Nouvelle éd. Paris, Tross. 3 v. cartes. 23 cm. Autre réimpr. de la 2e éd. (TPL: 14). /1617: Paris, Adrian Périer; "Troisiesme édition enrichie de plusieurs choses singulières, outre la suite de l'Histoire". 55, [1], 970p. Incl. les 4 cartes de la 2e éd., & contenu de l'hist. de la Nouvelle-France jusqu'en 1615. /1618: réimpr. de la 3e éd. /1907-14: Toronto, Champlain Soc. 3 v. Autre réimpr. de la 3e éd., avec trad. anglaise par W.L. Grant ... & introd. par H.P. Biggar.
1609, Paris: NSHP QQS QMM OOA; LC RPJCB; BM /[1609], Londres: QMBM OOA OOP; LC RPJCB /1611, Paris: QQS; LC RPJCB; BM /1612, Paris: QQL OOA OORD OOSJ OKQ; RPJCB; BM /1613, Augspurg: QMBM OKQ; LC RPJCB; BM /1617, Paris: QQS /1618, Paris: NBSM QQS QMBN OOA OKQ; LC RPJCB; BM /1625, London: NSHP BViPA; LC RPJCB /1745, London: QMM BVa; LC; BM /1747, London: OTP; LC RPJCB /1866, Paris: OONL NSWA QQLa OKQ OTP; LC; BM /[1928], London: NBSaM OOP OONM OOCC OKQ OTP OH OLU; LC; BM /[1928], New York: NSHD NBFU QMBM OKR OPeT OWtU

LE TAC, SIXTE. Histoire chronologique de la Nouvelle-France, ou Canada, depuis sa découverte (mil cinq cents quatre) juques [sic] en l'an mil six cents trente deux, par le Père Sixte Le Tac, Recollect, publiée

pour la première fois d'après le manuscrit original de 1689 [et] accompagnée de notes d'un appendice tout composé de documents originaux et inédits, par Eug. Réveillaud ... Paris, G. Fischbacher [etc.] 1888. ix, 265p. 21 cm. Impr. par Fischbach [sic] pour l'Auteur (cf. dernière pag.). Hist. chronologique de la Nouvelle-France, 1497-1632 (chap. 5-8 sur l'Acadie jusqu'à 1611) avec insistance sur les missions des Récollets. Documents (1618-1758) en append. Table dét. des mat. ; pas d'index (TPL: 64).
NBSM QQL QQLa QMBN QMU QMBM OOA OOC OKQ OKR OTP MWU AEU SSU BVaU; LC NN; BM

LOCKE, GEORGE H. When Canada was New France ... Toronto, J.M. Dent, 1919. [12], 154p. front., ill., pl. 20 cm. Notes bibliogr. en bas de page. Table des ill. ; table dét. des mat. ; pas d'index. /1920: autre éd. /1923: New York, E.P. Dutton; London & Toronto, J.M. Dent. 127p. 15 cm.
1919: NBFL QQA QMU OOA OOP OORD OOsh OKQ OTP OTY OTRM OTStM OH OLU MWU SSU SRL ACU BVaU; LC; BM /1923: OONL NBFU OOP OKQ OTP MWP AE BVaU BViP; NN

LOVELL'S province of Newfoundland directory for 1871: containing names of professional and business men, and other inhabitants, in the cities, towns and villages throughout the province; ... Montreal, J. Lovell [1871] 380p. 26 cm. Page-titre est p. [83] 1ère éd. (cf. Préf., p. [85]). Pas d'autre éd. ? "Historical sketches of the various provinces composing the Dominion of Canada, also, the provinces of Newfoundland and Prince Edward Island", p. [91]-122. Index pour l'annuaire seulement.
NfSG

LUCAS, SIR CHARLES P. A historical geography of the British colonies, by C.P. Lucas. Vol. V, Canada - part I (New France). Oxford, Clarendon Press, 1901. 364p. cartes (2 dépl.). 19 cm. Concerne surtout la prov. de Québec et l'Acadie, les explorations de Norse à 1763. Bibliogr. à la fin de certains chap. ; notes bibliogr. en bas de page. /1916: A historical geography of the British Dominions. Vol. V, Canada - part I, Historical. 2e éd. 364p. cartes (1 dépl.). /[1931]: ... Vol. V, Canada - part I, The history from the discoveries to 1763. 2e éd. Autre éd. du même caractère. Verso de la page-titre: Impr. de 1931, 2e éd. 1923 ... /Vol. V, pt. II, Historical, par Hugh E. Egerton (Oxford, 1908) continue l'hist. à date, mais couvre tout le Canada; vol. V, pt. III, Geographical, par J.D. Rogers (Oxford, 1911) est historique

partiellement et couvre tout le Canada; pt. IV, concerne Terre-Neuve, et est de John D. Rogers. Titres et sous-titres varient.
1888: BM /1901: OONL NSHPL NBFL NBFU NBSaM QMBN QMBM OOA OOP OOU OOGB OOL OOND OKQ OKR OTP OTY OTRM OLU MW AE; LC; BM /1916: OONL NSHPL NBFU QQL OOP OOGB OKQ OHM OLU MWU SSU BVa BViPA; LC /1931: OONL NBSaM OKQ OH SRL BVaU

[McADAM, J. T.] Canada; from the lakes to the gulf: the country, its people, religions, politics, rulers and its apparent future. Being a compendium of travel through the upper and lower provinces, together with a description of their resources and enterprises, trade, statistics, etc., viewed both in its business, social and political aspects; its various cities and summer resorts, salmon rivers, etc., together with the legends of the lower St. Lawrence and the cities on the coast. In fact, a valuable and interesting book for both travellers and home folks. With numerous illustrations. By Captain Mac [pseud.] Montreal, Printed for the author, 1881. 222, [2] p. ill., portr. 22 cm. Surtout descr. avec quelques notes hist. concernant le Québec, p. 51-151; Montréal, p. 57-101; Québec, p. 107-20. Annonces commerciales, p. 201-24. Pas d'index.
QQL QMU QMBM OOA OONG OKQ OTP OLU SRL BViP; LC NN

McALEER, GEORGE. The province of Quebec, its history, and its people. A paper read before the Associate Board of Trinity College, Worcester, Mass., Monday evening, Dec. 14, 1903. Worcester, Mass., 1903. 29p. portr. 24 cm. Hist. de 1537 à 1867, montrant surtout les réalisations catholiques et l'agression protestante, p. 6-20. Pas d'index.
QMBN OOA OKQ OPAL; LC NN; BM

MAGNAN, HORMISDAS. Dictionnaire historique et géographique des paroisses, missions et municipalités de la province de Québec. Arthabaska, L'Imprimerie d'Arthabaska, 1925. [5]-738p. 23 cm. Errata, p. 737. L'ouvrage comprend les monographies de 1,130 paroisses et de 138 dessertes ou missions (cf. Préf., p. 5); donne la liste alphabétique des paroisses, avec renvois des noms de municipalités et bureaux de poste au nom de la paroisse. Les articles donnent le nom du comté et du diocèse de chaque endroit, un bref hist. avec références bibliogr. et état de la population. Bibliogr., p. 11. Pas d'index.
QQL QQS QQLa QSherU QNicS QMBN QMU QMBM OOA OOU OTP OKQ AEU BVaU; LC NN; BM

MAGNAN, HORMISDAS. Le guide du colon de la province de Québec.

Québec, Ministère de la Colonisation, des Mines, de la Chasse et des Pêcheries, 1927. [3]-101p. ill. 22 cm. Brèves notes hist. sur les paroisses de colonisation du Témiscamingue, de l'Abitibi, du Lac Saint-Jean, de Témiscouata, Rimouski, de la vallée de la Matapédia, de la Gaspésie, etc. Liste des paroisses de colonisation, p. 97-101. Table dét. des mat. /Autre éd., non datée, mais probablement antérieure, publiée sous le titre: Les régions de colonisation de la province de Québec. 3-94p. En tête de titre de la page couverture: Guide du colon. Publié en outre en fasc. par région. /1930: 95p. /1932: 92p.
1927: QQA QMBN OOSJ; LC /1930: QMBN OTP /1932: QQLa

MAGNAN, HORMISDAS. Monographies paroissiales. Esquisses des paroisses de colonisation de la province de Québec. 2e éd. Québec, Département de la Colonisation, des Mines et des Pêcheries, 1913. [3]-282, [1] p. ill. 23 cm. Contient, par ordre alphabétique de comté, des notes hist. de chacune des paroisses de colonisation. Table alphabétique des paroisses de colonisation, p. [272]-82; table dét. des mat., p. [283]; pas d'index. /1912: 149p. Ne porte pas de nom d'auteur. Ed. moins utilisée puisque moins complète.
1912: QRS QQL /1913: QRC QQA QQL QQLa QSherU QNicS QMBN OOU OOSJ OTP BVaU; NN

MARTIN, ROBERT M. The British colonial library, voir: History of Upper and Lower Canada.

MARTIN, ROBERT M. History of Upper and Lower Canada, by R. Montgomery Martin. London, J. Mortimer, 1836. vii, [2], 337p. incl. tabl., ill. (front.), cartes en coul. 18 cm. (Titre suppl. en page de titre: The British colonial library, by R. Montgomery Martin en 12 vol. : vol. 1 ...). Printed by W. Nicol, London. Sceau du Haut-Canada (page-titre) et sceau du Bas-Canada (p. 337). Hist. de Cabot à 1815, avec liste des gouverneurs, p. [1]-61; contient également notes hist. concernant la colonisation et le peuplement de 1815 à date de publ. de l'ouvrage. Table dét. des mat.; pas d'index (TPL: 1794). /Autre impr.: vii, 337, [2], 24p. 3 cartes dépl. Les cartes, la page-titre et les 24 p. donnant la liste des publ. de Whittaker marquent les différences avec l'éd. de Mortimer (cf. TPL: 1795). /1838: History, statistics, and geography of Upper and Lower Canada, by R. Montgomery Martin. 2e éd. London, Whittaker & Co. viii, [2], 356p. incl. tabl., ill. (front.), cartes en coul. 18 cm. (Egalement titre suppl. de l'éd. Mortimer). /Autre éd. impr. par Gibbert & Rivington, London. Même texte avec notes en bas de page et append. ajoutés; carte des Cantons

de l'Est en plus (TPL: 1796).
1836: OONL NSWA NBFU QMBM OOND OKQ OTP; LC; BM /1838: NSHP NSHA NSHPL NBSaM QQL QMBN QMM QMU OOA OKQ OTP OTU OL SSU AEU BVaU BViP BViV; LC; BM

MARTIN, ROBERT M. History, statistics, and geography of Upper and Lower Canada, voir: History of Upper and Lower Canada.

MILES, HENRY H. The history of Canada under French regime, 1535-1763 ... by H.H. Miles ... Montreal, Dawson Bros., 1872. xxvi, 521p. cartes (dépl.), plans. 19 cm. Couvre l'hist. de ce qu'est le Québec actuel avec réf. à l'Ontario et aux Etats-Unis. /1881: réimpr.
NSHP NBS QQA QQL QMM QMBM OOA OOP OKQ OTP OTY OTRM OH OLU OWA MWU ACU BVaU BVi BViP; LC NN; BM

MURRAY, HUGH. An historical and descriptive account of British America; comprehending Canada Upper and Lower, Nova Scotia, New Brunswick, Newfoundland, Prince Edward Island, the Bermudas, and the fur countries: their history from the earliest settlement ... Six maps by Wright, and ten engravings by Jackson ... Edinburgh, Oliver & Boyd; London, Simpkin, Marshall, 1839. 3 v. : vol. 1, 352p. incl. ill., 5 cartes (incl. carte dépl. en front.); vol. 2, 356p. incl. ill., tabl.; vol. 3, [5]-388p. incl. tabl., carte dépl. (front.). 17 cm. Chaque vol. porte en tête de titre: British America ... avec des vignettes gravées différentes et des feuilles de garde. Edinburgh Cabinet Library (cf. Préf., p. 5). Notes bibliogr. en bas de page. /1839: dite 2e éd. mais est en fait un simple tirage de la 1ère. /1840: New York, Harper. 2 v. (Harper's Family Library, nos 101-2). Ed. abrégée. /1842: réimpr. (Harper's Family Library, nos 102-3). /1845: autre tirage. /1848: autre tirage. carte dépl. en front. (Sabin, 51501).
1839: NfSM NfSG NBFU NBSaM QMBN QMBM OOA OOND OKQ OTU OH MWP MWU SSU AE; LC; BM /1839, 2e éd. : NSHD NBSM OOP OOC OOCiT OOG OKQ OTP AEU BViPA; LC /1840: NBSaM QMU QMBM AE BVaU BViPA; LC /1842: LC; BM /1845: OOP OTP /1848: QMBN OOA OLU ACG; LC

OAKLEY, AMY. Kaleidoscopic Quebec ... Illustrations by Thornton Oakley. New York, London, D. Appleton - Century Co. [1947] XIII, 278p. front., ill. (dessins originaux). 21 cm. Cartes géographiques de la vallée du Saint-Laurent, des Laurentides et de la Gaspésie en pages de garde. Descr. surtout l'ouvrage traite de la vallée du Richelieu, p. [3]-24; de Montréal et des environs, p. [27]-79; de Québec,

p. [81]-115; de l'Ile d'Orléans, p. [117]-30; de Sainte-Anne de Beaupré, p. 135-50; de la Gaspésie, p. [221]-67. Table des ill., p. IX-X.
NSHPL QQA QQLa QMBM OOA OOP OTP OH MW BVa BVaU; LC NN; BM

PELLAND, ALFRED. La colonisation dans la province de Québec. Esquisses des régions à coloniser. Québec, Ministère de la Colonisation, des Mines et des Pêcheries, 1910. 106p. front., ill. 23 cm. Carte des régions à coloniser, sous enveloppe à la fin du vol. Descr. surtout l'étude est une contribution directe à l'hist. locale des régions parcourues. Table dét. des mat.; pas d'index. /1908: 1ère éd. 49p.
QQA QMBN OOSU

PICHE, ODESSA. Municipalités, paroisses, cantons, etc., de la province de Québec de 1896 à 1924. Compilés par Odessa Piché. Québec, Ministère de la Colonisation, des Mines et des Pêcheries, 1924. lxxviii, 498p. 27 cm. Cet ouvrage poursuit l'oeuvre de C.-E. Deschamps (cf. Introd., p. 4). Descr. des municipalités, p. 5-488. Append.: liste alphabétique des municipalités de comtés, p. 489-98. Comprend un index des municipalités et paroisses de la prov. de Québec, un index des démembrements des paroisses et des municipalités.
QQA QQL QQLa; LC

QUEBEC (PROV.). MINISTERE DE LA COLONISATION, DES MINES ET DES PECHERIES. La province de Québec; les avantages qu'elle offre à l'émigrant français et belge; esquisse des richesses agricoles, industrielles, etc., par Alfred Pelland ... Publ. sous la direction de l'hon. M. C.-R. Delin, ministre de la colonisation ... Québec, 1908. 2-[3]-129p. front., ill. 22 cm. Institutions politiques, p. 16-27; agriculture, p. 38-53; régions à coloniser, p. 61-82. Table dét. des mat.; pas d'index.
QQA; LC NN; BM

ROBERT, ERNEST. Canada français et Acadie. Au pays de Maria Chapdelaine ... Paris, Pierre Roger & Cie, 1924. 304p. ill., pl.h.t., carte dépl. 20 cm. (Les pays modernes). Ouvrage descr. et hist. concernant Montréal (p. [24]-56), Québec (p. [57]-74), le Lac Saint-Jean (p. [87]-117), la Gaspésie (p. [167]-78). Notes bibliogr. en bas de page. Table dét. des mat., p. [301]-4; pas d'index.
QQL QQLa QMBN QMBM OOA OOG MWU BVaU

ROBERTS, SIR CHARLES G.D. The Canadian guide-book; the tourist's and sportsman's guide to Eastern Canada and Newfoundland ... New

York, D. Appleton & Co., 1891. 270p. ill., cartes (3 dépl.), plans dépl. 18 cm. Contient des notes hist., de la fondation à date de publ., des principales villes et cités de l'Ontario, du Québec et des quatre provinces de l'Atlantique. Table dét. des mat.; pas d'index. /1892: London, W. Heinemann. 2 vol. /1897: New York, Appleton. 327p.
NfSG NBFL NBFU QQL QMM QMU OOP OTP OH OL OLU MWU; BM

ROGERS, ROBERT. A concise account of North America: containing a description of the several British colonies on that continent, including the islands of Newfoundland, Cape Breton, etc. ... Dublin, Print. for J. Milliken, in Skinner-Row, 1769. x, 11-264, [4] p. 17 cm. Bref hist. de la prov. de Québec, de Cabot à date de publ., incl. descr., p. 13-39. Descr. du Saint-Laurent. Pas d'index. /1765: London, Print. for the author and sold by J. Millan. vii, [1], 264p. 8 v. (TPL: 392; 1769: même titre). /1770: Dublin, J. Potts. /1767: Eine kurze Nachricht von Nord-Amerika ... Aus dem Englischen übersetzt ... (In Sammlung neuer Reisebeschreibungen ... J. T. K[oehler, ed.] Göttingen & Gotha, 1767-69. 2 pts. 8 v.).
1765: NSHD QMBN QMBM OOG OKR OTP BVaU BViP BViPA; LC RPJCB; BM /1767: BM /1769: OOA OKQ (MWU AEU; 1765 ou 1769, non spécifié) /1770: OH; RPJCB; BM

RUSSELL, WILLIS. Quebec: as it was, and as it is; or, a brief history of the oldest city in Canada, from its foundation to the present time, with a guide for strangers to the different places of interest within the city and adjacent thereto. Quebec, Printed for the proprietor, by P. Lamoureux, 1857. viii, 160p. 19 cm. Comprend des notes hist. relatives à Québec, Ile d'Orléans, Saguenay, Kamouraska, Cacouna, etc. Table dét. des mat.; pas d'index. /1860: 3e éd. /1864: 4e éd. Impr. par G. T. Cary. /1867: 5e éd. Impr. par Chas. Rogers.
1857: NSWA QQL QMBN QMBM OOA OTP BVaU; LC NN /1860: OOP OKQ OTP; LC NN /1864: QQL QQLa QMBM OTU OLU; LC NN /1867: QQL QMBN QMBM OOP OOG OKQ OTP OTV BVaP BViP; NN

SHORTT, ADAM. Canada and its provinces; a history of the Canadian people and their institutions, by one hundred associates. Adam Shortt, Arthur G. Doughty, general editors. Authors' edition. Toronto, Publishers' Association of Canada, 1913-14, 1917. 23 v. pl. h. t., portr., fac-sim., tabl., cartes (1 dépl.). 29 cm. "Printed by T. & A. Constable at the Edinburgh University Press" (page de titre). Vol. 1-14 datés 1913; vol. 15-22 datés 1914; vol. 23 (index) daté 1917. Bibliogr., vol. 23, p. 233-83. La plupart des planches ont des feuilles de garde sur

lesquelles la légende apparaît. La collection comprend des études sur différents sujets ou périodes (Nouvelle-France, Canada-Uni) et régions par différents collaborateurs. Les vol. 15 et 16 (598p.) sont consacrés au Québec sous le titre The Province of Quebec et couvrent la période précolombienne à date de publ. Introd. générale par Alfred-Duclos Decelles. Vol. 15: la colonisation française, p. 17-120; la colonisation anglaise, p. 121-66. Chronol., vol. 23, p. 284-326; tables hist., p. [327]-64. Table des mat. au début de chaque vol.
OONL NSHPL NBSM NBFU QQL QQLa QSherU QMBN QMM OOA OOP OOT OORD OOAg OOGB OOC OOND OKQ OTP OTU OTH OTV OTY OTRM OTULS OHM OLU OWtU MWU SRL SSU BVa BVaU BVi BViP BViV; LC NN; BM

SOCIETY FOR PROMOTING CHRISTIAN KNOWLEDGE, LONDON. British colonies in North America. Canada. Published under the direction of the Committee of General Literature and Education, appointed by the Society for Promoting Christian Knowledge. London, Print. [par R. Clay] for the Society for Promoting Christian Knowledge, 1847. 252p. carte dépl. 15 cm. Préf. signée C. G. N. Hist. des actuelles prov. de Québec et Ontario, de Cabot à date de publ. Append.: liste des gouverneurs du Canada depuis 1663 et stat. sur l'immigration. Pas d'index (TPL: 2872).
NSWA QMBN OOA OTP OTU BViPA; LC

SULTE, BENJAMIN. Causons du pays et de la colonisation. Entretiens par Joseph Amusart [pseud.] Montréal, Granger Frères, 1891. 250p. 17 cm. Notes hist. sur les premiers colons établis, 1635-1642, p. [23]-38. Notes bibliogr. en bas de page. Table dét. des mat., p. [249]-50; pas d'index.
QQL QQLa QMBN QMM QMBM OOA OOU OOSU OTP; NN

SULTE, BENJAMIN. Histoire des Canadiens français, 1608-1880. Origine, histoire, religion, guerre, découvertes, colonisation, coutumes, vie domestique, sociale et politique, développement, avenir ... Ouvrage orné de portraits et de plans. Montréal, Wilson & Cie, 1882. 8 v.: tome I, 160p.; tome II, 160p.; tome III, 162p.; tome IV, 160p.; tome V, 161p.; tome VI, 160p.; tome VII, 161p.; tome VIII, 160, [1] p. ill., front., pl. h. t., portr., cartes, tabl. stat., plans. 32 cm. Plans de l'Abitation de Québec, t. I, p. 32, du fort Saint-Louis, t. II, p. 40; Québec en 1700, t. II, p. 48; Montréal en 1717, t. II, p. 88; le Château de Vaudreuil, t. II, p. 96; Québec pendant le siège de 1759, t. III, p. 89; Fortifications de Montréal en 1760, t. III, p. 97; Trois-Rivières en 1815,

t. V, p. 33. Notes bibliogr. en bas de page. Contribution directe à l'hist. locale et régionale par les nombreux rappels que l'auteur fait aux principales villes, paroisses et seigneuries. Index des gravures, t. VII, p. [161] Index général pour chacun des tomes.
QQA QQL QQS QQLa

[SWEETSER, MOSES F.] The Maritime Provinces: a handbook for travellers. A guide to the chief cities, coasts, and islands of the Maritime Provinces of Canada, and to their scenery and historic attractions; with the Gulf and River of St. Lawrence to Quebec and Montreal; also, Newfoundland and the Labrador coast. ... 9e éd. rev. et augm. ... Boston, New York, Houghton, Mifflin & Co., 1892. 336p. cartes dépl., plans dépl. 17 cm. Préf. signée par M.F. Sweetser. Titre de la couverture: Sweetser's Maritime Provinces. Brefs hist. du Nouveau-Brunswick, de la Nouvelle-Ecosse, du Cap Breton, de l'Ile du Prince-Edouard, de Terre-Neuve, du Labrador et de Québec, des origines au 19e s., avec des notes hist. sur les principales villes et cités, forts et îles, etc. Bibliogr., p. 334-6. /1875: 1ère éd. Boston, J.R. Osgood & Co. Titre de la reliure: Osgood's Maritime Provinces. /1880: 2e éd. /1883: 3e éd. rev. et augm. /1884: 3e éd. rev. et augm. (réimpr. ?). /1885: autre éd. Boston, Ticknor & Co. /1886: 4e éd. /1888: 6e éd. rev. et augm. Titre de la reliure: Ticknor's Maritime Provinces. /1890: 7e éd. Boston, New York, Houghton, Mifflin & Co. Titre de la reliure: Ticknor's Maritime Provinces. /1891: 8e éd. rev. et augm. Boston, New York, Houghton, Mifflin & Co. /1892: 9e éd. /1894: 10e éd. rev. et augm. /1895: 11e éd. rev. et augm.
1875: NSHP NSHD NBS OOP OTP OLU SSU; LC NN; BM /1880: NBSM /1883: QQL QQLa OOA OOP OLU; LC; BM /1884: OTP /1885: aucune localisation /1886: OOP /1888: LC NN /1890: NSHD; NN /1891: NSHPL NBFU OOP; LC /1892: OKQ OLU; LC NN /1894: NN /1895: OOP OH OLU; NN

TRAMOND, JOANNES M.M.H. Le Canada après le Traité d'Utrecht, voir: Hanotaux, Gabriel A.A. Histoire des colonies françaises.

VATTIER, GEORGES. Esquisse historique de la colonisation de la province de Québec (1608-1925) par Georges Vattier ... Lettre préface de J.-E. Perrault ... Paris, Librairie ancienne Honoré Champion, 1928. viii, 128p. carte. 24 cm. Carte des régions de colonisation, p. 112. Bibliogr., p. [123]; notes bibliogr. en bas de page. Nombreux rappels hist. sur les régions et les paroisses de colonisation. Table dét. des mat., p. [127]-8; pas d'index.

QQA QQL QMBN QMBM OOA OOAg OTP BVaU; NN; BM

WARBURTON, ELIOT, ed. Hochelaga; or, England in the New World ... in two parts. New York, Wiley & Putnam, 1846. 2 t. en 1 vol. (xiii, 174; 198, vii-xiip.). 19 cm. Critiques de l'ouvrage, p. v-vi. Descr. surtout l'ouvrage rappelle les grandes lignes de l'hist. des principaux centres de l'Amérique du Nord principalement celles de la ville de Québec, p. 22-73, de Montréal, p. 110-6, de Kingston et de Toronto, p. 117-34. Table des mat.; pas d'index.
QQLa; LC

WILLSON, BECKLES. Quebec: the Laurentian province ... London, Constable & Co., 1913. xii, 271p. front., ill., pl. h. t., carte dépl. 23 cm. Traite de tous les aspects de la vie québecoise, y compris son hist. des origines à date de publ. Table des ill., p. [x]-xii. /1912: Toronto, Bell & Cockburn.
1912: QPC /1913: NSHPL QQA QQL QQLa QMBN QMU QMBM OOA OOP OOG OKQ OTP OH OLU MW MWU SRL AEU BVaU BVi BViP; LC NN; BM

WOOD, WILLIAM C. The storied province of Quebec. Past and present [par] William Wood ... Associate editors: William Henry Atherton ... [et] Edwin P. Conklin. Toronto, The Dominion Publishing Co., 1931. 5 v. front. (portr.), ill., pl. h. t., portr., fac-sim., plans, cartes. 27 cm. Vol. 1-2: xii, [2], 1164p.; vol. 3-5: [4], 865p. Couvre l'hist. de la prov. de Québec, de 1534 à date de publ. Bibliogr. sur la médecine au Québec, p. 1148-50 et notes bibliogr. en bas de page. Chronol., vol. 1, p. 249-72. Cartes: vol. 1: Ile de Montréal indiquant les premiers faits, les établissements, etc., p. 612; vol. 2: Montréal vu à vol d'oiseau, 1645-50, p. 625; Ville-Marie, 1650-72, p. 632; "plan of the palisaded town, 1687-1723", p. 655; Montréal, 1673-87, p. 656; Montréal, 1725, p. 662; Château de Vaudreuil et environs en 1760, p. 678. Ouvrage collectif qui comprend d'abord une hist. générale de la prov. de Québec signée William Wood, suivi d'hist. régionales et locales et, enfin, par thème, l'hist. des religions catholique et protestante, le système d'éducation, le journalisme, l'hist. des banques, de l'industrie, des sports, de la chasse et de la pêche, des cours de justice, du barreau, de la médecine. Vol. 1: The story of P. Q. by colonel William Wood, p. [3]-123, [125] p.; Unique Quebec by colonel William Wood, p. [127]-275; Regional Quebec by Edwin P. Conklin (Quebec Channel Region, Gaspé Peninsula Region, North Shore, Labrador and New Quebec, Lake St. John and the Saguenay River, Quebec Region, Quebec South Shore Region), p. [277]-

437; Metropolitan Montreal by William Henry Atherton ... p. [603]-22. Vol. 2: Metropolitan Montreal (suite), p. [623]-781; Regional Quebec by Edwin P. Conklin (Three Rivers Region, Richelieu Region, Huntingdon Region, Ottawa Valley Region, Eastern Townships), p. [782]-972. Vol. 3-5: biogr. et portr. avec index pour chacun des vol. Table dét. des mat., vol. 1, p. vii-xii.
NSHPL NBFU QQLa QMBN QMU QMBM OOA OOP OKQ OTP BVaU BVi; LC NN

WOODLEY, EDWARD C. The province of Quebec through four centuries. Toronto, W.J. Gage & Co. [1944] viii, 230p. front., ill., pl. (coul.), cartes, plans. 22 cm. Insiste surtout sur les régimes français et britannique, p. 1-153. Bibliogr., p. 227-30.
QQLa

CHAPITRE II

LES REGIONS

D'une façon générale le contenu de ce chapitre ne présente pas de problème particulier. Il regroupe divers types d'ouvrages retenus ici par l'intérêt qu'ils accordent à l'histoire régionale, c'est-à-dire le plus souvent à l'histoire de la colonisation de l'une ou l'autre région du Québec.

Par contre, les études consacrées à l'Acadie présentent certaines difficultés tant en raison de ses frontières imprécises que des ouvrages qui traitent tantôt d'une tantôt de plusieurs régions où des Acadiens se sont établis et ont vécu.

Nous avons pensé pallier à ces problèmes en retenant dans la section Acadie les seuls ouvrages contenant des références aux Acadiens québecois.

Nous invitons le lecteur à compléter sa documentation sur l'Acadie en consultant le tome I de cette bibliographie: The Atlantic Provinces.

ABITIBI

BENOIST, EMILE. L'Abitibi, pays de l'or. Montréal, Les Editions du Zodiaque [1938] 198, [2] p. ill., pl.h.t., carte dépl. 19 cm. (Collection du Zodiaque, deuxième). Hist. de l'Abitibi et du Témiscamingue depuis ses origines; hist. de la paroisse Saint-Bernard-de-Sullivan, p. [69]-75; Val d'Or, p. [76]-92; Bourlamarque, p. [93]-101. Table dét. des mat.; pas d'index.
OONL QRC QQA QQL QQLa QMBN QMM QMU QMBM OOA OOP OOSJ OOTC OKQ OTU OTP; NN

BLANCHARD, RAOUL. Etudes canadiennes (troisième série). Grenoble, Impr. Allier, 1938-1949. 4 v. ill., pl.h.t., plans, cartes. 25 cm. Extraits de la Revue de Géographie alpine. Vol. 1: La plaine de Montréal, 186p.; vol. 2: Montréal, 198p.; vol. 3: Le pays de l'Ottawa, 140p.; vol. 4: L'Abitibi-Témiscamingue, 133p. Bibliogr. à la fin de chaque vol. Table dét. des mat.; pas d'index.
QQA QQL QQLa QMU OOG OOGB OTY

CARON, IVANHOE. La région de l'Abitibi par l'abbé Ivanhoe Caron ... Avantages offerts aux colons canadiens, aux immigrants et aux

industriels, etc. Québec, Département de la Colonisation, des Mines et des Pêcheries, 1918. 55-[1] p. ill., pl.h.t., carte (coul.). 25 cm. Carte du comté de Témiscamingue en 1917. Hist. de l'origine des cantons (Senneterre, Courville, Charpentier, Barraute, Fiedmont, Lamorandière, Rochebeaucourt, Ducros, Montgay, Landrienne, Duverny, Figuery, Dalquier, Lamothe, Trécesson, Villemontel, Launay, Privat, Royal-Roussillon, Poularies, La Sarre, Clermont et Chazel, La Reine, Desmeloizes). Table dét. des mat.; pas d'index. /1919: 62p. 24 cm. /Autre éd., s.d. 20p.
1918: QQL QQLa QMBN QMBM

CHEVALIERS DE COLOMB. Souvenir du 48e Congrès annuel des Chevaliers de Colomb de la province de Québec, Rouyn, 25 mai 1947 [Rouyn, s. éd., 1947] 180p. ill., portr., carte. 30 cm. Carte de Rouyn-Noranda et la région, p. 30. Aperçu hist. du développement de l'Abitibi et du Témiscamingue, de Rouyn-Noranda et de nombreuses paroisses. Pas d'index.
QRC QQLa

OUELLET, GERARD. Un royaume vous attend, voir: QUEBEC (PROV.). MINISTERE DE LA COLONISATION. Un royaume vous attend.

POTVIN, DAMASE. Sous le signe du Quartz. Histoire romancée des mines du Nord-Ouest de Québec. Montréal, Editions Bernard Valiquette [s.d.] [7]-262, [1] p. 18 cm. Contribution à l'hist. de la région depuis son ouverture à la colonisation. Notes bibliogr. en bas de page. Table dét. des mat., p. [263]; pas d'index.
QRC QQLa QMBN QMBM OTP

PROGRAMME-SOUVENIR. Vingt-cinquième anniversaire de l'Abitibi. Fêté à Amos, 1913-1918 [S.l., s.éd.] 1938. 159, [2] p. ill. 25 cm. Aperçu hist. des origines de l'Abitibi et de ses nombreuses paroisses. Table dét. des mat., p. [160]; pas d'index.
QQLa OOA

QUEBEC (PROV.). MINISTERE DE LA COLONISATION. Un royaume vous attend [par Gérard Ouellet] Québec, Ministère de la Colonisation, 1950. 85, [2] p. ill., portr., carte dépl. 22 cm. En exergue: Texte d'André Siegfried tiré de "Le Canada, puissance internationale". Abrégé de l'hist. des paroisses de l'Abitibi des origines à date de publ., p. 25-72.
QPC QQLa; NN

TRUDELLE, PIERRE. L'Abitibi d'autrefois, d'hier, d'aujourd'hui. Amos, Chez l'Auteur, 1937 [Montréal, l'Imprimerie Modèle Ltée, 1938] 10-394, [3] p. ill., portr. 27 cm. "Errata", p. [397] Hist. de 1686 à date de publ. Abrégé hist. des paroisses et missions, p. 259-344. Append. : "Recensement général des colons établis dans l'Abitibi au 30 juin 1914", p. [353]-77; "Nomenclature géographique", p. [379]-85. Table dét. des mat. ; pas d'index.
QQL QQLa QMBN QMU QMBM OOA OOU OOTC OTP; NN; BM

ACADIE

BERNARD, ANTOINE. L'Acadie vivante, voir: Histoire de l'Acadie.

BERNARD, ANTOINE. Le drame acadien depuis 1604 ... Montréal, Les Clercs de Saint-Viateur [1936] 459, [2] p. ill., portr., cartes. 25 cm. Notes bibliogr. en bas de page. Index des noms de personnes. Table dét. des mat.
NSHP NSHPL NBFU NBSM NBSaM NBFL QRC QQL QNicS QMBN QMM QMU QMBM OOP OOSU OKQ OTP OTU SSU BVaU; LC NN; BM

BERNARD, ANTOINE. Histoire de l'Acadie. Moncton, L'Evangéline Ltée [1939] 130p. ill., portr. 25 cm. Lettre-préface datée de mars 1939, p. [7]. Couvre la période 1500 à date de publ. Table dét. des mat. ; pas d'index. /Autre tirage: 130, [2] p. /1945: L'Acadie vivante; histoire du peuple acadien de ses origines à nos jours ... Montréal, Edition du Devoir. 182p. ill., portr., cartes. 23 cm. Ed. revue et augm. à l'usage des écoliers. Table dét. des mat. ; pas d'index.
1939: NSHP NBFU NBSM NBSaM NBMoU QQLa QNicS QMBN QMBM OOA OTP OTU; LC /1945: NSHP NBFU NBSM NBSaM NBFL PC QQL QQLa QNicS QMBN QMM OOA OOP OOSU OOSJ OTP OTU AEU BVaU BViV

BERNARD, ANTOINE. Histoire de la survivance acadienne, 1755-1935. Montréal, Les Clercs de Saint-Viateur [1935] 465, [2] p. ill., portr., cartes. 25 cm. Couvre tous les aspects de la vie acadienne au Nouveau-Brunswick, en Nouvelle-Ecosse, à l'Ile du Prince-Edouard, aux Iles de la Madeleine et à l'Ile d'Anticosti, de même qu'au Labrador et au Québec. Bibliogr., p. 457 et notes bibliogr. en bas de page. Table dét. des mat. ; pas d'index.
OONL NSHP NBFU NBSM NBSaM QQL QQLa QNicS QMBN QMM QMU QMBM OOA OOP OOU OONM OOSJ OKQ OKR OTP OTU OHM AEU BVaU; BM

COUILLARD-DESPRES, AZARIE E. En marge de La tragédie d'un peuple, voir: Lauvrière, Emile.

DAWSON, SAMUEL E. The Saint Lawrence, its basin border lands. The story of their discovery exploration and occupation ... With illustrations from drawings, photographs, and maps, and with map in colours by J. G. Bartholomew. New York, Frederick A. Stokes [1905] xl, 451p. front., ill., pl.h.t., portr., plans, cartes (coul.). 21 cm. "Geographical map of the Saint Lawrence basin" by J. G. Bartholomew, p. 442; nombreuses autres cartes - de 1500 à 1700 - citées dans la table des ill., p. xix-xxii. Hist. générale de la découverte et de l'exploration du Saint-Laurent et de la Côte Atlantique depuis John Cabot jusqu'aux mouvements de colonisation du 17e s.; hist. de la fondation de Québec, p. 253-72; hist. du peuplement de la vallée du Saint-Laurent (p. 401-14) et de l'Acadie, p. 415-21. Sources consultées, p. 429-41. Table des ill., p. xix-xxii.
OONL QQLa QMBN QMM OOCC OKQ OPeT OTP OLU OWtU; LC NN; BM

DOUGHTY, SIR ARTHUR G. The Acadian exiles; a chronicle of the land of Evangeline. Toronto, Glasgow, Brook & Co., 1916. 178p. front., ill., carte dépl. (1 en coul.). 18 cm. (Chronicles of Canada, 9). Impr. à Edinburg. Hist. de l'Acadie depuis le 16e s. à 1760 environ. Notes bibliogr., p. 162-71. /1920: réimpr. /1922: réimpr.
NSHPL NBSM NBSaM QMBN QMM QMBM OOA OOP OOC OORD OOND OKQ OKR OTP OTK OTY OFW OH OHM OPA OPeT MWU MBC SRL SSU AE ACG ACU BVa BVaU BVi; LC NN; BM

FONTAINE, L. URGELE. Cent trente-cinq ans après; ou, La renaissance acadienne. Suivi de notules historiques et anecdotiques ... par L.U. Fontaine ... Montréal, Impr. Gebhardt-Berthiaume, 1890. 63p. 22 cm. En tête de titre: Notes historiques, recueil publié à l'occasion de la fête nationale des Acadiens, célébrée cette année ... 1890 ... Hist. de l'Acadie, de la période précolombienne à la fin du 18e s. Pas d'index.
OONL NSHD NSWA NBFU NBSM QQL QMU QMBM OOU OTP OLU OWA SSU BVaU; LC NN; BM

HANNAY, JAMES. The history of Acadia, from its first discovery to its surrender to England by the Treaty of Paris. Saint John, N.B., Print. by J. & A. McMillan, 1879. 440p. 22 cm. Notes bibliogr. en bas de page. /1880: London, Sampson, Low & Co. /ca. 1895: éd. abrégée. Kentville, Dominion Atlantic Railway. 128p. ill. 20 cm. En tête de titre: 1603-1755.
1879: OONL NSHL NSHP NSHD NBFU NBS NBSM NBSaM NBFL QQLH

QMBN QMU OOA OOP OOGB OORD OOCC OKQ OKR OPeT OTP OHM MW MWU MWP AEU BVaU BViP; LC NN; BM /1880: OPeT OTP; BM /1895: NSHL NSHP NSHD NSWA NBSM NBSaM NBFL QQL OOP OLU MWU BVaU

HANOTAUX, GABRIEL A.A. Histoire des colonies française et de l'expansion de la France dans le monde. Tome 1. Introd. générale par Gabriel Hanotaux ... L'Amérique par Ch. de La Roncière ... Joannès Tramond ... Emile Lauvrière ... Paris, Société de l'Histoire Nationale; Librairie Plon [1929] xlviii, 630, [1] p. ill., portr., fac-sim., plans, cartes. 30 cm. Gabriel Hanotaux ... Alfred Martineau ... [éditeurs] Vol. 1 d'un ouvrage en 6 vol. parus à Paris de 1929-34. Contenu du vol. 1: Les colonies éphémères et les colonies perdues, par Ch. de La Roncière, hist. de la Nouvelle-France de Cartier à 1711, de Terre-Neuve, 1628-1713, p. 41-95; Le Canada après le Traité d'Utrecht, par Joannès Tramond, hist. de la Nouvelle-France, 1713-63, p. 97-[187]; L'Acadie, par Emile Lauvrière, 1603-1713, p. 189-242. Table dét. des mat.; liste des ill. et des cartes; pas d'index.
QQL QQLa QMU OOA OOP OOU BVaU; LC; BM

LAUVRIERE, EMILE. L'Acadie, voir: Hanotaux, Gabriel A.A. Histoire des colonies françaises.

LAUVRIERE, EMILE. Brève histoire tragique du peuple acadien; son martyre et sa résurrection. ... Paris, A. Maisonneuve, 1947. 206, [1] p. ill., portr., cartes (2 dépl.). 25 cm. Il s'agit de l'éd. abrégée de La tragédie d'un peuple. Couvre l'hist. des 4 prov. de l'Atlantique et autres lieux d'enracinement des Acadiens de Cartier à date de publ. Bibliogr. par chap. Table dét. des mat.; pas d'index.
NBFU NBSM QQL QQLa QMBN QMBM OOA OONM OTP BVaU; LC NN; BM

LAUVRIERE, EMILE. La tragédie d'un peuple; histoire du peuple acadien de ses origines à nos jours. Paris, Brossard, 1922. 2 v. ill., portr., cartes. 23 cm. Hist. de l'Acadie de 1603 à date de publ. Bibliogr. pour chacun des chap. Table dét. des mat.; pas d'index. /1923: 2e éd. /1924: nouvelle éd. rev. et complétée ... Paris, H. Goulet (certains exemplaires sont libellés Plon, mais il s'agit du tirage de la 2e éd.). (Critique: COUILLARD-DESPRES, AZARIE E. En marge de La tragédie d'un peuple, de M. Emile Lauvrière; ou, Erreurs sur l'histoire de l'Acadie réfutées ... Bruges, Belgique, Desclée, de Brouwer & Cie [1925] x, 117, [1] p. 19 cm. Bibliogr.)

OONL NSHP NSHL NSWA NBFU NBSM NBSaM QQL QQLa QMBN QMU QMBM OOA OOU OOSJ OOSU OKQ OTP MWU SSU; LC; BM /Critique: OONL NSHPL NSHD NSHK NSHP NBFU NBSM PC QQL QQLa QMBN QMU QMBM OOA OOP OOSU OOSJ OKQ OTP OLU BVaU; LC NN; BM

LUCAS, SIR CHARLES P. A historical geography of the British colonies, by C.P. Lucas. Vol. V, Canada - part I (New france). Oxford, Clarendon Press, 1901. 364p. cartes (2 dépl.). 19 cm. Concerne surtout la prov. de Québec et l'Acadie, les explorations de Norse à 1763. Bibliogr. à la fin de certains chap.; notes bibliogr. en bas de page. /1916: A historical geography of the British Dominions. Vol. V, Canada - part I, Historical. 2e éd. 364p. cartes (1 dépl.). /[1931]: ... Vol. V, Canada - part I, The history from the discoveries to 1763. 2e éd. Autre éd. du même caractère. Verso de la page-titre: Impr. de 1931, 2e éd. 1923 ... /Vol. V, pt. II, Historical, par Hugh E. Egerton (Oxford, 1908) continue l'hist. à date, mais couvre tout le Canada; vol. V, pt. III, Geographical, par J.D. Rogers (Oxford, 1911) est historique partiellement et couvre tout le Canada; pt. IV, concerne Terre-Neuve, et est de John D. Rogers. Titres et sous-titres varient.
1888: BM /1901: OONL NSHPL NBFL NBFU NBSaM QMBN QMBM OOA OOP OOU OOGB OOL OOND OKQ OKR OTP OTY OTRM OLU MW AE; LC; BM /1916: OONL NSHPL NBFU QQL OOP OOGB OKQ OHM OLU MWU SSU BVa BViPA; LC /1931: OONL NBSaM OKQ OH SRL BVaU

MOREAU, CELESTIN. Histoire de l'Acadie françoise (Amérique Septentrionale) de 1598 à 1755, par M. Moreau ... Paris, L. Techener, 1873. 359p. 22 cm. Table dét. des mat.; pas d'index. (Voir critique dans: COUILLARD-DESPRES, AZARIE E. Observations sur "L'histoire de l'Acadie françoise" de M. Moreau; réfutation et mise au point. Montréal [Arbour & Dupont impr.] 1919. 149, [1] p. 25 cm. Notes bibliogr. en bas de page; Revue canadienne, 1918, II & 1919, I-II).
QQLa QMBN OOA OTP SSU; LC; BM /Critique: NBFU QQLa QMBN QMU OOSJ OTP AEU BVaU; BM

RAMEAU DE SAINT-PERE, FRANCOIS E. La France aux colonies: études sur le développement de la race française par E. Rameau. Les Français en Amérique: Acadiens et Canadiens ... Paris, A. Jouby, 1859. [2], xxxix, 160, 355p. carte dépl. 21 cm. Hist. des Français établis au Québec, en Ontario, dans les provinces maritimes et aux Etats-Unis de 1600 à date de publ. Ouvrages consultés, p. [349]-50. Table dét. des mat.; pas d'index.
OONL NSHP NBFU NBMoU QQL QQLa QMBN QMU QMBM OOA OOSJ

OKQ OKR OTP OHM SSU BVaU; LC; BM

RAMEAU DE SAINT-PERE, FRANCOIS-E. Une colonie féodale en Amérique (L'Acadie, 1604-1710) par E. Rameau ... Paris, Didier et Cie, 1877. [2], xxxiv, 367p. 18 cm. "Sources manuscrites", p. [xxxi]-xxxiii; "Ouvrages imprimés - sources spéciales", p. xxxiii-xxxiv. Notes bibliogr. en bas de page. Table dét. des mat. ; pas d'index. /2e éd. : Une colonie féodale en Amérique: l'Acadie, 1604-1881 ... Paris, Plon, Nourrit et Cie; Montréal, Granger Frères, 1889. 2 v. : xxxii, 365p. ; 425p. carte dépl.
NSHL NSHP NSWA NBS NBSM NBSaM QQL QMBN QMBM; LC; BM

SULTE, BENJAMIN. Mélanges historiques. Etudes éparses et inédites. Compilées, annotées et publiées par Gérard Malchelosse. Montréal, G. Ducharme; Edouard Garand, 1919-1933. 21 v. ill., pl. h. t., plans, cartes. 24 cm. Vol. 1, 162p., front. ; vol. 2, 156p. ; vol. 3, 148p. ; vol. 4, 103p., front., ill., portr. ; vol. 5, 126p. ; vol. 6, 216p., ill., pl. h. t., plans; vol. 7, 163p. ; vol. 8, 144p. ; vol. 9, 74p., ill., pl. h. t., plans; vol. 10, 160p., plan; vol. 11, 98p., front., ill. ; vol. 12, 109p. ; vol. 13, 96p. ; vol. 14, 96p. ; vol. 15, 130p. ; vol. 16, 96p. ; vol. 17, 130p. ; vol. 18, 96p., plan; vol. 19, 96p., plan; vol. 20, 96p. ; vol. 21, 96p. Contient divers articles sur la petite hist. locale et régionale du Québec. Vol. 1: "Québec en 1629-31", p. 27-36; "Beauport vs Québec", p. 37-43; vol. 2: Trois-Rivières, p. 73-83; vol. 3: "Trois-Rivières", p. 93-113; "Cap Rouge", p. 123-33; vol. 5: "Verdun", p. 52-7; vol. 6: Les forges du Saint-Maurice, p. [9]-195; vol. 9: Le fort de Chambly, p. [7]-58; vol. 10: "Rivière-du-Loup (en haut)", p. [5]-65; Lachine, p. [66]-92; "L'Ile à la Fourche (Nicolet)", p. [93]-106; "Le Château Bigot", p. 107-17; vol. 16: L'Acadie française, p. [11]-90; vol. 18: Trois-Rivières d'autrefois, Première série, p. [5]-90; vol. 19: Trois-Rivières d'autrefois, Deuxième série, p. [7]-89; vol. 20: Trois-Rivières d'autrefois, Troisième série, p. [5]-91; vol. 21: Trois-Rivières d'autrefois, Quatrième série, p. [7]-90. Notes bibliogr. en bas de page. Table des mat. et index à la fin de chaque vol.
QQL QQLa QMBN QMBM OOA OOLU OOSJ OOCC OKR OTP; LC

BAIE DES CHALEURS

MACWHIRTER, MARGARET (GRANT). Treasure trove in Gaspé and the Baie des Chaleurs ... 3e éd. Quebec, The Telegraph Printing Co., 1919. xiv, 217p. ill., pl. h. t. 20 cm. Descr. de la Côte, p. 1-97. Nombreuses notes hist. Table dét. des mat. ; pas d'index.

NSHD NBFU NBS NBSM NBSaM NBFL QGS QRS QPC QQA QQL QMBN QMBM OOA OOP OORD OLU OTP MW BVaU; NN; BM

[PELLAND, ALFRED] La colonisation dans la Baie des Chaleurs. [Québec] Ministère de la Colonisation, des Mines et des Pêcheries [1911] 16p. ill. 21 cm. En tête de titre: Guide du colon, 1911-12. Nombreux rappels hist. sur les paroisses et les cantons de cette région. Pas d'index.
QQL QMBN OOSU

QUEBEC (PROV.). BUREAU PROVINCIAL DU TOURISME. La Gaspésie, histoire, légendes, ressources, beautés. Québec [Ministère de la Voirie] 1930. [5]-260p. front., ill., portr., carte dépl. 22 cm. Carte dépl. de la péninsule de Gaspé en 1930. Bibliogr., p. 258. Table dét. des mat., p. [5]-6; pas d'index. /1930: The Gaspé Peninsula, history, legends, ressources, attractions. 257, [3] p. Bibliogr., p. 255. /1933: éd. abrégée. 121p. /1934: "Fourth centenary edition".
1930: QGS QRS QPC QQLa /1930, trad. anglaise: QPC QQA QQLa QMBN QMBM OOP OOG OOTC; LC NN; BM /1933: QPC QQLa /1934: QQLa; LC

BAS SAINT-LAURENT

[LANGELIER, JEAN-C.] Why Quebec is interesting. [Quebec, s.éd., s.d.] 177, [3] p. ill. 17 cm. Survol de l'hist. de Québec de 1535 à date de publ. (p. 113-43) et de ses institutions, p. 66-113; du Bas Saint-Laurent, p. 143-70. Table dét. des mat., p. [179]; pas d'index.
QQA

BOIS-FRANCS

JEAN RIVARD-DE-PLESSIS (Pseud.). La naissance de Plessisville, 1835-1855. Dans les Bois-Francs. [Plessisville, Impr. Houde & Houde, 1935] [3]-25p. ill. 22 cm. Concerne surtout l'hist. de la colonisation et de l'érection de paroisses: Plessisville, p. 11-6; Saint-Calixte de Sommerset, p. 17; notes à propos de la fondation de la municipalité de Plessisville, p. 20-1. Notes bibliogr. en bas de page. Pas d'index.
QPC QQA QQLa QQS

MAILHOT, CHARLES-E. Les Bois-Francs. Arthabaska, La Cie d'Imprimerie d'Arthabaska, 1914-1920. 4 v.: vol. 1, 471, [3] p.; vol. 2, 445p.; vol. 3, 491p.; vol. 4, 352p. front., ill., pl.h.t., portr. 23 cm. Vol. 1: "Errata", p. [474]; hist. générale de la région, p. 9-161; hist. des paroisses Saint-Louis-de-Blandford, p. 163-208; Saint-Eusèbe-de-Stanfold, p.

209-78; Saint-Calixte-de-Sommerset, p. 279-312; Saint-Norbert d'Arthabaska, p. 313-34; Saint-Médard-de-Warwick, p. 391-432; Sainte-Victoire d'Arthabaska, p. 433-62; "Recensements décennaux des Bois-Francs de 1840 à 1910", p. 463-4. Vol. 2: "Corrections", p. 440; paroisse de Saint-Ferdinand, p. 9-12; Sainte-Victoire d'Arthabaska, p. 51-112; Saint-Paul-de-Chester, p. 113-92; Sainte-Hélène-de-Chester, p. 193-216; les Acadiens dans les Bois-Francs et notes généalogiques, p. 217-436. Vol. 3: "Corrections", p. 485; la paroisse de Saint-Valère de Bulstrode, p. 131-43; notice sur la paroisse du Saint-Rosaire, p. 175-7; nombreuses généalogies de familles et doc. divers. Vol. 4: "Corrections", p. 440; hist. de Sainte-Victoire d'Arthabaska, p. 51-[111]; esquisse de la paroisse Saint-Paul-de-Chester de 1849 à 1901, p. [113]-91; notes sur la paroisse de Sainte-Hélène-de-Chester depuis 1860, p. [193]-216; généalogies de familles, p. [217]-424; Sainte-Julie de Sommerset depuis 1840, p. [425]-34. Nombreux doc. stat. Table des ill. pour chaque vol.; table des mat. pour chaque vol.; pas d'index.
QQLa QSherU QMBN QMU OORD OLU OStCB

TRUDELLE, CHARLES. Trois souvenirs. Québec, Léger Brousseau, 1878. 173p. 17 cm. Quelques notes hist. sur les Bois-Francs, p. 5-74; la Baie Saint-Paul, p. 81-152; le Cap Tourmente, p. 155-72. Table dét. des mat.; pas d'index.
OONL QRS QPC QQA QQL QQLa QMBN QMU OOA OTP; NN

CANTONS DE L'EST

BELDEN (H.) & CO., PUB., TORONTO. Illustrated atlas of the Dominion of Canada containing authentic and complete maps of all the provinces, the North-West Territories, and the island of Newfoundland ... Together with a general descriptive history, &c. ... Toronto, H. Belden & Co., 1881. liii, xx, [140], [14] p. ill., portr., cartes (cartes dépl. et col.). 46 cm. Le corps de l'ouvrage [140p.] consiste en des ill. entrecoupées de quelques pages blanches. La dernière page porte le numéro 18 (suivi de [14] autres pages de notes biogr. des souscripteurs des Cantons de l'Est et de ceux du Sud-Ouest du Québec) mais la pag. est irrégulière. Hist. polit. surtout des Cantons de l'Est et du Sud-Ouest du Québec: leurs cantons, leurs comtés et leurs districts, de même que certaines villes et certains villages de la période de colonisation (1830-1850) à date de publ. Index des ill. et des cartes au début du vol.; pas d'index.
QMM OOA

BLANCHARD, RAOUL. Le centre du Canada français "province de Québec".

Montréal, Librairie Beauchemin, 1947. 577, [2] p. ill., pl. h. t., plans, cartes. 26 cm. (Publications de l'Institut scientifique franco-canadien). La région du fleuve Saint-Laurent: région du Lac Saint-Pierre, p. [65]-112, de Trois-Rivières, p. [153]-76; région des Cantons de l'Est, p. [181]-369; de Sherbrooke, p. 317-22; des Laurentides, p. [371]-532. Ouvrage géogr. comprenant l'hist. du peuplement et de la colonisation de ces régions. Bibliogr., p. [535]-45 et notes bibliogr. en bas de page. Tables des planches, p. [575]-7.
OONL QQL QQLa QMBN QMU OOA OOGB OOG OOAg OOTC BVaU

BORTHWICK, JOHN D. History of the diocese of Montreal, 1850-1910 by Rev. J. Douglas Borthwick ... Montreal, J. Lovell & Son, 1910. vi, [1], 230p. front., pl. h. t., portr. 23 cm. "A limited first edition". (Voir notes après p. 230). Erreur dans la pag.: la p. vi apparaît deux fois. Couvre tout le diocèse anglican de Montréal et traite part. de l'hist. religieuse des Cantons de l'Est. Biogr. des membres du clergé.
NSHPL QQS QMBN QMBM OOA OOP OKQ OLU OTU OTP OTY BVaU; LC NN

CARON, IVANHOE. La colonisation de la province de Québec; les Cantons de l'Est, 1791-1815, par l'abbé Ivanhöe Caron ... Québec [L'Action Sociale Ltée] 1927. ix, 379p. tables, plans. 23 cm. Troisième vol. de "l'Histoire de la colonisation dans la province de Québec" du même auteur. Nombreux doc. en append.: Tableau des comtés du Bas-Canada, p. 304-7; liste des paroisses établies dans le Bas-Canada depuis le règlement de 1721, p. 352-3; liste des écoles de l'Institution royale en 1815, p. 357-8; curés et missionnaires du diocèse de Québec en 1815, p. 359-62. Table des mat. comprenant: "Table alphabétique des cantons", p. [363]-4 et "Table analytique des noms de personnes, de lieux et de choses", p. [365]-73.
NSHD QRC QPC QCSHS QQA QQL QQLa QSherU QMBN QMM QMU OOP OKQ OOU OOAg OOSJ OTY OLH OLU OPeT OWtU OWA SSU BVaU; LC NN; BM

CHANNELL, L.S. History of Compton county and sketches of the Eastern Townships, District of St. Francis, and Sherbrooke County. Supplemented with the records of four hundred families ... including biography of the late Hon. John Henry Pope by Hon. C.H. Mackintosh ... Cookshire, L. S. Channell, 1896. 289, [7] p. front. (carte), ill., portr. 31 cm. "Corrections" à la fin du vol. Carte du district électoral de Compton en front. Hist. du district St. Francis de 1692 à 1791, p. [15]-23; hist. des comtés de Buckingham (1791-1829), p. [24]-6, de Sherbrooke (1829-1853),

p. [27]-32, de Compton (1853-1896), p. [33]-64, Eaton, incluant la ville de Cookshire et le village de Sawyerville, p. [65]-76; hist. des cantons de Compton, Clifton, Newport, Westbury, Hereford, Bury, Lingwick, Hampden, Winslow, Whitton, Marston, Ditton, Chesham, Emberton, Auckland et Clinton. Nombreuses biogr. avec index. Table des ill.
QQA QQL QQS QMBN QMM QMBM OOA OOP OTP SRL BVaU; LC

DAY, CATHERINE M. History of the Eastern Townships, province of Quebec, Dominion of Canada, civil and descriptive; in three parts. Montreal, John Lovell, 1869. x-475p. 19 cm. 3 parties en 1 vol.: Hist. du Canada, p. 1-127; économie, société, civilisation, p. 128-250; hist. des Cantons de l'Est, p. 251-475. Pas d'index.
NfSM NSHPL QQA QLB QMBN QMM QMBM OOA OOP OOG OOC OKQ OTP OTU OH OHM OLU BVaU BViP; NN; BM

DAY, CATHERINE M. Pioneers of Eastern Townships: a work containing official and reliable information respecting the formation of settlements, with incidents in their early history, and details of adventures, perils and delivrance, by Mrs. C.M. Day. Montreal, John Lovell, 1863. ix, 171p. 17 cm. Concerne part. les cantons Stukely et Shefford. Nombreuses généalogies.
NSHPL NBSM QQL QQLH QMBN QMM QMU QMBM QLB OOA OOP OOC OOND OKQ OTP OTRM OTTC OH OHM OLU SSU SSRL AEP BVa BVaU; LC NN; BM

GRANT, GEORGE M. French Canadian life and character; with historical and descriptive sketches of the scenery and life in Quebec, Montreal, Ottawa, and surrounding country. Edited by George Monro Grant ... Chicago, Alexander Belford, 1899. 249p. front., ill., pl. 31x23 cm. Hist. et descr., du début à date de publ., de Québec, p. 53-113, de la vallée du Richelieu, des Cantons de l'Est, p. 115-37 et de Montréal, p. 139-78. L'ouvrage est écrit en collaboration. Table dét. des mat., p. [7]; pas d'index.
NSHPL NBSM QMBN QMBM OKQ OTP SSU; LC

GRANT, GEORGE M. Picturesque Canada; the country as it was and is. Ed. by George Monro Grant ... Illustrated under the supervision of L.R. O'Brien with over 500 engravings on wood ... Toronto, Belden [1882] 2 v. front., ill., pl.h.t. 33x25 cm. Pag. continue: vol. 1: ix, 440p.; vol. 2: xii, 441-880p. Contenu relatif au Québec, "Quebec; historical review", par Principal Grant, vol. 1, p. [1]-32; "Quebec;

picturesque and descriptive", par A.M. Machar ..., vol. 1, p. [33]-61; "Montreal", par A.J. Bray et J. Lespérance ..., vol. 1, p. [104]-41; "Southeastern Quebec", par J.H. Hunter, vol. 2, p. [675]-96; "The Lower St. Lawrence and the Saguenay", par J.G.A. Creighton ..., vol. 2, p. [697]-740. Table des ill. ; table dét. des mat. ; pas d'index.
OONL NSHPL NBFL NBFU NBSM NBS QQA QQL QQS QQLa QMBN QMU QMBM OOP OOG OORD OONF OOS OOsh OOU OOC OOSJ OOH OHM OKF OKQ OKR OL OLU OTP OTU OTY OTV OTRM OTStM OPeT OWtU MW MWU MWP SRL SSU AEU ACG BVa BVaU BVi BViP BViPA BViU; LC NN

GRAVEL, JOSEPH-A.-A. Les Cantons de l'Est [par abbé] Albert Gravel. [Sherbrooke, Chez l'Auteur, 1939] [11]-219p. portr., carte. 18 cm. "Tous ces chapitres qui analysent un ou deux faits en particulier renferment des répétitions inévitables, ayant été écrits séparément pour les Annales de Saint-Gérard". (Mot de l'auteur). Carte des Cantons de l'Est donnant les frontières des comtés. Hist. de la région de 1646 à 1900 environ. Table dét. des mat. ; pas d'index.
QPC QQL QQLa QSherU QMBN QMU QMBM OOA OOU OORD BVaU

McALEER, GEORGE. Reminiscent and otherwise: life in the Eastern Townships of the province of Quebec, Canada, fifty years ago. [By] Dr. George McAleer. Worcester, Mass., Press of Lucius P. Goddard, 1901. 20p. front. 23 cm. Descr. de la vie des premiers colons des Cantons de l'Est vers 1850. Pas d'index.
QQL QMBN QMBM OONM OCA; BM

MISSISQUOI COUNTY HISTORICAL SOCIETY. Report of the Missisquoi County Historical Society. With papers & items of local interest ... [S.l., s.éd.] 1906-1913. 5 v. : vol. 1, 61p. ; vol. 2, 60p. ; vol. 3, 109p. ; vol. 4, 79p. ; vol. 5, 109p. ill., pl.h.t., carte. 25 cm. Titre varie. Carte: le Lac Champlain en 1748, signé De Lery, vol. 5, p. 28. Comprend de courtes études hist. sur le comté de Missisquoi et des biogr. Vol. 5: la Seigneurie de Missisquoi, p. 29-33; la Seigneurie de Foucault, p. 33-43; la Seigneurie de Noyan, p. 43-5; la Seigneurie de Saint-Armand, p. 48-51; la Seigneurie de Lusignon, p. 31. Notes biogr. en bas de page. Pas d'index.
QQL QQLa QMBN QMBM OOC OTP OLU; NN

[NOTES HISTORIQUES sur les paroisses du diocèse de Sherbrooke parues dans l'Annuaire du Collège de Sherbrooke. Sherbrooke, 1949] Pag. var. 21 cm. Recueil de différentes études parues dans l'Annuaire et relié en un vol. factice. Comprend des notes hist. - généralement des

origines à date de publ. - de paroisses du diocèse de Sherbrooke, notamment Saint-Michel de Sherbrooke, Saint-Philémon de Stoke, Saint-Hippolyte de Wotton, Saint-Janvier de Weedon et Saint-Pierre de la Patrie.
QQLa

[NOYES, JOHN P.] Sketches of some early Shefford pioneers. [Waterloo, Que., Waterloo Public Library, 1905] Montreal, Gazette Printing. [3]-126p. pl.h.t., portr. 23 cm. Préface signée Jno. P. Noyes. Ouvrage biogr. et hist. concernant Waterloo, le comté de Shefford et les Cantons de l'Est. Pas d'index.
QQL QQLa QMBN QMM QMBM QWA OOA OOP OOAg OORD OTP AEU BVaU; NN

SHERBROOKE DAILY RECORD. Eastern Townships of Quebec. Sherbrooke, 1935. No du 23 février du Sherbrooke Daily Record dans lequel on trouve un hist. de chaque comté des Cantons de l'Est. Coïncide avec le trente-huitième anniversaire du journal. Pas d'index.
QQL

THOMAS, CYRUS. Contributions to the history of the Eastern Townships: a work containing an account of the early settlement of St. Armand, Dunham, Sutton, Brome, Potton and Bolton; with a history of the principal events that have transpired in each of these townships up to the present time ... Montreal, J. Lovell, 1866. iv, [9]-376p. 19 cm. Saint-Armand, p. [9]-135; Dunham, p. [136]-73; Sutton, p. [174]-230; Brome, p. [231]-99; Potton, p. [300]-32; Bolton, p. [333]-71. Table dét. des mat.; pas d'index.
NSWA QQA QMM OTP MWU BVaU; LC NN

LA TRIBUNE, Sherbrooke. Les romantiques Cantons de l'Est. Cahier d'Histoire, no 1- Sherbrooke, La Tribune, 1943- ill., portr., carte dépl. 42 cm. No 1, 204p.; no 2, 192p. Carte (vol. 1): "Romantic & Historic Map of the Lake Region of the Eastern Townships Quebec to 1867". Hist. religieuse et civile des Cantons de l'Est, part. de Sherbrooke, Lennoxville, Granby, Victoriaville, Thetford Mines, Coaticook, Magog, Plessisville ainsi que de nombreuses paroisses. Voir table des mat., 1943, p. 204 et 1945, p. 191. Table dét. des mat.; pas d'index.
QQA QQL QMBM OOA

WOOD, WILLIAM C. The storied province of Quebec. Past and present [par] William Wood ... Associate editors: William Henry Atherton ...

[et] Edwin P. Conklin. Toronto, The Dominion Publishing Co., 1931. 5 v. front. (portr.), ill., pl.h.t., portr., fac-sim., plans, cartes. 27 cm. Vol. 1-2: xii, [2], 1164p.; vol. 3-5: [4], 865p. Couvre l'hist. de la prov. de Québec, de 1534 à date de publ. Bibliogr. sur la médecine au Québec, p. 1148-50 et notes bibliogr. en bas de page. Chronol., vol. 1, p. 249-72. Cartes: vol. 1: Ile de Montréal indiquant les premiers faits, les établissements, etc., p. 612; vol. 2: Montréal vu à vol d'oiseau, 1645-50, p. 625; Ville-Marie, 1650-72, p. 632; "plan of the palisaded town, 1687-1723", p. 655; Montréal, 1673-87, p. 656; Montréal, 1725, p. 662; Château de Vaudreuil et environs en 1760, p. 678. Ouvrage collectif qui comprend d'abord une hist. générale de la prov. de Québec signée William Wood, suivi d'hist. régionales et locales et, enfin, par thème, l'hist. des religions catholique et protestante, le système d'éducation, le journalisme, l'hist. des banques, de l'industrie, des sports, de la chasse et de la pêche, des cours de justice, du barreau, de la médecine. Vol. 1: The story of P.Q. by colonel William Wood, p. [3]-123, [125] p.; Unique Quebec by colonel William Wood, p. [127]-275; Regional Quebec by Edwin P. Conklin (Quebec Channel Region, Gaspé Peninsula Region, North Shore, Labrador and New Quebec, Lake St. John and the Saguenay River, Quebec Region, Quebec South Shore Region), p. [277]-437; Metropolitan Montreal by William Henry Atherton ... p. [603]-22. Vol. 2: Metropolitan Montreal (suite), p. [623]-781; Regional Quebec by Edwin P. Conklin (Three Rivers Region, Richelieu Region, Huntingdon Region, Ottawa Valley Region, Eastern Townships), p. [782]-972. Vol. 3-5: biogr. et portr. avec index pour chacun des vol. Table dét. des mat., vol. 1, p. vii-xii.
NSHPL NBFU QQLa QMBN QMU QMBM OOA OOP OKQ OTP BVaU BVi; LC NN

CHAUDIERE, Vallée de la

ANDERSON, WILLIAM J. The Valley of the Chaudiere, its scenery and gold fields by Dr. W.J. Anderson ... Quebec, Printed at the "Morning Chronicle" Office, 1872. 38p. ill. 17 cm. Bref hist. des mines de la Chaudière et descr. des principaux villages. Pas d'index.
QQL QMBN QMBM OOA; LC

COTE NORD DU SAINT-LAURENT

On complétera sa documentation en parcourant les sections intitulées: Côte Sud du Saint-Laurent et Vallée du Saint-Laurent.

FAUCHER DE SAINT-MAURICE, NARCISSE-H.-E. De tribord à babord. Trois croisières dans le Golfe Saint-Laurent ... Montréal, Duvernay Frères et Dansereau, 1877. vi, 7-458p. 19 cm. Lettre de l'auteur à Louis-Jean Rivet, p. [v]; Anticosti, p. 109-54; Iles de la Madeleine, p. 155-215; la Gaspésie, p. 350-424. Descr. et hist. Pièces justificatives, p. 427-52; notes bibliogr. en bas de page. Table dét. des mat.; pas d'index. /1881: Promenades dans le Golfe Saint-Laurent. 4e éd. Québec, Typ. Darveau [c1879] xvii, 207p. 16 cm. Notes hist. diverses. Table dét. des mat.; pas d'index. /1886: ... La Gaspésie: promenades dans le Golfe Saint-Laurent. 3e éd. Montréal, Libr. Saint-Joseph. 239p. 23 cm. (Bibliothèque religieuse et nationale, 3e série). Relié avec Les Iles: promenades dans le Golfe Saint-Laurent. 9e éd. [1886?] 185p. 23 cm. (Bibliothèque religieuse et nationale, 2e série). Ces deux ouvrages ont d'abord paru en un seul sous le titre: De tribord à babord, en 1877. /1895: La Gaspésie, promenades ... Montréal, Derome. 239p. Rééd. des deux parties de: De tribord à babord. /1897: La Gaspésie. 3e éd.
1877: NSHD QQA QQL QNicS QMBN QMU QMBM OOA OOP OOU OKQ OTP OLU AEU BVaU; LC NN /1881: QQLa /1886: QPC; LC NN; BM /1895: QGS QQA; NN /1897: NN

GARNIER, LOUIS. Du cométique à l'avion. Les pères Eudistes sur la Côte Nord (1903-1946). Notes et souvenirs d'un ancien missionnaire le père Louis Garnier, eudiste. [Québec, P. Larose, Impr., 1947] xiii, 297p. ill., pl.h.t., portr., carte. 20 cm. Préface d'Onésime Gagnon. Carte du Golfe Saint-Laurent. Les missions des Eudistes avec notes hist. sur quelques paroisses ainsi que l'Ile d'Anticosti. Liste des Pères ayant été missionnaires. Table dét. des mat.; pas d'index. /1949: Dog sled to airplane. A history of the St. Lawrence North Shore. Translated from the French by Hélène-A. Nantais et Robert-L. Nantais ... Québec, s.éd. xii, 298p.
1947: QQL QQLa /1949: QMBM

POTVIN, DAMASE. En zigzag sur la côte et dans l'île. Simples notes d'un journaliste. Québec, 1929. 80p. front. (portr.), ill., pl.h.t. 18 cm. Bref hist. et descr. des villages de la Côte Nord, p. 5-34, de l'Ile d'Anticosti, p. [37]-80. Pas d'index.
QQLa QMBN QMBM OTU; NN

QUEBEC (PROV.). BUREAU PROVINCIAL DU TOURISME. La Gaspésie, histoire, légendes, ressources, beautés. Québec [Ministère de la Voirie] 1930. [5]-260p. front., ill., portr., carte dépl. 22 cm. Carte dépl. de

la péninsule de Gaspé en 1930. Bibliogr., p. 258. Table dét. des mat., p. [5]-6; pas d'index. /1930: The Gaspé Peninsula, history, legends, ressources, attractions. 257, [3] p. Bibliogr., p. 255. /1933: éd. abrégée. 121p. /1934: "Fourth centenary edition".
1930: QGS QRS QPC QQLa /1930, trad. anglaise: QPC QQA QQLa QMBN QMBM OOP OOG OOTC; LC NN; BM /1933: QPC QQLa /1934: QQLa; LC

ROCHETTE, EDGAR. Notes sur la Côte-Nord du Bas Saint-Laurent et le Labrador canadien ... Québec, Impr. "Le Soleil", 1926. [12]-131, [1] p. carte dépl. 19 cm. Bref aperçu hist. des origines à date de publ. Lettre d'Arthur A. Schmon, p. 116-20; tableaux des villages, p. 121-3. Bibliogr., p. 124. Table dét. des mat., p. 125-31; pas d'index.
QPC QQLa QMBN QMBM OOA OOSJ OOSU OTP OTT; NN

ROUILLARD, EUGENE. La Côte-Nord du Saint-Laurent et le Labrador canadien. Esquisse topographique, nomenclature des cours d'eau, forces hydrauliques, industrie forestière, territoire de chasse, pêche à la mer et pêche sportive, mines de fer, stations de pêche, voies de communications, ressources générales. Québec, Typ. Laflamme & Proulx, 1908. 181, [7] p. ill., pl.h.t., cartes dépl. 24 cm. Carte de la Côte Nord. Table dét. des mat.; index des rivières de la Côte Nord; index des villages, postes de pêche, îles, etc.
QQLa; NN; BM

WOOD, WILLIAM C. The storied province of Quebec. Past and present [par] William Wood ... Associate editors: William Henry Atherton ... [et] Edwin P. Conklin. Toronto, The Dominion Publishing Co., 1931. 5 v. front. (portr.), ill., pl.h.t., portr., fac-sim., plans, cartes. 27 cm. Vol. 1-2: xii, [2], 1164p.; vol. 3-5: [4], 865p. Couvre l'hist. de la prov. de Québec, de 1534 à date de publ. Bibliogr. sur la médecine au Québec, p. 1148-50 et notes bibliogr. en bas de page. Chronol., vol. 1, p. 249-72. Cartes: vol. 1: Ile de Montréal indiquant les premiers faits, les établissements, etc., p. 612; vol. 2: Montréal vu à vol d'oiseau, 1645-50, p. 625; Ville-Marie, 1650-72, p. 632; "plan of the palisaded town, 1687-1723", p. 655; Montréal, 1673-87, p. 656; Montréal, 1725, p. 662; Château de Vaudreuil et environs en 1760, p. 678. Ouvrage collectif qui comprend d'abord une hist. générale de la prov. de Québec signée William Wood, suivi d'hist. régionales et locales et, enfin, par thème, l'hist. des religions catholique et protestante, le système d'éducation, le journalisme, l'hist. des banques, de l'industrie, des sports, de la chasse et de la pêche, des cours de justice, du barreau, de la

médecine. Vol. 1: The story of P. Q. by colonel William Wood, p. [3]-123, [125] p.; Unique Quebec by colonel William Wood, p. [127]-275; Regional Quebec by Edwin P. Conklin (Quebec Channel Region, Gaspé Peninsula Region, North Shore, Labrador and New Quebec, Lake St. John and the Saguenay River, Quebec Region, Quebec South Shore Region), p. [277]-437; Metropolitan Montreal by William Henry Atherton ... p. [603]-22. Vol. 2: Metropolitan Montreal (suite), p. [623]-781; Regional Quebec by Edwin P. Conklin (Three Rivers Region, Richelieu Region, Huntingdon Region, Ottawa Valley Region, Eastern Townships), p. [782]-972. Vol. 3-5: biogr. et portr. avec index pour chacun des vol. Table dét. des mat., vol. 1, p. vii-xii.
NSHPL NBFU QQLa QMBN QMU QMBM OOA OOP OKQ OTP BVaU BVi; LC NN

COTE SUD DU SAINT-LAURENT

On complétera sa documentation en parcourant les sections intitulées: Côte Nord du Saint-Laurent et Vallée du Saint-Laurent.

GAUVREAU, CHARLES-A. Au bord du Saint-Laurent. Histoire et légendes par Chs.-A. Gauvreau. Rivière-du-Loup, Impr. du "Saint-Laurent", 1923. 86, [2] p. 22 cm. Préf. de Fortunat Charron, p. 5-10. Notes hist. diverses. Pas d'index.
QQA QQL QQLa QMBN QMBM OTU OLU

GASPESIE

A GEOGRAPHICAL history of Nova Scotia. Containing an account of the situation extent and limits thereof. As also of the various struggles between the two crowns of England & France for the possession of that province. Wherein is shown, the importance of it, as well with regard to our trade, as to the securing of our other settlements in North America. To which is added, an accurate description of the bays, harbours, lakes, and rivers, the nature of the soil, and the produce of the country. Together with the manners and customs of the Indian inhabitants. London, Print. for Paul Vaillant, 1749. [9]-110, [1] p. 21 cm. Errata, dernière p. Hist. & descr., de l'Acadie et de la Nouvelle-Ecosse de Cabot à date de publ. Pas d'index. /Trad. française par Etienne de Lafargue, publiée la même année. Histoire géographique de la Nouvelle-Ecosse ... A Londres [s. éd., France, probablement Paris] viii, 164p. 17 cm. Addition de la préf. du trad. & notes de lecteurs français (TPL: 211). /1755: autre éd. française. vi, 164p. /1750: Historische und geogra-

phische beschreibung von Neu-Schottland ... Franckfurt und Leipzig, H.L. Brönner. 2, 216p. carte dépl. 17 cm. Trad. allemande, avec notes ajoutées après p. 195 incl. les événements à Halifax, 1749 à avril 1750, et à la fin une carte de 1750 redessinée de Thomas Jefferys (Sabin: 56138). /1765: trad. de Lafargue, dans ses Oeuvres mêlées (Paris, 2 v.), vol. 2, p. [157]-350.
1749, éd. anglaise: NSWA NBSM OOA OOP OTP; LC RPJCB PPL PHi; BM (1748) /1749, éd. française: NSHPL QMBN QMM OTP; LC RPJCB /1750, éd. allemande: aucune localisation canadienne; LC RPJCB; BM /1755, éd. française: NSHPL QQLa QMBN OOA; LC RPJCB; BM /1765, éd. française: QMBN QMBM; RPJCB Cty N

AUCOIN, EDMOND-D. Le pays d'Evangéline depuis son origine jusqu'à nos jours. Montréal, "Pays Laurentien" [G. Malchelosse] 1917. [2], 46p. 26 cm. En tête de titre: Collection Laurentienne. Hist. de l'Acadie depuis 1605. Notes bibliogr. en bas de page. Pas d'index.
NSHL NSHD NBFU NSWA QQL QMBN QMU QMBM OOA OTP BVaU; BM

BECHARD, AUGUSTE. La Gaspésie en 1888 ... Québec, L'Impr. Nationale, 1918. 130p. 15 cm. (Pages canadiennes, deuxième série). Texte publié d'abord dans "La Lyre d'or" d'Ottawa, 1888-89. Descr. surtout l'ouvrage donne un bon aperçu de l'état de la Gaspésie à la fin du 19e s. Pas d'index.
NBFU QGS QPC QQA QQL QMBN QMU QMBM OOA OOU; NN

BERNARD, ANTOINE. Au pays canadien, voir: La Gaspésie au soleil.

BERNARD, ANTOINE. La Gaspésie au soleil. Montréal, Les Clercs de Saint-Viateur, 1925. 332p. ill., pl.h.t., cartes. 21 cm. Append.: Paroisses et missions du diocèse de Gaspé. Bibliogr., p. [329]-30. Pas d'index. /1925: Au pays canadien. La Gaspésie au soleil. Tours, name. 302p. front., ill., carte. 27 cm. /1932: autre éd.
1925, éd. canadienne: OONL NBSM QGS QRS QPC QQA QQLa QNicS QMM OOA OOP OOU OOSJ OONM OKQ OTU OTY OTP; NN; BM /1925, éd. française: QRS QQA /1932: OONL OOP

BLANCHARD, RAOUL. L'Est du Canada français "province de Québec". Paris, Librairie Masson & Cie; Montréal, Librairie Beauchemin, 1935. 2 v.: [9]-366p.; [7]-336p. pl.h.t., plans, cartes. 26 cm. (Publications de l'Institut scientifique franco-canadien). Vol. 1: La Gaspésie, p. 11-106; Estuaire du Saint-Laurent, p. 107-310; région Québec-Saguenay, p. 311-60. Vol. 2: Le Saguenay et le Lac Saint-Jean, p. [7]-155;

Québec, p. [157]-289. Ouvrage géogr. et hist. concernant le peuplement et la colonisation de ces régions. Bibliogr., vol. 2, p. [295]-307 et notes bibliogr. en bas de page. Table dét. des mat. à la fin de chaque vol.; table des pl.h.t.
OONL NSHPL QQL QQLa QMU OOP OONF OHM OKQ OKR OSuL MWU AEU BVaU; LC NN; BM

BOISSEAU, LIONEL. La mer qui meurt. Préface de Marie Le Franc. Montréal, Ed. du Zodiaque [1939] 208, [3] p. 19 cm. (Collection du Zodiaque, deuxième). Scènes de la vie gaspésienne. Préface: Conférence prononcée devant l'Alliance française à Montréal en 1935, p. [9]-64. Descr. de la péninsule gaspésienne; psychologie des hommes qui l'habitent. Pas d'index.
OONL PC QQA QQL QQLa QSherU QNicS QMBN QMM QMU QMBM OOA OOU OOSJ OTU BVaU BViV; NN

BRAULT, LUCIEN. Gaspé depuis Cartier, voir: Roy, Charles-E.

BREBNER, JOHN B. New England's outpost; Acadia before the conquest of Canada. New York, Columbia Univ. Press, 1927. 291p. carte (front.). 23 cm. (Columbia Univ. Faculty of Political Science. Studies in history, economics and public law, no 293). Errata, p. [14]. Hist. surtout de la Nouvelle-Ecosse avec réf. aux autres prov. de l'Atlantique et du Maine, 1604-1758. Bibliogr., p. 276-82. /Thèse de Ph.D. présentée à l'Université Columbia en 1927. /Publié également hors série. /Autre tirage: London, P.S. King & Son, 1927. /1965: Hamden, Conn., Archon Books. Réimpr. Errata non corrigées.
NSHL NSWA NBFU NBS QMM QMBM OOA OOCC OKQ OTP MWP SRL BVa BVaU BViP; LC NN; BM

BRINLEY, KATHERINE G. Away to the Gaspe ... by Gordon Brinley. Illustrated by D. Putnam Brinley. New York, Dodd, Mead & Co. [c1935] viii, 200, [6] p. front., ill., pl.h.t., cartes. 23 cm. "Routes around Gaspe peninsula", p. 195-200. "Memoranda" à la fin du vol., p. [201-6]. Pas d'index. /1936: Toronto, McClelland & Stewart. /1937: réimpr. /1940: New York, Garden City Publ. Co.
NfSM NSHPL NBFL NBFU NBS NBSaM PC QPC QQL QQLa QMBN QMM QMBM OOA OOP OOCC OOsh OTP OTY OTV OTU OLU MW SRL SSU ACU BVa BVi BViP; LC NN; BM

CLARKE, JOHN M. Sketches of Gaspe. Albany, J.B. Lyon, 1908. 85p. ill., pl.h.t., cartes dépl. 22 cm. "Hydrographic chart of Eastern

Gaspe", p. 9. Colonisation de Gaspé et Bonaventure, p. 43-54. Hist. de la pêche à la morue à Gaspé, p. [55]-65. Premiers établissements à l'Ile Bonaventure, p. [68]-70. Notes bibliogr. en bas de page. Table dét. des mat.; pas d'index.
NBSM QQL QMBM OOP OOC OORD OTU OTP OTTC OTRM SSU AEU BVaU; LC NN

COONEY, ROBERT. A compendious history of the northern part of the province of New Brunswick and of the district of Gaspe in Lower Canada. Halifax, N.S., Printed by Joseph Howe, 1832. 288p. tables. 23 cm. Hist. des comtés de Northumberland, Kent et Gloucester ainsi que de la péninsule de Gaspé du 17e s. à date de publ. Pas d'index. /1896: autre éd. Chatham. (W.F. Ganong donne 1898 dans "Historic Sites", p. 355 et dans "Monographs of the origins of settlements ..." RSC Trans., 1904, sect. 2, p. 183).
1832: NSHD NBSM QMM OKQ MWU BVaU; LC NN; BM

DOUGHTY, SIR ARTHUR G. The Acadian exiles; a chronicle of the land of Evangeline. Toronto, Glasgow, Brook & Co., 1916. 178p. front., ill., carte dépl. (1 en coul.). 18 cm. (Chronicles of Canada, 9). Impr. à Edinburg. Hist. de l'Acadie depuis le 16e s. à 1760 environ. Notes bibliogr., p. 162-71. /1920: réimpr. /1922: réimpr.
NSHPL NBSM NBSaM QMBN QMM QMBM OOA OOP OOC OORD OOND OKQ OKR OTP OTK OTY OFW OH OHM OPA OPeT MWU MBC SRL SSU AE ACG ACU BVa BVaU BVi; LC NN; BM

FAUCHER DE SAINT-MAURICE, NARCISSE-H.-E. De tribord à babord. Trois croisières dans le Golfe Saint-Laurent ... Montréal, Duvernay Frères et Dansereau, 1877. vi, 7-458p. 19 cm. Lettre de l'auteur à Louis-Jean Rivet, p. [v]; Anticosti, p. 109-54; Iles de la Madeleine, p. 155-215; la Gaspésie, p. 350-424. Descr. et hist. Pièces justificatives, p. 427-52; notes bibliogr. en bas de page. Table dét. des mat.; pas d'index. /1881: Promenades dans le Golfe Saint-Laurent. 4e éd. Québec, Typ. Darveau [c1879] xvii, 207p. 16 cm. Notes hist. diverses. Table dét. des mat.; pas d'index. /1886: ... La Gaspésie: promenades dans le Golfe Saint-Laurent. 3e éd. Montréal, Libr. Saint-Joseph. 239p. 23 cm. (Bibliothèque religieuse et nationale, 3e série). Relié avec Les Iles: promenades dans le Golfe Saint-Laurent. 9e éd. [1886?] 185p. 23 cm. (Bibliothèque religieuse et nationale, 2e série). Ces deux ouvrages ont d'abord paru en un seul sous le titre: De tribord à babord, en 1877. /1895: La Gaspésie, promenades ... Montréal, Derome. 239p. Rééd. des deux parties de: De tribord à babord.

/1897: La Gaspésie. 3e éd.
1877: NSHD QQA QQL QNicS QMBN QMU QMBM OOA OOP OOU OKQ OTP OLU AEU BVaU; LC NN /1881: QQLa /1886: QPC; LC NN; BM /1895: QGS QQA; NN /1897: NN

FAUCHER DE SAINT-MAURICE, NARCISSE-H.-E. La Gaspésie: promenades dans le Golfe Saint-Laurent, voir: De tribord à babord.

FAUCHER DE SAINT-MAURICE, NARCISSE-H.-E. Promenades dans le Golfe Saint-Laurent, voir: De tribord à babord.

GALIBOIS, AUGUSTE. La Gaspésie pittoresque et légendaire, ou, Les Terreurs du capitaine Asselin. Beauceville, "L'Eclaireur", 1928. [8]-88, [2] p. front., ill. 25 cm. Préf. d'Edouard Fortin, p. [1-8]. Append.: la question gaspésienne, p. 69-72; les mines de la Gaspésie, p. 73-6; la péninsule de Gaspé, p. 77-9; améliorations obtenues pour la Gaspésie, p. 80-8. Pas d'index.
QGS QPC QQA QQLa QMBN QMU QMBM OTU; NN

LANGELIER, JEAN-C. A sketch on Gaspesia, voir: Esquisse sur la Gaspésie.

LANGELIER, JEAN-C. Esquisse sur la Gaspésie, par J.C. Langelier. Lévis, Mercier & Cie, 1884. 104p. 22 cm. /1884: Québec, Typ. de C. Darveau. 176, [2] p. front. (portr.), tabl. 16 cm. Ed. la plus complète. Page 177 non numérotée, car la p. 176 est répétée. Tabl. stat. de la région: population, climat, commerce. Table des mat. suivie de notes sur Carleton (p. 177-80). /1885: [4e éd.?] Québec, Dussault. 88p. 22 cm. /1886: 3e éd. Ottawa. 42p. cartes dép. (2). 22 cm. Publié sous les auspices du Département de l'Agriculture. Plusieurs trad. anglaises: /1884: A sketch on Gaspesia. Quebec, J. Dussault. 104p. 22 cm. /1885: Notes on Gaspesia. 2e éd. [Quebec] Printed by authority. 179p. front., cartes dépl. /1886: Notes on Gaspesia ... Published under the auspices of Agricultural Department. Ottawa. 41p. cartes dépl. (2).
1884, éd. française: NBSM QGS QPC QQA QQL QQLa QMBN QMBM QNicS OOA OOC OOU OTP BVaU; LC NN; BM /1884, éd. anglaise: NSHPL QMBN QMBM OOA OOP OOC OKQ OH OLU OTP BVaU BViP /1885, éd. française: NBSM OOA OOP OOG OLU /1885, éd. anglaise: QMBN QMU QMBM; LC; BM /1886: QMBN QMBM SSU

LANGELIER, JEAN-C. Notes on Gaspesia, voir: Esquisse sur la Gaspésie.

LOISELLE, ALPHONSE. La Gaspésie d'aujourd'hui (La Bretagne canadienne). Montréal [1948] [6]-116, [4] p. ill., portr., carte. 24 cm. Descr. générale de la Gaspésie accompagnée de quelques notes hist. Table dét. des mat.; pas d'index.
QRS QQL QQLa QMBN QMU QMBM OOA OTP BVaU

MACWHIRTER, MARGARET (GRANT). Treasure trove in Gaspé and the Baie des Chaleurs ... 3e éd. Québec, The Telegraph Printing Co., 1919. xiv, 217p. ill., pl.h.t. 20 cm. Descr. de la Côte, p. 1-97. Nombreuses notes hist. Table dét. des mat.; pas d'index.
NSHD NBFU NBS NBSM NBSaM NBFL QGS QRS QPC QQA QQL QMBN QMBM OOA OOP OORD OLU OTP MW BVaU; NN; BM

MAGNAN, HORMISDAS. Le sud-est de Québec ou les régions de Témiscouata, Rimouski, la vallée de la Matapédia, la Gaspésie. Québec, Ministère de la Colonisation, des Mines et des Pêcheries [ca. 1912] 38p. cartes. 21 cm. En tête de titre: Le guide du colon, prov. de Québec. Contr. à l'hist. de la région des origines à date de publ. Pas d'index.
QPC QQA

[MERCIER, HONORE] La Gaspésie: sa cause exposée par ses deux députés. Québec, Belleau, 1890. 21p. front. 22 cm. Discours prononcés à l'Assemblée législative de Québec, le 20 novembre 1890. /Ed. anglaise: The Gaspe district, its case stated ... Contribution à la connaissance de la Gaspésie à la fin du 19e s. Pas d'index.
Ed. française: QQL QQLa QMBN /Ed. anglaise: QQA QQL QMBN OTP

OAKLEY, AMY. Kaleidoscopic Quebec ... Illustrations by Thornton Oakley. New York, London, D. Appleton - Century Co. [1947] xiii, 278p. front., ill. (dessins originaux). 21 cm. Cartes géographiques de la vallée du Saint-Laurent, des Laurentides et de la Gaspésie en pages de garde. Descr. surtout l'ouvrage traite de la vallée du Richelieu, p. [3]-24; de Montréal et des environs, p. [27]-79; de Québec, p. [81]-115; de l'Ile d'Orléans, p. [117]-30; de Sainte-Anne de Beaupré, p. 135-50, de la Gaspésie, p. [221]-67. Table des ill., p. ix-x.
NSHPL QQA QQLa QMBM OOA OOP OTP OH MW BVa BVaU; LC NN; BM

PACIFIQUE DE VALIGNY, HENRI-J.-L. Etudes historiques et géographiques. Extrait du Bulletin de la Société de géographie de Québec. [Québec] 1932. p. 215-64. cartes. 26 cm. Hist. de Saint-Antoine de Longueuil de 1657 à date de publ. Notes bibliogr. en bas de page.

Pas d'index. /1935: Restigouche, l'auteur. p. 321-36. front., ill., portr., cartes. Contient: Jacques Cartier à Port Daniel, Jacques Cartier à Gaspé, Restigouche: mission Sainte-Anne, Le pays des Micmacs, Saint-Antoine de Longueuil, missionnaires, gardiens et églises de Restigouche. Pas d'index.
1932: QQL QMBN QMBM /1935: NSHPL NBFU NBSM OOG; NN; BM

PELLAND, ALFRED. La Gaspésie, esquisse historique. Ses ressources, ses progrès et son avenir. Québec, Ministère de la Colonisation, des Mines et des Pêcheries, 1914. viii, 276p. ill., pl. 23 cm. En tête de titre: Vastes champs offerts à la colonisation et à l'industrie. Notes hist., géogr., stat. et commerciales sur les paroisses des comtés de Gaspé et Bonaventure. La Gaspésie ecclésiastique, p. 75-84; esquisses des cantons, paroisses, comté de Gaspé, p. 183-205; comté de Bonaventure, p. 206-20. Noms géogr., p. 258-64. Bibliogr., p. 265-73. Table dét. des mat.; pas d'index.
QRS QPC QQA QQL QMBN OOG; LC NN

[PELLAND, ALFRED] Région de Bonaventure (Province de Québec). Québec, Ministère de la Colonisation, des Mines et des Pêcheries, 1907. 64p. front., ill., carte. 22 cm. En tête de titre: Vastes champs offerts à la colonisation et à l'industrie. Carte cadastrale de la région de Paspébiac et New-Carlisle en fin de vol. Append.: "Le chemin de fer de la Baie des Chaleurs et le développement futur de la Gaspésie", p. 59-63. Etat de la colonisation à l'aurore du 20e s. Table dét. des mat.; pas d'index.
QQA

PYE, THOMAS. Canadian scenery: district of Gaspé ... Beautifully illustrated with tinted lithographs, from photographs by the author. Montreal, John Lovell, 1866. xii, 55p. ill., pl.h.t. (coul.), carte. 26x34 cm. Descr. surtout avec notes hist. sur des localités de la Gaspésie et du Nouveau-Brunswick des origines à date de publ. Pas d'index.
NBSM NBSaM QQL QMBN QMM QMBM OOA OOP OTP OH OLU; LC NN; BM

QUEBEC (PROV.). BUREAU PROVINCIAL DU TOURISME. The Gaspé peninsula ... voir: La Gaspésie, histoire, légendes, ressources, beautés.

QUEBEC (PROV.). BUREAU PROVINCIAL DU TOURISME. La Gaspésie, histoire, légendes, ressources, beautés. Québec [Ministère de la Voirie] 1930. [5]-260p. front., ill., portr., carte dépl. 22 cm. Carte dépl.

de la péninsule de Gaspé en 1930. Bibliogr., p. 258. Table dét. des mat., p. [5]-6; pas d'index. /1930: The Gaspé Peninsula, history, ressources, attractions. 257, [3] p. Bibliogr., p. 255. /1933: Ed. abrégée. 121p. /1934: "Fourth centenary edition".
1930: QGS QRS QPC QQLa /1930, trad. anglaise: QPC QQA QQLa QMBN QMBM OOP OOG OOTC; LC NN; BM /1933: QPC QQLa /1934: QQLa; LC

ROBERT, ERNEST. Canada français et Acadie. Au pays de Maria Chapdelaine ... Paris, Pierre Roger & Cie, 1924. 304p. ill., pl.h.t., carte dépl. 20 cm. (Les pays modernes). Ouvrage descr. et hist. concernant Montréal (p. [24]-56), Québec (p. [57]-74), le Lac Saint-Jean (p. [87]-117), la Gaspésie (p. [167]-78). Notes bibliogr. en bas de page. Table dét. des mat., p. [301]-4; pas d'index.
QQL QQLa QMBN QMBM OOA OOG MWU BVaU

ROY, CHARLES-E. Gaspé depuis Cartier, par Charles-Eugène Roy et Lucien Brault. [Préf. de Thomas Chapais] Québec, "Au Moulin des Lettres", 1934. [3]-233, [3] p. front., ill., pl., portr., fac-sim., plans, cartes. 25 cm. En tête de la page-couverture: Le livre du souvenir, 1534-1934. Précédé de: 1534-1934, Historical Gaspé historique, par Olivier Sasseville et Charles-Eugène Roy, 1934. feuillet replié de 8p. ill., plan, carte. 25 cm. Préf. de Thomas Chapais, p. 13-4; carte des voyages de Cartier, p. 31; carte de la Baie de Gaspé, p. 49; carte du Golfe Saint-Laurent par Leclerc, 1691, p. 64; plan de Gaspé par J. Collins, 1765, p. [105]; append.: chroniques particulières, p. 210-22; administration ancienne de Gaspé, p. 223-8; administration actuelle de Gaspé, p. 229-33. Contient de nombreux doc. hist. Bibliogr., p. 11-2. Table dét. des mat.; pas d'index. /1934: autres éd. françaises avec légères variantes dans le texte et l'arrangement de l'illustration. /1934: Historical Gaspé ... Préf. de Frank Carrel, p. 11-2. Bibliogr., p. 225-7.
Ed. française: QGS QPC QQL QQLa QMBN QMBM OOA OOC OOU OOSJ OTP BVaU /Ed. anglaise: QQLa QMBN QMM QMBM OOA OOP OORD OOC OOU OL SRL

ROY, CHARLES-E. Historical Gaspé historique, voir: Gaspé depuis Cartier.

SASSEVILLE, OLIVIER. Historical Gaspé historique, voir: Roy, Charles-E.

WOOD, RUTH K. The tourist's Maritime provinces; with chapters on the

Gaspe shore, Newfoundland and Labrador and the Miquelon islands. By Ruth Kedzie Wood ... New York, Dodd, Mead & Co., 1915. 440p. ill., cartes dépl. 20 cm. Surtout descr., mais contenant aussi l'hist. des différentes régions dont la Gaspésie du 16e au 19e s., p. 286-304.
OONL NfSM NSHD NSHPL NBS OKQ OTY OH BVaU; LC NN

WOOD, WILLIAM C. The storied province of Quebec. Past and present [par] William Wood ... Associate editors: William Henry Atherton ... [et] Edwin P. Conklin. Toronto, The Dominion Publishing Co., 1931. 5 v. front. (portr.), ill., pl.h.t., portr., fac-sim., plans, cartes. 27 cm. Vol. 1-2: xii, [2], 1164p.; vol. 3-5: [4], 865p. Couvre l'hist. de la prov. de Québec, de 1534 à date de publ. Bibliogr. sur la médecine au Québec, p. 1148-50 et notes bibliogr. en bas de page. Chronol., vol. 1, p. 249-72. Cartes: vol. 1: Ile de Montréal indiquant les premiers faits, les établissements, etc., p. 612; vol. 2: Montréal vu à vol d'oiseau, 1645-50, p. 625; Ville-Marie, 1650-72, p. 632; "plan of the palisaded town, 1687-1723", p. 655; Montréal, 1673-87, p. 656; Montréal, 1725, p. 662; Château de Vaudreuil et environs en 1760, p. 678. Ouvrage collectif qui comprend d'abord une hist. générale de la prov. de Québec signée William Wood, suivi d'hist. régionales et locales et, enfin, par thème, l'hist. des religions catholique et protestante, le système d'éducation, le journalisme, l'hist. des banques, de l'industrie, des sports, de la chasse et de la pêche, des cours de justice, du barreau, de la médecine. Vol. 1: The story of P.Q. by colonel William Wood, p. [3]-123, [125] p.; Unique Quebec by colonel William Wood, p. [127]-275; Regional Quebec by Edwin P. Conklin (Quebec Channel Region, Gaspé Peninsula Region, North Shore, Labrador and New Quebec, Lake St. John and the Saguenay River, Quebec Region, Quebec South Shore Region), p. [277]-437; Metropolitan Montreal by William Henry Atherton ... p. [603]-22. Vol. 2: Metropolitan Montreal (suite), p. [623]-781; Regional Quebec by Edwin P. Conklin (Three Rivers Region, Richelieu Region, Huntingdon Region, Ottawa Valley Region, Eastern Townships), p. [782]-972. Vol. 3-5: biogr. et portr. avec index pour chacun des vol. Table dét. des mat., vol. 1, p. vii-xii.
NSHPL NBFU QQLa QMBN QMU QMBM OOA OOP OKQ OTP BVaU BVi; LC NN

GATINEAU, Vallée de la

LE NORD de l'Outaouais. Manuel-répertoire d'histoire et de géographie régionale. Ouvrage rédigé en collaboration. 129 illustrations dans le texte, 138 hors-texte, 6 dépliées et une carte en couleur. Ottawa,

Le Droit, 1938. xvi, 396p. ill., pl. h. t., cartes. 24 cm. Hist. de la vallée de l'Outaouais, p. [101]-48; de Hull, p. [182]-201; des paroisses de la vallée de la Gatineau, p. [220]-9; des paroisses de la région de Mont-Laurier, p. [230]-46; des paroisses des comtés de Papineau et d'Argenteuil, p. [247]-74. Append.: démographie, p. [277]-88; divisions administratives, civiles et religieuses, p. [289]-90; dignitaires religieux et civils, p. [309]-20; chronol. du Nord de l'Outaouais, p. [321]-30. Bibliogr., p. [331]-51. Table dét. des mat.; pas d'index. QRS QPC QQA QQLa; NN

ROY, ANASTASE. Maniwaki et la vallée de la Gatineau. Préface par Georges Bouchard. Ottawa, Impr. du "Droit", 1933. 259p. ill., portr., carte. 24 cm. Hist. des paroisses de la vallée de la Gatineau, des origines à date de publ., p. [191]-228. Append.: I. généal., p. 231-3; III. Ile Roy, IV, Saint-Fabien de Rimouski, Saint-Fabien sur Mer, p. 240-4. Table des ill., table des noms de famille. QQA QQLa QMBN QMBM OOA OOU OTP; NN

HUNTINGDON

WOOD, WILLIAM C. The storied province of Quebec. Past and present [par] William Wood ... Associate editors: William Henry Atherton ... [et] Edwin P. Conklin. Toronto, The Dominion Publishing Co., 1931. 5 v. front. (portr.), ill., pl. h. t., portr., fac-sim., plans, cartes. 27 cm. Vol. 1-2: xii, [2], 1164p.; vol. 3-5: [4], 865p. Couvre l'hist. de la prov. de Québec, de 1534 à date de publ. Bibliogr. sur la médecine au Québec, p. 1148-50 et notes bibliogr. en bas de page. Chronol., vol. 1, p. 249-72. Cartes: vol. 1: Ile de Montréal indiquant les premiers faits, les établissements, etc., p. 612; vol. 2: Montréal vu à vol d'oiseau, 1645-50, p. 625; Ville-Marie, 1650-72, p. 632; "plan of the palisaded town, 1687-1723", p. 655; Montréal, 1673-87, p. 656; Montréal, 1725, p. 662; Château de Vaudreuil et environs en 1760, p. 678. Ouvrage collectif qui comprend d'abord une hist. générale de la prov. de Québec signée William Wood, suivi d'hist. régionales et locales et, enfin, par thème, l'hist. des religions catholique et protestante, le système d'éducation, le journalisme, l'hist. des banques, de l'industrie, des sports, de la chasse et de la pêche, des cours de justice, du barreau, de la médecine. Vol. 1: The story of P. Q. by colonel William Wood, p. [3]-123, [125] p.; Unique Quebec by colonel William Wood, p. [127]-275; Regional Quebec by Edwin P. Conklin (Quebec Channel Region, Gaspé Peninsula Region, North Shore, Labrador and New Quebec, Lake St. John and the Saguenay River, Quebec Region, Quebec South Shore

Region), p. [277]-437; Metropolitan Montreal by William Henry Atherton ... p. [603]-22. Vol. 2: Metropolitan Montreal (suite), p. [623]-781; Regional Quebec by Edwin P. Conklin (Three Rivers Region, Richelieu Region, Huntingdon Region, Ottawa Valley Region, Eastern Townships), p. [782]-972. Vol. 3-5: biogr. et portr. avec index pour chacun des vol. Table dét. des mat., vol. 1, p. vii-xii.
NSHPL NBFU QQLa QMBN QMU QMBM OOA OOP OKQ OTP BVaU BVi; LC NN

LABRADOR, voir: QUEBEC-LABRADOR.

LAC CHAMPLAIN

McALEER, GEORGE. A study in the etymology of the Indian place named Missisquoi ... Worcester, Mass., 1906. 6-102, 2p. cartes, plans. 23 cm. "Living authorities consulted", p. [103]. Origines du toponyme Missisquoi ainsi que notes hist. sur la région. Bibliogr., p. 101-2. Pas d'index. /1910: The etymology of Missisquoi - Addenda. 3-39p. fac-sim.
QQLa

LAC MEMPHREMAGOG

BULLOCK, WILLIAM B. Beautiful waters devoted to the Memphremagog region in history, legend, anecdote, folklore, poetry, drama, compiled and printed by William Bryant Bullock. [2e éd.] Newport, Vermont, Memphremagog Press, 1926. [16]-239, [3] p. ill., carte, pl. h. t. 20 cm. Table dét. des mat.; pas d'index.
QQLa QMBM; LC

LAC SAINT-JEAN

BLANCHARD, RAOUL. L'Est du Canada français "province de Québec". Paris, Librairie Masson & Cie; Montréal, Librairie Beauchemin, 1935. 2 v.: [9]-366p.; [7]-336p. pl. h. t., plans, cartes. 26 cm. (Publications de l'Institut scientifique franco-canadien). Vol. 1: La Gaspésie, p. 11-106; Estuaire du Saint-Laurent, p. 107-310; région Québec-Saguenay, p. 311-60. Vol. 2: Le Saguenay et le Lac Saint-Jean, p. [7]-155; Québec, p. [157]-289. Ouvrage géogr. et hist. concernant le peuplement et la colonisation de ces régions. Bibliogr., vol. 2, p. [295]-307 et notes bibliogr. en bas de page. Table dét. des mat. à la fin de chaque vol.; table des pl. h. t.

OONL NSHPL QQL QQLa QMU OOP OONF OHM OKQ OKR OSuL MWU AEU BVaU; LC NN; BM

[BOUCHER DE LA BRUERE, PIERRE] Le Saguenay. Lettres au "Courrier de St-Hyacinthe". St-Hyacinthe, Courrier de St-Hyacinthe, 1880. 43p. 21 cm. Descr. des paroisses et villages de la région avec notes hist. Pas d'index.
QPC QQA QMBN QMBM

BUIES, ARTHUR. La région du Lac Saint-Jean, grenier de la province de Québec. Guide des colons. Rédigé pour la compagnie du chemin de fer de Québec au Lac Saint-Jean par A. Buies. [Québec, Morning Chronicle] 1890. 51, [1] p. pl., carte dépl. 22 cm. Etat de la colonisation à la fin du 19e s. Pas d'index.
QQL OTU OOWL; LC NN; BM

BUIES, ARTHUR. Le Saguenay et la vallée du Lac Saint-Jean, voir: Le Saguenay et le bassin du Lac Saint-Jean.

BUIES, ARTHUR. Le Saguenay et le bassin du Lac Saint-Jean. Ouvrage hist. et descr. 3e éd. Québec, Léger Brousseau, 1896. 420p. front., ill., pl.h.t. 23 cm. Errata corrigés. Hist. et descr. de Tadoussac, p. [59]-81; de Chicoutimi, p. [141]-69; de Saint-Dominique de Jonquière, p. [171]-88; du canton Labarre, p. [189]-208; du Lac Saint-Jean, p. [209]-38; des cantons Normandin et Albanel, p. [238]-91; des Laurentides, p. [293]-362; du Saint-Maurice, p. [377]-403. Table dét. des mat.; pas d'index. /1880: 1ère éd. sous le titre: Le Saguenay et la vallée du Lac Saint-Jean; études historique, géographique, industrielle et agricole ... Québec, A. Côté. xvi, 342p. En tête de titre: Emparons-nous du sol. Errata, p. 341-2.
1880: OONL QPC QQA QMM QMU QMBM OOA OOCC OOU OKQ OTU OTY; LC NN; BM /1896: QRS QPC QQA QQLa OOP OOSJ BVaU; LC

CANADA. MINISTERE DE L'AGRICULTURE. Le Saguenay et le Lac Saint-Jean. Ressources et avantages qu'ils offrent aux colons et aux capitalistes ... Ottawa, Département de l'Agriculture, 1879. 54p. 22 cm. Hist. de l'origine des paroisses et cantons de la région: Chicoutimi, Grand Brûlé, Hébertville, Labarre, Normandin, Racine. Pas d'index.
QQL; LC

LEMOINE, JAMES M. Historical and sporting notes on Quebec and its

environs, by J.M. LeMoine. Québec, L.-J. Demers & Frère, 1889. [4e éd.] 133p. ill. 17 cm. Page-couverture: Historical ... and on Lake St. John and our trout lakes. 1ère partie: Quebec to Montmorency, p. 1-66; 2e partie: Lake St. John. Pas d'index.
QQA QQL QQS QMBN OOA OOP OTP OH BVaU; LC NN; BM

PELLAND, ALFRED. Le Lac Saint-Jean, ses ressources, ses progrès et son avenir ... Québec, Ministère de la Colonisation, des Mines et des Pêcheries, 1911. [7]-165, [2] p. front., ill., pl., carte. 22 cm. En tête de titre: Vastes champs offerts à la colonisation et à l'industrie. Hist. de la colonisation et fondation des paroisses. Règlements de chasse et pêche, p. 157-64; carte du chemin de fer de Québec au Lac Saint-Jean, p. 165. Table dét. des mat.; pas d'index.
QQL QQLa QMBN QMBM

PERRAULT, JOSEPH. Exploration de Québec au Lac Saint-Jean ... Montréal [1863] 57p. 25 cm. Extrait de la Revue agricole. Contribution à l'hist. des origines du Lac Saint-Jean de 1647 à date de publ. et du Saguenay de 1837 à date de publ. Pas d'index.
QQA QQL; NN

[PILOTE, FRANCOIS] Le Saguenay en 1851; histoire du passé, du présent et de l'avenir probable du Haut-Saguenay ... Québec, Impr. Augustin Côté, 1852. 147, v, [1] p. carte dépl. 18 cm. Errata à la fin du vol. Hist. de la région du Saguenay-Lac Saint-Jean avec accent sur les origines de Tadoussac, p. 6-17; l'hist., au 19e s., de Chicoutimi (p. 31-6, 67-70) et de Grande Baie (p. 70-5). Table dét. des mat.; pas d'index.
QPC QQL QQS QQLa OTP BVaU; NN

QUEBEC (PROV.). MINISTERE DE L'AGRICULTURE ET DE LA COLONISATION. La contrée du Lac Saint-Jean. Québec [Ministère de l'Agriculture et de la Colonisation] 1888. 42p. 25 cm. Descr. des cantons avec notes hist. Stat. agricoles, stat. vitales, p. 35. Table dét. des mat.; pas d'index.
QQA QQL

ROBERT, ERNEST. Canada français et Acadie. Au pays de Maria Chapdelaine ... Paris, Pierre Roger & Cie, 1924. 304p. ill., pl.h.t., carte dépl. 20 cm. (Les pays modernes). Ouvrage descr. et hist. concernant Montréal (p. [24]-56), Québec (p. [57]-74), le Lac Saint-Jean (p. [87]-117), la Gaspésie (p. [167]-78). Notes bibliogr. en bas de page. Table dét. des mat., p. [301]-4; pas d'index.

QQL QQLa QMBN QMBM OOA OOG MWU BVaU

WOOD, WILLIAM C. The storied province of Quebec. Past and present [par] William Wood ... Associate editors: William Henry Atherton ... [et] Edwin P. Conklin. Toronto, The Dominion Publishing Co., 1931. 5 v. front. (portr.), ill., pl.h.t., portr., fac-sim., plans, cartes. 27 cm. Vol. 1-2: xii, [2], 1164p.; vol. 3-5: [4], 865p. Couvre l'hist. de la prov. de Québec, de 1534 à date de publ. Bibliogr. sur la médecine au Québec, p. 1148-50 et notes bibliogr. en bas de page. Chronol., vol. 1, p. 249-72. Cartes: vol. 1: Ile de Montréal indiquant les premiers faits, les établissements, etc., p. 612; vol. 2: Montréal vu à vol d'oiseau, 1645-50, p. 625; Ville-Marie, 1650-72, p. 632; "plan of the palisaded town, 1687-1723", p. 655; Montréal, 1673-87, p. 686; Montréal, 1725, p. 662; Château de Vaudreuil et environs en 1760, p. 678. Ouvrage collectif qui comprend d'abord une hist. générale de la prov. de Québec signée William Wood, suivi d'hist. régionales et locales et, enfin, par thème, l'hist. des religions catholique et protestante, le système d'éducation, le journalisme, l'hist. des banques, de l'industrie, des sports, de la chasse et de la pêche, des cours de justice, du barreau, de la médecine. Vol. 1: The story of P.Q. by colonel William Wood, p. [3]-123, [125] p.; Unique Quebec by colonel William Wood, p. [127]-275; Regional Quebec by Edwin P. Conklin (Quebec Channel Region, Gaspé Peninsula Region, North Shore, Labrador and New Quebec, Lake St. John and the Saguenay River, Quebec Region, Quebec South Shore Region), p. [277]-437; Metropolitan Montreal by William Henry Atherton ... p. [603]-22. Vol. 2: Metropolitan Montreal (suite), p. [623]-781; Regional Quebec by Edwin P. Conklin (Three Rivers Region, Richelieu Region, Huntingdon Region, Ottawa Valley Region, Eastern Townships), p. [782]-972. Vol. 3-5: biogr. et portr. avec index pour chacun des vol. Table dét. des mat., vol. 1, p. vii-xii.
NSHPL NBFU QQLa QMBN QMU QMBM OOA OOP OKQ OTP BVaU BVi; LC NN

LAC SAINT-LOUIS

GIROUARD, DESIRE-H. Les anciennes côtes du Lac Saint-Louis, avec un tableau complet des anciens et nouveaux propriétaires. Montréal, Poirier, Bessette & Co., 1892. 71p. 21 cm. Brèves notes hist. sur la fondation et la colonisation de La Présentation, p. [5]-7, Lachine, p. 7-8, 25-6, Dorval, p. 9, Beaurepaire, p. 9-10, Pointe-Claire, p. 10-1, 15, Sainte-Anne, p. 16. En append.: "Tableau des anciens et nouveaux propriétaires des côtes du Lac Saint-Louis, d'après le

terrier ...", p. 34-47; "Liste des premiers habitants du Lac Saint-Louis/List of the first inhabitants of Lake St. Louis", p. 49-50; "Relevé des registres de Lachine .../Statement from the registers of Lachine ...", p. [51]; "Traiteurs et voyageurs au pays d'en haut .../Fur traders and voyageurs ...", p. [53]-5; "Voyageurs sous le Régime britannique /Voyageurs under the British Crown", p. [59]-71. Table dét. des mat.; pas d'index. /Comprend une partie anglaise intitulée: The old settlement of Lake St. Louis with a list of the old and new proprietors. 37p.
QQA QQLa QMBN OOU BVi; NN

GIROUARD, DESIRE-H. Les anciens forts de Lachine, voir: Lake St. Louis, old and new.

GIROUARD, DESIRE-H. Les anciens postes du Lac Saint-Louis ... Lévis, P.-G. Roy, 1895. 15p. 21 cm. Contribution à l'hist. des origines de la région. Pas d'index.
QQA QQL QMBN QMU QMBM OOA OTP; LC

GIROUARD, DESIRE-H. Lake St. Louis, old and new, illustrated and Cavelier de la Salle, by D. Girouard. Translated from the French by Désiré-H. Girouard. Columbian edition. Montréal, Poirier, Bessette & Co., 1893. viii-295p. ill., fac-sim., pl., carte, plans, portr. 26 cm. Réunit trois pamphlets de Désiré Girouard: Le vieux Lachine, Les anciens forts de Lachine et Les anciennes côtes de Lachine. /1900: ... Supplément ... Montréal, Poirier, Bessette & Co. 140-[v] p. pl. (4), portr., plan. 26 cm.
1893: NSHPL NBS QQA QQL QQLa QMBN QMU QMBM OOA OOP OOC OORD OK OHM OLU MW MWP SSU; LC NN; BM /Supplément: QMBN QMBM OOA OHM OTP

GIROUARD, DESIRE-H. The old settlement of Lake St. Louis, voir: Les anciennes côtes du Lac Saint-Louis.

GIROUARD, DESIRE-H. Le vieux Lachine, voir: Lake St. Louis, old and new.

LAC SAINT-PIERRE

BLANCHARD, RAOUL. Le centre du Canada français "province de Québec". Montréal, Librairie Beauchemin, 1947. 577, [2] p. ill., pl.h.t., plans, cartes dépl. 26 cm. (Publications de l'Institut scientifique franco-canadien). La région du fleuve Saint-Laurent; région du Lac Saint-Pierre,

p. [65] -112, de Trois-Rivières, p. [153] -76; région des Cantons de l'Est, p. [181] -369; de Sherbrooke, p. 317-22; des Laurentides, p. [371] -532. Ouvrage géogr. comprenant l'hist. du peuplement et de la colonisation de ces régions. Bibliogr., p. [535] -45 et notes bibliogr. en bas de page. Tables des planches, p. [575] -7.
OONL QQL QQLa QMBN QMU OOA OOGB OOG OOAg OOTC BVaU

LAURENTIDES

BARBEAU, MARIUS. Au coeur du Québec. Montréal, Ed. du Zodiaque [1934] 200, [1] p. 19 cm. (Collection du Zodiaque "35"). Descr. surtout l'ouvrage porte en part. sur les Laurentides et l'Ile d'Orléans. Pas d'index.
OONL NSHPL QPC QQA QQL QQLa QSherU QNicS QMBN QMM QMU QMBM OOA OOP OONG OOU OTU OTP OLU AEU; NN; BM

BLANCHARD, RAOUL. Le centre du Canada français "province de Québec". Montréal, Librairie Beauchemin, 1947. 577, [2] p. ill., pl.h.t., plans, cartes dépl. 26 cm. (Publications de l'Institut scientifique franco-canadien). La région du fleuve Saint-Laurent: région du Lac Saint-Pierre, p. [65] -112, de Trois-Rivières, p. [153] -76; région des Cantons de l'Est, p. [181] -369; de Sherbrooke, p. 317-22; des Laurentides, p. [371] -532. Ouvrage géogr. comprenant l'hist. du peuplement et de la colonisation de ces régions. Bibliogr., p. [535] -45 et notes bibliogr. en bas de page. Tables des planches, p. [575] -7.
OONL QQL QQLa QMBN QMU OOA OOGB OOG OOAg OOTC BVaU

BUIES, ARTHUR. Le Saguenay et le bassin du Lac Saint-Jean. Ouvrage hist. et descr. 3e éd. Québec, Léger Brousseau, 1896. 420p. front., ill., pl.h.t. 23 cm. Errata corrigés. Hist. et descr. de Tadoussac, p. [59] -81; de Chicoutimi, p. [141] -69; de Saint-Dominique de Jonquière, p. [171] -88; du canton Labarre, p. [189] -208; du Lac Saint-Jean, p. [209] -38; des cantons Normandin et Albanel, p. [238] -91; des Laurentides, p. [293] -362; du Saint-Maurice, p. [377] -403. Table dét. des mat.; pas d'index. /1880: 1ère éd. sous le titre: Le Saguenay et la vallée du Lac Saint-Jean; études historique, géographique, industrielle et agricole ... Québec, A. Côté. xvi, 342p. En tête de titre: Emparons-nous du sol. Errata, p. 341-2.
1880: OONL QPC QQA QMM QMU QMBM OOA OOCC OOU OKQ OTU OTY; LC NN; BM /1896: QRS QPC QQA QQLa OOP OOSJ BVaU; LC

DAVIES, BLODWEN. Saguenay, "Saginawa"; the river of deep waters ... With illustrations by Paul Caron and G.A. Cuthbertson. Toronto,

McClelland & Stewart [c1930] 204p. front., ill., pl. h. t., carte. 23 cm. Carte sur feuille de garde. Descr. surtout avec rappels hist.: Saint-Laurent, Québec, Ile d'Orléans, Les Laurentides, Tadoussac, le Saguenay. Table des ill., pas d'index. /1930: New York, Dodd, Mead & Co. Autre tirage.
OONL QPC QQL QQLa QMBN QMBM OOP OONF OKQ OTP OTTC OPA OPAL OLH OFW OH OWtU SRL BVa BVi BViP; LC NN

PROVOST, THEOPHILE-S. La Bourse ou la Vie. Recueil de renseignements utiles et d'informations exactes sur les cantons du Nord et en particulier sur le territoire de la Mattawa. [Joliette, Impr. du Collège de Joliette, 1883] [14]-286p. 17 cm. En tête du titre: Oeuvre de colonisation. Table dét. des mat.; pas d'index.
QQLa QMBN QMU QMBM OTP; NN; BM

MADAWASKA

ALBERT, THOMAS. Histoire du Madawaska, d'après les recherches historiques de Patrick Therriault et les notes manuscrites de Prudent L. Mercure [par] l'abbé Thomas Albert. Québec, Imprimerie Franciscaine Missionnaire, 1920. xxiii, 448p. 21 cm. "Errata", p. [xvi]. Lettre-préface de l'abbé L.-N. Dugal, p. xvii-xix. Notes sur les paroisses du Madawaska (Québec, Nouveau-Brunswick et Maine), p. [418-45]. Table dét. des mat., p. [xxi]-xxiii; pas d'index.
NSHPL NBFL NBFU NBS NBSM NBSaM QQA QQL QQLa QMBN QMM QMU QMBM OOA OOP OOAg OORD OOU OKQ OTP OTU OTRM OHM OWA MWU BVaU

MATAPEDIA, Vallée de la

BEAUPRE, JEAN-B.-F. Un site enchanteur de la vallée de la Matapédia, Causapscal [par] Lambert Closse [pseud.] Lettre-préface par ... Philippe Cossette et introduction par ... J.-B. Lavoie ... Causapscal [s. éd.] 1928. xix, 184p. front., ill., pl. h. t., portr. 19 cm. Hist. de Saint-Jacques de Causapscal de 1833 à date de publ. Append.: liste des curés, maires, commissaires d'école et des familles, etc., p. 146-79. Bibliogr., p. [180]. Table dét. des mat., p. [181]-4; pas d'index.
OONL NBFU QRS QQL QQS QQLa QMBN QMU QMBM OOA OOP OOU OTP; NN

BUIES, ARTHUR. La vallée de la Matapédia; ouvrage historique et descriptif. Québec, Léger Brousseau, 1896. 54p. front., pl. h. t. 22 cm.

Feuilles de garde pour les planches. Descr. de la vallée avec notes hist. sur les origines de la colonisation. Pas d'index.
OONL NBFL NBSM QRS QPC QQA QQL QQLa QMBN QMU QMBM OOA OOP OOU OOCC OONM OOSJ OTU OTP SSU BVaU; LC; BM

MAGNAN, HORMISDAS. Le sud-est de Québec ou les régions de Témiscouata, Rimouski, la vallée de la Matapédia, la Gaspésie. Québec, Ministère de la Colonisation, des Mines et des Pêcheries [ca. 1912] 38p. cartes. 21 cm. En tête de titre: Le guide du colon, prov. de Québec. Contribution à l'hist. de la région par ses notes hist. sur les origines de la colonisation. Pas d'index.
QPC QQA

MICHAUD, JOSEPH-D. Notes historiques sur la vallée de la Matapédia ... par l'abbé Jos. -D. Michaud ... Préface du chanoine Victor Côté. Val-Brillant, "La Voix du Lac", 1922. [6] -241p. ill. 24 cm. Hist. de la vallée de la Matapédia et de toutes ses paroisses, dont Saint-Moïse, des origines à date de publ., p. 16-129; hist. de la seigneurie du Lac Matapédia, p. 130-67; hist. de la paroisse de Val-Brillant, p. 168-209. Append. : liste des missionnaires, curés, marguilliers, maires, secrétaires-trésoriers, p. 210-3. Table dét. des mat., p. 237-41; pas d'index.
NBFU NBSM QRS QPC QQA QQL QQLa QMBN QMU QMBM OOA OKQ OTP OPeT OSuL BVaU; NN; BM

PELLAND, ALFRED. La région Matane-Matapédia. Ses ressources, ses progrès et son avenir. Québec, Ministère de la Colonisation, des Mines et des Pêcheries, 1912. 135p. front., ill. 22 cm. En tête de titre: Vastes champs offerts à la colonisation et à l'industrie. Etat de la colonisation au début du 20e s. Table dét. des mat. ; pas d'index.
QGS QQA QMBN

QUEBEC (PROV.). BUREAU PROVINCIAL DU TOURISME. La Gaspésie, histoire, légendes, ressources, beautés. Québec [Ministère de la Voirie] 1930. [5] -260p. front., ill., portr., carte dépl. 22 cm. Carte dépl. de la péninsule de Gaspé en 1930. Bibliogr., p. 258. Table dét. des mat., p. [5] -6; pas d'index. /1930: The Gaspé Peninsula, history, legends, ressources, attractions. 257, [3] p. Bibliogr., p. 255. /1933: éd. abrégée. 121p. /1934: "Fourth centenary edition".
1930: QGS QRS QPC QQLa /1930, trad. anglaise: QPC QQA QQLa QMBN QMBM OOP OOG OOTC; LC NN; BM /1933: QPC QQLa /1934: QQLa; LC

MATTAVINIE

PELLAND, ALFRED. La Mattavinie, ses ressources, ses progrès et son avenir ... Québec, Ministère de la Colonisation, des Mines et des Pêcheries, 1908. 64p. ill., portr., pl.h.t., carte dépl. 22 cm. En tête de titre: Vastes champs offerts à la colonisation et à l'industrie. Carte de la Mattavinie en 1908. Etat de la colonisation à l'aurore du 20e s. Table dét. des mat., p. [63]-4; pas d'index.
QQA QQL QMBN QMBM

PROVOST, THEOPHILE-S. La Bourse ou la Vie. Recueil de renseignements utiles et d'informations exactes sur les cantons du Nord et en particulier sur le territoire de la Mattawa. [Joliette, Impr. du Collège de Joliette, 1883] [14]-286p. 17 cm. En tête du titre: Oeuvre de colonisation. Etat de la colonisation en 1883. Table dét. des mat.; pas d'index.
QQLa QMBN QMU QMBM; NN; BM

MONTREAL

BLANCHARD, RAOUL. Etudes canadiennes (troisième série). Grenoble, Impr. Allier, 1938-1949. 4 v. ill., pl.h.t., plans, cartes. 25 cm. Extraits de la Revue de Géographie alpine. Vol. 1: La plaine de Montréal, 186p.; vol. 2: Montréal, 198p.; vol. 3: Le pays de l'Ottawa, 140p.; vol. 4: L'Abitibi-Témiscamingue, 133p. Bibliogr. à la fin de chaque vol. Table dét. des mat.; pas d'index.
QQA QQL QQLa QMU OOG OOGB OTY

[DISTURNELL, JOHN, ed.] A trip through the lakes of North America; embracing a full description of the St. Lawrence river, together with all the principal places on its banks, from its sources to its mouth: commerce of the lakes, etc., forming altogether a complete guide for the pleasure traveler and emigrant. With map and embellishments. New York, J. Disturnell, 1857. xi, 14-366p. front., ill., pl., carte dépl. 16 cm. Chap. sur les régions de Montréal, Québec, Saguenay. Table des ill., p. [12]; table dét. des mat., p. [vii]-xi; pas d'index.
QQA QQL QMBN OKQ OTP OH OLU SSU BVaU BViPA; LC NN

HENDRIE, LILIAN M. Early days in Montreal and rambles in the neighbourhood ... Illustrations by Harold Beament. Montreal [Mercury Press] 1932. [5]-70p. ill., carte. 24 cm. Hist. de Montréal et des environs au début du 17e s. Pas d'index.

NSHPL NBS QQA QQLa QMBN QMBM OOA OOP OTP OH SRL BVa BVaU BVi; LC NN

HINSHELWOOD, N.M. Montreal and vicinity; being a history of the old town, a pictorial record of the modern city, its sports and pastimes, and an illustrated description of many charming summer resorts around ... [Montreal, Desbarats, 1903] [2], 174p. front., ill., plan. 23 cm. Plan de Montréal en 1760, p. 21. Hist. de Montréal, p. [5]-41; hist. de la banlieue, p. [105]-53. Table des ill., p. 1-4; pas d'index.
NSHPL QQL QQLa QMBM OOA OOP OTP BVa BVaU; LC NN; BM

JOHNSON, CLIFTON. The picturesque St. Lawrence. Written and illustrated by Clifton Johnson. New York, Macmillan, 1910. xi, 253p. ill., pl.h.t. 16 cm. (Picturesque river series). Ouvrage descr. et hist. des origines à date de publ., régions de: Montréal, p. [74]-105, Québec, p. [156]-204, Saguenay, p. [229]-39. Table des ill., p. [ix]-xi; pas d'index.
NBFU NBS QQL QMBN QMBM OOP OL BViP; LC NN; BM

STOKES, CHARLES W. Here and there in Montreal and the Island of Montreal ... An illustrated descriptive guide to the historical and picturesque landmarks and places of interest in Montreal and environs. Toronto, Musson [1924] vii, 96p. front., ill., pl.h.t., plans. 23 cm. Hist. des sites, des rues, des édifices, des institutions, divisés par quartier. Table des ill. /1931: éd. rev.
1924: QQL QQLa QMBM OOP OTP MW BVa BVaU /1931: QQA QMBN OOC OH OLU

WOOD, WILLIAM C. The storied province of Quebec. Past and present [par] William Wood ... Associate editors: William Henry Atherton ... [et] Edwin P. Conklin. Toronto, The Dominion Publishing Co., 1931. 5 v. front. (portr.), ill., pl.h.t., portr., fac-sim., plans, cartes. 27 cm. Vol. 1-2: xii, [2], 1164p.; vol. 3-5: [4], 865p. Couvre l'hist. de la prov. de Québec, de 1534 à date de publ. Bibliogr. sur la médecine au Québec, p. 1148-50 et notes bibliogr. en bas de page. Chronol., vol. 1, p. 249-72. Cartes: vol. 1: Ile de Montréal indiquant les premiers faits, les établissements, etc., p. 612; vol. 2: Montréal vu à vol d'oiseau, 1645-50, p. 625; Ville-Marie, 1650-72, p. 632; "plan of the palisaded town, 1687-1723", p. 655; Montréal, 1673-87, p. 656; Montréal, 1725, p. 662; Château de Vaudreuil et environs en 1760, p. 678. Ouvrage collectif qui comprend d'abord une hist. générale de la prov. de Québec signée William Wood, suivi d'hist. régionales et locales et, enfin, par

thème, l'hist. des religions catholique et protestante, le système d'éducation, le journalisme, l'hist. des banques, de l'industrie, des sports, de la chasse et de la pêche, des cours de justice, du barreau, de la médecine. Vol. 1: The story of P. Q. by colonel William Wood, p. [3]-123, [125] p.; Unique Quebec by colonel William Wood, p. [127]-275; Regional Quebec by Edwin P. Conklin (Quebec Channel Region, Gaspé Peninsula Region, North Shore, Labrador and New Quebec, Lake St. John and the Saguenay River, Quebec Region, Quebec South Shore Region), p. [277]-437; Metropolitan Montreal by William Henry Atherton ... p. [603]-22. Vol. 2: Metropolitan Montreal (suite), p. [623]-781; Regional Quebec by Edwin P. Conklin (Three Rivers Region, Richelieu Region, Huntingdon Region, Ottawa Valley Region, Eastern Townships), p. [782]-972. Vol. 3-5: biogr. et portr. avec index pour chacun des vol. Table dét. des mat., vol. 1, p. vii-xii.
NSHPL NBFU QQLa QMBN QMU QMBM OOA OOP OKQ OTP BVaU BVi; LC NN

NOUVEAU QUEBEC

BAILLARGE, GEORGE-F. Le détroit et la Baie d'Hudson par G.-F. Baillargé. Joliette, Aux Bureaux de "l'Étudiant" et du "Couvent", 1888. 54p. 17 cm. Contribution à l'hist. de la région à la fin du 19e s.
QQA QMBN QMM QMU QMBM OTP BVaU

BRUET, EDMOND. Le Labrador et le Nouveau Québec. Géographie, exploration, géologie, minéralogie, faune, flore, peuplement, ressources naturelles ... Paris, Payot, 1949. 346p. ill., cartes (12 doubles), diagr., tables. 23 cm. (Bibliothèque géographique). Hist. des explorations dans cette région de Norse à date de publ. avec réf. bibliogr., p. 102-21. Bibliogr. et cartes, p. [330]-44.
NfSM QRS QQL QQLa QQLaC QQLaS QSherU QMBN QMU QMBM QMAI OOA OORD OOG OOGB OOCC OTP OTY OLU AEU BVaU; LC NN

LANGELIER, JEAN-C. Le Nord, ou esquisse sur la partie de la province de Québec au nord du fleuve Saint-Laurent, entre l'Outaouais et le Labrador, par J.-C. Langelier. Québec, I.P. Déry [1882] 139, [2] p. 21 cm. "Errata" en dernière p. du vol. Descr. surtout avec réf. hist. Table des mat.; pas d'index.
QQA QQL OTP; NN

LOW, ALBERT P. Report on explorations in the Labrador peninsula along the East Main, Koksoak, Hamilton, Manicuagan and portions of other

rivers in 1892-93-94-95, by A. P. Low. Ottawa, S. E. Dawson, Queen's Printer, 1896. 387p. ill., tabl., cartes (4 cartes dépl. en coul. publiées séparément ... Ottawa, 1895). 25 cm. (Canada. Geological Survey. Annual report, 1895. Ottawa, 1897. vol. 8, n. s., pt. L). Comprend l'hist. des explorations du Nouveau Québec à l'est de la Baie d'Husdon, depuis la période Norse jusqu'à 1891; contient, en outre, une liste des rapports géologiques avec réf. bibliogr., p. 7L-19L. /Publié séparément en 1896 avec cartes (cf. notes opp. page-titre).
NfSG NfSM NBSM QQLa OOG OOGB OON OKQ OTP OTU BVaU; LC; BM

WOOD, WILLIAM C. The storied province of Quebec. Past and present [par] William Wood ... Associate editors: William Henry Atherton ... [et] Edwin P. Conklin. Toronto, The Dominion Publishing Co., 1931. 5 v. front. (portr.), ill., pl.h.t., portr., fac-sim., plans, cartes. 27 cm. Vol. 1-2: xii, [2], 1164p.; vol. 3-5: [4], 865p. Couvre l'hist. de la prov. de Québec, de 1534 à date de publ. Bibliogr. sur la médecine au Québec, p. 1148-50 et notes bibliogr. en bas de page. Chronol., vol. 1, p. 249-72. Cartes: vol. 1: Ile de Montréal indiquant les premiers faits, les établissements, etc., p. 612; vol. 2: Montréal vu à vol d'oiseau, 1645-50, p. 625; Ville-Marie, 1650-72, p. 632; "plan of the palisaded town, 1687-1723", p. 655; Montréal, 1673-87, p. 656; Montréal, 1725, p. 662; Château de Vaudreuil et environs en 1760, p. 678. Ouvrage collectif qui comprend d'abord une hist. générale de la prov. de Québec signée William Wood, suivi d'hist. régionales et locales et, enfin, par thème, l'hist. des religions catholique et protestante, le système d'éducation, le journalisme, l'hist. des banques, de l'industrie, des sports, de la chasse et de la pêche, des cours de justice, du barreau, de la médecine. Vol. 1: The story of P. Q. by colonel William Wood, p. [3]-123, [125] p.; Unique Quebec by colonel William Wood, p. [127]-275; Regional Quebec by Edwin P. Conklin (Quebec Channel Region, Gaspé Peninsula Region, North Shore, Labrador and New Quebec, Lake St. John and the Saguenay River, Quebec Region, Quebec South Shore Region), p. [277]-437; Metropolitan Montreal by William Henry Atherton ... p. [603]-22. Vol. 2: Metropolitan Montreal (suite), p. [623]-781; Regional Quebec by Edwin P. Conklin (Three Rivers Region, Richelieu Region, Huntingdon Region, Ottawa Valley Region, Eastern Townships), p. [782]-972. Vol. 3-5: biogr. et portr. avec index pour chacun des vol. Table dét. des mat., vol. 1, p. vii-xii.
NSHPL NBFU QQLa QMBN QMU QMBM OOA OOP OKQ OTP BVaU BVi; LC NN

OUTAOUAIS, Vallée de l'

ALEXIS DE BARBEZIEUX. Histoire de la province ecclésiastique d'Ottawa et de la colonisation de la vallée de l'Ottawa. Ottawa, La Cie d'Imprimerie d'Ottawa, 1897. 2 v. : xix, 609, [3], ivp. ; 507, xxviii, iip. ill., pl. h.t., portr. 23 cm. "Errata" à la fin des vol. 1 et 2. Liste des paroisses du Québec étudiées, p. viii. Les missions de Québec, 1836-44, p. [184]-220. Nombreux doc. Index des membres du clergé figurant dans l'ouvrage, p. [489]-507.
OONL QQA QQL QMBN QMU QMBM OOA OOP OOC OOSJ OOSU OKQ OTU OTStM OTRM OTP

BLANCHARD, RAOUL. Etudes canadiennes (troisième série). Grenoble, Impr. Allier, 1938-1949. 4 v. ill., pl.h.t., plans, cartes. 25 cm. Extraits de la Revue de Géographie alpine. Vol. 1: La plaine de Montréal, 186p. ; vol. 2: Montréal, 198p. ; vol. 3: Le pays de l'Ottawa, 140p. ; vol. 4: L'Abitibi-Témiscamingue, 133p. Bibliogr. à la fin de chaque vol. Table dét. des mat. ; pas d'index.
QQA QQL QQLa QMU OOG OOGB OTY

BUIES, ARTHUR. L'Outaouais supérieur. Québec, Impr. C. Darveau, 1889. 309, [2] p. ill., pl.h.t., carte dépl. 18 cm. Descr. surtout avec rappels hist. des débuts de la colonisation. Table dét. des mat. ; pas d'index.
OONL QRS QPC QQL QQLa QMM QWTU QSherU OTU; LC NN; BM

GARD, ANSON A. Pioneers of the Upper Ottawa and the humors of the valley. South Hull and Aylmer edition, by Anson A. Gard ... Ottawa, The Emerson Press [1907] [49, 78, 107, 84] p. ill., pl.h.t., portr. 24 cm. Pag. irrégulière. Hist. civile et religieuse: Partie I, South Hull; Partie II, Aylmer 1830-1904; Partie III, The humors of the valley; Partie IV, Généalogies, p. 1-80. Pas d'index.
QQA QMBN OOA OOP OOC OKQ OTP

[NANTEL, GUILLAUME-A.] Notre Nord-Ouest provincial; étude sur la vallée de l'Ottawa, accompagnée de cartes géographiques ... Montréal, E. Sénécal & Fils, 1887. 99p. cartes dépl. 22 cm. Lettre-préface de l'abbé J.-B. Proulx, p. [3]-4. Ouvrage descr. surtout écrit dans le but d'attirer et de renseigner les futurs colons. Pas d'index.
OONL QQL QMM QMU

LE NORD de l'Outaouais. Manuel-répertoire d'histoire et de géographie

régionale. Ouvrage rédigé en collaboration. 129 illustrations dans le texte, 138 hors-texte, 6 dépliées et une carte en couleurs. Ottawa, Le Droit, 1938. xvi, 396p. ill., pl.h.t., cartes. 24 cm. Hist. de la vallée de l'Outaouais, p. [101]-48; de Hull, p. [182]-201; des paroisses de la vallée de la Gatineau, p. [220]-9; des paroisses de la région de Mont-Laurier, p. [230]-46; des paroisses des comtés de Papineau et d'Argenteuil, p. [247]-74. Append.: démographie, p. [277]-88; divisions administratives, civiles et religieuses, p. [289]-90; dignitaires religieux et civils, p. [309]-20; chronol. du Nord de l'Outaouais, p. [321]-30. Bibliogr., p. [331]-51. Table dét. des mat.; pas d'index.
QRS QPC QQA QQLa; NN

WOOD, WILLIAM C. The storied province of Quebec. Past and present [par] William Wood ... Associate editors: William Henry Atherton ... [et] Edwin P. Conklin. Toronto, The Dominion Publishing Co., 1931. 5 v. front. (portr.), ill., pl.h.t., portr., fac-sim., plans, cartes. 27 cm. Vol. 1-2: xii, [2], 1164p.; vol. 3-5: [4], 865p. Couvre l'hist. de la prov. de Québec, de 1534 à date de publ. Bibliogr. sur la médecine au Québec, p. 1148-50 et notes bibliogr. en bas de page. Chronol., vol. 1, p. 249-72. Cartes: vol. 1: Ile de Montréal indiquant les premiers faits, les établissements, etc., p. 612; vol. 2: Montréal vu à vol d'oiseau, 1645-50, p. 625; Ville-Marie, 1650-72, p. 632; "plan of the palisaded town, 1687-1723", p. 655; Montréal, 1673-87, p. 656; Montréal, 1725, p. 662; Château de Vaudreuil et environs en 1760, p. 678. Ouvrage collectif qui comprend d'abord une hist. générale de la prov. de Québec signée William Wood, suivi d'hist. régionales et locales et, enfin, par thème, l'hist. des religions catholique et protestante, le système d'éducation, le journalisme, l'hist. des banques, de l'industrie, des sports, de la chasse et de la pêche, des cours de justice, du barreau, de la médecine. Vol. 1: The story of P.Q. by colonel William Wood, p. [3]-123, [125] p.; Unique Quebec by colonel William Wood, p. [127]-275; Regional Quebec by Edwin P. Conklin (Quebec Channel Region, Gaspé Peninsula Region, North Shore, Labrador and New Quebec, Lake St. John and the Saguenay River, Quebec Region, Quebec South Shore Region), p. [277]-437; Metropolitan Montreal by William Henry Atherton ... p. [603]-22. Vol. 2: Metropolitan Montreal (suite), p. [623]-781; Regional Quebec by Edwin P. Conklin (Three Rivers Region, Richelieu Region, Huntingdon Region, Ottawa Valley Region, Eastern Townships), p. [782]-972. Vol. 3-5: biogr. et portr. avec index pour chacun des vol. Table dét. des mat., vol. 1, p. vii-xii.
NSHPL NBFU QQLa QMBN QMU QMBM OOA OOP OKQ OTP BVaU BVi; LC NN

QUEBEC

BLANCHARD, RAOUL. L'Est du Canada français "province de Québec". Paris, Librairie Masson & Cie; Montréal, Librairie Beauchemin, 1935. 2 v. : [9] -366p. ; [7] -336p. pl. h. t., plans, cartes. 26 cm. (Publications de l'Institut scientifique franco-canadien). Vol. 1: La Gaspésie, p. 11-106; Estuaire du Saint-Laurent, p. 107-310; région Québec-Saguenay, p. 311-60. Vol. 2: Le Saguenay et le Lac Saint-Jean, p. [7] -155; Québec, p. [157] -289. Ouvrage géogr. et hist. concernant le peuplement et la colonisation de ces régions. Bibliogr., vol. 2, p. [295] -307 et notes bibliogr. en bas de page. Table dét. des mat. à la fin de chaque vol. ; table des pl. h. t.
OONL NSHPL QQL QQLa QMU OOP OONF OHM OKQ OKR OSuL MWU AEU BVaU; LC NN; BM

[DISTURNELL, JOHN, ed.] A trip through the lakes of North America; embracing a full description of the St. Lawrence river, together with all the principal places on its banks, from its sources to its mouth: commerce of the lakes, etc., forming altogether a complete guide for the pleasure traveler and emigrant. With map and embellishments. New York, J. Disturnell, 1857. xi, 14-366p. front., ill., pl., carte dépl. 16 cm. Chap. sur les régions de Montréal, Québec, Saguenay. Table des ill., p. [12]; table dét. des mat., p. [vii] -xi; pas d'index.
QQA QQL QMBN OKQ OTP OH OLU SSU BVaU BViPA; LC NN

JOHNSON, CLIFTON. The picturesque St. Lawrence. Written and illustrated by Clifton Johnson. New York, Macmillan, 1910. xi, 253p. ill., pl. h. t. 16 cm. (Picturesque river series). Ouvrage descr. et hist. des origines à date de publ., des régions de: Montréal, p. [74] -105, Québec, p. [156] -204, Saguenay, p. [229] -39. Table des ill., p. [ix] -xi; pas d'index.
NBFU NBS QQL QMBN QMBM OOP OL BViP; LC NN; BM

LEMOINE, JAMES M. Historical notes on Quebec and its environs by J.M. LeMoine ... 2e éd. Québec, Darveau, 1887. 60p. 16 cm. Pas d'index. /1879: Historical notes on the environs of Quebec Drive to Indian Lorette ... the St. Louis and the St. Foy roads ... 1ère éd. Montréal. 31p. /1890: 5e éd. 152p.
1879: QQL QMBN OOA OTP SSU BViP; LC /1887: QQA QQL QMBN OOA OORD OKQ OTP; LC /1890: BM

WOOD, WILLIAM C. The storied province of Quebec. Past and present

[par] William Wood ... Associate editors: William Henry Atherton ... [wt] Edwin P. Conklin. Toronto, The Dominion Publishing Co., 1931. 5 v. front. (portr.), ill., pl.h.t., portr., fac-sim., plans, cartes. 27 cm. Vol. 1-2: xii, [2], 1164p.; vol. 3-5: [4], 865p. Couvre l'hist. de la prov. de Québec, de 1534 à date de publ. Bibliogr. sur la médecine au Québec, p. 1148-50 et notes bibliogr. en bas de page. Chronol., vol. 1, p. 249-72. Cartes: vol. 1: Ile de Montréal indiquant les premiers faits, les établissements, etc., p. 612; vol. 2: Montréal vu à vol d'oiseau, 1645-50, p. 625; Ville-Marie, 1650-72, p. 632; "plan of the palisaded town, 1687-1723", p. 655; Montréal, 1673-87, p. 656; Montréal, 1725, p. 662; Château de Vaudreuil et environs en 1760, p. 678. Ouvrage collectif qui comprend d'abord une hist. générale de la prov. de Québec signée William Wood, suivi d'hist. régionales et locales et, enfin, par thème, l'hist. des religions catholique et protestante, le système d'éducation, le journalisme, l'hist. des banques, de l'industrie, des sports, de la chasse et de la pêche, des cours de justice, du barreau, de la médecine. Vol. 1: The story of P.Q. by colonel William Wood, p. [3]-123, [125] p.; Unique Quebec by colonel William Wood, p. [127]-275; Regional Quebec by Edwin P. Conklin (Quebec Channel Region, Gaspé Peninsula Region, North Shore, Labrador and New Quebec, Lake St. John and the Saguenay River, Quebec Region, Quebec South Shore Region), p. [277]-437; Metropolitan Montreal by William Henry Atherton ... p. [603]-22. Vol. 2: Metropolitan Montreal (suite), p. [623]-781; Regional Quebec by Edwin P. Conklin (Three Rivers Region, Richelieu Region, Huntingdon Region, Ottawa Valley Region, Eastern Townships), p. [782]-972. Vol. 3-5: biogr. et portr. avec index pour chacun des vol. Table dét. des mat., vol. 1, p. vii-xii.
NSHPL NBFU QQLa QMBN QMU QMBM OOA OOP OKQ OTP BVaU BVi; LC NN

QUEBEC-LABRADOR

BRUET, EDMOND. Le Labrador et le Nouveau Québec. Géographie, exploration, géologie, minéralogie, faune, flore, peuplement, ressources naturelles ... Paris, Payot, 1949. 346p. ill., cartes (12 doubles), diagr., tables. 23 cm. (Bibliothèque géographique). Hist. des explorations dans cette région de Norse à date de publ. avec réf. bibliogr., p. 102-21. Bibliogr. et cartes, p. [330]-44.
NfSM QRS QQL QQLa QQLaC QQLaS QSherU QMBN QMU QMBM QMAI OOA OORD OOG OOGB OOCC OTP OTY OLU AEU BVaU; LC NN

DAWSON, SAMUEL E. Canada & Newfoundland ... London, E. Stanford,

1897. xxiv, 719p. ill., plans, cartes. 20 cm. En tête du titre: Stanford's compendium of geography and travel (new issue). North America, vol. I. Comprend l'hist. de l'Acadie et des prov. maritimes, p. [105] -210; celle du Québec, p. [226]-321, de l'Ontario, p. [322]-93, du Manitoba, des Territoires du Nord-Ouest et des Prairies, p. [394]-449, de la Colombie Britannique, p. [450]-528, du Yukon & des Territoires du Nord-Ouest, p. [529]-605, de la région de la Baie d'Hudson, du Labrador, incl. Québec-Labrador, p. [633]-59, de Terre-Neuve, p. [660]-705. Chaque partie a sa carte. Réf. bibliogr. à la fin des chap.
NfSG NSHD NSHPL NBFL QQL QMM QMBM OOC OTY OH OLMBC SSU AEU BViP; LC NN; BM

FERLAND, JEAN-B.-A. Le Labrador; notes et récits de voyage par l'abbé J.-B.-A. Ferland. Montréal, Beauchemin [1917] 115p. front. 17 cm. Surtout descr. avec rappels hist. relatifs aux côtes du Golfe de la période précolombienne au 18e s., p. 23-8. Table dét. des mat. au début des chap.; pas d'index.
QQLa QMBM OOSU OOSJ OKQ

GOSLING, WILLIAM G. Labrador: its discovery, exploration and development ... London, Alston Rivers Ltd., 1910. xii, 574p. front., ill., pl.h.t., portr., cartes (1 dépl.). 23 cm. Nombreuses cartes de 1502 à 1700. Hist. des expéditions de Norse à date de publ. Table des ill., p. xi-xii.
NfSG NSHP NBFL NBFU NBS NBSM QQL QQLa QMBN QMU QMBM QMAI OOA OOP OORD OOCC OOG OOGB OOCiT OKQ OH OLU OTRM OTP MWU SSU ACU BVaU BViP BViV

HIND, HENRY Y. Explorations in the interior of the Labrador peninsula, the country of the Montagnais and Nasquapee indians by Henry Youle Hind ... London, Longman, Green ... 1863. 2 v. ill., cartes (1 dépl.), pl.h.t. (coul.). 22 cm. Contribution directe à l'hist. des origines de Moisie, de Sept-Iles, Mingan ... Notes bibliogr. en bas de page. Pas d' index.
NSHPL NBS QQA QMBN QMU QMBM QMAI OOA OOP OOG OOO OORD OOCiT OKQ OH OTP MWU SSU AEU BViP BViPA; LC NN; BM

HUARD, VICTOR-A. Labrador et Anticosti; journal de voyage - histoire - topographie - pêcheurs canadiens et acadiens - indiens Montagnais, par l'abbé V.-A. Huard ... Montréal, C.-O. Beauchemin, 1897. 505p. ill., portr., carte dépl. 23 cm. Errata à la fin du vol. Comprend de brefs hist. de la colonisation des régions du Saguenay, du Labrador et

de l'Ile d'Anticosti des origines à date de publ. Bibliogr. et notes bibliogr. en bas de page. Table dét. des mat. ; pas d'index.
OONL QQLa QMBN QMBM OOU OOO OOG OOAg OKQ OLU; LC NN; BM

LOW, ALBERT P. Report on explorations in the Labrador peninsula along the East Main, Koksoak, Hamilton, Manicuagan and portions of other rivers in 1892-93-94-95, by A. P. Low. Ottawa, S. E. Dawson, Queen's Printer, 1896. 387p. ill., tabl., cartes (4 cartes dépl. en coul. publiées séparément ... Ottawa, 1895). 25 cm. (Canada. Geological Survey. Annual report, 1895. Ottawa, 1897. vol. 8, n. s., pt. L). Comprend l'hist. des explorations de la région du Labrador et de la Baie d'Hudson, des voyages de Norse à 1891; contient, en outre, une liste des rapports géologiques avec réf. bibliogr., p. 7L-19L. /Publié séparément en 1896 avec cartes (cf. notes opp. page-titre).
NfSG NfSM NBSM QQLa OOG OOGB OON OKQ OTP OTU BVaU; LC; BM

MARTIN, ROBERT M. History of British colonies, voir: History of Nova Scotia, Cape Breton, the Sable Islands.

MARTIN, ROBERT M. History of Nova Scotia, Cape Breton, the Sable Islands, New Brunswick, Prince Edward Island, the Bermudas, Newfoundland, &c. &c. By R. Montgomery Martin. London, Whittaker, 1837. viii, 363, [1] p. front., cartes dépl. 18 cm. (Certaines copies portent en titre suppl. : The British colonial library. vol. 6). Hist. de chaque région des origines à date de publ. : Nouvelle-Ecosse, p. 1-67; Cap Breton, p. 68-113; Iles de Sable, p. 113-23; Nouveau-Brunswick, p. 125-79; Ile du Prince-Edouard, p. 180-222; Terre-Neuve et Labrador, p. 236-333. Table dét. des mat. ; pas d'index (TPL: 1792). /1834-5: 1ère éd. sous le titre: History of the British colonies. London, J. Cochrane. 5 v. Vol. 3 (1834): Possessions in North America. Couvre l'ensemble du Canada. /1844: autre réimpr. du vol. 6 publ. par H. G. Bohn (TPL: 1793).
OONL NfSM NSHP NSHPL NSHD NSHL NBFL NBFU NBS NBSaM NBSM QQL QQLa QMBN QMC QMBM OOA OOP OOG OOC OORD OOND OH OKQ OTP OTY MW MWU SSU AEU ACU BVaU BViP; LC NN; BM

ROCHETTE, EDGAR. Notes sur la Côte Nord du Bas Saint-Laurent et le Labrador canadien ... Québec, Impr. "Le Soleil", 1926. [12]-131, [1] p. carte dépl. 19 cm. Bref aperçu hist. des origines à date de publ. Lettre d'Arthur A. Schmon, p. 116-20; tableaux des villages, p. 121-3. Bibliogr., p. 124. Table dét. des mat., p. 125-31; pas d'index.

QPC QQLa QMBN QMBM OOA OOSJ OOSU OTP OTT; NN

ROUILLARD, EUGENE. La Côte-Nord du Saint-Laurent et le Labrador canadien. Esquisse topographique, nomenclature des cours d'eau, forces hydrauliques, industrie forestière, territoire de chasse, pêche à la mer et pêche sportive, mines de fer, stations de pêche, voies de communications, ressources générales. Québec, Typ. Laflamme & Proulx, 1908. 181, [7] p. ill., pl.h.t., cartes dépl. 24 cm. Carte de la Côte Nord. Table dét. des mat. ; index des rivières de la Côte Nord; index des villages, postes de pêche, îles, etc.
QQLa; NN; BM

STEARNS, WINFRED A. Labrador: a sketch of its peoples, its industries and its natural history. Boston, Lee and Shepard, 1884. viii, 295p. 20 cm. Surtout descr. Découverte du Labrador incl. un survol de son hist. depuis avant Cabot jusqu'à 1809. Concerne aussi "the easternmost extremity of the province of Quebec and the westernmost part of Labrador proper" (Introd.). Table dét. des mat. ; pas d'index.
NBS OOA OOP OODF OOG OORD OOCiT OKQ OTP BVaU; LC NN; BM

[SWEETSER, MOSES F.] The Maritime Provinces: a handbook for travellers. A guide to the chief cities, coasts, and islands of the Maritime Provinces of Canada, and to their scenery and historic attractions; with the Gulf and River of St. Lawrence to Quebec and Montreal; also, Newfoundland and the Labrador coast. ... 9e éd. rev. et augm. ... Boston, New York, Houghton, Mifflin & Co., 1892. 336p. cartes dépl., plans dépl. 17 cm. Préf. signée par M.F. Sweetser. Titre de la couverture: Sweetser's Maritime Provinces. Brefs hist. du Nouveau-Brunswick, de la Nouvelle-Ecosse, du Cap Breton, de l'Ile du Prince-Edouard, de Terre-Neuve, du Labrador et de Québec, des origines au 19e s., avec des notes hist. sur les principales villes et cités, forts et îles, etc. Bibliogr., p. 334-6. /1875: 1ère éd. Boston, J.R. Osgood & Co. Titre de la reliure: Osgood's Maritime Provinces. /1880: 2e éd. /1883: 3e éd. rev. et augm. /1884: 3e éd. rev. et augm. (réimpr. ?). /1885: autre éd. Boston, Ticknor & Co. /1886: 4e éd. /1888: 6e éd. rev. et augm. Titre de la reliure: Ticknor's Maritime Provinces. /1890: 7e éd. Boston, New York, Houghton, Mifflin & Co. Titre de la reliure: Ticknor's Maritime Provinces. /1891: 8e éd. rev. et augm. Boston, New York, Houghton, Mifflin & Co. /1892: 9e éd. /1894: 10e éd. rev. et augm. /1895: 11e éd. rev. et augm.
1875: NSHP NSHD NBS OOP OTP OLU SSU; LC NN; BM /1880: NBSM /1883: QQL QQLa OOA OOP OLU; LC; BM /1884: OTP /1885: aucune

localisation /1886: OOP /1888: LC NN /1890: NSHD; NN /1891: NSHPL NBFU OOP; LC /1892: OKQ OLU; LC NN /1894: NN /1895: OOP OH OLU; NN

TRICOCHE, GEORGE N. Terre-Neuve et alentours; Iles de la Madeleine, Labrador, Saint-Pierre et Miquelon. Paris, P. Roger [1929] 295p. ill., carte (double). 18 cm. (Voyages de jadis et d'aujourd'hui). Surtout descr. Notes hist. sur le Labrador, sur Brest, la ville semi-mythique du 16e-17e s. Table dét. des mat.; pas d'index.
OONL NfSG NfSM NBFU NBS NBSaM QQL QMBN QMU QMBM OTP OLU BVaU

[WHITE, JAMES] Forts and trading posts in Labrador peninsular and adjoining territory. Ottawa, King's Printer, 1926. 67p. carte dépl. 27 cm. En tête de titre: In the Privy Council: In the matter of the boundary between the Dominion of Canada and the colony of Newfoundland in the Labrador peninsular ... Carte des grandes explorations de 1497 à 1912. Liste alphabétique des noms de lieux avec hist. chronol. Notes bibliogr. en bas de page. Pas d'index.
NfSG NBSM OOA OOP OORD OONM OOGB OTU OLU OWA SSU; BM

WOOD, WILLIAM C. The storied province of Quebec. Past and present [par] William Wood ... Associate editors: William Henry Atherton ... [et] Edwin P. Conklin. Toronto, The Dominion Publishing Co., 1931. 5 v. front. (portr.), ill., pl.h.t., portr., fac-sim., plans, cartes. 27 cm. Vol. 1-2: xii, [2], 1164p.; vol. 3-5: [4], 865p. Couvre l'hist. de la prov. de Québec, de 1534 à date de publ. Bibliogr. sur la médecine au Québec, p. 1148-50 et notes bibliogr. en bas de page. Chronol., vol. 1, p. 249-72. Cartes: vol. 1: Ile de Montréal indiquant les premiers faits, les établissements, etc., p. 612; vol. 2: Montréal vu à vol d'oiseau, 1645-50, p. 625; Ville-Marie, 1650-72, p. 632; "plan of the palisaded town, 1687-1723", p. 655; Montréal, 1673-87, p. 656; Montréal, 1725, p. 662; Château de Vaudreuil et environs en 1760, p. 678. Ouvrage collectif qui comprend d'abord une hist. générale de la prov. de Québec signée William Wood, suivi d'hist. régionales et locales et, enfin, par thème, l'hist. des religions catholique et protestante, le système d'éducation, le journalisme, l'hist. des banques, de l'industrie, des sports, de la chasse et de la pêche, des cours de justice, du barreau, de la médecine. Vol. 1: The story of P.Q. by colonel William Wood, p. [3]-123, [125] p.; Unique Quebec by colonel William Wood, p. [127]-275; Regional Quebec by Edwin P. Conklin (Quebec Channel Region, Gaspé Peninsula Region, North Shore, Labrador and New Quebec, Lake St.

John and the Saguenay River, Quebec Region, Quebec South Shore Region), p. [277]-437; Metropolitan Montreal by William Henry Atherton ... p. [603]-22. Vol. 2: Metropolitan Montreal (suite), p. [623]-781; Regional Quebec by Edwin P. Conklin (Three Rivers Region, Richelieu Region, Huntingdon Region, Ottawa Valley Region, Eastern Townships), p. [782]-972. Vol. 3-5: biogr. et portr. avec index pour chacun des vol. Table dét. des mat., vol. 1, p. vii-xii.
NSHPL NBFU QQLa QMBN QMU QMBM OOA OOP OKQ OTP BVaU BVi; LC NN

RICHELIEU, Vallée du

DEMERS, PHILIPPE. Chronique du Haut-Richelieu. IV: Un coin de frontière. Essai de monographie régionale. Montréal, Librairie générale canadienne, 1932. 15p. ill., carte. 26 cm. Carte du Haut-Richelieu d'après un plan de 1815, p. [4]. Hist. des origines de la colonisation. Pas d'index.
QQA QQL

DEMERS, PHILIPPE. Quelques études sur notre histoire régionale par l'honorable juge Philippe Demers. [Saint-Jean] Editions du "Canada français" [1946] [2], 55p. front. (portr.), plan. 22 cm. Plan de Saint-Georges d'Henryville, p. 52. Regroupe six études d'hist. locale et régionale: "La vallée du Richelieu et son histoire", p. 5-16; "L'amiral du Lac Champlain", p. 17-24; "Le général Hazen ... seigneur de Bleury-Sud", p. 25-36; "Un coin de frontière", p. 44; "Histoire de la fondation du village de Henryville", p. 45-52; "Le Mont Johnson", p. 53-5. Notes bibliogr. en bas de page. Pas d'index.
QQLa

MALCHELOSSE, GERARD. Les forts du Richelieu. Hull, Les Editions "L'Eclair", 1947. 27p. 23 cm. Contribution à l'hist. de la vallée du Richelieu de 1642 à 1712. Bibliogr., p. 27. Pas d'index.
QQLa QMU OOA OORD OOND OHM SSU BVaU

MOORE, ARTHUR H. The valley of the Richelieu. An historical study. St. Johns, Quebec, E.R. Smith Co., 1929. 46p. ill., plan. 22 cm. Plan du siège de Saint-Jean en 1775, p. 33; plan du Fort Chambly en 1842, p. 19. Aperçu hist. de la vallée du Richelieu, surtout du point de vue militaire. Table dét. des mat., p. 7; pas d'index.
NSHD NSHP NSHK QQLa QLB QMBN QMBM OOP OORD OTP; NN

OAKLEY, AMY. Kaleidoscopic Quebec ... Illustrations by Thornton Oakley. New York, London, D. Appleton - Century Co. [1947] xiii, 278p. front., ill. (dessins originaux). 21 cm. Cartes géographiques de la vallée du Saint-Laurent, des Laurentides et de la Gaspésie en pages de garde. Descr. surtout l'ouvrage traite de la vallée du Richelieu, p. [3]-24; de Montréal et des environs, p. [27]-79; de Québec, p. [81]-115; de l'Ile d'Orléans, p. [117]-30; de Sainte-Anne de Beaupré, p. 135-50; de la Gaspésie, p. [221]-67. Table des ill., p. ix-x.
QQLa

WOOD, WILLIAM C. The storied province of Quebec. Past and present [par] William Wood ... Associate editors: William Henry Atherton ... [et] Edwin P. Conklin. Toronto, The Dominion Publishing Co., 1931. 5 v. front. (portr.), ill., pl.h.t., portr., fac-sim., plans, cartes. 27 cm. Vol. 1-2: xii, [2], 1164p.; vol. 3-5: [4], 865p. Couvre l'hist. de la prov. de Québec, de 1534 à date de publ. Bibliogr. sur la médecine au Québec, p. 1148-50 et notes bibliogr. en bas de page. Chronol., vol. 1, p. 249-72. Cartes: vol. 1: Ile de Montréal indiquant les premiers faits, les établissements, etc., p. 612; vol. 2: Montréal vu à vol d'oiseau, 1645-50, p. 625; Ville-Marie, 1650-72, p. 632; "plan of the palisaded town, 1687-1723", p. 655; Montréal, 1673-87, p. 656; Montréal, 1725, p. 662; Château de Vaudreuil et environs en 1760, p. 678. Ouvrage collectif qui comprend d'abord une hist. générale de la prov. de Québec signée William Wood, suivi d'hist. régionales et locales et, enfin, par thème, l'hist. des religions catholique et protestante, le système d'éducation, le journalisme, l'hist. des banques, de l'industrie, des sports, de la chasse et de la pêche, des cours de justice, du barreau, de la médecine. Vol. 1: The story of P.Q. by colonel William Wood, p. [3]-123, [125] p.; Unique Quebec by colonel William Wood, p. [127]-275; Regional Quebec by Edwin P. Conklin (Quebec Channel Region, Gaspé Peninsula Region, North Shore, Labrador and New Quebec, Lake St. John and the Saguenay River, Quebec Region, Quebec South Shore Region), p. [277]-437; Metropolitan Montreal by William Henry Atherton ... p. [603]-22. Vol. 2: Metropolitan Montreal (suite), p. [623]-781; Regional Quebec by Edwin P. Conklin (Three Rivers Region, Richelieu Region, Huntingdon Region, Ottawa Valley Region, Eastern Townships), p. [782]-972. Vol. 3-5: biogr. et portr. avec index pour chacun des vol. Table dét. des mat., vol. 1, p. vii-xii.
NSHPL NBFU QQLa QMBN QMU QMBM OOA OOP OKQ OTP BVaU BVi; LC NN

SAGUENAY

ACHARD, EUGENE. Le royaume du Saguenay. Montréal, Librairie générale canadienne [1942] 207p. ill., cartes. 21 cm. Hist. de Cartier à date de publ. Religion, organisation scolaire, vie industrielle et commerciale, etc. Pas d'index.
OONL QQA QQL QQLa QMBN QMM QMBM OKQ OTU; NN

BARBEAU, MARIUS. The kingdom of Saguenay, by Marius Barbeau. Illustrations by A. Y. Jackson, George Pepper, Kathleen Daly ... Chapter heads by Marjorie Borden ... Toronto, Macmillan, 1936. [3]-167p. front., ill., pl. h. t., cartes. 24 cm. Hist. et légendes des origines à date de publ. Table dét. des ill.; pas d'index.
OONL PC NSHPL NBFU NBSM NBSaM QPC QQA QQL QMM QMU QMBM OOP OOsh OOG OKQ OKR OTU OTP OTRM OTV OH OLU MW MWU SRL ACG AE BVa BVaU BVi BViP; NN; BM

BLANCHARD, RAOUL. L'Est du Canada français "province de Québec". Paris, Librairie Masson & Cie; Montréal, Librairie Beauchemin, 1935. 2 v.: [9]-366p.; [7]-336p. pl. h. t., plans, cartes. 26 cm. (Publications de l'Institut scientifique franco-canadien). Vol. 1: La Gaspésie, p. 11-106; Estuaire du Saint-Laurent, p. 107-310; région Québec-Saguenay, p. 311-60. Vol. 2: Le Saguenay et le Lac Saint-Jean, p. [7]-155; Québec, p. [157]-289. Ouvrage géogr. et hist. concernant le peuplement et la colonisation de ces régions. Bibliogr., vol. 2, p. [295]-307 et notes bibliogr. en bas de page. Table dét. des mat. à la fin de chaque vol.; table des pl. h. t.
OONL NSHPL QQL QQLa QMU OOP OONF OHM OKQ OKR OSuL MWU AEU BVaU; LC NN; BM

[BOUCHER DE LA BRUERE, PIERRE] Le Saguenay. Lettres au "Courrier de St-Hyacinthe". St-Hyacinthe, Courrier de St-Hyacinthe, 1880. 43p. 21 cm. Descr. des paroisses et villages de la région avec notes hist. Pas d'index.
QPC QQA QMBN QMBM

BUIES, ARTHUR. Le Saguenay et la vallée du Lac Saint-Jean, voir: Le Saguenay et le bassin du Lac Saint-Jean.

BUIES, ARTHUR. Le Saguenay et le bassin du Lac Saint-Jean. Ouvrage hist. et descr. 3e éd. Québec, Léger Brousseau, 1896. 420p. front., ill., pl. h. t. 23 cm. Errata corrigés. Hist. et descr. de Tadoussac,

p. [59]-81; de Chicoutimi, p. [141]-69; de Saint-Dominique de Jonquière, p. [171]-88; du canton Labarre, p. [189]-208; du Lac Saint-Jean, p. [209]-38; des cantons Normandin et Albanel, p. [238]-91; des Laurentides, p. [293]-362; du Saint-Maurice, p. [377]-403. Table dét. des mat.; pas d'index. /1880: 1ère éd. sous le titre: Le Saguenay et la vallée du Lac Saint-Jean; études historique, géographique, industrielle et agricole ... Québec, A. Côté. xvi, 342p. En tête de titre: Emparons-nous du sol. Errata, p. 341-2.
1880: OONL QPC QQA QMM QMU QMBM OOA OOCC OOU OKQ OTU OTY; LC NN; BM /1896: QRS QPC QQA QQLa OOP OOSJ BVaU; LC

CANADA. MINISTERE DE L'AGRICULTURE. Le Saguenay et le Lac Saint-Jean. Ressources et avantages qu'ils offrent aux colons et aux capitalistes ... Ottawa, Département de l'Agriculture, 1879. 54p. 22 cm. Hist. de l'origine des paroisses et cantons de la région: Chicoutimi, Grand Brûlé, Hébertville, Labarre, Normandin, Racine. Pas d'index.
QQL; LC

CHICOUTIMI la reine du Nord. Album publié à l'occasion de la visite de la Fédération des Chambres de Commerce de la province de Québec, les 25, 26 et 27 août 1913. [Chicoutimi, Le Syndicat des Imprimeurs du Saguenay, 1913] 48p. ill., portr. 34 cm. Hist. politique, économique et religieuse de Chicoutimi et de la région du Saguenay, des origines à date de publ. Listes de députés fédéraux et provinciaux depuis 1867, p. 13-4; voies de communications, p. 19-29; journaux et revues publiés dans la région, p. 48. Bibliogr., p. 48. Pas d'index.
QQA QQLa QCSHS

COVERDALE, WILLIAM H. Tadoussac, then and now; a history and narrative of the Kingdom of the Saguenay. [New York, Charles Francis Press, 1942] 23, [1] p. ill., pl.h.t., carte. 31 cm. Carte de Tadoussac (1608) par Champlain montrant le poste Chauvin en 1600; carte de la Nouvelle-France en 1612 par Champlain montrant le royaume du Saguenay. Notes hist. des origines à date de publ. Bibliogr., p. [24]. Pas d'index.
NSHPL NSHD NSWA NSHK NBFU NBSM NBSaM QPC QQLa QMBN QMU QMBM OOP OOG OOAg OOAgC OOFi OODF OORD OOU OKQ OKR OTU OTP OTK OTAG OTT OTTC OH OHM OLS OL OWL MW MWP SSU AEU AENBS BVaU BVi BViP; LC

DAVIES, BLODWEN. Saguenay, "Saginawa"; the river of deep waters ... With illustrations by Paul Caron and G.A. Cuthbertson. Toronto,

Chicoutimi en 1858

McClelland & Stewart [c1930] 204p. front., ill., pl.h.t., carte. 23 cm. Carte sur feuille de garde. Descr. surtout avec rappels hist.: Saint-Laurent, Québec, Ile d'Orléans, Les Laurentides, Tadoussac, le Saguenay. Table des ill.; pas d'index. /1930: New York, Dodd, Mead & Co. Autre tirage.
OONL QPC QQL QQLa QMBN QMBM OOP OONF OKQ OTP OTTC OPA OPAL OLH OFW OH OWtU SRL BVa BVi BViP; LC NN

[DISTURNELL, JOHN, ed.] A trip through the lakes of North America; embracing a full description of the St. Lawrence river, together with all the principal places on its banks, from its sources to its mouth: commerce of the lakes, etc., forming altogether a complete guide for the pleasure traveler and emigrant. With map and embellishments. New York, J. Disturnell, 1857. xi, 14-366p. front., ill., pl., carte dépl. 16 cm. Chap. sur les régions de Montréal, Québec, Saguenay. Table des ill., p. [12]; table dét. des mat., p. [vii]-xi; pas d'index.
QQA QQL QMBN OKQ OTP OH OLU SSU BVaU BViPA; LC NN

GRANT, GEORGE M. The easternmost ridge of the continent; historical and descriptive sketches of the scenery and life in New Brunswick, Nova Scotia, Prince Edward Island, and along the lower St. Lawrence and Saguenay ... Chicago, A. Belford, 1899. 216p. ill. 31 cm. Nouveau-Brunswick, par C.G.D. Roberts, p. 9-59; Nouvelle-Ecosse, par R. Murray & Mrs. A. Simpson, p. 60-126; Ile du Prince-Edouard, par R. Murray, p. 127-40; Golfe Saint-Laurent et Saguenay, par J.G.A. Creighton, p. 141-85. Chaque région traitée est précédée d'un survol de son hist. des origines à la fin du 19e s. Pas d'index.
NSHPL NBS NBFL NBFU QMBN QMBM OOP OKQ OTP OLU BVaU; LC NN

GRANT, GEORGE M. Picturesque Canada; the country as it was and is. Ed. by George Monro Grant ... Illustrated under the supervision of L.R. O'Brien with over 500 engravings on wood ... Toronto, Belden [1882] 2 v. front., ill., pl.h.t. 33x25 cm. Pag. continue: vol. 1: ix, 440p.; vol. 2: xii, 441-880p. Contenu relatif au Québec, "Quebec; historical review", par Principal Grant, vol. 1, p. [1]-32; "Quebec; picturesque and descriptive", par A.M. Machar ..., vol. 1, p. [33]-61; "Montreal", par A.J. Bray et J. Lespérance ..., vol. 1, p. [104]-41; "Southeastern Quebec", par J.H. Hunter, vol. 2, p. [675]-96; "The Lower St. Lawrence and the Saguenay", par J.G.A. Creighton ..., vol. 2, p. [697]-740. Table des ill.; table dét. des mat.; pas d'index.
OONL NSHPL NBFL NBFU NBS NBSM QQA QQL QQS QQLa QMBN QMU

QMBM OOP OOG OORD OONF OOS OOsh OOU OOC OOSJ OOH OHM OKF OKQ OKR OL OLU OTP OTU OTY OTV OTRM OTStM OPeT OWtU MW MWU MWP SRL SSU AEU ACG BVa BVaU BVi BViP BViPA BViU; LC NN

HARRIS, WILLIAM R. The cross-bearers of the Saguenay by the Very Rev. R.W. Harris ... London, Toronto, J.M. Dent, 1920. [7]-202, [2] p. ill., pl.h.t., portr., cartes. 18 cm. "... treats exclusively of the Montagnais (The Quebec Algonquin) tribes, of the scenery of the forests and lakes east and north of the Saguenay River, and of the secular achievements of the pioneer missionaries (préf., p. [7]). Table des ill., p. [3]; table dét. des mat., p. [1-2]; pas d'index.
NSHPL NBFU QQLa QMBN QMG OOA OOP OKR OH OTP OTY OWA OWtU OPeT SSU; LC NN

HISTORIQUE du Saguenay. Souvenir de l'excursion de la presse d'Ontario et de Québec à Chicoutimi, au Grand Brûlé et à St-Alphonse, le 9 août 1883 par un comité de collaborateurs. Québec, Léger Brousseau, 1883. 21p. 15 cm. Rappel de l'hist. de la région du Saguenay des origines à 1828, p. [5]-8, la ville de Chicoutimi, p. 17-21. Pas d' index.
QQS QQLa

HUARD, VICTOR-A. Labrador et Anticosti; journal de voyage - histoire - topographie - pêcheurs canadiens et acadiens - indiens Montagnais, par l'abbé V.-A. Huard ... Montréal, C.-O. Beauchemin, 1897. 505p. ill., portr., carte dépl. 23 cm. Errata à la fin du vol. Comprend de brefs hist. de la colonisation des régions du Saguenay, du Labrador et de l'Ile d'Anticosti des origines à date de publ. Bibliogr. et notes bibliogr. en bas de page. Table dét. des mat.; pas d'index.
OONL QQLa QMBN QMBM OOU OOO OOG OOAg OKQ OLU; LC NN; BM

JOHNSON, CLIFTON. The picturesque St. Lawrence. Written and illustrated by Clifton Johnson. New York, Macmillan, 1910. xi, 253p. ill., pl.h.t. 16 cm. (Picturesque river series). Ouvrage descr. et hist. des origines à date de publ., des régions de: Montréal, p. [74]-105, Québec, p. [156]-204, Saguenay, p. [229]-39. Table des ill., p. [ix]-xi; pas d'index.
NBFU NBS QQL QMBN QMBM OOP OL BViP; LC NN; BM

LECLAIRE, ALPHONSE. Historical, legendary and topographical guide along the Saint Lawrence from Montreal, voir: Le Saint-Laurent historique, légendaire et topographique de Montréal à Cacouna et à Chicoutimi sur le Saguenay.

LECLAIRE, ALPHONSE. Le Saint-Laurent historique, légendaire et topographique de Montréal à Cacouna et à Chicoutimi sur le Saguenay ... Ouvrage illustré de 240 gravures et de 17 cartes du fleuve indiquant les contours des rives, leur hauteur, l'endroit exact des églises, villes et village qui le bordent ... [Montréal, Cie de Publications commerciales, 1906] 254, [4] p. ill., pl., portr., cartes. 25 cm. Descr. et hist. des origines à date de publ. Liste des cartes, p. 256. Table dét. des mat. ; pas d'index. /1906: trad. anglaise: Historical, legendary and topographical guide along the Saint Lawrence from Montreal, Sir Joshua Reynolds. 248p. /1921: 2e éd. augm. Montréal, L'auteur. 304p. Table alphabétique, p. 302-4.
Ed. française: QQA QQL QSherU QMBN QMU QMBM OOU OOSJ OTRM BVaU; LC NN; BM /Ed. anglaise: QQL QMBM OOA OOP OOSJ OKQ OSuL AEU BVaU

PACREAU, CAMILLE. Tadoussac. Ill. de vingt-deux gravures. Montmagny, Ed. Marquis [c1947] [9]-139, [5] p. pl.h.t., carte. 20 cm. Bref hist. de Tadoussac, du début à date de publ. Descr. de la région. Notes bibliogr. en bas de page. Table dét. des mat. ; pas d'index.
QPC QQLa QMBN QMBM OOA OTP

PACREAU, CAMILLE. Un voyage au Saguenay. Montmagny, Ed. Marquis [c1944] [7]-156, [6] p. ill., pl.h.t., cartes. 20 cm. Descr. et bref hist. des paroisses traversées de Québec au Saguenay. Bibliogr., p. [159]. Table dét. des mat. ; pas d'index.
QPC QQLa QMBN QMBM OOA OTP; LC NN

PERRAULT, JOSEPH. Exploration de Québec au Lac St-Jean ... Montréal [1863] 57p. 25 cm. Extrait de la Revue agricole. Contribution à l'hist. des origines du Lac Saint-Jean de 1647 à date de publ. et du Saguenay de 1837 à date de publ. Pas d'index.
QQA QQL; NN

[PILOTE, FRANCOIS] Le Saguenay en 1851; histoire du passé, du présent et de l'avenir probable du Haut-Saguenay ... Québec, Impr. Augustin Côté, 1852. 147, v, [1] p. carte dépl. 18 cm. Errata à la fin du vol. Hist. de la région du Saguenay-Lac Saint-Jean avec accent sur les origines de Tadoussac, p. 6-17; l'hist., au 19e s., de Chicoutimi (p. 31-6, 67-70) et de Grande Baie (p. 70-5). Table dét. des mat. ; pas d'index.
QPC QQL QQS QQLa OTP BVaU; NN

POTVIN, DAMASE. The Saguenay trip, voir: Le tour du Saguenay: historique, légendaire et descriptif.

POTVIN, DAMASE. Le tour du Saguenay: historique, légendaire et descriptif ... Préface de Benjamin Sulte. Québec, 1920. 172p. front., pl., portr. 20 cm. Récit agrémenté de nombreux rappels hist. des paroisses parcourues. /1923: The Saguenay trip ... Traduit par W. O. Farrell [Montreal, Canada Steamship Lines] [8]-83, [2] p. ill., pl.h.t. Compte 18 éd. jusqu'à 1953.
1920: QPC QQL QMBN QMM QMU QMBM OOSU; NN /1923: QQLa; LC NN

QUEBEC (PROV.). COMMISSION POUR L'EXPLORATION DU SAGUENAY. Rapport des commissaires nommés pour l'exploration du pays, borné par les rivières Saguenay, Saint-Maurice et Saint-Laurent. Ordonné pour impression par la Chambre d'Assemblée, 22 mars 1831. [Québec, Neilson-Cowan, 1831] 50p. carte. 20 cm. Carte du Saguenay au début du vol. "Journal d'une expédition ... jusqu'à la Baie des Ha-Ha", par N. Andrews, p. 4-25; "Extraits du Journal de l'exploration ...", de J.-P. Proulx, p. 26-37; journal de l'exploration de la région située entre le Lac Saint-Charles et la Rivière Chicoutimi, par J. Adams et J.P. Baby, p. 37-50. Contribution à l'hist. du Saguenay au 19e s. Pas d'index.
QPC QQA; LC

QUEBEC (PROV.). COMMISSION POUR L'EXPLORATION DU SAGUENAY. Rapport des commissaires pour explorer le Saguenay. Ordonné par la Chambre d'Assemblée à être imprimé, 14 janvier 1829. Québec, Neilson & Cowan, 1829. 197p. ill., carte, pl. 20 cm. Plan de la rivière Saguenay de 1825 au début du vol. "Partie géognostique d'une exploration du Saguenay, comprenant quelques observations sur la topographie et l'agriculture", par F.H. Baddeley, p. 7-66; "Extraits du Journal d'un voyage d'exploration depuis Québec jusqu'au Lac St-Jean ...", par W. Nixon, p. 67-81; "Expédition du Saguenay", journal tenu par Joseph Hamel, avec append., p. 83-107; "Journal du parti explorateur de la rivière St-Maurice...", par Jos. Bouchet, le jeune, p. 108-71; "Journal de l'exploration du Saguenay ...", par J.-P. Proulx, p. 172-82. Contribution à l'hist. du Saguenay au 19e s. Pas d'index.
QPC QQA; LC

RUSSELL, WILLIS. Quebec: as it was, and as it is; or, a brief history of the oldest city in Canada, from its foundation to the present time, with a guide for strangers to the different places of interest within the city

and adjacent thereto. Quebec, Printed for the proprietor, by P. Lamoureux, 1857. viii, 160p. 19 cm. Comprend des notes hist. relatives à Québec, Ile d'Orléans, Saguenay, Kamouraska, Cacouna, etc. Table dét. des mat. ; pas d'index. /1860: 3e éd. /1864: 4e éd. Impr. par G. T. Cary. /1867: 5e éd. Impr. par Chas. Rogers.
1857: NSWA QQL QMBN QMBM OOA OTP BVaU; LC NN /1860: OOP OKQ OTP; LC NN /1864: QQL QQLa QMBM OTU OLU; LC NN /1867: QQL QMBN QMBM OOP OOG OKQ OTP OTV BVaP BViP; NN

LE SAGUENAY historique, avec illustrations par E. -M. Brassard. Montréal, Fides [s. d.] 89, [3] p. pl. h. t., portr., carte. 14x16 cm. (Mon pays, no 2). En tête de titre: Les Editions Fides présentent. Carte, p. 6-7. Hist. des origines à date de publ. Table dét. des mat. ; pas d'index.
QPC QQL QQLa QMBN QMU QMBM OOU

SOCIETE HISTORIQUE DU SAGUENAY. L'histoire du Saguenay, depuis l'origine jusqu'à 1870. Rédigée en collaboration ... Tome I ... Chicoutimi, Société historique du Saguenay, 1938. 331p. ill., cartes. 21 cm. (Publications de la Société historique du Saguenay, no 3). Page-titre: Edition du Centenaire. Table des cartes, p. 330; table des gravures, p. 331; table dét. des mat. ; pas d'index.
QQL QQLa QMBN QMBM OOG OTP BVaU; NN

SAINT-LAURENT, Vallée du

BESTON, HENRY. The St. Lawrence ... Illustrated by A. Y. Jackson. New York, Toronto, Farrar & Rinehart [1942] xi-274p. ill., cartes. 21 cm. (The Rivers of America). Descr. Episodes de l'hist. de la ville de Québec, p. [17]-30 et 49-75.
OONL NBFU QQA QQL QMBN OOND OOCC OOB OOSJ OTP OTT BVa BVaU; LC NN; BM

DAWSON, SAMUEL E. The Saint Lawrence, its basin border lands. The story of their discovery exploration and occupation ... With illustrations from drawings, photographs, and maps, and with map in colours by J. G. Bartholomew. New York, Frederick A. Stokes [1905] xl, 451p. front., ill., pl. h. t., portr., plans, cartes (coul.). 21 cm. "Geographical map of the Saint Lawrence basin" by J. G. Bartholomew, p. 442; nombreuses autres cartes - de 1500 à 1700 - citées dans la table des ill., p. xix-xxii. Hist. générale de la découverte et de l'exploration du Saint-Laurent et de la Côte Atlantique depuis John Cabot jusqu'aux mouvements de colonisation

du 17e s. ; hist. de la fondation de Québec, p. 253-72; hist. du peuplement de la vallée du Saint-Laurent (p. 401-14) et de l'Acadie, p. 415-21. Sources consultées, p. 429-41. Table des ill., p. xix-xxii.
OONL QQLa QMBN QMM OOCC OKQ OPeT OTP OLU OWtU; LC NN; BM

FAUCHER DE SAINT-MAURICE, NARCISSE-H.-E. De tribord à babord. Trois croisières dans le Golfe Saint-Laurent ... Montréal, Duvernay Frères et Dansereau, 1877. vi, 7-458p. 19 cm. Lettre de l'auteur à Louis-Jean Rivet, p. [v]; Anticosti, p. 109-54; Iles de la Madeleine, p. 155-215; la Gaspésie, p. 350-424. Descr. et hist. Pièces justificatives, p. 427-52; notes bibliogr. en bas de page. Table dét. des mat.; pas d'index. /1881: Promenades dans le Golfe Saint-Laurent. 4e éd. Québec, Typ. Darveau [c1879] xvii, 207p. 16 cm. Notes hist. diverses. Table dét. des mat.; pas d'index. /1886: ... La Gaspésie: promenades dans le Golfe Saint-Laurent. 3e éd. Montréal, Libr. Saint-Joseph. 239p. 23 cm. (Bibliothèque religieuse et nationale, 3e série). Relié avec Les Iles: promenades dans le Golfe Saint-Laurent. 9e éd. [1886?] 185p. 23 cm. (Bibliothèque religieuse et nationale, 2e série). Ces deux ouvrages ont d'abord paru en un seul sous le titre: De tribord à babord, en 1877. /1895: La Gaspésie, promenades ... Montréal, Derome. 239p. Rééd. des deux parties de: De tribord à babord. /1897: La Gaspésie. 3e éd.
1877: NSHD QQA QQL QNicS QMBN QMU QMBM OOA OOP OOU OKQ OTP OLU AEU BVaU: LC NN /1881: QQLa /1886: QPC; LC NN; BM /1895: QGS QQA; NN /1897: NN

GANONG, WILLIAM F. Crucial maps in the early cartography and place-nomenclature of the Atlantic coast of Canada. [By] W. F. Ganong, with an introduction, commentary, and map notes by Théodore E. Layng. [Toronto] University of Toronto Press in co-operation with the Royal Society of Canada [1964] 511p. front. (portr.), tabl., cartes. 24 cm. (R.S.C. Special pubs., no. 7). Bien qu'étude de cartographie, cet ouvrage représente une source importante pour l'hist. locale et régionale de Terre-Neuve, du Cap Breton, du Golfe Saint-Laurent. Notes bibliogr. incluses dans le texte. /Publié d'abord dans les Mémoires et Comptes rendus de la Société royale du Canada, 3e série, 2e sect., vol. 23-31 (1927-1937).
OONL NfSG NfSM NSHD NSHS NBFU NBSM NBSaM QQL QQLa QSherU QMM QMAI OOA OOP OON OOCC OKQ OPeT OTP OTU OTY OTRM OH OLU OWtU OWA MW MWU SSU AE AEU ACU BVaU BVi BViV; LC; BM

GRANT, GEORGE M. The easternmost ridge of the continent; historical

and descriptive sketches of the scenery and life in New Brunswick, Nova Scotia, Prince Edward Island, and along the lower St. Lawrence and Saguenay ... Chicago, A. Belford, 1899. 216p. ill. 31 cm. Nouveau-Brunswick, par C. G. D. Roberts, p. 9-59; Nouvelle-Ecosse, par R. Murray & Mrs. A. Simpson, p. 60-126; Ile du Prince-Edouard, par R. Murray, p. 127-40; Golfe Saint-Laurent et Saguenay, par J. G. A. Creighton, p. 141-85. Chaque région traitée est précédée d'un survol de son hist. des origines à la fin du 19e s. Pas d'index.
NSHPL NBS NBFL NBFU QMBN QMBM OOP OKQ OTP OLU BVaU; LC NN

THE HISTORY of the British dominions in North America: from the first discovery of that vast continent by Sebastian Cabot in 1497, to ... the late treaty of peace in 1763. In fourteen books. London, Print. for W. Strahan and T. Becket & Co., 1773. 2 t. en 1 v.: 297p. carte dépl. (front.). (p. 128, 247 et 253 numérotées 102, 274 et 532 respectivement 275p. 27 cm. Carte datée 1772. Signalons: Partie 1, Hist. générale de l'établissement des Français et des Anglais en Amérique. Partie 12, Hist. du Canada (Grands Lacs, vallée du Saint-Laurent). Partie 13, His de la région de la Baie d'Hudson et des Territoires du Nord-Ouest, de ses découvertes ... 1576-1742. Partie 14, Hist. de l'Acadie, 1613-ca. 1760. Table dét. des mat.; pas d'index (TPL: 448).
OONL NfSM NSHP QQL OOA OKQ OKR OTP SMJ; LC NN; BM

POTVIN, DAMASE. En zigzag sur la côte et dans l'île. Simples notes d'un journaliste. Québec, 1929. 80p. front. (portr.), ill., pl. h. t. 18 cm. Bref hist. et descr. des villages de la Côte Nord, p. [5]-34 et de l'Ile d'Anticosti, p. [37]-80. Pas d'index.
QQLa QMBN QMBM OTU; NN

ROUILLARD, EUGENE. La Côte Nord du Saint-Laurent et le Labrador canadien. Esquisse topographique, nomenclature des cours d'eau, forces hydrauliques, industrie forestière, territoire de chasse, pêche à la mer et pêche sportive, mines de fer, stations de pêche, voies de communications, ressources générales. Québec, Typ. Laflamme & Proulx, 1908. 181, [7] p. ill., pl. h. t., cartes dépl. 24 cm. Carte de la Côte Nord. Table dét. des mat.; index des rivières de la Côte Nord; index des villages, postes de pêche, îles, etc.
QQLa; NN; BM

SHARPLES, ALICE. Ports of pine; Labrador - Newfoundland - Gaspé. With a foreword by Sir Wilfred Grenfell ... [Montreal] Clarke Steam-

ship Co. [1929] 89, 121p. ill. (coul.). 22 cm. Descr. surtout, mais comportant des notes hist. sur le port Harrington, Havre Saint-Pierre, La Malbaie. Pas d'index.
NBFL BVa; LC NN

SAINT-MAURICE, région du (La Mauricie)

BLANCHARD, RAOUL. La Mauricie. Trois-Rivières, Ed. du Bien Public, 1950. 154, [5] p. ill., pl.h.t., carte. 23 cm. (L'Histoire régionale, no 3). Plan de Trois-Rivières, p. [123]. Hist. des origines à date de publ. de la région du Saint-Maurice; hist. de Trois-Rivières, p. 122-51. Table des ill.; table dét. des mat.; pas d'index.
OONL QQA QQL QQLa QMU OOP OOU

BUIES, ARTHUR. Le Saguenay et le bassin du Lac Saint-Jean. Ouvrage hist. et descr. 3e éd. Québec, Léger Brousseau, 1896. 420p. front., ill., pl.h.t. 23 cm. Errata corrigés. Hist. et descr. de Tadoussac, p. [59]-81; de Chicoutimi, p. [141]-69; de Saint-Dominique de Jonquière, p. [171]-88; du canton Labarre, p. [189]-208; du Lac Saint-Jean, p. [209]-38; des cantons Normandin et Albanel, p. [238]-91; des Laurentides, p. [293]-362; du Saint-Maurice, p. [377]-403. Table dét. des mat.; pas d'index. /1880: 1ère éd. sous le titre: Le Saguenay et la vallée du Lac Saint-Jean; études historique, géographique, industrielle et agricole ... Québec, A. Côté. xvi, 342p. En tête de titre: Emparons-nous du sol. Errata, p. 341-2.
1880: OONL QPC QQA QMM QMU QMBM OOA OOCC OOU OKQ OTU OTY; LC NN; BM /1896: QRS QPC QQA QQLa OOP OOSJ BVaU; LC

CARON, NAPOLEON. Deux voyages sur le Saint-Maurice par M. l'abbé N. Caron. Trois-Rivières, P.-V. Ayotte [1890] vi, 319, [2] p. 25 cm. "Rectification", p. [320]. Relations de voyages avec notes hist. sur certaines paroisses comme La Tuque, p. 53-66; Grand-Mère, p. 101-10; hist. des Forges Saint-Maurice, p. 246-74. Table dét. des mat.; pas d'index.
QPC QQA QQL QQLa QMU QMBM OOA OOP OTP BVaU; NN; BM

LANGELIER, JEAN-C. Le Nord, ou esquisse sur la partie de la province de Québec au nord du fleuve Saint-Laurent, entre l'Outaouais et le Labrador, par J.-C. Langelier. Québec, I.-P. Déry [1882] 139, [2] p. 21 cm. "Errata" en dernière p. du vol. Descr. Table dét. des mat.; pas d'index.
QQA QQL OTP; NN

PROVOST, THEOPHILE-S. Histoire d'un établissement paroissial de colonisation, St-Jean-de-Matha par T. Provost ... Joliette, Aux Bureaux de "L'Etudiant" et du "Couvent", 1888. 154p. 17 cm. De 1836 à date de publ. Table dét. des mat., p. [153]-4; pas d'index.
QPC QQA QQL QMBN QMBM OOA OOP OTP; BM

TROIS-RIVIERES

BLANCHARD, RAOUL. Le centre du Canada français "province de Québec". Montréal, Librairie Beauchemin, 1947. 577, [2] p. ill., pl.h.t., plans, cartes. 26 cm. (Publications de l'Institut scientifique franco-canadien). La région du fleuve Saint-Laurent: région du Lac Saint-Pierre, p. [65]-112, de Trois-Rivières, p. [153]-76; région des Cantons de l'Est, p. [181]-369; de Sherbrooke, p. 317-22; des Laurentides, p. [371]-532. Ouvrage géogr. comprenant l'hist. du peuplement et de la colonisation de ces régions. Bibliogr., p. [535]-45 et notes bibliogr. en bas de page. Tables des planches, p. [575]-7.
OONL QQL QQLa QMBN QMU OOA OOGB OOG OOAg OOTC BVaU

CARON, NAPOLEON. Deux voyages sur le Saint-Maurice par M. l'abbé N. Caron. Trois-Rivières, P.-V. Ayotte [1890] vi, 319, [2] p. 25 cm. "Rectification", p. [320]. Relations de voyages avec notes hist. sur certaines paroisses comme La Tuque, p. 53-66; Grand-Mère, p. 101-10; hist. des Forges Saint-Maurice, p. 246-74. Table dét. des mat.; pas d'index.
QPC QQA QQL QQLa QMU QMBM OOA OOP OTP BVaU; NN; BM

WOOD, WILLIAM C. The storied province of Quebec. Past and present [par] William Wood ... Associate editors: William Henry Atherton ... [et] Edwin P. Conklin. Toronto, The Dominion Publishing Co., 1931. 5 v. front. (portr.), ill., pl.h.t., portr., fac-sim., plans, cartes. 27 cm. Vol. 1-2: xii, [2], 1164p.; vol. 3-5: [4], 865p. Couvre l'hist. de la prov. de Québec, de 1534 à date de publ. Bibliogr. sur la médecine au Québec, p. 1148-50 et notes bibliogr. en bas de page. Chronol., vol. 1, p. 249-72. Cartes: vol. 1: Ile de Montréal indiquant les premiers faits, les établissements, etc., p. 612; vol. 2: Montréal vu à vol d'oiseau, 1645-50, p. 625; Ville-Marie, 1650-72, p. 632; "plan of the palisaded town, 1687-1723", p. 655; Montréal, 1673-87, p. 656; Montréal, 1725, p. 662; Château de Vaudreuil et environs en 1760, p. 678. Ouvrage collectif qui comprend d'abord une hist. générale de la prov. de Québec signée William Wood, suivi d'hist. régionales et locales et, enfin, par thème, l'hist. des religions catholique et protestante, le système

d'éducation, le journalisme, l'hist. des banques, de l'industrie, des sports, de la chasse et de la pêche, des cours de justice, du barreau, de la médecine. Vol. 1: The story of P. Q. by colonel William Wood, p. [3]-123, [125] p.; Unique Quebec by colonel William Wood, p. [127]-275; Regional Quebec by Edwin P. Conklin (Quebec Channel Region, Gaspé Peninsula Region, North Shore, Labrador and New Quebec, Lake St. John and the Saguenay River, Quebec Region, Quebec South Shore Region), p. [277]-437; Metropolitan Montreal by William Henry Atherton ... p. [603]-22. Vol. 2: Metropolitan Montreal (suite), p. [623]-781; Regional Quebec by Edwin P. Conklin (Three Rivers Region, Richelieu Region, Huntingdon Region, Ottawa Valley Region, Eastern Townships), p. [782]-972. Vol. 3-5: biogr. et portr. avec index pour chacun des vol. Table dét. des mat., vol. 1, p. vii-xii.
NSHPL NBFU QQLa QMBN QMU QMBM OOA OOP OKQ OTP BVaU BVi; LC NN

CHAPITRE III

LES COMTES

Les monographies ayant pour sujet un comté proviennent de deux sources: elles sont le fait de canadiens de langue anglaise, d'une part, qui prennent volontiers le comté pour champ naturel de recherche et, d'autre part, elles proviennent d'études de colonisation commanditées par le ministère de l'Agriculture et de la Colonisation de la province de Québec.

ARGENTEUIL

LE NORD de l'Outaouais. Manuel-répertoire d'histoire et de géographie régionale. Ouvrage rédigé en collaboration. 129 illustrations dans le texte, 138 hors-texte, 6 dépliées et une carte en couleurs. Ottawa, Le Droit, 1938. xvi, 396p. ill., pl.h.t., cartes. 24 cm. Hist. de la vallée de l'Outaouais, p. [101]-48; de Hull, p. [182]-201; des paroisses de la vallée de la Gatineau, p. [220]-9; des paroisses de la région de Mont-Laurier, p. [230]-46; des paroisses des comtés de Papineau et d'Argenteuil, p. [247]-74. Append.: démographie, p. [277]-88; divisions administratives, civiles et religieuses, p. [289]-90; dignitaires religieux et civils, p. [309]-20; chronol. du Nord de l'Outaouais, p. [321]-30. Bibliogr., p. [331]-51. Table dét. des mat.; pas d'index. QRS QPC QQA QQLa; NN

THOMAS, CYRUS. History of the counties of Argenteuil, Que., and Prescott, Ont., from the earliest settlement to the present, by C. Thomas ... Montreal, John Lovell, 1896. viii, 665p. ill., pl.h.t., tabl. 25 cm. Errata, p. iii. Hist. du comté d'Argenteuil, des origines à date de publ., p. [34]-460 et part. de St. Andrew, Lachute, Grenville, Harrington, Wentworth, Core, Mille Iles, Morin, Arundel, Montcalm. Les biogr. sont surtout celles des contributeurs de l'ouvrage. Pas d'index. OONL QQA QQL QQS QMBM OOAg OTP OL

WALES, BENJAMIN N. Memories of old St. Andrews and historical sketches of the seignory of Argenteuil, by B.N. Wales ... [Lachute, Watchman Press, 1934] 135p. ill., portr., plan. 24 cm. Couvre la période 1682 à date de publ. Hist. de St. Andrews (maintenant Saint-

André), de la seigneurie et du comté d'Argenteuil des origines à date de publ. Notes bibliogr. et généalogies. Index des noms de personnes.
QQL QMBN QMM QMU OOC OTP OHM BVaU BViP; LC NN

BEAUCE

LEMOINE, JAMES M. The explorations of Jonathan Oldbuck ... in eastern latitudes, by J.M. LeMoine ... Québec, L.-J. Demers, 1889. [5] -265, [2] p. ill. 22 cm. "Opinions of the press" [8p. au début du vol.] Descr. et hist. principalement pour Beauport, p. [5]-24; la seigneurie de Deschambault, p. 71-6; la colonisation dans Mégantic, p. 77-83; la Beauce en 1775, p. [84]-96. Table dét. des mat., p. 263-5; pas d'index.
NSHPL NBFU QQA QQL QQLa QMBN QMU QMBM OOA OOP OOU OOC OKQ OTP OH BVaU BViP; LC NN

MONTPETIT, ANDRE-N. Colonie française de Metgermette, par A.-N. Montpetit. Québec, Blumhart & Cie, 1874. 31p. 23 cm. Brève hist. de l'établissement de colons français dans les comtés de la Beauce et Dorchester. Pas d'index.
QQA QQL QMBN QMBM OTP; NN; BM

PROVOST, HONORIUS. Les abénaquis sur la Chaudière ... Beauce, 1948. 27p. 22 cm. (Société historique de la Chaudière, Publ. no 1). Origines hist. de la Beauce. Notes bibliogr. en bas de page. Pas d'index.
QQA QMU QMBM OOA OTP; NN

BEAUHARNOIS

DEWAR, JAMES. Colonization of the country of Beauharnois, voir: North American Colonial Association of Ireland.

NORTH AMERICAN COLONIAL ASSOCIATION OF IRELAND. Colonization of the country of Beauharnois ... including lands reserved for villages and towns, numerous houses, farm-buildings, mills, and choice farming stock, etc., etc., with two descriptive maps. London, Smith, Elder and Co., 1840. 47p. cartes dépl. 21 cm. Rédigé par James Dewar. Origine de l'hist. de la seigneurie de Beauharnois et du canton de Clifton. Pas d'index.
QQL

BELLECHASSE

ROUILLARD, EUGENE. La colonisation dans les comtés de Dorchester, Bellechasse, Montmagny, L'Islet, Kamouraska ... Québec [Ministère de la Colonisation et des Mines] 1901. 80p. ill., portr., carte. 22 cm. Nombreuses notes hist. sur la fondation des cantons, paroisses et seigneuries des comtés étudiés. Table dét. des mat. ; pas d'index.
QQL QQS QQLa

BERTHIER

FRERE DE L'INSTRUCTION CHRETIENNE. Paroisse de Saint-Cuthbert et comté de Berthier. Montréal, Cadieux & Derome, 1895. 16p. 15 cm. En tête de titre: Géographie locale. Aperçu géogr. et hist., des origines à date de publ., de Saint-Cuthbert et du comté de Berthier sous forme de questions et réponses. Pas d'index.
QMBM

MOREAU, STANISLAS-A. Précis de l'histoire de la seigneurie, de la paroisse et du comté de Berthier, P.Q. (Canada), par S.-A. Moreau ... Berthier, Cie d'impr. de Berthier, 1899. [1], [3]-118, [2] p. 22 cm. "Errata", p. [1]. Hist. des débuts à date de publ. Seigneurie, p. 5-43; paroisse, p. 46-113; comté, p. 114-6. Notes bibliogr. en bas de page. Table dét. des mat. ; pas d'index.
QPC QQL QQLa QMBN QMU QMBM OOA OTP BVaU; LC NN; BM

BONAVENTURE

CARUFEL, L.-E. La péninsule gaspésienne et la colonisation dans les comtés de Gaspé et de Bonaventure. Montréal, Tellier, 1903. [2]-49p. portr., cartes dépl. 23 cm. Cartes des comtés de Gaspé et de Bonaventure. Donne un aperçu de l'établissement des paroisses, villages, colonies ... Pas d'index.
NBSM QQA QMBN QMM QMU OTP; LC

PELLAND, ALFRED. La Gaspésie, esquisse historique. Ses ressources, ses progrès et son avenir. Québec, Ministère de la Colonisation, des Mines et des Pêcheries, 1914. viii, 276p. ill., pl. 23 cm. En tête de titre: Vastes champs offerts à la colonisation et à l'industrie. Notes hist., géogr., stat. et commerciales sur les paroisses des comtés de Gaspé et Bonaventure. La Gaspésie ecclésiastique, p. 75-84; esquisses des cantons, paroisses, comté de Gaspé, p. 183-205; comté de Bonaven-

ture, p. 206-20. Noms géogr., p. 258-64. Bibliogr., p. 265-73. Table dét. des mat.; pas d'index.
QRS QPC QQA QQL QMBN OOG; LC NN

[PELLAND, ALFRED] Région de Bonaventure (Province de Québec). Québec, Ministère de la Colonisation, des Mines et des Pêcheries, 1907. 64p. front., ill., carte. 22 cm. En tête de titre: Vastes champs offerts à la colonisation et à l'industrie. Carte cadastrale de la région de Paspébiac et New-Carlisle en fin de vol. Append.: "Le chemin de fer de la Baie des Chaleurs et le développement futur de la Gaspésie", p. 59-63. Etat de la colonisation à l'aurore du 20e s. Table dét. des mat.; pas d'index.
QQA

ROUILLARD, EUGENE. La colonisation dans les comtés de Témiscouata, Rimouski, Matane, Bonaventure, Gaspé ... Sous la direction d'Adélard Turgeon ... [Québec, Ministère de la Colonisation] 1899. [3]-158p. ill. 22 cm. Hist. sommaire des seigneuries, descr. des cantons, des paroisses et des villages, de leur fondation à date de publ. Pas d'index. /1901: 80p. pl., carte.
1899: QPC QQA QQLa; NN /1901: QQLa

BROME

NOYES, JOHN P. The Canadian loyalists and early settlers in the district of Bedford. By Jno. P. Noyes ... St. John's [Que.] The News Typ., 1900. 20p. 20 cm. Concerne surtout les établissements loyalistes, mais aussi l'hist. des comtés de Shefford, Missisquoi et Brome des origines à date de publ. Pas d'index. /1906: 2e éd. 30p. 18 cm. /1908: publ. également dans le 3e rapport annuel de la Missisquoi County Historical Society, p. [90]-107.
1900: OONL QMBN QMM QMBM BVaU /1906: LC /1908: QQL QQLa

TAYLOR, ERNEST M. History of Brome county, Quebec, from the date of grants of land therein to the present time, with records of some early families by Rev. Ernest M. Taylor ... Montreal, Lovell, 1908-1937. 2 v.: x, [4], 288p.; x, [6], 297p. ill., portr., cartes. 23 cm. Publ. sous les auspices de la Brome County Historical Society. Hist. et généalogie.
QQA QQL QQLa QMBM OOA OOP OOC OTP OLU BVaU BViP; LC NN

BUCKINGHAM

CHANNELL, L.S. History of Compton county and sketches of the Eastern Townships, District of St. Francis, and Sherbrooke County. Supplemented with the records of four hundred families ... including biography of the late Hon. John Henry Pope by Hon. C.H. Mackintosh ... Cookshire, L. S. Channell, 1896. 289, [7] p. front. (carte), ill., portr. 31 cm. "Corrections" à la fin du vol. Carte du district électoral de Compton en front. Hist. du district St. Francis de 1692 à 1791, p. [15]-23; hist. des comtés de Buckingham (1791-1829), p. [24]-6, de Sherbrooke (1829-1853), p. [27]-32, de Compton (1853-1896), p. [33]-64, Eaton, incluant la ville de Cookshire et le village de Sawyerville, p. [65]-76; hist. des cantons de Compton, Clifton, Newport, Westbury, Hereford, Bury, Lingwick, Hampden, Winslow, Whitton, Marston, Ditton, Chesham, Emberton, Auckland et Clinton. Nombreuses biogr. avec index. Table des ill.
QQA QQL QQS QMBN QMM QMBM OOA OOP OTP SRL BVaU; LC

LEBOURVEAU, C.S. A history of Eaton ... Being an historical account of the first settlement of the township of Eaton, at that time situated in the county of Buckingham, in the district of Three Rivers, province of Lower Canada. [S.l., s.éd., 1894] 33p. front. (portr.). 22 cm. Note d'errata en page de garde. Hist. et généalogie. /1965: Sherbrooke, Page-Saugster Co. (Réimpr. anastatique).
QQL QQLa QSherU OTY

CHAMBLY

JODOIN, ALEXANDRE. Histoire de Longueuil et de la famille de Longueuil par Alex. Jodoin et J.-L. Vincent ... Montréal, Impr. Gebhardt-Berthiaume, 1889. ix, 681, [2] p. ill., pl.h.t., plans. 22 cm. Préface de Benjamin Sulte, p. [vii]-ix. "Errata", p. [683]. Plans du village de Longueuil en 1810 et en 1835, p. 296 et 576. Hist. religieuse, polit. et institutionnelle de Longueuil de 1535 à date de publ. Comté de Kent (Chambly), p. 285-310; municipalité de Saint-Lambert, p. 591-619; l'Ile Sainte-Hélène, p. 619-25. Append.: liste des prêtres, marguilliers, vicaires, maires, conseillers, commissaires d'école de la paroisse et du village de Longueuil, p. 634-56. Notes bibliogr. en bas de page. Table dét. des mat.; table alphabétique des noms, p. 665-73.
QPC QQA QQL QQS QQLa QMBN QMBM OOA OOSJ OTP; LC NN; BM

CHARLEVOIX

BOIVIN, LEONCE. Dans nos montagnes (Charlevoix). Les Eboulements, 1941. 254p. ill., pl., portr. 20 cm. Survol hist. des origines à date de publ. Lettre de Georges Melançon à l'auteur, p. [5-6]. Doc. en append. Table dét. des mat.; pas d'index. /1942: 2e éd. /1945: 3e éd. rev. et corr. 242p.
1941: QPC QQLa QMBN QMU QMBM OOP OTP /1942: OONL QMBM OOU /1945: QQLa OTU

PACREAU, CAMILLE. Un voyage au Saguenay. Montmagny, Ed. Marquis [c1944] [7]-156, [6] p. ill., pl.h.t., cartes. 20 cm. Descr. et brefs rappels hist. des paroisses visitées de Québec au Saguenay. Bibliogr., p. [159]. Table dét. des mat.; pas d'index.
QPC QQLa QMBN QMBM OOA OTP; LC NN

COMPTON

CHANNELL, L.S. History of Compton county and sketches of the Eastern Townships, District of St. Francis, and Sherbrooke County. Supplemented with the records of four hundred families ... including biography of the late Hon. John Henry Pope by Hon. C.H. Mackintosh ... Cookshire, L. S. Channell, 1896. 289, [7] p. front. (carte), ill., portr. 31 cm. "Corrections" à la fin du vol. Carte du district électoral de Compton en front. Hist. du district St. Francis de 1692 à 1791, p. [15]-23; hist. des comtés de Buckingham (1791-1829), p. [24]-6, de Sherbrooke (1829-1853), p. [27]-32, de Compton (1853-1896), p. [33]-64, Eaton, incluant la ville de Cookshire et le village de Sawyerville, p. [65]-76; hist. des cantons de Compton, Clifton, Newport, Westbury, Hereford, Bury, Lingwick, Hampden, Winslow, Whitton, Marston, Ditton, Chesham, Emberton, Auckland et Clinton. Nombreuses biogr. avec index. Table des ill.
QQA QQL QQS QMBN QMM QMBM OOA OOP OTP SRL BVaU; LC

LEBOURVEAU, C.S. A history of Eaton ... Being an historical account of the first settlement of the township of Eaton, at that time situated in the county of Buckingham, in the district of Three Rivers, province of Lower Canada. [S.l., s.éd., 1894] 33p. front. (portr.). 22 cm. Note d'errata en page de garde. Hist. et généalogie. /1965: Sherbrooke, Page-Saugster Co. (Réimpr. anastatique).
QQL QQLa QSherU OTY

DORCHESTER

MONTPETIT, ANDRE-N. Colonie française de Metgermette, par A. -N. Montpetit. Québec, Blumhart & Cie, 1874. 31p. 23 cm. Brève hist. de l'établissement de colons français dans les comtés de la Beauce et Dorchester. Pas d'index.
QQA QQL QMBN QMBM OTP; NN; BM

ROUILLARD, EUGENE. La colonisation dans les comtés de Dorchester, Bellechasse, Montmagny, L'Islet, Kamouraska ... Québec [Ministère de la Colonisation et des Mines] 1901. 80p. ill., portr., carte. 22 cm. Nombreuses notes hist. sur les cantons, paroisses et seigneuries des comtés étudiés. Table dét. des mat. ; pas d'index.
QQL QQS QQLa

ROY, JOSEPH-E. Histoire de la seigneurie de Lauzon, par J. -Edmond Roy. Lévis, Mercier; [J. -E. Roy] 1897-1904. 5 v. front. (vol. 4-5), ill., fac-sim., portr., plan dépl. 22 cm. Vol. 1: Mercier & Cie, 1897, lxiii, 495, lxxxvi, viiip. ; vol. 2: En vente chez l'auteur, 1898, 416, lxii, vp. ; vol. 3: 1900, 442, xxxix, ivp. ; vol. 4: 1904, 406, ix, ivp. ; vol. 5: 525, lxiv, vip. Plan de la seigneurie de Lauzon dressé par L. -E. Fontaine, 1897, dans le 1er plat du vol. 1. Nombreux doc. dans le texte et dans les append. Notes bibliogr. en bas de page. Table dét. des mat. à la fin de chaque vol. ; pas d'index.
OONL NSHP QPC QQA QQL QMU QMBM OOA OOU OTU OTP BVaU; LC NN

DRUMMOND

ST-AMANT, JOSEPH-C. L'Avenir, townships de Durham et de Wickham. Notes historiques et traditionnelles avec Précis historiques des autres townships du comté de Drummond ... Première édition. Arthabaskaville, Impr. "L'Echo des Bois-Francs", 1896. iii, [5]-433p. ill., pl., portr., carte dépl. 20 cm. Préface de Benjamin Sulte, p. i-iii. Hist. générale du comté de Drummond des origines à date de publ. avec accent sur: Drummondville, p. 9-384, les cantons de Durham (p. [105]-19) et de Wickham (p. [120]-30), les paroisses Saint-Cyrille de Wendower (p. [363]-76), Saint-Germain de Grantham (p. 407-15) et Saint-Jean l'Evangéliste de Wickham (p. 415-20); les cantons Kingsey (p. 376-83), Kingsey Falls (p. 383) et Grantham (p. 384-402), la municipalité South-Durham (p. 402-6). Table dét. des mat. ; pas d'index. /1932: Un coin des Cantons de l'Est. Histoire de l'envahissement pacifique

mais irrésistible d'une race. Drummondville, "La Parole". [9]-534, [2] p. "Errata", p. [535].
1896: QQL QQLa QMBN QMU QMBM OOA OORD OOSU OOSJ OTP; LC
/1932: OONL QQL QQLa QSherU QMBN QMU QMG QMBM OOA OORD OOSJ OKQ OTP OLU BVaU; NN

GASPE

CARUFEL, L.-E. La péninsule gaspésienne et la colonisation dans les comtés de Gaspé et de Bonaventure. Montréal, Tellier, 1903. [2]-49p. portr., cartes dépl. 23 cm. Cartes des comtés de Gaspé et de Bonaventure. Donne un aperçu de l'établissement des paroisses, villages, colonies ... Pas d'index.
NBSM QQA QMBN QMM QMU OTP; LC

CLARKE, JOHN M. The Gaspé, including an account of l'Ile Percée, voir: L'Ile Percée, the finial of St. Lawrence.

CLARKE, JOHN M. The heart of Gaspe; sketches in the Gulf of St. Lawrence by John Mason Clarke. New York, Macmillan, 1913. xiv-[2], 292, [14] p. front., ill., portr., cartes. 21 cm. Carte de la côte de la Gaspésie, p. [xvi]; carte des Iles de la Madeleine, p. [209]; glossaire des noms de lieux, p. [273]-89; liste des phares, p. [290]-2. Exposé hist. - des origines à date de publ. - descr. et géologique du comté de Gaspé, de l'Ile Bonaventure et des Iles de la Madeleine. Table des ill., p. xiii; table dét. des mat., p. [xi]; pas d'index.
NfSG NBFL NBS NBSM PCL QPC QQA QQL QQLa QMBN QMU QMBM OOA OOP OOC OOCC OOG OTP OTTC OHM OL AEP AEU BVa BVaU BVi; LC NN; BM

CLARKE, JOHN M. L'Ile Percée, the finial of the St. Lawrence; or, Gaspé flaneries. Being a blend of reveries and realities; of history and science; of description and narrative; as also a signpost to the traveler. New Haven, Yale Univ. Press, 1923. 203, [1] p. ill., diagr., cartes. 24 cm. Bibliogr., p. 202-3. Table dét. des mat.; pas d'index. /1935: 2e éd. The Gaspé, including an account of l'Ile Percée, the finial of the St. Lawrence. Being a blend of reveries ... With an introd. by David McCord. xxiv, 203p. 22 cm.
NSHPL NBFU NBS NBSM QRS QQA QQLa QMBN QMM QMU QMBM OOA OOP OOG OOC OOR OKQ OKR OTP OTTC OH MW MWU AE AEU BVaU BViP; LC NN; BM

CLARKE, JOHN M. Sketches of Gaspé. Albany, J.B. Lyon, 1908. 85p. ill., pl.h.t., cartes dépl. 22 cm. "Hydrographic chart of Eastern Gaspé", p. 9. Colonisation de Gaspé et Bonaventure, p. 43-54. Hist. de la pêche à la morue à Gaspé, p. [55]-65. Premiers établissements à l'Ile Bonaventure, p. [68]-70. Notes bibliogr. en bas de page. Table dét. des mat.; pas d'index.
NBSM QQL QMBM OOP OOC OORD OTU OTP OTTC OTRM SSU AEU BVaU; LC NN

MAGNAN, HORMISDAS. Le sud-est de Québec comprenant les comtés de Lotbinière, Témiscouata, Rimouski, Bonaventure, Gaspé. Québec, Impr. de la Reine [ca.1912] 20p. 23 cm. Sur la page-couverture: Le guide du colon, province de Québec. Hist. de la colonisation dans les comtés étudiés. Pas d'index.
QQA

PELLAND, ALFRED. La Gaspésie, esquisse historique. Ses ressources, ses progrès et son avenir. Québec, Ministère de la Colonisation, des Mines et des Pêcheries, 1914. viii, 276p. ill., pl. 23 cm. En tête de titre: Vastes champs offerts à la colonisation et à l'industrie. Notes hist., géogr., stat. et commerciales sur les paroisses des comtés de Gaspé et Bonaventure. La Gaspésie ecclésiastique, p. 75-84; esquisses des cantons, paroisses, comté de Gaspé, p. 183-205; comté de Bonaventure, p. 206-20. Noms géogr., p. 258-64. Bibliogr., p. 265-73. Table dét. des mat.; pas d'index.
QRS QPC QQA QQL QMBN OOG; LC NN

ROUILLARD, EUGENE. La colonisation dans les comtés de Témiscouata, Rimouski, Matane, Bonaventure, Gaspé ... Sous la direction d'Adélard Turgeon ... [Québec, Ministère de la Colonisation] 1899. [3]-158p. ill. 22 cm. Hist. sommaire des seigneuries, descr. des cantons, des paroisses et des villages, de leur fondation à date de publ. Pas d'index. /1901: 80p. pl., carte.
1899: QPC QQA QQLa; NN /1901: QQLa

HUNTINGDON

SELLAR, ROBERT. The history of the county of Huntingdon and of the seignories of Châteauguay and Beauharnois from their first settlement to the year 1838 by Robert Sellar. Huntingdon, Que., The Canadian Gleaner, 1888. viii, 584p. front. 22 cm. Hist. de l'établissement de chaque paroisse des origines à date de publ.

QQA QQLa QMBN QMU OOP OORD OOAg; LC NN

ILE-JESUS

FROMENT, JOSEPH-E.-A. Histoire de Saint-Martin (comté Laval - Ile Jésus) et compte rendu des noces d'or de son curé M. l'abbé Maxime Leblanc, par J.-Ad. Froment. Joliette, Impr. J.-C.-A. Perreault, 1915. 8-118, [2] p. ill., portr. 22 cm. Errata, p. [115]. Lettre à l'auteur de l'abbé Elie-J. Auclair, p. 3-6; poèmes de Henriette, Eugénie et Elodie Dubé, p. 19. Append. : tableaux des curés, vicaires, etc., p. 50-8; noces d'or de M. le curé Maxime Leblanc (28 mai 1914), p. 61-97; lettres d'Amédée Cléroux, M. Crépeau, P.-D. Lajoie, L.-G. Casaubon et Charles-T. Beaubien, p. 99-108; notice sur l'honorable P.-E. Leblanc par Elie-J. Auclair, p. 109-14. Table dét. des mat.; pas d'index.
QPC QQA QQLa QMBN QMBM OOA; LC NN

ILES DE LA MADELEINE

BERNARD, ANTOINE. Histoire de la survivance acadienne, 1755-1935. Montréal, Les Clercs de Saint-Viateur [1935] 465, [2] p. ill., portr., cartes. 25 cm. Couvre tous les aspects de la vie acadienne au Nouveau-Brunswick, en Nouvelle-Ecosse, à l'Ile du Prince-Edouard, aux Iles de la Madeleine et à l'Ile d'Anticosti, de même qu'au Labrador et au Québec. Bibliogr., p. 457 et notes bibliogr. en bas de page. Table dét. des mat.; pas d'index.
OONL NSHP NBFU NBSM NBSaM QQL QQLa QNicS QMBN QMM QMU QMBM OOA OOP OOU OONM OOSJ OKQ OKR OTP OTU OHM AEU BVaU; BM

CLARKE, JOHN M. The heart of Gaspe; sketches in the Gulf of St. Lawrence by John Mason Clarke. New York, Macmillan, 1913. xiv-[2], 292, [14] p. front., ill., portr., cartes. 21 cm. Carte de la côte de la Gaspésie, p. [xvi]; carte des Iles de la Madeleine, p. [209]; glossaire des noms de lieux, p. [273]-89; liste des phares, p. [290]-2. Exposé hist. - des origines à date de publ. - descr. et géologique du comté de Gaspé, de l'Ile Bonaventure et des Iles de la Madeleine. Table des ill., p. xiii; table dét. des mat., p. [xi]; pas d'index.
NfSG NBFL NBS NBSM PCL QPC QQA QQL QQLa QMBN QMU QMBM OOA OOP OOC OOCC OOG OTP OTTC OHM OL AEP AEU BVa BVaU BVi; LC NN; BM

DOUGLAS, ROBERT. Monographie des Iles de la Madeleine, voir: Marquis, L. -J. -D.

FAUCHER DE SAINT-MAURICE, NARCISSE-H. -E. De tribord à babord. Trois croisières dans le Golfe Saint-Laurent ... Montréal, Duvernay Frères et Dansereau, 1877. vi, 7-458p. 19 cm. Lettre de l'auteur à Louis-Jean Rivet, p. [v]; Anticosti, p. 109-54; Iles de la Madeleine, p. 155-215; la Gaspésie, p. 350-424. Descr. et hist. Pièces justificatives, p. 427-52; notes bibliogr. en bas de page. Table dét. des mat.; pas d'index. /1881: Promenades dans le Golfe Saint-Laurent. 4e éd. Québec, Typ. Darveau [c1879] xvii, 207p. 16 cm. Notes hist. diverses. Table dét. des mat.; pas d'index. /1886: ... La Gaspésie: promenades dans le Golfe Saint-Laurent. 3e éd. Montréal, Libr. Saint-Joseph. 239p. 23 cm. (Bibliothèque religieuse et nationale, 3e série). Relié avec Les Iles: promenades dans le Golfe Saint-Laurent. 9e éd. [1886?] 185p. 23 cm. (Bibliothèque religieuse et nationale, 2e série). Ces deux ouvrages ont d'abord paru en un seul sous le titre: De tribord à babord, en 1877. /1895: La Gaspésie, promenades ... Montréal, Derome. 239p. Rééd. des deux parties de: De tribord à babord. /1897: La Gaspésie. 3e éd.
1877: NSHD QQA QQL QNicS QMBN QMU QMBM OOA OOP OOU OKQ OTP OLU AEU BVaU; LC NN /1881: QQLa /1886: QPC; LC NN; BM /1895: QGS QQA; NN /1897: NN

HUBERT, PAUL. Les Iles de la Madeleine et les Madelinots. Rimouski, Impr. générale de Rimouski, 1926. [9]-251, [3] p. pl. h. t., fac-sim., cartes. 24 cm. "Errata", p. [253]. Carte de l'entrée du Saint-Laurent vers 1650 et carte du Golfe Saint-Laurent, faites par M. de Meulles en 1686, p. 24. Hist. des Iles de 1534 à date de publ. Append.: doc., généalogie, etc., p. 224-51. Notes bibliogr. en bas de page. Table dét. des mat.; pas d'index.
QGS QRS QQA QQLa QMBN QMBM OOA OOSJ; NN

MARQUIS, GEORGES-E. Monographie des Iles de la Madeleine, voir: Marquis, L. -J. -D.

[MARQUIS, L. -J. -D.] Monographie des Iles de la Madeleine [par L. -J. -D. Marquis, G. -E. Marquis et R. Douglas] Extrait du Bulletin de la Société de Géographie de Québec. [Québec, La Cie d'impr. commerciale] 1927. 43p. 23 cm. La première partie rédigée par L. -J. -D. Marquis et G. -E. Marquis retrace l'évolution hist. des Iles de 1534 à 1905 et en fait une descr. géogr. R. Douglas complète cette brochure

par la Nomenclature géographique des Iles de la Madeleine, p. [26]-43. 1ère éd. remonte à 1923. 15 p. Pas d'index.
QRS QPC QQL QQLa QMBN QMM QMBM

MORE, JAMES F. The history of Queens county, N.S. ... Halifax, Nova Scotia Print. Co., 1873. 250, iv, [1] p. 21 cm. Rééd. sous forme de vol. de "The Annals of Queens County" (cf. Préf.). Errata, dernière p. La préf. comprend des réf. bibliogr. S'étend de 1604 à date de publ. Bref hist. des Iles de la Madeleine, p. 78-80. Biogr., p. 128-201. Table dét. des mat.; pas d'index.
NSHP NSHPL NSHD NSWA NBFU NBSM NBSaM QMU OOP OORD OKQ OTP BViP; LC; BM

POIRIER, PASCAL. Voyage aux Iles-Madeleine ... [Montréal, l'auteur, 1916] 29p. carte dépl. 21 cm. Situation de l'île en 1916. Pas d'index.
NSHPL NBFU QPC QQA QQL QMBN OOA OHM

POULIOT, JOSEPH-C. La grande aventure de Jacques Cartier. Epave bi-centenaire découverte au Cap des Rosiers en 1908. Québec, 1934. iii, 328p. ill., pl.h.t., portr., fac-sim., cartes dépl. 23 cm. Lettre-préface de Mgr Camille Roy. En tête de titre de la page-couverture: Glanures gaspésiennes, par J.-Camille Pouliot ... Contient les relations de 1534 et de 1535-36 de Jacques Cartier, puis, en cinquième partie, des notes hist. sur Gaspé et Percé, p. 230-72 et sur les Iles de la Madeleine, p. [277]-319. Nombreux doc. Table des ill., p. [325]-8; table dét. des mat., p. [321]-4; pas d'index.
NBSM QGS QPC QQL QQLa QMBN QMU QMBM QSherU OORD OOC OOU OOSU OKQ OTRM; NN

TRICOCHE, GEORGE N. Terre-Neuve et alentours; Iles de la Madeleine, Labrador, Saint-Pierre et Miquelon. Paris, P. Roger [1929] 295p. ill., carte (double). 18 cm. (Voyages de jadis et d'aujourd'hui). Surtout descr. Notes hist. sur le Labrador, sur Brest, la ville semi-mythique du 16e-17e s. Table dét. des mat.; pas d'index.
OONL NfSG NfSM NBFU NBS NBSaM QQL QMBN QMU QMBM OTP OLU BVaU

KAMOURASKA

CASGRAIN, HENRI-R. Une paroisse canadienne au 17e siècle [par] l'abbé Casgrain. Québec, Léger Brousseau, 1880. [5]-216p. fac-sim. 16 cm. De 1672 à 1700. Append.: La pêche aux marsouins. Table dét.

des mat. ; pas d'index. /1917: Une paroisse canadienne au 17e siècle, la Rivière-Ouelle, suivie de Eclaircissements sur la pêche aux marsouins. Montréal, Beauchemin. 144p.
1880: QQA QQL QQS QQLa QLH QMBN QMU QMBM OOA OOP OOU OOSJ OKQ OTP OLU; LC; BM /1917: QQA QQLa QMBM BVaU

DIONNE, NARCISSE-E. Sainte-Anne-de-la-Pocatière, 1672-1900. Lévis, P.-G. Roy, 1900. [7]-94, [1] p. 16 cm. (Bibliothèque canadienne). /1910: Sainte-Anne-de-la-Pocatière, 1672-1910. L'Ile-aux-Oies, 1646-1910. Québec, Laflamme & Proulx. viii, 219p. 18 cm. (Galerie historique, vol. III). Append. : liste des missionnaires, des curés, des médecins, des notaires, etc., p. [129]-[45]. Table onosmatique; pas d'index.
QPC QQL QQLa QMBN QMU QMBM OOA OOP OOU OKQ OKR OTP OTU OPeT SSU AEU BVaU; NN

ROUILLARD, EUGENE. La colonisation dans les comtés de Dorchester, Bellechasse, Montmagny, L'Islet, Kamouraska ... Québec [Ministère de la Colonisation et des Mines] 1901. 80p. ill., portr., carte. 22 cm. Nombreuses notes hist. sur les cantons, paroisses et seigneuries des comtés étudiés. Table dét. des mat. ; pas d'index.
QQL QQS QQLa

LABELLE

MONTIGNY, BENJAMIN-A.-T. DE. Le Nord, par B.-A.-T. de Montigny. Montréal, L'Etendard, 1886. iii, 163, [1] p. 24 cm. En tête de titre: Colonisation. "Corrections", p. [164]. Descr. géogr., physique et hist. de la région du nord de Montréal. Pas d'index. /1895: La colonisation. Le Nord de Montréal ou la région de Labelle. iv, 350p. 22 cm. /1898: Montréal, Beauchemin. iv, 350p. 20 cm.
1886: QQL QMBN QMBM OOA OOSJ OTP; NN /1895: QQL QQLa QMBN QMM OOA OOCiT OOSU OTP BVaU /1896: OOA OOU OKQ BVaU /1898: QQL QMBN

LAPRAIRIE

CHOQUET, ELIZEE. Les communes de Laprairie. Laprairie, Impr. du Sacré-Coeur, 1935. [7]-153p. front. (plan), portr., plans, fac-sim. 21 cm. En front. plan de la seigneurie et des communes de Laprairie, par l'auteur; plan cadastral de la commune, en 1815, par L.-R. Chaussegros de Léry, p. 16; plan de la commune, en 1705, p. 51; plan des

expropriations de 1822 à 1913, p. 112. La commune de Saint-Lambert, p. 25-36; Laprairie, p. 37-144. Append. : "Les syndics depuis 1888", p. [146]-7; "Essai juridique", p. [148]-9. Bibliogr., p. [11]-4. Table dét. des mat. ; pas d'index.
QQA QQL QQLa QMBN QMM QMU QMBM OOA OOP OTP; NN

LAVAL

FROMENT, JOSEPH-E.-A. Histoire de Saint-Martin (comté Laval - Ile Jésus) et compte rendu des noces d'or de son curé M. l'abbé Maxime Leblanc, par J.-Ad. Froment. Joliette, Impr. J.-C.-A. Perreault, 1915. 8-118, [2] p. ill., portr. 22 cm. Errata, p. [115]. Lettre à l'auteur de l'abbé Elie-J. Auclair, p. 3-6; poèmes de Henriette, Eugénie et Elodie Dubé, p. 19. Hist. des origines à date de publ. Append. : tableaux des curés, vicaires, etc., p. 50-8; noces d'or de M. le curé Maxime Leblanc (28 mai 1914), p. 61-97; lettres d'Amédée Cléroux, M. Crépeau, P.-D. Lajoie, L.-G. Casaubon et Charles-T. Beaubien, p. 99-108; notice sur l'honorable P.-E. Leblanc par Elie-J. Auclair, p. 109-14. Table dét. des mat. ; pas d'index.
QPC QQA QQLa QMBN QMBM OOA; LC NN

LEVIS

ROY, JOSEPH-E. Histoire de la seigneurie de Lauzon, par J.-Edmond Roy. Lévis, Mercier; [J.-E. Roy] 1897-1904. 5 v. front. (vol. 4-5), ill., fac-sim., portr., plan dépl. 22 cm. Vol. 1: Mercier & Cie, 1897, lxiii, 495, lxxxvi, viiip. ; vol. 2: En vente chez l'auteur, 1898, 416, lxii, vp. ; vol. 3: 1900, 442, xxxix, ivp. ; vol. 4: 1904, 406, ix, ivp. ; vol. 5: 525, lxiv, vip. Plan de la seigneurie de Lauzon dressé par L.-E. Fontaine, 1897, dans le 1er plat du vol. 1. Nombreux doc. dans le texte et dans les append. Notes bibliogr. en bas de page. Table dét. des mat. à la fin de chaque vol. ; pas d'index.
OONL NSHP QPC QQA QQL QMU QMBM OOA OOU OTU OTP BVaU; LC NN

ROY, LEON. Les "possibilités" de la région lévisienne pour l'établissement de nouvelles industries. Publ. par W. G. Carbray sous les auspices de la Chambre de Commerce du district de Lévis. Lévis, s. éd. [1929] 112p. ill., portr., cartes, plans. 35 cm. Texte bilingue. Concerne Lévis, Saint-Romuald, Lauzon, Charny, Breakyville, Saint-David; hist. de la Chambre de Commerce de Lévis. Pas d'index.
QQS

ROY, PIERRE-G. Dates lévisiennes. Lévis [s. éd.] 1932-40. 12 v. 18 cm. Vol. 1: 1848-1869, 328p. ; vol. 2: 1870-1880, 311p. ; vol. 3: 1881-1888, 298p. ; vol. 4: 1889-1898, 306p. ; vol. 5: 1899-1908, 314p. ; vol. 6: 1909-1914, 288p. ; vol. 7: 1915-1920, 305p. ; vol. 8: 1921-1926, 288p. ; vol. 9: 1927-1932, 295p. ; vol. 10: append., rues, p. [3]-53, bibliogr. lévisienne, p. 54-94, lois, stat. vitales, préfets du comté, secrétaires-trésoriers du Conseil du comté de Lévis, conseillers et échevins, curés, vicaires, prêtres, religieuses et marguilliers de Notre-Dame de Lévis, députés et notables, inhumations dans les cimetières du collège et du monastère du Précieux Sang, etc., 317p. ; vol. 11: index, A-H, 224p. ; vol. 12: index, Hospice-Z, 225-463p. Constitue une vaste chronol. de l'hist. de Lévis et de sa première paroisse Notre-Dame de Lévis.
QQL QQLa

ROY, PIERRE-G. Glanures lévisiennes. Lévis [s. éd.] 1920-2. 4 v. 17 cm. Vol. 1, 229p. ; vol. 2, 231p. ; vol. 3, 231p. ; vol. 4, 232p. Bribes de l'hist. de Lévis et de la région depuis ses origines jusqu'à date de publ. L'auteur procède par petits tableaux qu'il étaye généralement de nombreux doc. Table dét. des mat. ; pas d'index.
QRS QPC QQA QQL QQLa QMBN QMU QMBM OOU OTP

L'ISLET

ROUILLARD, EUGENE. La colonisation dans les comtés de Dorchester, Bellechasse, Montmagny, L'Islet, Kamouraska ... Québec [Ministère de la Colonisation et des Mines] 1901. 80p. ill., portr., carte. 22 cm. Nombreuses notes hist. sur les cantons, paroisses et seigneuries des comtés étudiés. Table dét. des mat. ; pas d'index.
QQL QQS QQLa

LOTBINIERE

MAGNAN, HORMISDAS. Le sud-est de Québec comprenant les comtés de Lotbinière, Témiscouata, Rimouski, Bonaventure, Gaspé. Québec, Impr. de la Reine [ca. 1912] 20p. 23 cm. Sur la page-couverture: Le guide du colon, province de Québec. Hist. de la colonisation dans les comtés étudiés. Pas d'index.
QQA

MASKINONGE

AUDET, FRANCIS-J. Le comté de Maskinongé (1853-1867). Notes

historiques, statistiques et biographiques. Trois-Rivières, Ed. du Bien Public, 1934. 51p. 25 cm. (Pages trifluviennes, série A, no 16). Les paroisses du comté de Maskinongé, p. 13-6; les seigneuries du comté, p. [17]-23; liste des députés du comté et quelques biogr., p. [33-48]. Bibliogr., p. [49] et notes bibliogr. en bas de page. Table dét. des mat., p. [50]-1; pas d'index.
NBSM QQA QQL QQLa QMBN QMBM OOA OOAg; NN

MATANE

BUIES, ARTHUR. Les comtés de Rimouski, de Matane et de Témiscouata; exploration spéciale par Arthur Buies. Quérec [sic], Belleau & Cie, 1890. 195p. front. (carte). 20 cm. Comtés de Rimouski, p. [3]-30; de Matane, p. 31-65; de Témiscouata, p. [81]-105. Surtout descr. mais contribue à l'hist. des comtés à la fin du 19e s. Pas d'index.
QQL QMBN; NN

ROUILLARD, EUGENE. La colonisation dans les comtés de Témiscouata, Rimouski, Matane, Bonaventure, Gaspé ... Sous la direction d'Adélard Turgeon ... [Québec, Ministère de la Colonisation] 1899. [3]-158p. ill. 22 cm. Hist. sommaire des seigneuries, descr. des cantons, des paroisses et des villages, de leur fondation à date de publ. Pas d'index. /1901: 80p. pl., carte.
1899: QPC QQA QQLa; NN /1901: QQLa

MEGANTIC

LEMOINE, JAMES M. The explorations of Jonathan Oldbuck ... in eastern latitudes, by J.M. LeMoine ... Québec, L.-J. Demers, 1889. [5]-265, [2] p. ill. 22 cm. "Opinions of the press" [8p. au début du vol.] Descr. et hist. principalement pour Beauport, p. [5]-24; la seigneurie de Deschambault, p. 71-6; la colonisation dans Mégantic, p. 77-83; la Beauce en 1775, p. [84]-96. Table dét. des mat., p. 263-5; pas d'index.
NSHPL NBFU QQA QQL QQLa QMBN QMU QMBM OOA OOP OOU OOC OKQ OTP OH BVaU BViP; LC NN

McKILLOP, DUGALD M. Annals of Megantic county, Quebec, by Dugald McKenzie McKillop ... Lyn, Mass. [l'auteur] 1902. vii, [1], 5-171p. ill., portr., fac-sim. 24 cm. Hist. de 1807 à 1902 avec notes sur Inverness et la région. Généalogie de la famille de l'auteur. Liste des colons, des notables ... et notes bibliogr. Table dét. des mat.; pas d'index. /1962: réimpr. Inverness, Mrs. Arthur Mimnaugh (Cora

McKillop). 23 cm. Impr. à Québec, par T.J. Moore.
1902: QQA QMM OOGB OTU /1962: OONL QML QMBM OOP OOC OKQ OTP OTU

MISSISQUOI

BUGEIA, JULIA H.S. In old Missisquoi; with history and reminiscences of Stanbridge Academy, by Julia H.S. Bugeia and Theodora Cowell Moore. Montreal, John Lovell, 1910. viii, 211p. front., ill., pl.h.t., portr. 20 cm. Titre de page-couverture: Academy days ... in old Missisquoi. "Errata", p. de garde. Origines de Missisquoi. Concerne part. l'hist. de Stanbridge Academy. Table des ill., p. [9].
QQA QQLa QLB QMBN QMM OOP OTP OTU

McALEER, GEORGE. A study in the etymology of the Indian place named Missisquoi ... Worcester, Mass., 1906. 6-102, 2p. cartes, plans. 23 cm. "Living authorities consulted", p. [103]. Origines du toponyme Missisquoi ainsi que notes hist. sur la région. Bibliogr., p. 101-2. Pas d'index. /1910: The etymology of Missisquoi - Addenda. 3-39p. fac-sim.
QQLa

MISSISQUOI COUNTY HISTORICAL SOCIETY. ... Report of the Missisquoi County Historical Society. With papers & items of local interest ... [S.l., s.éd.] 1906-1913. 5 v.: vol. 1, 61p.; vol. 2, 60p.; vol. 3, 109p.; vol. 4, 79p.; vol. 5, 109p. ill., pl.h.t., carte. 25 cm. Titre varie. Carte: le Lac Champlain en 1748, signée De Lery, vol. 5, p. 28. Comprend de courtes études hist. sur le comté de Missisquoi et des biogr. Vol. 5: la seigneurie de Missisquoi, p. 29-33; la seigneurie de Foucault, p. 33-43; la seigneurie de Noyan, p. 43-5; la seigneurie de Lusignon, p. 31. Notes biogr. en bas de page. Pas d'index.
QQL QQLa QMBN QMBM OOC OTP OLU; NN

NOYES, JOHN P. The Canadian loyalists and early settlers in the district of Bedford. By Jno. P. Noyes ... St. John's [Que.] The News Typ., 1900. 20p. 20 cm. Concerne surtout les établissements loyalistes, mais aussi l'hist. des comtés de Shefford, Missisquoi et Brome des origines à date de publ. Pas d'index. /1906: 2e éd. 30p. 18 cm. /1908: publ. également dans le 3e rapport annuel de la Missisquoi County Historical Society, p. [90]-107.
1900: OONL QMBN QMM QMBM BVaU /1906: LC /1908: QQL QQLa

TUCKER, WILLIAM B. The Camden Colony or, the seed of the righteous. A story of the United Empire Loyalists ... by Rev. W. Bowman Tucker ... Montreal, John Lovell, 1908. xvi, 216, [9] p. ill., front. (portr.), pl.h.t. 23 cm. Hist. des origines à date de publ. Généalogie, p. [163]-216. Append.: arbre généalogique de la famille Shibley, [9] p.; liste des ill., p. [xi]; table dét. des mat., p. [ix]-x; pas d'index. /1929: éd. rev. The romance of the Palatine Millers; a tale of Palatine Irish Americans and United Empire Loyalists. xxxiv, 369p. front., pl.h.t., portr. 22 cm.
1908: NSHP QQA QQL QMBM OOA OOP OONM OOC OKQ OTU OTP OTY OHM OPeT BVaU; LC NN; BM /1929: QQA QMBN QMBM OOA OOC OKQ OKR OTP OLU OH SSU; LC NN; BM

TUCKER, WILLIAM B. The romance of the Palatine Millers, voir: The Camden Colony.

MONTMAGNY

POTVIN, DAMASE. Le Saint-Laurent et ses îles. Histoire, légendes, anecdotes, description, topographie. Montréal, Bernard Valiquette [1940] [7]-413p. 20 cm. Descr. et hist. Ile d'Orléans, Ile-aux-Grues, Ile-aux-Oies, Ile Madame, Ile Verte, Ile du Bic, Ilets Jérémie, Ile-aux-Oeufs, Sept-Iles, Iles Mingan, Ile d'Anticosti, etc. Pas d'index. /1945: éd. rev. et corr. Québec, Garneau. 425p.
1940: QRS QPC QQA QQL QMBN QMU QMBM OOA OKQ OTP; NN /1945: QQLa QMU QMBM OONF OOTC OTP OTY BVaU

ROUILLARD, EUGENE. La colonisation dans les comtés de Dorchester, Bellechasse, Montmagny, L'Islet, Kamouraska ... Québec [Ministère de la Colonisation et des Mines] 1901. 80p. ill., portr., carte. 22 cm. Nombreuses notes hist. sur les cantons, paroisses et seigneuries des comtés étudiés. Table dét. des mat.; pas d'index.
QQL QQS QQLa

MONTMORENCY (ILE D'ORLEANS)

ANGUS, ALEXANDER D. Old Quebec, in the days before our day, by Alexander D. Angus. Edited and published for the family by Louis Carrier. [1ère éd.] Montreal, 1949 [c1946] 232p. front. (portr.), pl., carte. 25 cm. Carte de la vallée du Saint-Laurent. Présente un intérêt particulier au point de vue hist. locale pour la ville de Québec (p. 17-64), Tadoussac (p. 65-71), l'Ile d'Orléans (p. 94-109),

Chambly (p. 143-76) et Montréal (p. 216-21). Bibliogr., p. 222-4. /1955: réimpr.
QQL QQLa QMM OTP BVaU; LC

BARBEAU, MARIUS. Au coeur du Québec. Montréal, Ed. du Zodiaque [1934] 200, [1] p. 19 cm. (Collection du Zodiaque "35"). Descr. surtout avec arrière plan hist.: les Laurentides et l'Ile d'Orléans. Pas d'index.
OONL NSHPL QPC QQA QQL QQLa QSherU QNicS QMBN QMM QMU QMBM OOA OOP OONG OOU OTU OTP OLU AEU; NN; BM

BOIS, LOUIS-E. L'Ile d'Orléans; notes sur son étendue - ses premiers établissements - sa population - les moeurs de ses habitants - ses productions, avec une carte par M. de Villeneuve, ingénieur du roi. Oeuvre posthume de M. l'abbé L.-E. Bois. Québec, Augustin Côté & Cie, 1895. xvi, 148, [3] p. carte dépl. 23 cm. "Errata" (feuillet fin du vol.). "Carte du comté de St-Laurent ... 1689", p. 138; "Noms des propriétaires de l'Ile d'Orléans selon la carte du comté de St-Laurent", p. [139] -48. Des origines à date de publ. Table dét. des mat.; pas d'index.
OONL QPC QQA QQL QQLa QSherU QMBN OOA OOP OOU OOSJ OONM OTU OTP BVaU; LC NN; BM

BOWEN, NOEL H. An historical sketch of the Isle of Orleans; being a paper read before the Literary and Historical Society of Quebec, on Wednesday evening, the 4th of April, 1860, by N.H. Bowen ... Quebec, Printed at the "Mercury", 1860. 40p. 22 cm. Hist. et descr. de l'Ile au 17e s. Notes bibliogr. en bas de page. Pas d'index.
OONL QPC QQA QQL QMBN QMM QMU QMBM OOA OTU OTP OTV BVaU; LC

DAVIES, BLODWEN. Saguenay, "Saginawa" the river of deep waters ... With illustrations by Paul Caron and G.A. Cuthbertson. Toronto, McClelland & Stewart [c1930] 204p. front., ill., pl.h.t., carte. 23 cm. Carte de la région sur feuille de garde. Descr. surtout avec rappels hist.: Québec, p. 30-41; Ile d'Orléans, p. 42-63; Murray Bay, p. 82-100; Tadoussac, p. 118-35. Table des ill.; pas d'index. /1930: New York, Dodd, Mead & Co. Autre tirage.
OONL QPC QQL QQLa QMBN QMBM OOP OONF OKQ OTP OTTC OPA OPAL OLH OFW OH OWtU SRL BVa BVi BViP; LC NN

NICHOLSON, BYRON. In old Quebec and other sketches by Byron Nicholson ... Quebec, Commercial Printing Co., 1908. [9]-162p. ill., pl.h.t.,

portr. 20 cm. Présentation de J.M. LeMoine, p. [7]. Descr. surtout. Notes hist. sur Québec, p. [9]-40, [55]-63 et l'Ile d'Orléans, p. [41]-54. Table des ill., p. [6]. /1909: 2e éd.
1908: QQL QQS QQLa QMBN QMU QMBM OOA OOND OORD OOU BVa BViP; LC NN /1909: NSHD NBSaM OKQ OTP OLU MWP SSU AEU BVaU

OAKLEY, AMY. Kaleidoscopic Quebec ... Illustrations by Thorton Oakley. New York, London, D. Appleton - Century Co. [1947] xiii, 278p. front., ill. (dessins originaux). 21 cm. Cartes géographiques de la vallée du Saint-Laurent, des Laurentides et de la Gaspésie en pages de garde. Descr. surtout l'ouvrage traite de la vallée du Richelieu, p. [3]-24; de Montréal et des environs, p. [27]-79; de Québec, p. [81]-115; de l'Ile d'Orléans, p. [117]-30; de Sainte-Anne de Beaupré, p. 135-40; de la Gaspésie, p. [221]-67. Table des ill., p. ix-x.
NSHPL QQA QQLa QMBM OOA OOP OTP OH MW BVa BVaU; LC NN; BM

POTVIN, DAMASE. Le Saint-Laurent et ses îles. Histoire, légendes anecdotes, description, topographie. Montréal, Bernard Valiquette [1940] [7]-413p. 20 cm. Descr. et hist. Ile d'Orléans, Ile-aux Grues, Ile-aux-Oies, Ile Madame, Ile Verte, Ile du Bic, Ilets Jérémie, Ile-aux-Oeufs, Sept-Iles, Iles Mingan, Ile d'Anticosti, etc. Pas d'index. /1945: éd. rev. et corr. Québec, Garneau. 425p.
1940: QRS QPC QQA QQL QMBN QMU QMBM OOA OKQ OTP; NN /1945: QQLa QMU QMBM OONF OOTC OTP OTY BVaU

POULIOT, JOSEPH-C. Glanures historiques et familiales ... L'Ile d'Orléans, par J.-Camille Pouliot ... Québec, 1927. [7]-176p. ill., fac-sim., portr., plan dépl. 24 cm. Notes hist. des origines à date de publ. Table dét. des mat.; pas d'index. /1925: 141p.
1925: QQL QMBN QMU QMBM OOA OTP; BM /1927: QPC QQS QQLa QSherU QMUFD OONL OKQ BVaU

POULIOT, JOSEPH-C. Québec et l'Ile d'Orléans; évocations historiques, par J.-Camille Pouliot ... Québec [L'Action Sociale] 1927. 234-[22] p. ill., portr., plan, fac-sim. 23 cm. Feuille d'errata insérée, p. 15. Plans: "Port-Royal" (habitation), p. 11; "Fort St-Louis", p. 14; "abitation de Québecq", p. 137; plan de Québec d'après celui de M. de Catalogne en 1709, p. 211. Hist. de l'Ile d'Orléans, p. [185]-205. Table dét. des mat.; pas d'index. /1927, trad. anglaise: Historical reminder; Quebec and the Isle of Orleans. Trad. par Lewis Drummond. Quebec. [7]-224, [15] p. ill. 24 cm.
Ed. française: QPC QQL QQS QQLa QMM QMBM; LC NN /Ed. anglaise: NSHP QQLa QMBN OOG OKQ OTU OTP BViP; LC NN

ROY, PIERRE-G. L'Ile d'Orléans ... Publié par la Commission des monuments historiques de la province de Québec. Québec, Ls.-A. Proulx, Impr. du Roi, 1928. viii, 505p. ill., pl.h.t. (feuille de garde), portr., fac-sim., cartes. 27 cm. Le nom de l'auteur apparaît au dos de la couverture. Nombreuses reprod. en coul. des oeuvres d'Horatio Walker. Cartes de l'Ile par Villeneuve (1689), p. 338; par Gédéon de Catalogne, p. 350; par N. Gellin (1744), p. 360; carte du camp de Wolfe sur l'Ile (1759), p. 372. Hist. de l'Ile d'Orléans, les fiefs et seigneuries, les prêtres, seigneurs et habitants. Bibliogr., p. 491-2; notes bibliogr. en bas de page. Table des ill., p. 496-505; table dét. des mat., p. 493-5. /1928: éd. anglaise.
1928, éd. française: QRS QPC QQA QQL QQLa QQS QMBN QMBM OOA OOCC OORD OLU SSU; LC NN; BM /1928, éd. anglaise: QQL QQLa QMM BVaU; LC; BM

RUSSELL, WILLIS. Quebec: as it was, and as it is; or, a brief history of the oldest city in Canada, from its foundation to the present time, with a guide for strangers to the different places of interest within the city and adjacent thereto. Quebec, Printed for the proprietor, by P. Lamoureux, 1857. viii, 160p. 19 cm. Comprend des notes hist. relatives à Québec, Ile d'Orléans, Saguenay, Kamouraska, Cacouna, etc. Table dét. des mat.; pas d'index. /1860: 3e éd. /1864: 4e éd. Impr. par G.T. Cary. /1867: 5e éd. Impr. par Chas. Rogers.
1857: NSWA QQL QMBN QMBM OOA OTP BVaU; LC NN /1860: OOP OKQ OTP; LC NN /1864: QQL QQLa QMBM OTU OLU; LC NN /1867: QQL QMBN QMBM OOP OOG OKQ OTP OTV BVaP BViP; NN

TURCOTTE, LOUIS-P. Histoire de l'Ile d'Orléans. Québec, Typ. du "Canadien", 1867. 164p. 18 cm. Notes hist. des origines à date de publ. de chaque paroisse de l'Ile. Table dét. des mat.; pas d'index.
QPC QQA QSherU QMBN QMU OOA OOU OOSJ OTU OTP BVaU; LC NN; BM

NICOLET

BELLEMARE, JOSEPH-E. Histoire de Nicolet, 1669-1924. Première partie: La seigneurie. Arthabaska, L'Impr. d'Arthabaska, 1924. xiii, 410p. front. (carte dépl.), ill., pl.h.t., portr., cartes. 24 cm. "Carte cadastrale de M. de Catalogne" en front. Hist. seigneuriale surtout avec réf. à la vie civile, économique, juridique et industrielle de la ville de Nicolet, p. 339-80. Doc. en append.: missionnaires et curés de Nicolet, p. 368-9; les institutions religieuses, p. 369-74; les députés, p. 375

-6; les titulaires du Conseil municipal de Nicolet, p. 377-9; membres du Conseil de ville, p. 379-81; municipalités du comté de Nicolet, p. 381-2. Bibliogr., p. [383]-4; notes bibliogr. en bas de page. Table des gravures, p. [409]-10.
QQLa QMBN QMBM OTP; NN; BM

SULTE, BENJAMIN. Mélanges historiques. Etudes éparses et inédites. Compilées, annotées et publiées par Gérard Malchelosse. Montréal, G. Ducharme; Edouard Garand, 1919-1933. 21 v. ill., pl.h.t., plans, cartes. 24 cm. Vol. 1, 162p., front.; vol. 2, 156p.; vol. 3, 148p.; vol. 4, 103p., front., ill., portr.; vol. 5, 126p.; vol. 6, 216p., ill., pl.h.t., plans; vol. 7, 163p.; vol. 8, 144p.; vol. 9, 74p., ill., pl.h.t., plans; vol. 10, 160p., plan; vol. 11, 98p., front., ill.; vol. 12, 109p.; vol. 13, 96p.; vol. 14, 96p.; vol. 15, 130p.; vol. 16, 96p.; vol. 17, 130p.; vol. 18, 96p., plan; vol. 19, 96p., plan; vol. 20, 96p.; vol. 21, 96p. Contient divers articles sur la petite hist. locale et régionale du Québec. Vol. 1: "Québec en 1629-31", p. 27-36; "Beauport vs Québec", p. 37-43; vol 2: Trois-Rivières, p. 73-83; vol. 3: "Trois-Rivières", p. 93-113; "Cap Rouge", p. 123-33; vol. 5: "Verdun", p. 52-7; vol. 6: Les forges du Saint-Maurice, p. [9]-195; vol. 9: Le fort de Chambly, p. [7]-58; vol. 10: "Rivière-du-Loup (en haut)", p. [5]-65; Lachine, p. [66]-92; "L'Ile à la Fourche (Nicolet)", p. [93]-106; "Le Château Bigot", p. 107-17; vol. 16: L'Acadie française, p. [11]-90; vol. 18: Trois-Rivières d'autrefois, Première série, p. [5]-90; vol. 19: Trois-Rivières d'autrefois, Deuxième série, p. [7]-89; vol. 20: Trois-Rivières d'autrefois, Troisième série, p. [5]-91; vol. 21: Trois-Rivières d'autrefois, Quatrième série, p. [7]-90. Notes bibliogr. en bas de page. Table des mat. et index à la fin de chaque vol.
QQL QQLa QMBN QMBM OOA OOLU OOSJ OOCC OKR OTP; LC

PAPINEAU

LE NORD de l'Outaouais. Manuel-répertoire d'histoire et de géographie régionale. Ouvrage rédigé en collaboration. 129 illustrations dans le texte, 138 hors-texte, 6 dépliées et une carte en couleurs. Ottawa, Le Droit, 1938 xvi, 396p. ill., pl.h.t., cartes. 24 cm. Hist. de la vallée de l'Outaouais, p. [101]-48; de Hull, p. [182]-201; des paroisses de la vallée de la Gatineau, p. [220]-9; des paroisses de la région de Mont-Laurier, p. [230]-46; des paroisses des comtés de Papineau et d'Argenteuil, p. [247]-74. Append.: démographie, p. [277]-88; divisions administratives, civiles et religieuses, p. [289]-90; dignitaires religieux et civils, p. [309]-20; chronol. du Nord de l'Outaouais, p.

[321]-30. Table dét. des mat.; pas d'index.
QRS QPC QQA QQLa; NN

PONTIAC

[NANTEL, GUILLAUME-A.] Notre Nord-Ouest provincial; étude sur la vallée de l'Ottawa, accompagnée de cartes géographiques ... Montréal, E. Sénécal & Fils, 1887. 99p. cartes dépl. 22 cm. Lettre-préface de l'abbé J.-B. Proulx, p. [3]-4. Ouvrage descr. surtout écrit dans le but d'attirer et de renseigner les futurs colons. Pas d'index.
OONL QQL QMM QMU

PORTNEUF

BECHARD, AUGUSTE. Histoire de la paroisse Saint-Augustin (Portneuf) par A. Béchard ... Québec, Léger Brousseau, 1885. vii, [1], 395, [1] p. 19 cm. Hist. religieuse et civile des origines à date de publ. Nombreux doc.: généalogie, souvenirs, légendes et monuments, p. [315]-62; seigneurie de Maure, p. [363]-75; députés, tabl. des naissances, mariages et sépultures de 1794 à 1884, p. 383-4, etc. Table dét. des mat.; pas d'index.
QRS QPC QQL QQS QQLa QMBN QMM QMU OOA OOP OOU OOC OTU OTP AEU; LC NN

DUSSAULT, CLEMENT-T. Notes diverses sur le comté de Portneuf, voir: Potvin, Damase.

GATIEN, FELIX-X. Histoire de la paroisse du Cap-Santé par l'abbé F.-X. Gatien. Québec, Léger Brousseau, 1884. [5]-376, [4] p. 15 cm. "Avertissement" de l'abbé Henri-Raymond Casgrain, p. [5]-13. Hist. de la paroisse depuis ses origines jusqu'à 1830. Publ. d'abord dans le Courrier du Canada. Longtemps manuscrit, cet ouvrage avait été écrit en 1830 par l'abbé Gatien et s'intitulait Mémoires sur la paroisse de Cap-Santé. La seigneurie de Portneuf, p. 366-76. Recensement, p. 363-5. Table dét. des mat.; pas d'index. /1899: Histoire du Cap-Santé depuis la fondation de cette paroisse jusqu'à 1830 ... continuée depuis 1830 jusqu'à 1887 par David Gosselin. Québec, Imprimerie Franciscaine Missionnaire. 6-288p. front. (carte), ill., portr. 23 cm. Avant-propos de David Gosselin, p. 3-6. Table dét. des mat.; pas d'index.
1884: QQL QQS QQLa QMBN QMU QMBM OOA OOU OTP MWB; NN; BM
/1899: QQL QQLa QMBN QMU OOA OTP

GATIEN, FELIX-X. Histoire du Cap-Santé, voir: Histoire de la paroisse du Cap-Santé.

[GOSSELIN, AUGUSTE-H.] Colonisation dans le comté de Portneuf. St-Ubald, Notre-Dame de la rivière Batiscan, août 1872. Québec, Typ. L. Brousseau, 1872. 24p. 14 cm. Contribution à l'hist. des origines de ces deux centres de colonisation. Pas d'index.
QQA; NN

POTVIN, DAMASE. Fossembault. Publié à l'occasion du 10e anniversaire de la ville du Lac Saint-Joseph. Québec, 1946. 144p. ill., portr., cartes. 25 cm. Cartes: le Fort Jacques-Cartier, p. 99; carte du Lac Saint-Joseph, p. 144. Ouvrage descr. concernant le Lac Saint-Joseph, Valcartier, Sainte-Catherine, Duchesnay, Lac Sergent, Lac des Sept Iles. Hist. du chemin à lisses "Quebec & Gosford Wooden Ry", p. 41-7. "Notes diverses sur le comté de Portneuf", par Clément-T. Dussault, p. 81-112.
QQA QQL QMBM OOA OTP; NN

RIMOUSKI

BUIES, ARTHUR. Les comtés de Rimouski, de Matane et de Témiscouata; exploration spéciale par Arthur Buies. Quérec [sic] Belleau & Cie, 1890. 195p. front. (carte). 20 cm. Comtés de Rimouski, p. [3]-30; de Matane, p. 31-65; de Témiscouata, p. [81]-105. Surtout descr. mais contribue à l'hist. des comtés à la fin du 19e s. Pas d'index.
QQL QMBN; NN

GUAY, CHARLES. Chronique de Rimouski, par l'abbé Chs. Guay ... Québec, P.-G. Delisle, 1873-74. 2 v.: 254, [20] p.; 261-417, [8] p. "Errata", premier vol., p. [258]. Hist. des origines à date de publ. Chap. XI, liste chronol. des prêtres ... des députés, tabl. ... de la population de 1701 à 1872, p. [137]-77. Table dét. des mat., vol. 1, p. [254]-5; vol. 2, p. [419]-20; pas d'index.
QRS QPC QQA QQL QQLa QMU QMBM OOA OTP OLU; LC NN

MAGNAN, HORMISDAS. Le sud-est de Québec comprenant les comtés de Lotbinière, Témiscouata, Rimouski, Bonaventure, Gaspé. Québec, Impr. de la Reine [ca. 1912] 20p. 23 cm. Sur la page-couverture: Le guide du colon, province de Québec. Hist. de la colonisation dans les comtés étudiés. Pas d'index.
QQA

POTVIN, DAMASE. Le Saint-Laurent et ses îles. Histoire, légendes, anecdotes, description, topographie. Montréal, Bernard Valiquette [1940] [7]-413p. 20 cm. Descr. et hist. Ile d Orléans, Ile-aux Grues, Ile-aux-Oies, Ile Madame, Ile Verte, Ile du Bic, Ilets Jérémie, Ile-aux-Oeufs, Sept-Iles, Iles Mingan, Ile d'Anticosti, etc. Pas d'index. /1945: éd. rev. et corr. Québec, Garneau. 425p.
1940: QRS QPC QQA QQL QMBN QMU QMBM OOA OKQ OTP; NN
/1945: QQLa QMU QMBM OONF OOTC OTP OTY BVaU

ROUILLARD, EUGENE. La colonisation dans les comtés de Témiscouata, Rimouski, Matane, Bonaventure, Gaspé ... Sous la direction d'Adélard Turgeon ... [Québec, Ministère de la Colonisation] 1899. [3]-158p. ill. 22 cm. Hist. sommaire des seigneuries, descr. des cantons, des paroisses et des villages, de leur fondation à date de publ. Pas d'index. /1901: 80p. pl., carte.
1899: QPC QQA QQLa; NN /1901: QQLa

ROUVILLE

BERNARD, C.-A. Le comté de Rouville, par Dr C.-A. Bernard ... Saint-Césaire [Henri Grisé & Fils] 1926. 23p. front. (portr.). 22 cm. Aperçu hist. et descr. du comté depuis les premiers essais de colonisation. Pas d'index.
QQA

SHEFFORD

DAY, CATHERINE M. Pioneers of Eastern Townships: a work containing official and reliable information respecting the formation of settlements, with incidents in their early history, and details of adventures, perils and delivrance, by Mrs. C.M. Day. Montreal, John Lovell, 1863. ix, 171p. 17 cm. Concerne part. les cantons Stukely et Shefford. Nombreuses généalogies.
NSHPL NBSM QQL QQLH QMBN QMM QMU QMBM QLB OOA OOP OOC OOND OKQ OTP OTRM OTTC OH OHM OLU SSU SSRL AEP BVa BVaU; LC NN; BM

NOYES, JOHN P. The Canadian loyalists and early settlers in the district of Bedford. By Jno. P. Noyes ... St. John's [Que.] The News Typ., 1900. 20p. 20 cm. Concerne surtout les établissements loyalistes, mais aussi l'hist. des comtés de Shefford, Missisquoi et Brome des origines à date de publ. Pas d'index. /1906: 2e éd. 30p. 18 cm.

/1908: publ. également dans le 3e rapport annuel de la Missisquoi County Historical Society, p. [90]-107.
1900: OONL QMBN QMM QMBM BVaU /1906: LC /1908: QQL QQLa

[NOYES, JOHN P.] Sketches of some early Shefford pioneers. [Waterloo, Que., Waterloo Public Library, 1905] Montreal, Gazette Printing. [3]-126p. pl.h.t., portr. 23 cm. Préface signée Jno. P. Noyes. Ouvrage biogr. et hist. concernant Waterloo, le comté de Shefford et les Cantons de l'Est. Pas d'index.
QQL QQLa QMBN QMM QMBM QWa OOA OOP OOAg OORD OTP AEU BVaU; NN

THOMAS, CYRUS. The history of Shefford; civil, ecclesiastical, biographical and statistical, by C. Thomas. Montreal, Lovell, 1877. [5]-152p. front. (portr.), portr. 19 cm. Hist. des origines à date de publ. de Shefford, du village Frost, p. [20]-34; de Waterloo, p. [35]-126; du village Warden, p. [127]-8. Liste des membres des conseils de comtés, 1855-1876, p. 133-43. Annonces commerciales, p. 145-52. Pas d'index.
NSWA QQA QMM QMBM OOA OONDR OTP; NN

VANDRY, MARY O. A sketch of the life of Captain John Savage, J.P., first settler in Shefford county, 1792; also the early history of St. John's church, West Shefford, Que., 1821-1921, by M.O. Vandry. [Toronto] 1921. 20p. 22 cm. En page couverture: "Part of a Paper prepared for the meeting in Toronto, March, 1921, of the United Empire Loyalist's Association of Canada". Liste des militaires et des colons du comté, p. 7; généalogie de la famille Savage, p. 17-20. Pas d'index.
QBCHS QQA QMM

SHERBROOKE

CHANNELL, L.S. History of Compton county and sketches of the Eastern Townships, District of St. Francis, and Sherbrooke County. Supplemented with the records of four hundred families ... including biography of the late Hon. John Henry Pope by Hon. C.H. Mackintosh ... Cookshire, L. S. Channell, 1896. 289, [7] p. front. (carte), ill., portr. 31 cm. "Corrections" à la fin du vol. Carte du district électoral de Compton en front. Hist. du district St. Francis de 1692 à 1791, p. [15]-23; hist. des comtés de Buckingham (1791-1829), p. [24]-6, de Sherbrooke (1829-1853), p. [27]-32, de Compton (1853-1896), p. [33]-64, Eaton, incluant la ville de Cookshire et le village de Sawyerville, p. [65]-76; hist. des cantons de Compton, Clifton, Newport, Westbury, Hereford, Bury, Lingwick, Hamp-

den, Winslow, Whitton, Marston, Ditton, Chesham, Emberton, Auckland et Clinton. Nombreuses biogr. avec index. Table des ill.
QQA QQL QQS QMBN QMM QMBM OOA OOP OTP SRL BVaU; LC

SOULANGES

DUGAS, ALPHONSE-C. Notions de géographie et d'histoire locales et coup d'oeil sur notre système municipal et scolaire pour les enfants de Saint-Clet. En souvenir du cinquantenaire de la fondation de cette paroisse, 1849-1899. Montréal, Arbour & Laperle, 1899. 32p. 22 cm. Bref hist. de Saint-Clet, p. 24-8 et du comté de Soulanges, p. 5-11 sous forme de questions et réponses. Pas d'index.
QMBM

STANSTEAD

HUBBARD, BENJAMIN F. Forest and clearings; the history of Stanstead county, province of Quebec, with sketches of more than five hundred families, comp. by B. F. Hubbard ... The whole rev., abridged, and pub. with additions and illustrations by John Lawrence. Montreal, Lovell, 1874. viii, 367p. ill., portr., carte. 23 cm. Addenda, p. 361. Hist. de la région depuis 1759, des cantons et du comté depuis 1828. Biogr. et généalogie. /1963: réimpr. par Page-Saugster Print. Co.
QQL QQLa QQS QLB QMBN QMBM OOA OOP OOC OTP BVaU; LC NN; BM

TEMISCAMINGUE

BENOIST, EMILE. L'Abitibi, pays de l'or. Montréal, Les Editions du Zodiaque [1938] 198, [2] p. ill., pl. h. t., carte dépl. 19 cm. (Collection du Zodiaque, deuxième). Hist. de l'Abitibi et du Témiscamingue depuis ses origines; hist. de la paroisse Saint-Bernard-de-Sullivan, p. [69]-75; Val d'Or, p. [76]-92; Bourlamarque, p. [93]-101. Table dét. des mat.; pas d'index.
OONL QRC QQA QQL QQLa QMBN QMM QMU QMBM OOA OOP OOSJ OOTC OKQ OTU OTP; NN

CARON, IVANHOE. La colonisation du Témiscamingue, par M. l'abbé Ivanhöe Caron ... Québec [s. éd.] 1910. 15p. ill., pl. h. t. 25 cm. Conférence donnée à la Société de Géographie de Québec, le 15 novembre 1910. Rappel hist. de 1875 à date de publ. Pas d'index.
QMBN

LA CHAMBRE DE COMMERCE DE VILLE-MARIE. Le Témiscamingue; ses possibilités et ses avantages agricoles, miniers et industriels. Notes et statistiques. [Québec, L'Action Sociale Ltée, 1929] [3]-47p. ill., tabl. stat., carte dépl. 23 cm. Préface de Camille Roy, recteur de l'université Laval. Carte de colonisation du Témiscamingue à la fin du vol. Contient de brèves notes hist. des principales paroisses notamment Ville-Marie (Notre-Dame du Rosaire), p. 31-3; Lorrainville (Notre-Dame de Lourdes), p. 35; Saint-Eugène de Guigues, p. 35-6; Fugèreville (Notre-Dame du Mont Carmel), p. 36-7; Laverlochère (Saint-Isidore), p. 37-8; Guigues (Saint-Bruno), p. 38-9; Notre-Dame du Nord (Saint-Joseph du Nord - Témiscamingue), p. 39-40; Guérin (Saint-Gabriel Lalement), p. 40-1; Nedelec (Saint-Louis), p. 41-2; Latulippe (Saint-Antoine-Abbé), p. 42-3; Bearn (Saint-Placide), p. 43; Fabre (Saint-Edouard), p. 43-4. Pas d'index.
QQS

CHENIER, AUGUSTIN. Notes historiques sur le Témiscamingue. Ville-Marie. [Québec, Impr. de l'Action catholique] 1937. 133, [4] p. ill., carte dépl. 24 cm. Des origines à date de publ. Table dét. des mat.; pas d'index.
QRC QQL QQLa QMBN QMU QMBM OOA OOP OOSJ; LC NN

CHEVALIERS DE COLOMB. Souvenir du 48e Congrès annuel des Chevaliers de Colomb de la province de Québec, Rouyn, 25 mai 1947. [Rouyn, s.éd., 1947] 180p. ill., portr., carte. 30 cm. Carte de Rouyn-Noranda et la région, p. 30. Aperçu hist. - des origines à date de publ. - de l'Abitibi et du Témiscamingue, de Rouyn-Noranda et de nombreuses paroisses. Pas d'index.
QRC QQLa

NADEAU, EUGENE. "Un homme sortit pour semer ..." La carrière épique du pionnier du Témiscamingue: le frère Joseph Moffet (1852-1932) ... Montréal, Beauchemin [1939] 207, [4] p. front. (portr.), ill., pl.h.t., carte. 23 cm. Origines hist. du Témiscamingue, p. [23]-37. Notes bibliogr. en bas de page. Table dét. des mat.; pas d'index.
QQLa QMBM OOA OOSU OTP

PELLAND, ALFRED. Le Témiscamingue (Nouveau-Québec). Ses ressources, ses progrès et son avenir. Québec, Ministère de la Colonisation, des Mines et des Pêcheries, 1910. 72p. front., ill., carte. 21 cm. En tête de titre: Vastes champs offerts à la colonisation et à l'industrie. Carte de la région en fin de vol. Descr. de la région, des cantons, des

villages et des paroisses qui s'y développent. Table dét. des mat. ; pas d'index.
QQA QMBN

TEMISCOUATA

BUIES, ARTHUR. Les comtés de Rimouski, de Matane et de Témiscouata; exploration spéciale par Arthur Buies. Québec [sic] Belleau & Cie, 1890. 195p. front. (carte). 20 cm. Comtés de Rimouski, p. [3]-30; de Matane, p. 31-65; de Témiscouata, p. [81]-105. Surtout descr. mais contribue à l'hist. des comtés à la fin du 19e s. Pas d'index.
QQL QMBN; NN

MAGNAN, HORMISDAS. Le sud-est de Québec comprenant les comtés de Lotbinière, Témiscouata, Rimouski, Bonaventure, Gaspé. Québec, Impr. de la Reine [ca. 1912] 20p. 23 cm. Sur la page-couverture: Le guide du colon, province de Québec. Hist. de la colonisation dans les comtés étudiés. Pas d'index.
QQA

PELLAND, ALFRED. Le Témiscouata; ses ressources, ses progrès et son avenir. Québec, Ministère de la Colonisation, des Mines et des Pêcheries, 1910. [5]-95p. front., ill. 23 cm. En tête de titre: Vastes champs offerts à la colonisation et à l'industrie. Notes hist. - des origines à date de publ. - relatives aux cantons et aux anciennes seigneuries du comté de Témiscouata. Table dét. des mat. ; pas d'index.
QQA QMBN; NN

ROUILLARD, EUGENE. La colonisation dans les comtés de Témiscouata, Rimouski, Matane, Bonaventure, Gaspé ... Sous la direction d'Adélard Turgeon ... [Québec, Ministère de la Colonisation] 1899. [3]-158p. ill. 22 cm. Hist. sommaire des seigneuries, descr. des cantons, des paroisses et des villages, de leur fondation à date de publ. Pas d'index. /1901: 80p. pl., carte.
1899: QPC QQA QQLa; NN /1901: QQLa

WOLFE

O'BREADY, MAURICE. Histoire de Wotton, comté de Wolfe, P.Q. [Sherbrooke, s.éd., 1949] [9]-354p. ill., portr., fac-sim., carte. 23 cm. Carte de la subdivision du comté de Buckingham-shire en cantons (1792), p. 16-7. "Sources et références", p. 350-1. Hist.

religieuse de la paroisse (Saint-Hippolyte de Wotton) et hist. civile, polit. et culturelle des municipalités de Wotton et Wottonville des origines à date de publ. ; esquisse de l'hist. du comté de Wolfe, p. 125-41. Table dét. des mat. ; pas d'index.
QPC QQL QQLa QSherU QMBN QMM QMU QMBM OOA OTP; NN

CHAPITRE IV

MUNICIPALITES, CITES ET VILLES
incluant les localités, les hameaux, les cantons et les villages

Ce chapitre tente de regrouper toutes les micro-variantes de la cité ou de la ville. En effet, nous incluons ici les historiques de ces petites entités civiles - hameaux, localités, cantons, villages - que la loi n'a pas encore définitivement fixées.

On conçoit, par ailleurs, que certains de ces atomes de notre régime municipal touchent intimement à la paroisse religieuse: le canton, par exemple, lui doit le plus souvent son statut de municipalité. En ce sens ce chapitre reçoit donc son complément par celui que nous consacrons plus loin aux paroisses et aux municipalités de paroisses à la fois entité religieuse et civile.

ABBOTSFORD

FISK, J.M. Abbotsford. Historical sketch by J.M. Fisk. Granby, The Leader-Mail Press, 1916. 27, [1] p. ill. 25 cm. Feuillet de correction inséré, p. 8 dans l'exemplaire consulté. Aperçu hist. d'Abbotsford et de la Fruit Growers Association of Abbotsford, fondée en 1874. Append. : liste des fruits de la prov. de Québec, p. 17-26. Pas d'index. QQLa OOA OOAg

ABORD A PLOUFFE (L'), voir: CHOMEDEY

ALBANEL

BUIES, ARTHUR. Le Saguenay et le bassin du Lac Saint-Jean. Ouvrage hist. et descr. 3e éd. Québec, Léger Brousseau, 1896. 420p. front., ill., pl. h. t. 23 cm. Errata corrigés. Hist. et descr. de Tadoussac, p. [59]-81; de Chicoutimi, p. [141]-69; de Saint-Dominique de Jonquière, p. [171]-88; du canton Labarre, p. [189]-208; du Lac Saint-Jean, p. [209]-38; des cantons Normandin et Albanel, p. [238]-91; des Laurentides, p. [293]-362; du Saint-Maurice, p. [377]-403. Table dét. des mat. ; pas d'index. /1880: 1ère éd. sous le titre: Le Saguenay et la vallée du Lac Saint-Jean; études historique, géographique, industrielle et agricole ... Québec, A. Côté. xvi, 342p. En tête de titre: Emparons-nous du sol.

Errata, p. 341-2.
1880: OONL QPC QQA QMM QMU QMBM OOA OOCC OOU OKQ OTU OTY; LC NN; BM /1896: QRS QPC QQA QQLa OOP OOSJ BVaU; LC

AMOS

CHEVALIERS DE COLOMB. Souvenir du 48e Congrès annuel des Chevaliers de Colomb de la province de Québec, Rouyn, 25 mai 1947. [Rouyn, s. éd., 1947] 180p. ill., portr., carte. 30 cm. Carte de Rouyn-Noranda et la région, p. 30. Aperçu hist., des origines à date de publ., de l'Abitibi, du Témiscamingue, de Rouyn-Noranda et de nombreuses paroisses. Pas d'index.
QRC QQLa

PROGRAMME-SOUVENIR. Vingt-cinquième anniversaire de l'Abitibi. Fêté à Amos, 1913-1918. [S.l., s. éd.] 1938. 159, [2] p. ill. 25 cm. Aperçu hist. des origines de l'Abitibi et des nombreuses paroisses de la région. Table dét. des mat., p. [160]; pas d'index.
QQLa OOA

ANCIENNE-LORETTE

GAILLARD DE CHAMPRIS, HENRY. Images du Canada français. Préface de Firmin Roz ... Paris, Editions de Flore [1947] xiv, 286, [1] p. front., ill., pl.h.t., portr., fac-sim. 19 cm. Rappel hist. et descr. de la ville de Québec, p. 37-60; de Lorette (Ancienne-Lorette), p. 61-5. Table dét. des mat.; pas d'index.
NBFU QQL QQLa QMBN QMU QMBM OOA OOU OKQ OKR OSuL BVaU; LC NN

ARUNDEL

THOMAS, CYRUS. History of the counties of Argenteuil, Que., and Prescott, Ont., from the earliest settlement to the present, by C. Thomas ... Montreal, John Lovell, 1896. viii, 665p. ill., pl.h.t., tabl. 25 cm. Errata, p. iii. Hist. du comté d'Argenteuil, des origines à date de publ., p. [34]-460 et part. de St. Andrew, Lachute, Grenville, Harrington, Wentworth, Core, Mille Iles, Morin, Arundel, Montcalm. Les biogr. sont surtout celles des contributeurs de l'ouvrage. Pas d'index.
OONL QQA QQL QQS QMBM OOAg OTP OL

ASCOT

COATES, HAZEL A. Story of Ascot; parts of ranges I to V, 1803-1948. Easton road, Spring road, Johnville road or Glenburn, Glenday neighbourhood, Moulton Hill, Huntingville and roads leading east and north. [Ascot] Ascot Women's Institute, 1949. 5, 85p. ill., portr., carte, plan dépl. 27 cm. Carte des Cantons de l'Est, 1812, p. 20. Pas d'index.
QCSHS QMM OOA OOP OTP MW

AUCKLAND

CHANNELL, L.S. History of Compton county and sketches of the Eastern Townships, District of St. Francis, and Sherbrooke County. Supplemented with the records of four hundred families ... including biography of the late Hon. John Henry Pope by Hon. C.H. Mackintosh ... Cookshire, L. S. Channell, 1896. 289, [7] p. front. (carte), ill., portr. 31 cm. "Corrections" à la fin du vol. Carte du district électoral de Compton en front. Hist. du district St. Francis de 1692 à 1791, p. [15]-23; hist. des comtés de Buckingham (1791-1829), p. [24]-6, de Sherbrooke (1829-1853), p. [27]-32, de Compton (1853-1896), p. [33]-64, Eaton, incluant la ville de Cookshire et le village de Sawyerville, p. [65]-76; hist. des cantons de Compton, Clifton, Newport, Westbury, Hereford, Bury, Lingwick, Hampden, Winslow, Whitton, Marston, Ditton, Chesham, Emberton, Auckland et Clinton. Nombreuses biogr. avec index. Table des ill.
QQA QQL QQS QMBN QMM QMBM OOA OOP OTP SRL BVaU; LC

AYLMER

ALEXIS DE BARBEZIEUX. Histoire de la province ecclésiastique d'Ottawa et de la colonisation de la vallée de l'Ottawa. Ottawa, La Cie d'Imprimerie d'Ottawa, 1897. 2 v. : xix, 609, [3], ivp. ; 507, xxviii, iip. ill., pl. h.t., portr. 23 cm. "Errata" à la fin des vol. 1 et 2. Liste des paroisses du Québec étudiées, p. viii. Les missions de Québec, 1836-44, p. [184]-220. Nombreux doc. Index des membres du clergé figurant dans l'ouvrage, p. [489]-507.
OONL QQA QQL QMBN QMU QMBM OOA OOP OOC OOSJ OOSU OKQ OTU OTStM OTRM OTP

GARD, ANSON A. Pioneers of the Upper Ottawa and the humors of the valley. South Hull and Aylmer edition, by Anson A. Gard ... Ottawa, The Emerson Press [1907] [49, 78, 107, 84] p. ill., pl.h.t., portr.

24 cm. Pag. irrégulière. Hist. civile et religieuse: Partie I, South Hull; Partie II, Aylmer, 1830-1904; Partie III, The humors of the valley; Partie IV, Généalogies, p. 1-80. Pas d'index.
QQA QMBN OOA OOP OOC OKQ OTP

BAIE SAINT-PAUL

BOIVIN, LEONCE. Dans nos montagnes (Charlevoix). Les Eboulements, 1941. 254p. ill., pl., portr. 20 cm. Survol hist. des origines à date de publ. Lettre de Georges Melançon à l'auteur, p. [5-6]. Doc. en append. Table dét. des mat.; pas d'index. /1942: 2e éd. /1945: 3e éd. rev. et corr. 242p.
1941: QPC QQLa QMBN QMU QMBM OOP OTP /1942: OONL QMBM OOU /1945: QQLa OTU

TREMBLAY, JEAN-P. La Baie Saint-Paul et ses environs, 1678-1948. [Chicoutimi, 1948] [14], 69, [1] p. ill. 22 cm. Bibliogr., p. [70]. Pas d'index.
QQLa QQS QMBN QMBM OOA OTP

TRUDELLE, CHARLES. Trois souvenirs. Québec, Léger Brousseau, 1878. 173p. 17 cm. Quelques notes hist. sur les Bois-Francs, p. 5-74; la Baie Saint-Paul, p. 81-152; le Cap Tourmente, p. 155-72. Table dét. des mat.; pas d'index.
OONL QRS QPC QQA QQL QQLa QMBN QMU OOA OTP; NN

BARFORD

GRAVEL, J.-ALBERT. Précis historique de Saint-Herménégilde. [S.l., s.éd.] 1942. [8], 38, [2] p. ill., portr., carte. 22 cm. Carte de la région de Sherbrooke, p. [10]. Hist. religieuse et civile des origines à date de publ. Table dét. des mat., p. [39]; pas d'index.
QQLa OTU

BATISCAN

BELLEMARE, PIERRE-A.-A. Batiscan (St-François-Xavier de), par messieurs les abbés P.-A.-A. Bellemare et Hervé Trudel ... Trois-Rivières, Ed. du Bien Public, 1933. 55, [1] p. 25 cm. (Pages trifluviennes, Série A, No 5). "Vieux sites" de Clovis Duval, p. 9. Des origines à date de publ. Table dét. des mat.; pas d'index.
QQLa QMBM OOA OOSJ OTU; NN

TRUDEL, HERVE. Batiscan, voir: Bellemare, Pierre-A. -A.

BEAUMONT

ROY, PIERRE-G. A travers l'histoire de Beaumont. Lévis [s. éd.] 1943. [2], 309p. 19 cm. Couvre des origines à date de publ. Hist. de la seigneurie de Beaumont, p. [6]-[43], de la seigneurie de Cap Saint-Claude ou Vincennes, p. [185]-[200], de la seigneurie de la Livaudière, p. [201]-[18], de la seigneurie de Vitré ou Montapeine, p. [218]-[21]. Append.: "Statistiques vitales de Beaumont, 1692-1942", p. [294]-[301]. Pas d'index.
NBSM QPC QQL QQLa QCSHS QMBN QMBM OKQ OTP BVaU; NN

BEAUPORT

CAMBRAY, ALFRED. Robert Giffard, premier seigneur de Beauport et les origines de la Nouvelle-France. Cap-de-la-Madeleine, 1932. xi, 372p. ill., fac-sim. 27 cm. Hist. de la seigneurie de Beauport; origines de la paroisse de Beauport; recensements de 1666 et 1667, p. [157]-65; généalogies. Table dét. des mat.; pas d'index.
QQA QQL QQLa QMBN QMU QMBM OOP BVaU; NN

GIROUX, T.-EDMOND. Robert Giffard, seigneur colonisateur au tribunal de l'histoire ou la raison de fêter le troisième centenaire de Beauport, 1634-1934. Québec, L'Action Sociale Ltée, 1934. 111p. ill., fac-sim., plan, carte. 23 cm. Lettre de Mgr J.-Omer Plante à l'auteur, p. [7]; recensement de Beauport en 1634, p. [29]-30; carte de la région de Québec, 1641, p. 42; recensement de 1666, p. [64]-71; plan du bourg de Fargy en 1669, p. 74; doc. en append., p. [91]-102.
QPC QQA QQL QQLa QMBN QMU QMBM OTP

LEMOINE, JAMES M. The explorations of Jonathan Oldbuck ... in eastern latitudes, by J.M. LeMoine ... Québec, L.-J. Demers, 1889. [5]-265, [2] p. ill. 22 cm. "Opinions of the press" [8p. au début du vol.] Descr. et hist. principalement pour Beauport, p. [5]-24; la seigneurie de Deschambault, p. 71-6; la colonisation dans Mégantic, p. 77-83; la Beauce en 1775, p. [84]-96. Table dét. des mat., p. 263-5; pas d'index.
NSHPL NBFU QQA QQL QQLa QMBN QMU QMBM OOA OOP OOU OOC OKQ OTP OH BVaU BViP; LC NN

SULTE, BENJAMIN. Mélanges historiques. Etudes éparses et inédites. Compilées, annotées et publiées par Gérard Malchelosse. Montréal,

G. Ducharme; Edouard Garand, 1919-1933. 21 v. ill., pl.h.t., plans, cartes. 24 cm. Vol. 1, 162p., front.; vol. 2, 156p.; vol. 3, 148p.; vol. 4, 103p., front., ill., portr.; vol. 5, 126p.; vol. 6, 216p., ill., pl.h.t., plans; vol. 7, 163p.; vol. 8, 144p.; vol. 9, 74p., ill., pl.h.t., plans; vol. 10, 160p., plan; vol. 11, 98p., front., ill.; vol. 12, 109p.; vol. 13, 96p.; vol. 14, 96p.; vol. 15, 130p.; vol. 16, 96p.; vol. 17, 130p.; vol. 18, 96p., plan; vol. 19, 96p., plan; vol. 20, 96p.; vol. 21, 96p. Contient divers articles sur la petite hist. locale et régionale du Québec. Vol. 1: "Québec en 1629-31", p. 27-36; "Beauport vs Québec", p. 37-43; vol. 2: Trois-Rivières, p. 73-83; vol. 3: "Trois-Rivières", p. 93-113; "Cap-Rouge", p. 123-33; vol. 5: "Verdun", p. 52-7; vol. 6: Les forges du Saint-Maurice, p. [9]-195; vol. 9: Le fort de Chambly, p. [7]-58; vol. 10: "Rivière-du-Loup (en haut)", p. [5]-65; Lachine, p. [66]-92; "L'Ile à la Fourche (Nicolet)", p. [93]-106; "Le Château Bigot", p. 107-17; vol. 16: L'Acadie française, p. [11]-90; vol. 18: Trois-Rivières d'autrefois, Première série, p. [5]-90; vol. 19: Trois-Rivières d'autrefois, Deuxième série, p. [7]-89; vol. 20: Trois-Rivières d'autrefois, Troisième série, p. [5]-91; vol. 21: Trois-Rivières d'autrefois, Quatrième série, p. [7]-90. Notes bibliogr. en bas de page. Table des mat. et index à la fin de chaque vol.
QQL QQLa QMBN QMBM OOA OOLU OOSJ OOCC OKR OTP; LC

BEAUREPAIRE

GIROUARD, DESIRE-H. Les anciennes côtes du Lac Saint-Louis, avec un tableau complet des anciens et nouveaux propriétaires. Montréal, Poirier, Bessette & Co., 1892. 71p. 21 cm. Brèves notes hist. sur la fondation et la colonisation de La Présentation, p. [5]-7, Lachine, p. 7-8, 25-6, Dorval, p. 9, Beaurepaire, p. 9-10, Pointe-Claire, p. 10-1, 15, Sainte-Anne, p. 16. En append.: "Tableau des anciens et nouveaux propriétaires des côtes du Lac Saint-Louis, d'après le terrier ...", p. 34-47; "Liste des premiers habitants du Lac Saint-Louis/List of the first inhabitants of Lake St. Louis", p. 49-50; "Relevé des registres de Lachine .../Statement from the registers of Lachine ...", p. [51]; "Traiteurs et voyageurs au pays d'en haut .../Fur traders and voyageurs ...", p. [53]-5; "Voyageurs sous le Régime britannique /Voyageurs under the British Crown", p. [59]-71. Table dét. des mat.; pas d'index. /Comprend une partie anglaise intitulée: The old settlement of Lake St. Louis with a list of the old and new proprietors. 37p.
QQA QQLa QMBN OOU BVi; NN

BEDFORD

MISSISQUOI COUNTY HISTORICAL SOCIETY. ... Report of the Missisquoi County Historical Society. With papers & items of local interest ... [S.l., s.éd.] 1906-1913. 5 v.: vol. 1, 61p.; vol. 2, 60p.; vol. 3, 109p.; vol. 4, 79p.; vol. 5, 109p. ill., pl.h.t., carte. 25 cm. Titre varie. Carte: le Lac Champlain en 1748, signée De Lery, vol. 5, p. 28. Comprend de courtes études hist. sur le comté de Missisquoi et des biogr. Vol. 5: la seigneurie de Missisquoi, p. 29-33; la seigneurie de Foucault, p. 33-43; la seigneurie de Noyan, p. 43-5; la seigneurie de Lusignon, p. 31. Notes biogr. en bas de page. Pas d'index.
QQL QQLa QMBN QMBM OOC OTP OLU; NN

NOYES, JOHN P. The Canadian loyalists and early settlers in the district of Bedford. By Jno. P. Noyes ... St. John's [Que.] The News Typ., 1900. 20p. 20 cm. Concerne surtout les établissements loyalistes, mais aussi l'hist. des comtés de Shefford, Missisquoi et Brome des origines à date de publ. Pas d'index. /1906: 2e éd. 30p. 18 cm. /1908: publ. également dans le 3e rapport annuel de la Missisquoi County Historical Society, p. [90]-107.
1900: OONL QMBN QMM QMBM BVaU /1906: QMM; LC /1908: QQL QQLa

BLANC SABLON

JUNEK, OSCAR W. Isolated communities; a study of a Labrador fishing village ... New York [etc.] American Book Co. [1937] xxi, 130, [1] p. front., ill., portr., cartes (1 dépl.), plan. 24 cm. (American sociology ser.). Etude sur Blanc Sablon près de la frontière Terre-Neuve-Labrador avec détails hist. Chap. 1, hist. de la région, p. 1-10. Bibliogr., 1p. à la fin du vol. Table dét. des mat.; pas d'index.
NBSaM OOP OOCC OONDR OKQ OTP OHM OLU MWU SSU; LC NN

BOLTON

THOMAS, CYRUS. Contributions to the history of the Eastern Townships: a work containing an account of the early settlement of St. Armand, Dunham, Sutton, Brome, Potton and Bolton; with a history of the principal events that have transpired in each of these townships up to the present time ... Montreal, J. Lovell, 1866. iv, [9], 376p. 19 cm. Saint-Armand, p. [9]-135; Dunham, p. [136]-73; Sutton, p. [174]-230; Brome, p. [231]-99; Potton, p. [300]-32; Bolton, p. [333]-71. Table

dét. des mat. ; pas d'index.
NSWA QQA QMM OTP MWU BVaU; LC NN

BON-DESIR

TREMBLAY, VICTOR. Bon-Désir par l'abbé Victor Tremblay. Présenté par la Société historique des Bergeronnes, 1944. [Chicoutimi, La Société historique du Saguenay, 1944] 32p. 21 cm. (Publications de la Société historique du Saguenay, no 7). En tête de titre: Un coin de la paroisse des Bergeronnes. Hist. des origines à date de publ. Pas d'index.
QPC QQLa QMBN QMBM OTP

BOURLAMARQUE

BENOIST, EMILE. L'Abitibi, pays de l'or. Montréal, Les Editions du Zodiaque [1938] 198, [2] p. ill., pl.h.t., carte dépl. 19 cm. (Collection du Zodiaque, deuxième). Hist. de l'Abitibi et du Témiscamingue depuis ses origines; hist. de la paroisse Saint-Bernard-de-Sullivan, p. [69]-75; Val d'Or, p. [76]-92; Bourlamarque, p. [93]-101. Table dét. des mat. ; pas d'index.
OONL QRC QQA QQL QQLa QMBN QMM QMU QMBM OOA OOP OOSJ OOTC OKQ OTU OTP; NN

BROME

THOMAS, CYRUS. Contributions to the history of the Eastern Townships: a work containing an account of the early settlement of St. Armand, Dunham, Sutton, Brome, Potton and Bolton; with a history of the principal events that have transpired in each of these townships up to the present time ... Montreal, J. Lovell, 1866. iv, [9], 376p. 19 cm. Saint-Armand, p. [9]-135; Dunham, p. [136]-73; Sutton, p. [174]-230; Brome, p. [231]-99; Potton, p. [300]-32; Bolton, p. [333]-71. Table dét. des mat. ; pas d'index.
NSWA QQA QMM OTP MWU BVaU; LC NN

BROMPTONVILLE

GRAVEL, JOSEPH-A.-A. Sainte-Praxède de Brompton (Bromptonville); cinquante ans de vie paroissiale dans les Cantons de l'Est. Préf. de l'abbé Elie-J. Auclair ... Sherbrooke, Typ. du "Progrès de l'Est", 1921. xii, 90, [1] p. ill., portr. 19 cm. "Liste des fondateurs",

p. 21-3. "Conseils municipaux et commissions scolaires", p. 51-4. Hist. religieuse surtout des origines à date de publ. Table dét. des mat. ; pas d'index.
QQA QQL QMBN QMU QMBM OOA

BUCKINGHAM

ALEXIS DE BARBEZIEUX. Histoire de la province ecclésiastique d'Ottawa et de la colonisation de la vallée de l'Ottawa. Ottawa, La Cie d'Imprimerie d'Ottawa, 1897. 2 v. : xix, 609, [3], ivp. ; 507, xxviii, iip. ill., pl. h. t., portr. 23 cm. "Errata" à la fin des vol. 1 et 2. Liste des paroisses du Québec étudiées, p. viii. Les missions de Québec, 1836-44, p. [184]-220. Nombreux doc. Index des membres du clergé figurant dans l'ouvrage, p. [489]-507.
OONL QQA QQL QMBN QMU QMBM OOA OOP OOC OOSJ OOSU OKQ OTU OTStM OTRM OTP

BURY

CHANNELL, L. S. History of Compton county and sketches of the Eastern Townships, District of St. Francis, and Sherbrooke County. Supplemented with the records of four hundred families ... including biography of the late Hon. John Henry Pope by Hon. C. H. Mackintosh ... Cookshire, L. S. Channell, 1896. 289, [7] p. front. (carte), ill., portr. 31 cm. "Corrections" à la fin du vol. Carte du district électoral de Compton en front. Hist. du district St. Francis de 1692 à 1791, p. [15]-23; hist. des comtés de Buckingham (1791-1829), p. [24]-6, de Sherbrooke (1829-1853), p. [27]-32, de Compton (1853-1896), p. [33]-64, Eaton, incluant la ville de Cookshire et le village de Sawyerville, p. [65]-76; hist. des cantons de Compton, Clifton, Newport, Westbury, Hereford, Bury, Lingwick, Hampden, Winslow, Whitton, Marston, Ditton, Chesham, Emberton, Auckland et Clinton. Nombreuses biogr. avec index. Table des ill.
QQA QQL QQS QMBN QMM QMBM OOA OOP OTP SRL BVaU; LC

CAP A L'AIGLE

SIMMS, FLORENCE M. Etoffe du pays. Lower St. Lawrence sketches ... London, Toronto, The Masson Book Co. [s. d.] [7], 87p. front., ill. 17 cm. Descr. cet ouvrage donne quelques aperçus des us et coutumes des québecois. Pas d'index.
QQLa

CAP DE LA MADELEINE

BRETON, PAUL-E. Cap-de-la-Madeleine, cité mystique de Marie [par] P. -E. Breton ... [Trois-Rivières, Imprimerie Saint-Joseph, 1937] 213p. ill., portr. 24 cm. Errata, p. [210]. Hist. religieuse de 1636 à date de publ. Table dét. des mat., p. 211-3; pas d'index.
QQLa QMBN QMU QMBM OOA OOU OOSU OOSJ OTU OTP; NN

CAMBRAY, J. -A. Bribes d'histoire du Cap-de-la-Madeleine, 1634-1947, par Me J. -A. Cambray ... [S. l., s. éd., 1947] 54p. 16 cm. Généalogie, p. 44-54. Hist. - des origines à date de publ. - présenté sous forme de questions et réponses. Pas d'index.
QQA QQL QMBM OTP BVaU

CAP-DE-LA-MADELEINE. La cité de l'avenir - The city with a future ... [Cap-de-la-Madeleine, s. éd.] 1944. 34p. ill., portr., plan. 28 cm. Plan de la cité, p. 4; tabl. stat., p. 10. Bref aperçu hist. et économique du Cap de 1636 à date de publ., p. 5-8. Table dét. des mat.; pas d'index.
QQA QQL OOA OOG

CAUGHNAWAGA

DEVINE, EDWARD J. Historic Caughnawaga ... Montreal, The Messenger Press, 1922. iv, 443p. ill., pl. h. t., portr., plan, carte dépl. 24 cm. Carte de Caughnawaga de 1667 à 1890. Retrace l'hist. politique et religieuse de 1667 à date de publ. Table des ill., p. [vi].
QQLa QQS OTRM AEU; LC NN

CAUSAPSCAL

BEAUPRE, JEAN-B. -F. Un site enchanteur de la vallée de la Matapédia, Causapscal [par] Lambert Closse [pseud.] Lettre-préface par ... Philippe Cossette et introduction par ... J. -B. Lavoie ... Causapscal [s. éd.] 1928. xix, 184p. front., ill., pl. h. t., portr. 19 cm. Hist. de Saint-Jacques de Causapscal de 1833 à date de publ. Append.: liste des curés, maires, commissaires d'école et des familles, etc., p. 146-79. Bibliogr., p. [180]. Table dét. des mat., p. [181]-4; pas d'index.
OONL NBFU QRS QQL QQS QQLa QMBN QMU QMBM OOA OOP OOU OTP; NN

LAMBERT CLOSSE [pseud.] Un site enchanteur de la vallée de la Matapédia, voir: Beaupré, Jean-B. -F.

CHABOT

REDEMPTORISTES. Album historique et paroissial de Marie-Médiatrice d'Estcourt. Notes hist. des origines à date de publ. sur les cantons: Pohénégamook, Chabot et Estcourt. Quinze ans de la vie paroissiale. Estcourt [1944] 108p. ill., portr., fac-sim., carte. 22 cm. Carte de la région en page-titre. Pas d'index.
QPC QQA

CHAMBLY

ANGUS, ALEXANDER D. Old Quebec, in the days before our day. Edited and published for the family by Louis Carrier. [1ère éd.] Montréal, 1949 [c1946] 232p. front. (portr.), pl., carte. 25 cm. Carte de la vallée du Saint-Laurent. Présente un intérêt particulier au point de vue hist. locale pour la ville de Québec (p. 17-64), Tadoussac (p. 65-71), l'Ile d'Orléans (p. 94-109), Chambly (p. 143-76) et Montréal (p. 216-21). Bibliogr., p. 222-4. /1955: réimpr.
QQL QQLa QMM OTP BVaU; LC

VIGER, JACQUES. Archéologie religieuse du diocèse de Montréal, 1850, par J. Viger ... Montréal, Lovell et Gibson, 1850. 36p. 20 cm. Brèves notes hist. sur les paroisses et missions suivantes: Saint-Cyprien, Saint-Placide, Sainte-Scholastique, Notre-Dame-des-Anges, Sainte-Marie Magdelaine, Chambly, Saint-André, Saint-Edouard, Rouville, Sainte-Mélanie, Saint-Gabriel-de-Brandon, Saint-Mathias, Saint-Vincent de Paul, Saint-Cuthbert. Notes bibliogr. en bas de page. Pas d'index.
QQA QQL QMBN

CHAMBLY-CANTON

AUCLAIRE, ARMAND. Programme-souvenir 1849-1949 Chambly-Canton, 3-4-5 septembre. [Chambly, 1949] [4], 111, [85] p. ill., portr., fac-sim., plans. 26 cm. Texte français et anglais en certaines parties de la brochure. Plan de la bataille de Châteauguay, p. [3]; plan de Chaussegros de Lery pour l'érection d'une ville à Chambly (1721), p. iii; plan militaire de Chambly (1850). Hist. du fort de Chambly, de sa construction à 1856; hist. du canton, du village et de la paroisse de Chambly. Pas d'index.
QQLa QQS

CHARLESBOURG

TRUDELLE, JOSEPH. Charlesbourg. Mélanges historiographiques, aussi, La légende d'un tableau hors-texte ... Québec, Frs-N. Faveur, 1896. viii, 255, [3] p. ill., pl.h.t., portr. 17 cm. Errata, p. [256]. Hist. des origines à date de publ. Introd. de N.-E. Dionne, p. [v]-viii. Nombreux doc. en append., p. 237-46. Bibliogr., p. 247; notes bibliogr. en bas de page. Table dét. des mat.; pas d'index.
QPC QQL QQS QMBN OOA OOSJ OTP; LC NN; BM

CHARNY

HISTORIQUE de Notre-Dame du Perpétuel Secours de Charny, 1903-1928. [Québec, L'Action Sociale Ltée, 1928] [5], 37, [1] p. front., ill., portr. 22 cm. Liste des marguilliers, p. 35; "tableau de la population de 1903-1928", p. 36. Pas d'index.
QQLa

CHATEAU BIGOT

SULTE, BENJAMIN. Mélanges historiques. Etudes éparses et inédites. Compilées, annotées et publiées par Gérard Malchelosse. Montréal, G. Ducharme; Edouard Garand, 1919-1933. 21 v. ill., pl.h.t., plans, cartes. 24 cm. Vol. 1, 162p., front.; vol. 2, 156p.; vol. 3, 148p.; vol. 4, 103p., front., ill., portr.; vol. 5, 126p.; vol. 6, 216p., ill., pl.h.t., plans; vol. 7, 163p.; vol. 8, 144p.; vol. 9, 74p., ill., pl.h.t., plans; vol. 10, 160p., plan; vol. 11, 98p., front., ill.; vol. 12, 109p.; vol. 13, 96p.; vol. 14, 96p.; vol. 15, 130p.; vol. 16, 96p.; vol. 17, 130p.; vol. 18, 96p., plan; vol. 19, 96p., plan; vol. 20, 96p.; vol. 21, 96p. Contient divers articles sur la petite hist. locale et régionale du Québec. Vol. 1: "Québec en 1629-31", p. 27-36; "Beauport vs Québec", p. 37-43; vol. 2: Trois-Rivières, p. 73-83; vol. 3: "Trois-Rivières", p. 93-113; "Cap-Rouge", p. 123-33; vol. 5: "Verdun", p. 52-7; vol. 6: Les forges du Saint-Maurice, p. [9]-195; vol. 9: Le fort de Chambly, p. [7]-58; vol. 10: "Rivière-du-Loup (en haut)", p. [5]-65; Lachine, p. [66]-92; "L'Ile à la Fourche (Nicolet)", p. [93]-106; "Le Château Bigot", p. 107-17; vol. 16: L'Acadie française, p. [11]-90; vol. 18: Trois-Rivières d'autrefois, Première série, p. [5]-90; vol. 19: Trois-Rivières d'autrefois, Deuxième série, p. [7]-89; vol. 20: Trois-Rivières d'autrefois, Troisième série, p. [5]-91; vol. 21: Trois-Rivières d'autrefois, Quatrième série, p. [7]-90. Notes bibliogr. en bas de page. Table des mat. et index à la fin de chaque vol.

QQL QQLa QMBN QMBM OOA OOLU OOSJ OOCC OKR OTP; LC

CHATEAUGUAY

AUCLAIR, ELIE-J. Histoire de Châteauguay, 1735-1935, par l'abbé Elie-J. Auclair. Montréal, Beauchemin, 1935. 14, 239, [7] p. ill., carte. 26 cm. Plan de Châteauguay en 1935. Page d'errata. Pas d'index. QQL QQLa QMBN QMM QMU QMBM OOA OOP OOU OOSJ OKQ OTP; NN

CHATHAM

THOMAS, CYRUS. History of the counties of Argenteuil, Que., and Prescott, Ont., from the earliest settlement to the present, by C. Thomas ... Montreal, John Lovell, 1896. viii, 665p. ill., pl.h.t., tabl. 25 cm. Errata, p. iii. Hist. du comté d'Argenteuil, des origines à date de publ., p. [34]-460 et part. de St. Andrew, Lachute, Grenville, Harrington, Wentworth, Core, Mille Iles, Morin, Arundel, Montcalm. Les biogr. sont surtout celles des contributeurs de l'ouvrage. Pas d'index. OONL QQA QQL QQS QMBM OOAg OTP OL

CHESHAM

CHANNELL, L.S. History of Compton county and sketches of the Eastern Townships, District of St. Francis, and Sherbrooke County. Supplemented with the records of four hundred families ... including biography of the late Hon. John Henry Pope by Hon. C.H. Mackintosh ... Cookshire, L. S. Channell, 1896. 289, [7] p. front. (carte), ill., portr. 31 cm. "Corrections" à la fin du vol. Carte du district électoral de Compton en front. Hist. du district St. Francis de 1692 à 1791, p. [15]-23; hist. des comtés de Buckingham (1791-1829), p. [24]-6, de Sherbrooke (1829-1853), p. [27]-32, de Compton (1853-1896), p. [33]-64, Eaton, incluant la ville de Cookshire et le village de Sawyerville, p. [65]-76; hist. des cantons de Compton, Clifton, Newport, Westbury, Hereford, Bury, Lingwick, Hampden, Winslow, Whitton, Marston, Ditton, Chesham, Emberton, Auckland et Clinton. Nombreuses biogr. avec index. Table des ill. QQA QQL QQS QMBN QMM QMBM OOA OOP OTP SRL BVaU; LC

CHICOUTIMI

BUIES, ARTHUR. Le Saguenay et le bassin du Lac Saint-Jean. Ouvrage hist. et descr. 3e éd. Québec, Léger Brousseau, 1896. 420p. front., ill., pl.h.t. 23 cm. Errata corrigés. Hist. et descr. de Tadoussac,

p. [59]-81; de Chicoutimi, p. [141]-69; de Saint-Dominique de Jonquière, p. [171]-88; du canton Labarre, p. [189]-208; du Lac Saint-Jean, p. [209]-38; des cantons Normandin et Albanel, p. [238]-91; des Laurentides, p. [293]-362; du Saint-Maurice, p. [377]-403. Table dét. des mat.; pas d'index. /1880: 1ère éd. sous le titre: Le Saguenay et la vallée du Lac Saint-Jean; études historique, géographique, industrielle et agricole ... Québec, A. Côté. xvi, 342p. En tête de titre: Emparons-nous du sol. Errata, p. 341-2.
1880: OONL QPC QQA QMM QMU QMBM OOA OOCC OOU OKQ OTU OTY; LC NN; BM /1896: QRS QPC QQA QQLa OOP OOSJ BVaU; LC

CANADA. MINISTERE DE L'AGRICULTURE. Le Saguenay et le Lac Saint-Jean. Ressources et avantages qu'ils offrent aux colons et aux capitalistes ... Ottawa, Département de l'Agriculture, 1879. 54p. 22 cm. Hist. de l'origine des paroisses et cantons de la région: Chicoutimi, Grand Brûlé, Hébertville, Labarre, Normandin, Racine. Pas d'index.
QQL; LC

CHICOUTIMI la reine du Nord. Album publié à l'occasion de la visite de la Fédération des Chambres de Commerce de la province de Québec, les 25, 26 et 27 août 1913. [Chicoutimi, Le Syndicat des Imprimeurs du Saguenay, 1913] 48p. ill., portr. 34 cm. Hist. politique, économique et religieuse de Chicoutimi et de la région du Saguenay, des origines à date de publ. Listes de députés fédéraux et provinciaux depuis 1867, p. 13-4; voies de communications, p. 19-29; journaux et revues publiés dans la région, p. 48. Bibliogr., p. 48. Pas d'index.
QQA QQLa QCSHS

HISTORIQUE du Saguenay. Souvenir de l'excursion de la presse d'Ontario et de Québec à Chicoutimi, au Grand Brûlé et à St-Alphonse, le 9 août 1883 par un comité de collaborateurs. Québec, Léger Brousseau, 1883. 21p. 15 cm. Rappel de l'hist. de la région du Saguenay des origines à 1828, p. [5]-8 et de la ville de Chicoutimi, p. 17-21. Pas d'index.
QQLa QQS

LAURE, PIERRE. Mission du Saguenay; relation inédite du R.P. Pierre Laure, s.j., 1720 à 1730, précédée de quelques notes biographiques sur ce missionnaire, par le P. Arthur E. Jones, s.j. Montréal, Archives du Collège Ste-Marie, 1889. [3], 72, ii, [1] p. 22 cm. (Documents rares ou inédits, 1). Texte daté du 13 mars 1730. "Errata" à la fin du vol. Contribution directe à l'hist. des origines du Saguenay.

Table dét. des mat. ; pas d'index.
QQA QMBN QMBM OOA OTP OTRM AEU; LC NN

LECLAIRE, ALPHONSE. Le Saint-Laurent historique, légendaire et topographique de Montréal à Cacouna et à Chicoutimi sur le Saguenay ... Ouvrage illustré de 240 gravures et de 17 cartes du fleuve indiquant les contours des rives, leur hauteur, l'endroit exact des églises, villes et villages qui le bordent ... [Montréal, Cie de Publications commerciales, 1906] 254, [4] p. ill., pl., portr., cartes. 25 cm. Descr. et hist. des origines à date de publ. Liste des cartes, p. 256. Table dét. des mat. ; pas d'index. /1906: trad. anglaise: Historical, legendary and topographical guide along the Saint Lawrence from Montreal, Sir Joshua Reynolds. 248p. /1921: 2e éd. augm. Montréal, L'auteur. 304p. Table alphabétique, p. 302-4.
Ed. française: QQA QQL QSherU QMBN QMU QMBM OOU OOSJ OTRM BVaU; LC NN; BM /Ed. anglaise: QQL QMBM OOA OOP OOSJ OKQ OSuL AEU BVaU

[PILOTE, FRANCOIS] Le Saguenay en 1851; histoire du passé, du présent et de l'avenir probable du Haut-Saguenay ... Québec, Impr. Augustin Côté, 1852. 147, v, [1] p. carte dépl. 18 cm. Errata à la fin du vol. Hist. de la région du Saguenay-Lac Saint-Jean avec accent sur les origines de Tadoussac, p. 6-17; l'hist., au 19e s., de Chicoutimi (p. 31-6, 67-70) et de Grande Baie (p. 70-5). Table dét. des mat. ; pas d'index.
QPC QQL QQLa QQS OTP BVaU; NN

CHOMEDEY

FROMENT, JOSEPH-E.-A. Notice historique sur l'Abord à Plouffe, par l'abbé J.-Ad. Froment ... [Préf. de Alph. de Grandpré] [Joliette, Typ. l'Action populaire, 1920] [8], 76, [3] p. ill., portr. 21 cm. Hist. de la paroisse des débuts à date de publ. de l'ouvrage. Liste des curés, maires, échevins de la paroisse, p. 57-66. Table dét. des mat., p. [79]; pas d'index.
QPC QQA QQLa QMBN QMU QMBM OOA OOU

CLIFTON, CLINTON et COMPTON

CHANNELL, L.S. History of Compton county and sketches of the Eastern Townships, District of St. Francis, and Sherbrooke County. Supplemented with the records of four hundred families ... including biography of the late Hon. John Henry Pope by Hon. C.H. Mackintosh ... Cookshire, L.

S. Channell, 1896. 289, [7] p. front. (carte), ill., portr. 31 cm. "Corrections" à la fin du vol. Carte du district électoral de Compton en front. Hist. du district St. Francis de 1692 à 1791, p. [15]-23; hist. des comtés de Buckingham (1791-1829), p. [24]-6, de Sherbrooke (1829-1853), p. [27]-32, de Compton (1853-1896), p. [33]-64, Eaton, incluant la ville de Cookshire et le village de Sawyerville, p. [65]-76; hist. des cantons de Compton, Clifton, Newport, Westbury, Hereford, Bury, Lingwick, Hampden, Winslow, Whitton, Marston, Ditton, Chesham, Emberton, Auckland et Clinton. Nombreuses biogr. avec index. Table des ill.
QQA QQL QQS QMBN QMM QMBM OOA OOP OTP SRL BVaU; LC

NORTH AMERICAN COLONIAL ASSOCIATION OF IRELAND. Colonization of the country of Beauharnois ... including lands reserved for villages and towns, numerous houses, farm-buildings, mills, and choice farming stock, etc., etc., with two descriptive maps. London, Smith, Elder and Co., 1840. 47p. cartes dépl. 21 cm. Rédigé par James Dewar. Origine de l'hist. de la seigneurie de Beauharnois et du canton de Clifton. Pas d'index.
QQL

COATICOOK

GRAVEL, JOSEPH-A.-A. Histoire de Coaticook. Préf. de l'abbé Elie-J. Auclair ... Sherbrooke, Typ. de "La Tribune", 1925. 222, [2] p. ill., portr., carte. 24 cm. Carte: "Les régions de Sherbrooke et de Coaticook", p. [23]. Hist. économique, sociale et religieuse des origines à date de publ. Notes bibliogr. en bas de page. Table dét. des mat.; pas d'index.
QQA QQLa QSherU QMBN QMM QMBM OOA OTP; NN

LA TRIBUNE, Sherbrooke. Les romantiques Cantons de l'Est. Cahier d'Histoire, no 1- Sherbrooke, La Tribune, 1943- ill., portr., carte dépl. 42 cm. No 1, 204p.; no 2, 192p. Carte (vol. 1): "Romantic & Historic Map of the Lake Region of the Eastern Townships Quebec to 1867". Hist. religieuse et civile des Cantons de l'Est, part. de Sherbrooke, Lennoxville, Granby, Victoriaville, Thetford Mines, Coaticook, Magog, Plessisville ainsi que de nombreuses paroisses. Voir table des mat., 1943, p. 204 et 1945, p. 191. Table dét. des mat.; pas d'index.
QQA QQL QMBM OOA

CONTRECOEUR

AUDET, FRANCIS-J. Contrecoeur. Famille, seigneurie, paroisse, village, par Francis-J. Audet ... Montréal, G. Ducharme, 1940. 276p. front., ill., portr., plan, carte. 23 cm. Hist. de la seigneurie de Contrecoeur, p. [11]-77; hist. politique, p. [153]-201; hist. militaire, industrielle et commerciale, p. [203]-31. Liste des maires, conseillers et secrétaires-trésoriers de Contrecoeur; liste des présidents et secrétaires-trésoriers de la municipalité scolaire. Notes bibliogr. en bas de page. Table des ill., p. [275]-6.
QPC QQL QQLa QMBN QMM QMU QMBM OOA OOP OOU OKQ OTU OTP OLU BVaU; LC NN

COOKSHIRE

CHANNELL, L.S. History of Compton county and sketches of the Eastern Townships, District of St. Francis, and Sherbrooke County. Supplemented with the records of four hundred families ... including biography of the late Hon. John Henry Pope by Hon. C.H. Mackintosh ... Cookshire, L. S. Channell, 1896. 289, [7] p. front. (carte), ill., portr. 31 cm. "Corrections" à la fin du vol. Carte du district électoral de Compton en front. Hist. du district St. Francis de 1692 à 1791, p. [15]-23; hist. des comtés de Buckingham (1791-1829), p. [24]-6, de Sherbrooke (1829-1853), p. [27]-32, de Compton (1853-1896), p. [33]-64, Eaton, incluant la ville de Cookshire et le village de Sawyerville, p. [65]-76; hist. des cantons de Compton, Clifton, Newport, Westbury, Hereford, Bury, Lingwick, Hampden, Winslow, Whitton, Marston, Ditton, Chesham, Emberton, Auckland et Clinton. Nombreuses biogr. avec index. Table des ill.
QQA QQL QQS QMBN QMM QMBM OOA OOP OTP SRL BVaU; LC

CORE

THOMAS, CYRUS. History of the counties of Argenteuil, Que., and Prescott, Ont., from the earliest settlement to the present, by C. Thomas ... Montreal, John Lovell, 1896. viii, 665p. ill., pl.h.t., tabl. 25 cm. Errata, p. iii. Hist. du comté d'Argenteuil, des origines à date de publ., p. [34]-460 et part. de St. Andrew, Lachute, Grenville, Harrington, Wentworth, Core, Mille Iles, Morin, Arundel, Montcalm. Les biogr. sont surtout celles des contributeurs de l'ouvrage. Pas d'index.
OONL QQA QQL QQS QMBM OOAg OTP OL

DE SALES

TREMBLAY, NEREE. Monographie de la paroisse de Saint-Hilarion. Québec, Charrier & Dugal, 1948. xv, 257, [2] p. ill., plan. 20 cm. Lettre-préface du Père Benoît Mailloux, p. ix-x. "Plan de la paroisse", p. 2. Consacrée surtout à l'hist. religieuse des origines à date de publ., l'étude traite des écoles et raconte certains faits divers. Doc.: La population depuis 1851, p. [208]; ancêtres, p. [226]-38. "Table des noms cités", p. [239]-47; "Table analytique des matières", p. [248]-57.
QQL QQLa QCSHS QMBM OOA; NN

DESCHENES

GARD, ANSON A. Pioneers of the Upper Ottawa and the humors of the valley. South Hull and Aylmer edition, by Anson A. Gard ... Ottawa, The Emerson Press [1907] [49, 78, 107, 84] p. ill., pl.h.t., portr. 24 cm. Pag. irrégulière. Hist. civile et religieuse des origines à date de publ.: Partie I, South Hull; Partie II, Aylmer, 1830-1904; Partie III, The humors of the valley; Partie IV, Généalogies, p. 1-80. Pas d'index.
QQA QMBN OOA OOP OOC OKQ OTP

DITTON

CHANNELL, L.S. History of Compton county and sketches of the Eastern Townships, District of St. Francis, and Sherbrooke County. Supplemented with the records of four hundred families ... including biography of the late Hon. John Henry Pope by Hon. C.H. Mackintosh ... Cookshire, L. S. Channell, 1896. 289, [7] p. front. (carte), ill., portr. 31 cm. "Corrections" à la fin du vol. Carte du district électoral de Compton en front. Hist. du district St. Francis de 1692 à 1791, p. [15]-23; hist. des comtés de Buckingham (1791-1829), p. [24]-6, de Sherbrooke (1829-1853), p. [27]-32, de Compton (1853-1896), p. [33]-64, Eaton, incluant la ville de Cookshire et le village de Sawyerville, p. [65]-76; hist. des cantons de Compton, Clifton, Newport, Westbury, Hereford, Bury, Lingwick, Hampden, Winslow, Whitton, Marston, Ditton, Chesham, Emberton, Auckland et Clinton. Nombreuses biogr. avec index. Table des ill.
QQA QQL QQS QMBN QMM QMBM OOA OOP OTP SRL BVaU; LC

DORVAL

GIROUARD, DESIRE-H. Les anciennes côtes du Lac Saint-Louis, avec un tableau complet des anciens et nouveaux propriétaires. Montréal,

Poirier, Bessette & Co., 1892. 71p. 21 cm. Brèves notes hist. sur la fondation et la colonisation de La Présentation, p. [5]-7, Lachine, p. 7-8, 25-6, Dorval, p. 9, Beaurepaire, p. 9-10, Pointe-Claire, p. 10-1, 15, Sainte-Anne, p. 16. En append. : "Tableau des anciens et nouveaux propriétaires des côtes du Lac Saint-Louis, d'après le terrier ...", p. 34-47; "Liste des premiers habitants du Lac Saint-Louis/List of the first inhabitants of Lake St. Louis", p. 49-50; "Relevé des registres de Lachine .../Statement from the registers of Lachine ...", p. [51]; "Traiteurs et voyageurs au pays d'en haut .../Fur traders and voyageurs ...", p. [53]-5; "Voyageurs sous le Régime britannique /Voyageurs under the British Crown", p. [59]-71. Table dét. des mat. ; pas d'index. /Comprend une partie anglaise intitulée: The old settlement of Lake St. Louis with a list of the old and new proprietors. 37p.
QQA QQLa QMBN OOU BVi; NN

DRUMMONDVILLE

ST-AMANT, JOSEPH-C. L'Avenir, townships de Durham et de Wickham. Notes historiques et traditionnelles avec Précis historiques des autres townships du comté de Drummond ... Première édition. Arthabaskaville, Impr. "L'Echo des Bois-Francs", 1896. iii, [5], 433p. ill., pl., portr., carte dépl. 20 cm. Préface de Benjamin Sulte, p. i-iii. Hist. générale du comté de Drummond des origines à date de publ. avec accent sur: Drummondville, p. 9-384, les cantons de Durham (p. [105] -19) et de Wickham (p. [120]-30), les paroisses Saint-Cyrille de Wendower (p. [363]-76), Saint-Germain de Grantham (p. 407-15) et Saint-Jean l'Evangéliste de Wickham (p. 415-20); les cantons Kingsey (p. 376 -83), Kingsey Falls (p. 383) et Grantham (p. 384-402), la municipalité South-Durham (p. 402-6). Table dét. des mat. ; pas d'index. /1932: Un coin des Cantons de l'Est. Histoire de l'envahissement pacifique mais irrésistible d'une race. Drummondville, "La Parole". [9], 534, [2] p. "Errata", p. [535].
1896: QQL QQLa QMBN QMU QMBM OOA OORD OOSU OOSJ OTP; LC /1932: OONL QQL QQLa QSherU QMBN QMU QMG QMBM OOA OORD OOSJ OKQ OTP OLU BVaU; NN

ST-AMANT, JOSEPH-C. Un coin des Cantons de l'Est, voir: L'Avenir, townships de Durham et de Wickham.

DUCHESNAY

POTVIN, DAMASE. Fossembault. Publié à l'occasion du 10e anniversaire

de la ville du Lac Saint-Joseph. Québec, 1946. 144p. ill., portr., cartes. 25 cm. Cartes: le Fort Jacques-Cartier, p. 99; carte du Lac Saint-Joseph, p. 144. Ouvrage descr. concernant le Lac Saint-Joseph, Valcartier, Sainte-Catherine, Duchesnay, Lac Sergent, Lac des Sept Iles. Hist. du chemin à lisses "Quebec & Gosford Wooden Ry", p. 41-7. "Notes diverses sur le comté de Portneuf", par Clément-T. Dussault, p. 81-112.
QQA QQL QMBM OOA OTP; NN

DUNHAM

FORDYCE WOMEN'S INSTITUTE. History of Fordyce, Que. [S.l., s.d.] iv, 119p. 27 cm. Notes hist. et généalogiques sur le canton Dunham des origines à date de publ. Pas d'index.
QCSHS

MILLMAN, THOMAS R. A short history of the parish of Dunham, Quebec, by Thomas R. Millman ... [Granby] Granby Printing and Publishing Co., 1946. 3, 66p. ill., pl.h.t., portr. 24 cm. De 1796 à date de publ. Sources, p. 66. Accent sur l'hist. religieuse (Trinity Church). Table des ill.; pas d'index.
QQLa QMBM OOA OTP

MISSISQUOI COUNTY HISTORICAL SOCIETY. ... Report of the Missisquoi County Historical Society. With papers & items of local interest ... [S.l., s.éd.] 1906-1913. 5 v.: vol. 1, 61p.; vol. 2, 60p.; vol. 3, 109p.; vol. 4, 79p.; vol. 5, 109p. ill., pl.h.t., carte. 25 cm. Titre varie. Carte: le Lac Champlain en 1748, signée De Lery, vol. 5, p. 28. Comprend de courtes études hist. sur le comté de Missisquoi et des biogr. Vol. 5: la seigneurie de Missisquoi, p. 29-33; la seigneurie de Foucault, p. 33-43; la seigneurie de Noyan, p. 43-5; la seigneurie de Lusignon, p. 31. Notes biogr. en bas de page. Pas d'index.
QQL QQLa QMBN QMBM OOC OTP OLU; NN

THOMAS, CYRUS. Contributions to the history of the Eastern Townships: a work containing an account of the early settlement of St. Armand, Dunham, Sutton, Brome, Potton and Bolton; with a history of the principal events that have transpired in each of these townships up to the present time ... Montreal, J. Lovell, 1866. iv, [9], 376p. 19 cm. Saint-Armand, p. [9]-135; Dunham, p. [136]-73; Sutton, p. [174]-230; Brome, p. [231]-99; Potton, p. [300]-32; Bolton, p. [333]-71. Table dét. des mat.; pas d'index.
NSWA QQA QMM OTP MWU BVaU; LC NN

DURHAM

ST-AMANT, JOSEPH-C. L'Avenir, townships de Durham et de Wickham. Notes historiques et traditionnelles avec Précis historiques des autres townships du comté de Drummond ... Première édition. Arthabaskaville, Impr. "L'Echo des Bois-Francs", 1896. iii, [5], 433p. ill., pl., portr., carte dépl. 20 cm. Préface de Benjamin Sulte, p. i-iii. Hist. générale du comté de Drummond des origines à date de publ. avec accent sur: Drummondville, p. 9-384, les cantons de Durham (p. [105] -19) et de Wickham (p. [120]-30), les paroisses Saint-Cyrille de Wendower (p. [363]-76), Saint-Germain de Grantham (p. 407-15) et Saint-Jean l'Evangéliste de Wickham (p. 415-20); les cantons Kingsey (p. 376 -83), Kingsey Falls (p. 383) et Grantham (p. 384-402), la municipalité South-Durham (p. 402-6). Table dét. des mat.; pas d'index. /1932: Un coin des Cantons de l'Est. Histoire de l'envahissement pacifique mais irrésistible d'une race. Drummondville, "La Parole". [9], 534, [2] p. "Errata", p. [535].
1896: QQL QQLa QMBN QMU QMBM OOA OORD OOSU OOSJ OTP; LC
/1932: OONL QQL QQLa QSherU QMBN QMU QMG QMBM OOA OORD OOSJ OKQ OTP OLU BVaU; NN

EAST ANGUS

NOTES historiques sur East Angus. Description de l'église et compte rendu des fêtes civiles et religieuses. Québec [s. éd.] 1924. [3], 36p. ill., portr. 20 cm. Bref aperçu hist. de 1884 à date de publ. Pas d'index.
QQLa

EATON

CHANNELL, L. S. History of Compton county and sketches of the Eastern Townships, District of St. Francis, and Sherbrooke County. Supplemented with the records of four hundred families ... including biography of the late Hon. John Henry Pope by Hon. C.H. Mackintosh ... Cookshire, L. S. Channell, 1896. 289, [7] p. front. (carte), ill., portr. 31 cm. "Corrections" à la fin du vol. Carte du district électoral de Compton en front. Hist. du district St. Francis de 1692 à 1791, p. [15]-23; hist. des comtés de Buckingham (1791-1829), p. [24]-6, de Sherbrooke (1829-1853), p. [27]-32, de Compton (1853-1896), p. [33]-64, Eaton, incluant la ville de Cookshire et le village de Sawyerville, p. [65]-76; hist. des cantons de Compton, Clifton, Newport, Westbury, Hereford, Bury, Lingwick, Hamp-

den, Winslow, Whitton, Marston, Ditton, Chesham, Emberton, Auckland et Clinton. Nombreuses biogr. avec index. Table des ill.
QQA QQL QQS QMBN QMM QMBM OOA OOP OTP SRL BVaU; LC

LEBOURVEAU, C.S. A history of Eaton ... Being an historical account of the first settlement of the township of Eaton, at that time situated in the county of Buckingham, in the district of Three Rivers, province of Lower Canada. [S.l., s. éd., 1894] 33p. front. (portr.). 22 cm. Note d'errata en page de garde. Hist. de la colonisation du canton Eaton des origines à date de publ. ; contient plusieurs réf. à la généalogie. /1965: Sherbrooke, Page-Saugster Co. (Réimpr. anastatique).
NSWA QQL QQLa QSherU OTY

EMBERTON

CHANNEL, L.S. History of Compton county and sketches of the Eastern Townships, District of St. Francis, and Sherbrooke County. Supplemented with the records of four hundred families ... including biography of the late Hon. John Henry Pope by Hon. C.H. Mackintosh ... Cookshire, L. S. Channell, 1896. 289, [7] p. front. (carte), ill., portr. 31 cm. "Corrections" à la fin du vol. Carte du district électoral de Compton en front. Hist. du district St. Francis de 1692 à 1791, p. [15]-23; hist. des comtés de Buckingham (1791-1829), p. [24]-6, de Sherbrooke (1829-1853), p. [27]-32, de Compton (1853-1896), p. [33]-64, Eaton, incluant la ville de Cookshire et le village de Sawyerville, p. [65]-76; hist. des cantons de Compton, Clifton, Newport, Westbury, Hereford, Bury, Lingwick, Hampden, Winslow, Whitton, Marston, Ditton, Chesham, Emberton, Auckland et Clinton. Nombreuses biogr. avec index. Table des ill.
QQA QQL QQS QMBN QMM QMBM OOA OOP OTP SRL BVaU; LC

ESCOUMINS

BELANGER, RENE. Les Escoumins. Chicoutimi, Société historique du Saguenay, 1946. 58p. ill., portr., carte. 22 cm. (Publications de la Société historique du Saguenay, no 10). Hist. des origines à date de publ. Pas d'index.
QPC QQL QQLa QCSHS QMBN QMBM OOP OOSJ OTU OTP; NN

ESTCOURT

REDEMPTORISTES. Album historique et paroissial de Marie-Médiatrice d'Estcourt. Notes hist. des origines à date de publ. sur les cantons:

Pohénégamook, Chabot et Estcourt. Quinze ans de la vie paroissiale. Estcourt [1944] 108p. ill., portr., fac-sim., carte. 22 cm. Carte de la région en page-titre. Pas d'index.
QPC QQA

FARNHAM

MISSISQUOI COUNTY HISTORICAL SOCIETY. ... Report of the Missisquoi County Historical Society. With papers & items of local interest ... [S.l., s.éd.] 1906-1913. 5 v.: vol. 1, 61p.; vol. 2, 60p.; vol. 3, 109p.; vol. 4, 79p.; vol. 5, 109p. ill., pl.h.t., carte. 25 cm. Titre varie. Carte: le Lac Champlain en 1748, signée De Lery, vol. 5, p. 28. Comprend de courtes études hist. sur le comté de Missisquoi et des biogr. Vol. 5: la seigneurie de Missisquoi, p. 29-33; la seigneurie de Foucault, p. 33-43; la seigneurie de Noyan, p. 43-5; la seigneurie de Saint-Armand, p. 48-51; la seigneurie de Lusignon, p. 31. Notes biogr. en bas de page. Pas d'index.
QQL QQLa QMBN QMBM OOC OTP OLU; NN

FORDYCE

FORDYCE WOMEN'S INSTITUTE. History of Fordyce, Que. [S.l.,n.d.] iv, 119p. 27 cm. Notes hist. et généalogiques sur le canton Dunham des origines à date de publ. Pas d'index.
QCSHS

FOSSAMBAULT-SUR-LE-LAC

POTVIN, DAMASE. Fossembault. Publié à l'occasion du 10e anniversaire de la ville du Lac Saint-Joseph. Québec, 1946. 144p. ill., portr., cartes. 25 cm. Cartes: le Fort Jacques-Cartier, p. 99; carte du Lac Saint-Joseph, p. 144. Ouvrage descr. concernant le Lac Saint-Joseph, Valcartier, Sainte-Catherine, Duchesnay, Lac Sergent, Lac des Sept Iles. Hist. du chemin à lisses "Quebec & Gosford Wooden Ry", p. 41-7. "Notes diverses sur le comté de Portneuf", par Clément-T. Dussault, p. 81-112.
QQA QQL QMBM OOA OTP; NN

FROST

THOMAS, CYRUS. The history of Shefford; civil, ecclesiastical, biographical and statistical, by C. Thomas. Montreal, Lovell, 1877. [5], 152p. front. (portr.), portr. 19 cm. Hist. des origines à date de publ. de

Shefford, du village Frost, p. [20]-34; de Waterloo, p. [35]-126; du village Warden, p. [127]-8. Liste des membres des conseils de comtés, 1855-1876, p. 133-43. Annonces commerciales, p. 145-52. Pas d'index.
NSWA QQA QMM QMBM OOA OONDR OTP; NN

GASPE

POULIOT, JOSEPH-C. Glanures gaspésiennes, voir: La grande aventure de Jacques Cartier.

POULIOT, JOSEPH-C. La grande aventure de Jacques Cartier. Epave bi-centenaire découverte au Cap des Rosiers en 1908. Québec, 1934. iii, 328p. ill., pl.h.t., portr., fac-sim., cartes dépl. 23 cm. Lettre-préface de Mgr Camille Roy. En tête de titre de la page-couverture: Glanures gaspésiennes, par J.-Camille Pouliot ... Contient les relations de 1534 et de 1535-36 de Jacques Cartier, puis, en cinquième partie, des notes hist. des origines à date de publ. sur Gaspé et Percé, p. 230-72 et sur les Iles de la Madeleine, p. [277]-319. Nombreux doc. Table des ill., p. [325]-8; table dét. des mat., p. [321]-4; pas d'index.
NBSM QGS QPC QQL QQLa QMBN QMU QMBM QSherU OORD OOC OOU OOSU OKQ OTRM; NN

SHARPLES, ALICE. Ports of pine; Labrador - Newfoundland - Gaspé. With a foreword by Sir Wilfred Grenfell ... [Montreal] Clarke Steamship Co. [1929] 89, 121p. ill. (coul.). 22 cm. Descr. surtout, mais comportant des notes hist. des origines à date de publ. sur le port Harrington, Havre Saint-Pierre, La Malbaie. Pas d'index.
NBFL BVa; LC NN

GEORGEVILLE

BULLOCK, WILLIAM B. Beautiful waters devoted to the Memphremagog region in history, legend, anecdote, folklore, poetry, drama; compiled and printed by William Bryant Bullock. [2e éd.] Newport, Vermont, Memphremagog Press, 1926. [16]-239, [3] p. ill., pl.h.t., carte. 20 cm. Rappels hist. des origines à date de publ. Table dét. des mat.; pas d'index. /1926: 208p. front., ill. (incl. carte), pl.h.t. Autre tirage.
QQLa QMBM; LC

[SCOTT, R.B.Y.] Georgeville, Quebec, 1747-1947. A sketch of an Eastern Townships village through 150 years. [Georgeville] George-

ville Community Association, 1947. 15p. 17 cm. Survol de l'hist. du village de Georgeville depuis les premiers établissements. Pas d'index.
QQLa

GRANBY

LA TRIBUNE, Sherbrooke. Les romantiques Cantons de l'Est. Cahier d'Histoire, no 1- Sherbrooke, La Tribune, 1943- ill., portr., carte dépl. 42 cm. No 1, 204p.; no 2, 192p. Carte (vol. 1): "Romantic & Historic Map of the Lake Region of the Eastern Townships Quebec to 1867". Hist. religieuse et civile des origines à date de publ. des Cantons de l'Est, part. de Sherbrooke, Lennoxville, Granby, Victoriaville, Thetford Mines, Coaticook, Magog, Plessisville ainsi que de nombreuses paroisses. Voir table des mat., 1943, p. 204 et 1945, p. 191. Table dét. des mat.; pas d'index.
QQA QQL QMBM OOA

GRAND BRULE

CANADA. MINISTERE DE L'AGRICULTURE. Le Saguenay et le Lac Saint-Jean. Ressources et avantages qu'ils offrent aux colons et aux capitalistes ... Ottawa, Département de l'Agriculture, 1879. 54p. 22 cm. Hist. de l'origine des paroisses et cantons de la région: Chicoutimi, Grand Brûlé, Hébertville, Labarre, Normandin, Racine. Pas d'index.
QQL; LC

GRAND LAC VICTORIA

CARON, IVANHOE. Au Grand Lac Victoria [par] l'abbé Ivanhoe Caron ... Etude historique et topographique. Québec [s. éd.] 1913. 23p. ill., pl.h.t. 25 cm. Hist. des origines à date de publ., p. 4-11. Notes bibliogr. en bas de page. Pas d'index.
QQA QMBN QMBM OOSJ OTP

GRAND'MERE

CARON, NAPOLEON. Deux voyages sur le Saint-Maurice par M. l'abbé N. Caron. Trois-Rivières, P.-V. Ayotte [1890] vi, 319, [2] p. 25 cm. "Rectification", p. [320]. Relations de voyages avec notes hist. sur certaines paroisses comme La Tuque, p. 53-66; Grand'Mère, p. 101-10; hist. des Forges Saint-Maurice, p. 246-74. Table dét. des

mat. ; pas d'index.
QPC QQA QQL QQLa QMU QMBM OOA OOP OTP BVaU; NN; BM

DESILETS, AUGUSTE. La Grand'Mère, première partie. Trois-Rivières, Les Ed. du "Bien Public", 1933. 64p. ill., portr. 22 cm. (Pages trifluviennes, Série A, No 10). Survol hist. des origines à date de publ. Pas d'index.
NSHP QQA QQLa QMBM OOA OOSJ OKQ; NN

GRANDE-BAIE

[PILOTE, FRANCOIS] Le Saguenay en 1851; histoire du passé, du présent et de l'avenir probable du Haut-Saguenay ... Québec, Impr. Augustin Côté, 1852. 147, v, [1] p. carte dépl. 18 cm. Errata à la fin du vol. Hist. de la région du Saguenay-Lac Saint-Jean avec accent sur les origines de Tadoussac, p. 6-17; l'hist., au 19e s., de Chicoutimi (p. 31-6, 67-70) et de Grande-Baie (p. 70-5). Table dét. des mat. ; pas d'index.
QPC QQL QQS QQLa OTP BVaU; NN

GRANDE RIVIERE

PYE, THOMAS. Canadian scenery: district of Gaspé ... Beautifully illustrated with tinted lithographs, from photographs by the author. Montreal, John Lovell, 1866. xii, 55p. ill., pl. h. t. (coul.), carte. 26x34 cm. Descr. surtout avec notes hist., des origines à date de publ., sur les localités de la Gaspésie et du Nouveau-Brunswick. Pas d'index.
NBSM NBSaM QQL QMBN QMM QMBM OOA OOP OTP OH OLU; LC NN; BM

GRANTHAM

ST-AMANT, JOSEPH-C. L'Avenir, townships de Durham et de Wickham. Notes historiques et traditionnelles avec Précis historiques des autres townships du comté de Drummond ... Première édition. Arthabaskaville, Impr. "L'Echo des Bois-Francs", 1896. iii, [5], 433p. ill., pl., portr., carte dépl. 20 cm. Préface de Benjamin Sulte, p. i-iii. Hist. générale du comté de Drummond des origines à date de publ. avec accent sur: Drummondville, p. 9-384, les cantons de Durham (p. [105] -19) et de Wickham (p. [120]-30), les paroisses Saint-Cyrille de Wendower (p. [363]-76), Saint-Germain de Grantham (p. 407-15) et Saint-Jean l'Evangéliste de Wickham (p. 415-20); les cantons Kingsey (p. 376

-83), Kingsey Falls (p. 383) et Grantham (p. 384-402), la municipalité South-Durham (p. 402-6). Table dét. des mat.; pas d'index. /1932: Un coin des Cantons de l'Est. Histoire de l'envahissement pacifique mais irrésistible d'une race. Drummondville, "La Parole". [9], 534, [2] p. "Errata", p. [535].
1896: QQL QQLa QMBN QMU QMBM OOA OORD OOSU OOSJ OTP; LC
/1932: OONL QQL QQLa QSherU QMBN QMU QMG QMBM OOA OORD OOSJ OKQ OTP OLU BVaU; NN

GRENVILLE

ALEXIS DE BARBEZIEUX. Histoire de la province ecclésiastique d'Ottawa et de la colonisation de la vallée de l'Ottawa. Ottawa, La Cie d'Imprimerie d'Ottawa, 1897. 2 v.: xix, 609, [3], ivp.; 507, xxviii, iip. ill., pl. h.t., portr. 23 cm. "Errata" à la fin des vol. 1 et 2. Liste des paroisses du Québec étudiées, p. viii. Les missions de Québec, 1836-44, p. [184]-220. Nombreux doc. Index des membres du clergé figurant dans l'ouvrage, p. [489]-507.
OONL QQA QQL QMBN QMU QMBM OOA OOP OOC OOSJ OOSU OKQ OTU OTStM OTP

CHAMBERLAND, MICHEL. Histoire de Notre-Dame des Sept Douleurs de Grenville, P.Q. Montréal, 1931. [10], [13]-310, [2] p. ill., pl., portr., plan, carte. 24 cm. En faux-titre: Histoire de Grenville. Lettre de M. Chamberland à Mgr. G. Forbes, p. 9; réponse, p. 11; lettre de H.-D. Brosseau à M. Chamberland, p. [4-6]. Des origines à date de publ. Append.: liste des professionnels, p. 280-305. Table dét. des mat.; pas d'index.
QPC QQL QQLa QMBN QMM QMBM OOA

THOMAS, CYRUS. History of the counties of Argenteuil, Que., and Prescott, Ont., from the earliest settlement to the present, by C. Thomas ... Montreal, John Lovell, 1896. viii, 665p. ill., pl.h.t., tabl. 25 cm. Errata, p. iii. Hist. du comté d'Argenteuil, des origines à date de publ., p. [34]-460 et part. de St. Andrew, Lachute, Grenville, Harrington, Wentworth, Core, Mille Iles, Morin, Arundel, Montcalm. Les biogr. sont surtout celles des contributeurs de l'ouvrage. Pas d'index.
OONL QQA QQL QQS QMBM OOAg OTP OL

GROS-SAULT (ILE PERRY)

PREVOST, ROBERT. Le moulin du Gros-Sault. Préface de Mgr Olivier

Mauranlt. Montréal, Les éditions Archonte [1939] 13-121, [4] p. ill., pl., plans, cartes. 25 cm. Préf. de Mgr Olivier Maurault, p. 7-8; "Le moulin" de P. LeMay, p. [11]. Append.: "Règles générales pour la conduite de tous les moulins", p. 107-8; "Prix du blé, de 1766 à 1828", p. 109-10; "Inspection sanitaire d'une nuisance", p. 111-3; "Jean-Pierre Vébert", p. 115-8. Table dét. des mat.; pas d'index.
QQL QQLa QMBN QMBM OOA OORD OTP

GROSSE-ISLE

JORDAN, JOHN A. The Grosse-Isle tragedy and the monument to the Irish fever victims, 1847 ... by J.A. Jordan. Quebec, The Telegraph Printing Co., 1909. [2]-136, [1] p. front. (portr.), ill., pl.h.t., portr. 26 cm. Bref hist. de l'île des origines à date de publ., p. 17-21. Table dét. des mat.; pas d'index.
NBS QPC QQLa QMBN OOA OONH

HAMPDEN

CHANNELL, L.S. History of Compton county and sketches of the Eastern Townships, District of St. Francis, and Sherbrooke County. Supplemented with the records of four hundred families ... including biography of the late Hon. John Henry Pope by Hon. C.H. Mackintosh ... Cookshire, L. S. Channell, 1896. 289, [7] p. front. (carte), ill., portr. 31 cm. "Corrections" à la fin du vol. Carte du district électoral de Compton en front. Hist. du district St. Francis de 1692 à 1791, p. [15]-23; hist. des comtés de Buckingham (1791-1829), p. [24]-6, de Sherbrooke (1829-1853), p. [27]-32, de Compton (1853-1896), p. [33]-64, Eaton, incluant la ville de Cookshire et le village de Sawyerville, p. [65]-76; hist. des cantons de Compton, Clifton, Newport, Westbury, Hereford, Bury, Lingwick, Hampden, Winslow, Whitton, Marston, Ditton, Chesham, Emberton, Auckland et Clinton. Nombreuses biogr. avec index. Table des ill.
QQA QQL QQS QMBN QMM QMBM OOA OOP OTP SRL BVaU; LC

HARRINGTON

THOMAS, CYRUS. History of the counties of Argenteuil, Que., and Prescott, Ont., from the earliest settlement to the present, by C. Thomas ... Montreal, John Lovell, 1896. viii, 665p. ill., pl.h.t., tabl. 25 cm. Errata, p. iii. Hist. du comté d'Argenteuil, des origines à date de publ., p. [34]-460 et part. de St. Andrew, Lachute, Grenville, Harrington, Wentworth, Core, Mille Iles, Morin, Arundel, Montcalm. Les

biogr. sont surtout celles des contributeurs de l'ouvrage. Pas d'index.
OONL QQA QQL QQS QMM QMBM OOAg OTP OL

HATLEY

PELLERIN, MAUDE M. The story of Hatley. [S.1., s.d.] [1], 84p. ill., plan. 19 cm. Ecrit en 1949 (p. 84). Plan de la municipalité de Hatley, p. 28. Hist. du village et du canton Hatley des origines à date de publ. Pas d'index.
QCSCH OOA OTP

HAVRE SAINT-PIERRE

SHARPLES, ALICE. Ports of pine; Labrador - Newfoundland - Gaspé. With a foreword by Sir Wilfred Grenfell ... [Montreal] Clarke Steamship Co. [1929] 89, 121p. ill. (coul.). 22 cm. Descr. surtout, mais comportant des notes hist. des origines à date de publ. sur le port Harrington, Havre Saint-Pierre, La Malbaie. Pas d'index.
NBFL BVa; LC NN

HEBERTVILLE

CANADA. MINISTERE DE L'AGRICULTURE. Le Saguenay et le Lac Saint-Jean. Ressources et avantages qu'ils offrent aux colons et aux capitalistes ... Ottawa, Département de l'Agriculture, 1879. 54p. 22 cm. Hist. de l'origine des paroisses et cantons de la région: Chicoutimi, Grand Brûlé, Hébertville, Labarre, Normandin, Racine. Pas d'index.
QQL; LC

HEREFORD

CHANNELL, L.S. History of Compton county and sketches of Eastern townships ... Cookshire, L.S. Channell, 1896. 289, [7] p. front. (carte), ill., portr. 31 cm ... Hist. du district St. Francis de 1692 à 1791 ... des comtés de Buckingham... de Sherbrooke ... hist. des cantons de Compton ... Hereford ...
QQA QQL QQS QMBN QMM QMBM OOA OOP OTP SRL BVaU; LC

HUDSON

SEGUIN, ROBERT-L. Etude monographique relative à la paroisse Saint-Thomas d'Aquin d'Hudson, comté de Vaudreuil. Rigaud de Vaudreuil

[s. éd.] 1947. [58f.] ill. 36 cm. Titre bilingue de la page-couverture: 1897-1947 Programme-souvenir des fêtes du cinquantenaire de la fondation de la paroisse Saint-Thomas d'Aquin d'Hudson, les 30, 31 août et 1er sept. 1947. Souvenir Program of the Festival of the 50th anniversary of the foundation of the parish ... the 30th, 31st August and Sept. 1st 1947. Hist. de la paroisse du début à date de publ. La seigneurie de Vaudreuil, p. [9-28]. Doc.: recensement de 1871, p. [23]; stat. démographiques de 1894, p. [47]. La vie paroissiale, p. [49-54]. Biogr., p. [29-39]; bibliogr., p. [55].
QQLa OOA

HULL

ALBUM-SOUVENIR de la fondation de Hull. 125e anniversaire. [Hull, Excelsior Publicité] 1925. [44] p. ill., portr. 15 cm. Titre pris sur la couverture. Bref aperçu hist. Plusieurs photos des notables de Hull. Pas d'index.
QQA

AUBIN, V.-P. Hull industriel. Un pamphlet descriptif publié à Hull, en 1908, par V.-P. Aubin et A.-E. Bérubé avec l'autorisation du Conseil municipal de la Cité de Hull. 80p. ill. 28 cm. Texte bilingue sur deux colonnes; nombreuses annonces commerciales; contribution indirecte à l'hist. de Hull surtout dans la seconde moitié du 19e s. Pas d'index.
QQA

BERUBE, A.-E. Hull industriel, voir: Aubin, V.-P.

BRAULT, LUCIEN. Hull, 1800-1950, par Lucien Brault, historien de la cité de Hull. [Ottawa] Editions de l'Université d'Ottawa, 1950. [9], 12-262, [4] p. ill., pl.h.t., portr., carte dépl. 24 cm. "Origines des noms de rues et de parcs", p. 230-7. Bibliogr., p. 238-42.
OONL QRS QPC QQL QQLa QMM QMU OOC OOND OONG OORD OOE OTY OH; LC NN

CINQ-MARS, ERNEST-E. Hull: son origine, ses progrès, son avenir ... Soixante illustrations sur cuivre, hors-texte. Vingt-cinq illustrations sur zinc, dans le texte. Hull, Bérubé Frères, 1908. [5], 180, [2] p. ill., portr., fac-sim., plans, carte dépl. 24 cm. 13 pl. (portr.) reliées à la fin du vol. "Errata", p. [179]-80. Plan de Hull en 1851, p. 5; carte de la ville de Hull en 1907. Hist. civile de 1875 à date de publ.

Liste des administrateurs de Hull, 1875-1907, p. 77-81; liste des citoyens en 1872, p. 91-103; tabl. de la population, 1884-1908, p. 129. Chronol. de Hull, 1806-1906, p. 174-6. Table dét. des mat. ; pas d'index.
QQL QQLa QMBN QMM QMBM OOA OOP OOU OOSJ OORD OKQ OTP BVaU; LC NN; BM

GARD, ANSON A. Pioneers of the Upper Ottawa and the humors of the valley. South Hull and Aylmer edition, by Anson A. Gard ... Ottawa, The Emerson Press [1907] [49, 78, 107, 84] p. ill., pl.h.t., portr. 24 cm. Pag. irrégulière. Hist. civile et religieuse: Partie I, South Hull; Partie II, Aylmer, 1830-1904; Partie III, The humors of the valley; Partie IV, Généalogies, p. 1-80. Pas d'index.
QQA QMBN OOA OOP OOC OKQ OTP

LE NORD de l'Outaouais. Manuel-répertoire d'histoire et de géographie régionale. Ouvrage rédigé en collaboration. 129 illustrations dans le texte, 138 hors-texte, 6 dépliées et une carte en couleurs. Ottawa, Le Droit, 1938. xvi, 396p. ill., pl.h.t., cartes. 24 cm. Hist. de la vallée de l'Outaouais, p. [101]-48; de Hull, p. [182]-201; des paroisses de la vallée de la Gatineau, p. [220]-9; des paroisses de la région de Mont-Laurier, p. [230]-46; des paroisses des comtés de Papineau et d'Argenteuil, p. [247]-74. Append.: démographie, p. [277]-88; divisions administratives, civiles et religieuses, p. [289]-90; dignitaires religieux et civils, p. [309]-20; chronol. du Nord de l'Outaouais, p. [321]-30. Bibliogr., p. [331]-51. Table dét. des mat. ; pas d'index.
QRS QPC QQA QQLa; NN

ILE-AUX-GRUES

BECHARD, AUGUSTE. Histoire de l'Ile-aux-Grues et des îles voisines. Arthabaskaville, Impr. de "La Bataille", 1902. [2], 108p. 23 cm. Oeuvre posthume écrite en 1879. Notes hist. de l'Ile-aux-Grues de 1679 à 1875, p. 25-48. Brève hist. de l'Ile-aux-Oies, p. 59-82, de la Grosse-Isle, p. 83-92. Pas d'index.
QCSHS QQL QQLa QMBN QMU OOA OOSJ OTU OTP; LC; BM

POTVIN, DAMASE. Le Saint-Laurent et ses îles. Histoire, légendes, anecdotes, description, topographie. Montréal, Bernard Valiquette [1940] [7], 413p. 20 cm. Descr. et hist. de l'Ile d'Orléans, Ile-aux-Grues, Ile-aux-Oies, Ile Madame, Ile Verte, Ile du Bic, Ilets Jérémie, Ile-aux-Oeufs, Sept-Iles, Iles Mingan, Ile d'Anticosti, etc.

Pas d'index. /1945: éd. rev. et corr. Québec, Garneau. 425p.
1940: QRS QPC QQA QQL QMBN QMU QMBM OOA OKQ OTP; NN /1945: QQLa QMU QMBM OONF OOTC OTP OTY BVaU

ILE-AUX-OIES

BECHARD, AUGUSTE. Histoire de l'Ile-aux-Grues et des îles voisines. Arthabaskaville, Impr. de "La Bataille", 1902. [2], 108p. 23 cm. Oeuvre posthume écrite en 1879. Notes hist. de l'Ile-aux-Grues de 1679 à 1875, p. 25-48. Brève hist. de l'Ile-aux-Oies, p. 59-82, de la Grosse-Isle, p. 83-92. Pas d'index.
QCSHS QQL QQLa QMBN QMU OOA OOSJ OTU OTP; LC; BM

DIONNE, NARCISSE-E. Sainte-Anne-de-la-Pocatière, 1672-1900. Lévis, P.-G. Roy, 1900. [7]-94, [1] p. 16 cm. (Bibliothèque canadienne). /1910: Sainte-Anne-de-la-Pocatière, 1672-1910. L'Ile-aux-Oies, 1646-1910. Québec, Laflamme & Proulx. viii, 219p. 18 cm. (Galerie historique, vol. III). Append.: liste des missionnaires, des curés, des médecins, des notaires, etc., p. [129]-45. Table onosmatique; pas d'index.
QPC QQL QQLa QMBN QMU QMBM OOA OOP OOU OKQ OKR OTU OTP OPeT SSU AEU BVaU; NN

POTVIN, DAMASE. Le Saint-Laurent et ses îles. Histoire, légendes, anecdotes, description, topographie. Montréal, Bernard Valiquette [1940] [7], 413p. 20 cm. Descr. et hist. de l'Ile d'Orléans, Ile-aux-Grues, Ile-aux-Oies, Ile Madame, Ile Verte, Ile du Bic, Ilets Jérémie, Ile-aux-Oeufs, Sept-Iles, Iles Mingan, Ile d'Anticosti, etc. Pas d'index. /1945: éd. rev. et corr. Québec, Garneau. 425p.
1940: QRS QPC QQA QQL QMBN QMU QMBM OOA OKQ OTP; NN /1945: QQLa QMU QMBM OONF OOTC OTP OTY BVaU

ILE-D'ANTICOSTI

ASSOCIATION DE LA PROPAGATION DE LA FOI. Rapport sur les missions du diocèse de Québec, qui sont secourues par l'Association de la propagation de la foi. Janvier 1839, no 1-mai 1874, no 21. Québec, Fréchette et Cie, 1839-42; J.-B. Fréchette, 1843-5; Fréchette et Frère, 1847; A. Côté et Cie, 1849-55; J.-T. Brousseau, 1857-61; Léger Brousseau, 1863-8; P.-G. Delisle, 1870-4. 21 fasc., cartes. 20 cm. Légère variante dans le titre des relations 1 et 4: Notice sur les missions ... Tabl.: "Echelle chronologique et historique de la religion", vol. 5, p. 136.

Chaque relation contient également un tabl. des recettes et des dépenses de l'Association. Traite des missions sous la juridiction ecclésiastique du diocèse de Québec pour les années 1836 à 1874 qui furent: Mission du Saint-Maurice, du Lac Témiscaming, de la Grosse-Isle, de Sherbrooke, de Drummondville, d'Halifax, de Leeds, d'Inverness, de Frampton, du Lac Beauport et de Stoneham, de Laval, de Valcartier, du Lac Abbitibbi, de Blandford, du Saguenay, de Kennebec, de Labrador, de Gaspé, des Cantons de l'Est, du Lac Saint-Jean, de Saint-Pierre de Broughton, de Tadoussac, de Chicoutimi, de Cascapédiac, de Nataskouan, de Saint-Jérôme, des Escoumins, de Sainte-Anne de Portneuf, de Saint-Ubald, d'Anticosti, de la Pointe aux Esquimaux, de Matapédia, etc., et d'autres localités du Canada et des Etats-Unis. Pas d'index.
QQL QQS

[BAILLARGE] Anticosti en 1900. [S.l.n.d.] 14p. 21 cm. Etude de la tentative d'établissement de colonisation faite par Menier.
QQLa

COMBES, PAUL. Exploration de l'Ile d'Anticosti. Rapport de Paul Combes avec une carte de l'Ile d'Anticosti. Paris, Librairie africaine et coloniale Joseph André, 1896. vi, 43, [3] p. carte dépl. 22 cm. Bref rappel hist., p. [iii]-vi. Descr. physique et géogr. de l'Ile en vue de sa colonisation. Table dét. des mat.; pas d'index.
QQA QMBN QMBM OOA OOG OTP; LC

FAUCHER DE SAINT-MAURICE, NARCISSE-H.-E. De tribord à babord. Trois croisières dans le Golfe Saint-Laurent ... Montréal, Duvernay Frères et Dansereau, 1877. vi, 7-458p. 19 cm Lettre de l'auteur à Louis-Jean Rivet, p. [v]; Anticosti, p. 109-54; Iles de la Madeleine, p. 155-215; la Gaspésie, p. 350-424. Descr. et hist. Pièces justificatives, p. 427-52; notes bibliogr. en bas de page. Table dét. des mat.; pas d'index. /1881: Promenades dans le Golfe Saint-Laurent. 4e éd. Québec, Typ. Darveau [c1879] xvii, 207p. 16 cm. Notes hist. diverses. Table dét. des mat.; pas d'index. /1886: ... La Gaspésie: promenades dans le Golfe Saint-Laurent. 3e éd. Montréal, Libr. Saint-Joseph. 239p. 23 cm. (Bibliothèque religieuse et nationale, 3e série). Relié avec Les Iles: promenades dans le Golfe Saint-Laurent. 9e éd. [1886?] 185p. 23 cm. (Bibliothèque religieuse et nationale, 2e série). Ces deux ouvrages ont d'abord paru en un seul sous le titre: De tribord à babord, en 1877. /1895: La Gaspésie, promenades ... Montréal, Derome. 239p. Rééd. des deux parties de: De tribord à babord. /1897: La Gaspésie. 3e éd.

1877: NSHD QQA QQL QNicS QMBN QMU QMBM OOA OOP OOU OKQ OTP OLU AEU BVaU; LC NN /1881: QQLa /1886: QPC; LC NN; BM /1895: QGS QQA; NN /1897: NN

GARNIER, LOUIS. Du cométique à l'avion. Les pères Eudistes sur la Côte Nord (1903-1946). Notes et souvenirs d'un ancien missionnaire le père Louis Garnier, eudiste. [Québec, P. Larose, Impr., 1947] xiii, 297p. ill., pl.h.t., portr., carte. 20 cm. Préface d'Onésime Gagnon. Carte du Golfe Saint-Laurent. Les missions des Eudistes avec notes hist. sur quelques paroisses ainsi que l'Ile d'Anticosti. Liste des pères ayant été missionnaires. Table dét. des mat.; pas d'index. /1949: Dog sled to airplane. A history of the St. Lawrence North Shore. Translated from the French by Hélène-A. Nantais et Robert-L. Nantais ... Québec, s. éd. xii, 298p.
1947: QQL QQLa /1949: QMBM

GUAY, CHARLES. Lettres sur l'Ile d'Anticosti à l'Hon. Marc-Aurèle Plamondon ... Montréal, Beauchemin & Fils, 1902. [9], 315p. front., ill., pl., portr. 27 cm. De 1680 à date de publ. Append.: règlements de l'Ile, liste des résidents, p. 287-98; notice biogr. de l'Hon. juge Marc-Aurèle Plamondon, p. 299-310. Notes bibliogr. en bas de page. Table dét. des mat.; pas d'index.
QQA QQL QQLa QMBN QMU QMBM OOA OOU OTP BVaU; NN

HUARD, VICTOR-A. Labrador et Anticosti; journal de voyage - histoire - topographie - pêcheurs canadiens et acadiens - indiens Montagnais, par l'abbé V.-A. Huard ... Montréal, C.-O. Beauchemin, 1897. 505p. ill., portr., carte dépl. 23 cm. Errata à la fin du vol. Comprend de brefs hist. de la colonisation des régions du Saguenay, du Labrador et de l'Ile d'Anticosti des origines à date de publ. Bibliogr. et notes bibliogr. en bas de page. Table dét. des mat.; pas d'index.
OONL QQLa QMBN QMBM OOU OOO OOG OOAg OKQ OLU; LC NN; BM

POTVIN, DAMASE. En zigzag sur la côte et dans l'île. Simples notes d'un journaliste. Québec, 1929. 80p. front. (portr.), ill., pl.h.t. 18 cm. Bref hist. et descr. des villages de la Côte Nord, p. 5-34, de l'Ile d'Anticosti, p. [37]-80. Pas d'index.
QQL QQLa QMBN QMBM OTU; NN

POTVIN, DAMASE. Le Saint-Laurent et ses îles. Histoire, légendes, anecdotes, description, topographie. Montréal, Bernard Valiquette [1940] [7], 413p. 20 cm. Descr. et hist. de l'Ile d'Orléans, Ile-

aux-Grues, Ile-aux-Oies, Ile Madame, Ile Verte, Ile du Bic, Ilets Jérémie, Ile-aux-Oeufs, Sept-Iles, Iles Mingan, Ile d'Anticosti, etc. Pas d'index. /1945: éd. rev. et corr. Québec, Garneau. 425p.
1940: QRS QPC QQA QQL QMBN QMU QMBM OOA OKQ OTP; NN /1945: QQLa QMU QMBM OONF OOTC OTP OTY BVaU

SCHMITT, JOSEPH. Anticosti Island, voir: Monographie de l'Ile d'Anticosti.

SCHMITT, JOSEPH. Monographie de l'Ile d'Anticosti (Golfe Saint-Laurent) par Joseph Schmitt ... Paris, Libr. Scientifique A. Hermann, 1904. [10], vi, 370p. ill., pl.h.t., cartes (1 dépl.), tabl. 25 cm. Errata, p. [7]. Carte de l'Ile dressée par Louis Jolliet en 1698, p. 26; hist. de l'Ile, p. [20]-38. Bibliogr., p. [349]-67. Table dét. des mat., p. [369]-70; pas d'index. /1904: Anticosti Island. 367p. /1940: L'Ile d'Anticosti whose wild and barbaric charm has attracted ardent fishermen from all the world. Hartford, Conn. xvii, 101p. ill., carte dépl. Trad. des trois premiers chap. de l'ouvrage de Schmitt.
1904, éd. française: QQA QQL QQLa QMBN QMBM OOA OOG OTP OLU; LC NN /1904, éd. anglaise: OORD /1940: OTP

ILE PERROT

CARRIERE, VALERIEN-C.-A. Histoire de l'Ile Perrot de 1662 à nos jours. [S.l., s.éd., 1949] 255p. ill., portr. 20 cm. Hist. religieuse surtout. Généalogies, p. 233-49. Append.: documents, p. 214-23; liste des prêtres natifs de l'Ile, p. 204-13. Notes bibliogr. en bas de page. Table dét. des mat., p. 254-5; pas d'index.
QQA QQL QMBN QMU QMBM OOA OOP OKR OTP AEU BVaU

ILETS JEREMIE

POTVIN, DAMASE. La petite histoire des Ilets Jérémie. Histoire d'une ancienne mission du Domaine du Roi. Louis Jobin, sculpteur sur bois. Québec, Ed. du Terroir, 1928. [4]-93, [1] p. ill., pl.h.t., portr. 18 cm. Hist. des Ilets Jérémie des origines à date de publ., p. 5-62. Pas d'index.
QQL QQLa QQS QMBN QMU QMBM BVaU

POTVIN, DAMASE. Le Saint-Laurent et ses îles. Histoire, légendes, anecdotes, description, topographie. Montréal, Bernard Valiquette [1940] [7], 413p. 20 cm. Descr. et hist. de l'Ile d'Orléans, Ile-aux-Grues, Ile-aux-Oies, Ile Madame, Ile Verte, Ile du Bic, Ilets

Jérémie, Ile-aux-Oeufs, Sept-Iles, Iles Mingan, Ile d'Anticosti, etc. Pas d'index. /1945: éd. rev. et corr. Québec, Garneau. 425p.
1940: QRS QPC QQA QQL QMBN QMU QMBM OOA OKQ OTP; NN /1945: QQLa QMU QMBM OONF OOTC OTP OTY BVaU

ISLE-AUX-COUDRES

[BELLERIVE, GEORGES] Les Eboulements et l'Ile-aux-Coudres; souvenirs et impressions d'écrivains sur ces deux beaux endroits historiques. [S.l., s.éd., s.d.] 45p. ill. 18 cm. Recueil d'articles de périodiques par Louis-H. Gray; "Esquisse historique des Eboulements et de l'Ile-aux -Coudres", p. 3-8; par G.-E. Marquis, Les Eboulements, p. 9-12; par Georges Bellerive, Un village intéressant: Les Eboulements ..., p. 13-22; par Georges Bellerive, L'Ile-aux-Coudres, p. 23-7; par G.-E. Marquis, A l'Ile-aux-Coudres, p. 28-31. Survol hist. des origines à date de publ. Pas d'index.
QQA QQL QQS QMBN QMBM OORD OTU OTP

BELLERIVE, GEORGES. L'Ile-aux-Coudres, voir: Les Eboulements et l'Ile-aux-Coudres.

BELLERIVE, GEORGES. Un village intéressant: Les Eboulements, voir: Les Eboulements et l'Ile-aux-Coudres.

BOIVIN, LEONCE. Dans nos montagnes (Charlevoix). Les Eboulements, 1941. 254p. ill., pl., portr. 20 cm. Survol hist. des origines à date de publ. Lettre de Georges Melançon à l'auteur, p. [5-6]. Doc. en append. Table dét. des mat.; pas d'index. /1942: 2e éd. /1945: 3e éd. rev. et corr. 242p.
1941: QPC QQLa QMBN QMU QMBM OOP OTP /1942: OONL QMBM OOU /1945: QQLa OTU

CASGRAIN, HENRI-R. Un pèlerinage à l'Ile-aux-Coudres, voir: Une excursion à l'Ile-aux-Coudres.

CASGRAIN, HENRI-R. Une excursion à l'Ile-aux-Coudres par l'abbé H.-R. Casgrain. Montréal, Beauchemin [1912?] [2], 134p. Récit accompagné de nombreuses notes hist. des origines à date de publ. Publié d'abord dans Opuscules sous le titre de Un pèlerinage à l'Ile-aux-Coudres.
QPC QQA QMM OOA OOP OOU OTU AE

GRAY, LOUIS-H. Esquisse historique des Eboulements et de l'Ile-aux-

Coudres, voir: Bellerive, Georges. Les Eboulements et l'Ile-aux-Coudres.

MAILLOUX, ALEXIS. Histoire de l'Ile-aux-Coudres, depuis son établissement jusqu'à nos jours; avec ses traditions, ses légendes, ses coutumes par M. l'abbé Alexis Mailloux. Montréal, Burland-Desbarats, 1879. 92p. 25 cm. Table dét. des mat. ; pas d'index.
QQA QQL QQLa QQS QMU QMBM OOA OORD OTP BVaU; LC NN

MAILLOUX, ALEXIS. Promenade autour de l'Ile-aux-Coudres, par M. l'abbé Alexis Mailloux. Sainte-Anne-de-la-Pocatière, Impr. Firmin-H. Proulx, 1880. 130, [1] p. 25 cm. "Erratum", p. [131]. Préf. de l'abbé H. -R. Casgrain, p. [5] -6; promenade autour de l'Ile-aux-Coudres, p. 7-77; biogr. de M. Godefroy Tremblay, p. [79] -108; biogr. de M. Alexis Mailloux par M. Félix Buteau, p. [109] -30. Evocation des beautés du paysage avec rappels hist. Pas d'index.
QPC QQA QQLa QSherU OOSJ; LC; BM

MARQUIS, GEORGES-E. A l'Ile-aux-Coudres, voir: Bellerive, Georges. Les Eboulements et l'Ile-aux-Coudres.

MARQUIS, GEORGES-E. Les Eboulements, voir: Bellerive, Georges. Les Eboulements et l'Ile-aux-Coudres.

ISLE VERTE

BENOIST, EMILE. Rimouski et les pays d'en-bas. Montréal, Editions du "Devoir", 1945. 193, [3] p. 19 cm. Hist. des paroisses de Saint-Angèle-de-Mérici, p. 135-9 et de Saint-Jérôme-de-Matane, p. 161-9. Table dét. des mat. ; pas d'index.
QQL QQLa QMM QMU QMBM OOA OOP OOG OOSJ OTU OTP OHM OLU BVaU; LC NN

POTVIN, DAMASE. Le Saint-Laurent et ses îles. Histoire, légendes, anecdotes, description, topographie. Montréal, Bernard Valiquette [1940] [7], 413p. 20 cm. Descr. et hist. de l'Ile d'Orléans, Ile-aux-Grues, Ile-aux-Oies, Ile Madame, Ile Verte, Ile du Bic, Ilets Jérémie, Ile-aux-Oeufs, Sept-Iles, Iles Mingan, Ile d'Anticosti, etc. Pas d'index. /1945: éd. rev. et corr. Québec, Garneau. 425p.
1940: QRS QPC QQA QQL QMBN QMU QMBM OOA OKQ OTP; NN /1945: QQLa QMU QMBM OONF OOTC OTP OTY BVaU

JOLIETTE

DUGAS, ALPHONSE-C. Joliette. [Valleyfield, s. éd., 1904] 19p. 22 cm. Texte paru d'abord dans la Revue ecclésiastique de Valleyfield en 1904. Bref aperçu hist. de la fondation de la ville et du diocèse de Joliette. Pas d'index.
QQA QMBN; LC

JOLIETTE illustré. Numéro souvenir de ses noces d'or, 1843-1893. [Publ. par Albert Gervais] [Joliette] A. Gervais [1893] 64p. ill., portr. 25 cm. Hist. religieuse, politique, économique et sociale de Joliette avec accent sur la vie en 1893. Portr. de l'hon. Benjamin Joliette en page-titre. Pas d'index.
QQA QQL QQS; NN; BM

LA VILLE de Joliette, son centenaire ... Programme-souvenir, 1823-1923. Joliette, "L'Etoile du Nord" [1923] 40p. ill., portr. 29 cm. Brève hist. de la cité de Joliette et de ses institutions. Portr. des maires et liste des notables, p. 9, 11, 15. Pas d'index.
QQS QMBN

JONQUIERE

CENTENAIRE de Jonquière, 1847-1947. Album-souvenir. Jonquière [s. éd.] 1947. 112p. ill., portr. 29 cm. Bref hist. des différentes paroisses de Jonquière. Aperçu hist. de Kénogami, p. 75-9. Descr. des principales industries & biogr. de leur propriétaire. Liste des prêtres & curés, p. 25-8. Pas d'index.
QCSHS QQLa

KAMOURASKA

PARADIS, ALEXANDRE. Kamouraska, 1674-1948 ... Québec [s. éd.] 1948. [vii]-[xii]-394, [1] p. front., ill., pl., portr., plans. 19 cm. Préface d'Albert Fortier. Partie IV: Les églises de Kamouraska par Gérard Morissette, p. [317]-41. Hist. de la seigneurie, p. [13]-22, 151-64; origines des paroisses détachées de Kamouraska, p. [265]-315. Bibliogr., p. xx-xxi et notes bibliogr. en bas de page; chronol., p. [xxii]. Table des ill., p. [393-5]; table dét. des mat., p. [389]-92; pas d'index.
QGS QRS QPC QQLa QQS QMBN QMBM OOA OTP; NN

KENOGAMI

CENTENAIRE de Jonquière, 1847-1947. Album-souvenir. Jonquière [s. éd.] 1947. 112p. ill., portr. 29 cm. Bref hist. des différentes paroisses de Jonquière. Aperçu hist. de Kénogami, p. 75-9. Descr. des principales industries & biogr. de leur propriétaire. Liste des prêtres & curés, p. 25-8. Pas d'index.
QCSHS QQLa

KIAMIKA

LALONDE, MAURICE. Notes historiques sur Mont-Laurier, Nominingue et Kiamika, 1822-1937 ... [Beauceville, L'Eclaireur] 1937. [6]-225, [2] p. ill., pl.h.t., portr. 19 cm. Hist. municipale du village du Rapide de L'Orignal, p. 203-5. Append.: liste des colons ayant obtenu des billets de location du gouvernement depuis 1859 dans les cantons Salaberry, Grandison, Clyde, etc., p. 219-25. Pas d'index.
QQL QQLa QMBN QMU QMBM OOA OOSJ OTP; LC NN

[LEMONDE, AIME] St-Gérard-de-Montarville. Mémorandum pour 1906. St-Gérard-de-Montarville [s. éd.] 1906. 56p. 14 cm. Notes sur la vie religieuse de la paroisse, p. 3-37. Hist. de Saint-Gérard de 1806 à 1883, p. 37-55. Pas d'index. /1907: Histoire de Saint-Gérard-de-Montarville, comté de Labelle, Qué., diocèse d'Ottawa, par ... Nominingue, Impr. du Pionnier. 44, [2] p. 18 cm.
1906: QQA /1907: QQA QQL QMBN QMBM

KINGSEY et KINGSEY FALLS

ST-AMANT, JOSEPH-C. L'Avenir, townships de Durham et de Wickham. Notes historiques et traditionnelles avec Précis historiques des autres townships du comté de Drummond ... Première édition. Arthabaskaville, Impr. "L'Echo des Bois-Francs", 1896. iii, [5], 433p. ill., pl., portr., carte dépl. 20 cm. Préface de Benjamin Sulte, p. i-iii. Hist. générale du comté de Drummond des origines à date de publ. avec accent sur: Drummondville, p. 9-384, les cantons de Durham (p. [105] -19) et de Wickham (p. [120]-30), les paroisses Saint-Cyrille de Wendower (p. [363]-76), Saint-Germain de Grantham (p. 407-15) et Saint-Jean l'Evangéliste de Wickham (p. 415-20); les cantons Kingsey (p. 376 -83), Kingsey Falls (p. 383) et Grantham (p. 384-402), la municipalité South-Durham (p. 402-6). Table dét. des mat.; pas d'index. /1932: Un coin des Cantons de l'Est. Histoire de l'envahissement pacifique mais irrésistible d'une race. Drummondville, "La Parole". [9], 534,

[2] p. "Errata", p. [535].
1896: QQL QQLa QMBN QMU QMBM OOA OORD OOSU OOSJ OTP; LC /1932: OONL QQL QQLa QSherU QMBN QMU QMG QMBM OOA OORD OOSJ OKQ OTP OLU BVaU; NN

LABARRE

BUIES, ARTHUR. Le Saguenay et le bassin du Lac Saint-Jean. Ouvrage hist. et descr. 3e éd. Québec, Léger Brousseau, 1896. 420p. front., ill., pl. h. t. 23 cm. Errata corrigés. Hist. et descr. de Tadoussac, p. [59]-81; de Chicoutimi, p. [141]-69; de Saint-Dominique de Jonquière, p. [171]-88; du canton Labarre, p. [189]-208; du Lac Saint-Jean, p. [209]-38; des cantons Normandin et Albanel, p. [238]-91; des Laurentides, p. [293]-362; du Saint-Maurice, p. [377]-403. Table dét. des mat.; pas d'index. /1880: 1ère éd. sous le titre: Le Saguenay et la vallée du Lac Saint-Jean; études historique, géographique, industrielle et agricole ... Québec, A. Côté. xvi, 342p. En tête de titre: Emparons-nous du sol. Errata, p. 341-2.
1880: OONL QPC QQA QMM QMU QMBM OOA OOCC OOU OKQ OTU OTY; LC NN; BM /1896: QRS QPC QQA QQLa OOP OOSJ BVaU; LC

CANADA. MINISTERE DE L'AGRICULTURE. Le Saguenay et le Lac Saint-Jean. Ressources et avantages qu'ils offrent aux colons et aux capitalistes ... Ottawa, Département de l'Agriculture, 1879. 54p. 22 cm. Hist. de l'origine des paroisses et cantons de la région: Chicoutimi, Grand Brûlé, Hébertville, Labarre, Normandin, Racine. Pas d'index.
QQL; LC

LAC MEGANTIC

CAUCHON, ALPHONSE. Lac Mégantic, La Cie Nantaise, le chemin de fer, 1879-1936. Communication à la Société d'histoire des Cantons de l'Est, le 18 mai 1936. 29p. 22 cm. Hist. de la participation de la Cie Nantaise à la naissance et au développement du village de Mégantic. Pas d'index.
QQL QMBN QMBM

GRAVEL, J.-ALBERT. Histoire du Lac Mégantic. Sherbrooke, Typ. de "La Tribune", 1931. 137, [2] p. ill., pl., portr. 24 cm. Hist. de la région et principalement de la ville de Mégantic des origines à date de publ. Table dét. des mat.; table des gravures; pas d'index.

QPC QQA QQL QQLa QSherU QMBN QMBM OOA OOU OTP; NN

LAC SAINT-JOSEPH

POTVIN, DAMASE. Fossembault. Publié à l'occasion du 10e anniversaire de la ville du Lac Saint-Joseph. Québec, 1946. 144p. ill., portr., cartes. 25 cm. Cartes: le Fort Jacques-Cartier, p. 99; carte du Lac Saint-Joseph, p. 144. Ouvrage descr. concernant le Lac Saint-Joseph, Valcartier, Sainte-Catherine, Duchesnay, Lac Sergent, Lac des Sept-Iles. Hist. du chemin à lisses "Quebec & Gosford Wooden Ry", p. 41-7. "Notes diverses sur le comté de Portneuf", par Clément-T. Dussault, p. 81-112.
QQA QQL QMBM OOA OTP; NN

LAC SERGENT

MAGNAN, PIERRE-P. Lac Sergent, comté de Portneuf. Anniversaire du Lac Sergent, 1921-1938. Québec, 1938. 40p. ill., portr., carte. 26 cm. Carte de la région de Québec, p. 39. Brèves notes hist. pour la période concernée. Pas d'index.
QQA QQL

POTVIN, DAMASE. Fossembault. Publié à l'occasion du 10e anniversaire de la ville du Lac Saint-Joseph. Québec, 1946. 144p. ill., portr., cartes. 25 cm. Cartes: le Fort Jacques-Cartier, p. 99; carte du Lac Saint-Joseph, p. 144. Ouvrage descr. concernant le Lac Saint-Joseph, Valcartier, Sainte-Catherine, Duchesnay, Lac Sergent, Lac des Sept-Iles. Hist. du chemin à lisses "Quebec & Gosford Wooden Ry", p. 41-7. "Notes diverses sur le comté de Portneuf", par Clément-T. Dussault, p. 81-112.
QQA QQL QMBM OOA OTP; NN

LACHINE

GIROUARD, DESIRE-H. Les anciennes côtes du Lac Saint-Louis, avec un tableau complet des anciens et nouveaux propriétaires. Montréal, Poirier, Bessette & Co., 1892. 71p. 21 cm. Brèves notes hist. sur la fondation et la colonisation de La Présentation, p. [5]-7, Lachine, p. 7-8, 25-6, Dorval, p. 9, Beaurepaire, p. 9-10, Pointe-Claire, p. 10-1, 15, Sainte-Anne, p. 16. En append.: "Tableau des anciens et nouveaux propriétaires des côtes du Lac Saint-Louis, d'après le terrier ...", p. 34-47; "Liste des premiers habitants du Lac Saint-Louis/List of the first inhabitants of Lake St. Louis", p. 49-50; "Relevé des registres de Lachine .../Statement from the registers of Lachine ...", p.

[51]; "Traiteurs et voyageurs au pays d'en haut . . . /Fur traders and voyageurs . . . ", p. [53]-5; "Voyageurs sous le Régime britannique /Voyageurs under the British Crown", p. [59]-71. Table dét. des mat.; pas d'index. /Comprend une partie anglaise intitulée: The old settlement of Lake St. Louis with a list of the old and new proprietors. 37p.
QQA QQLa QMBN OOU BVi; NN

GIROUARD, DESIRE-H. Les anciens forts de Lachine, voir: Lake St. Louis, old and new.

GIROUARD, DESIRE-H. Lake St. Louis, old and new, illustrated and Cavelier de la Salle, by D. Girouard. Translated from the French by Désiré-H. Girouard. Columbian edition. Montréal, Poirier, Bessette & Co., 1893. viii, 295p. ill., fac-sim., pl., carte, plans, portr. 26 cm. Réunit trois pamphlets de Désiré Girouard: Le vieux Lachine, Les anciens forts de Lachine et Les anciennes côtes de Lachine. /1900: . . . Supplément . . . Montréal, Poirier, Bessette & Co. 140, [v] p. pl. (4), portr., plan. 26 cm.
1893: NSHPL NBS QQA QQL QQLa QMBN QMU QMBM OOA OOP OOC OORD OK OHM OLU MW MWP SSU; LC NN; BM /1900, Supplément: QMBN QMBM OOA OHM OTP

GIROUARD, DESIRE-H. The old settlement of Lake St. Louis, voir: Les anciennes côtes du Lac Saint-Louis.

GIROUARD, DESIRE-H. Le vieux Lachine, voir: Lake St. Louis, old and new.

SULTE, BENJAMIN. Mélanges historiques. Etudes éparses et inédites. Compilées, annotées et publiées par Gérard Malchelosse. Montréal, G. Ducharme; Edouard Garand, 1919-1933. 21 v. ill., pl.h.t., plans, cartes. 24 cm. Vol. 1, 162p., front.; vol. 2, 156p.; vol. 3, 148p.; vol. 4, 103p., front., ill., portr.; vol. 5, 126p.; vol. 6, 216p., ill., pl.h.t., plans; vol. 7, 163p.; vol. 8, 144p.; vol. 9, 74p., ill., pl.h.t., plans; vol. 10, 160p., plan; vol. 11, 98p., front., ill.; vol. 12, 109p.; vol. 13, 96p.; vol. 14, 96p.; vol. 15, 130p.; vol. 16, 96p.; vol. 17, 130p.; vol. 18, 96p., plan; vol. 19, 96p., plan; vol. 20, 96p.; vol. 21, 96p. Contient divers articles sur la petite hist. locale et régionale du Québec. Vol. 1: "Québec en 1629-31", p. 27-36; "Beauport vs Québec", p. 37-43; vol. 2: Trois-Rivières, p. 73-83; vol. 3: "Trois-Rivières", p. 93-113; "Cap-Rouge", p. 123-33; vol. 5: "Verdun", p. 52-7; vol. 6: Les forges du Saint-Maurice, p. [9]-195; vol. 9: Le fort de Chambly, p. [7]-58;

vol. 10: "Rivière-du-Loup (en haut)", p. [5]-65; Lachine, p. [66]-92; "L'Ile à la Fourche (Nicolet)", p. [93]-106; "Le Château Bigot", p. 107-17; vol. 16: L'Acadie française, p. [11]-90; vol. 18: Trois-Rivières d'autrefois, Première série, p. [5]-90; vol. 19: Trois-Rivières d'autrefois, Deuxième série, p. [7]-89; vol. 20: Trois-Rivières d'autrefois, Troisième série, p. [5]-91; vol. 21: Trois-Rivières d'autrefois, Quatrième série, p. [7]-90. Notes bibliogr. en bas de page. Table des mat. et index. à la fin de chaque vol.
QQL QQLa QMBN QMBM OOA OOLU OOSJ OOCC OKR OTP; LC

LACHUTE

THOMAS, CYRUS. History of the counties of Argenteuil, Que., and Prescott, Ont., from the earliest settlement to the present, by C. Thomas ... Montreal, John Lovell, 1896. viii, 665p. ill., pl.h.t., tabl. 25 cm. Errata, p. iii. Hist. du comté d'Argenteuil, des origines à date de publ., p. [34]-460 et part. de St. Andrew, Lachute, Grenville, Harrington, Wentworth, Core, Mille Iles, Morin, Arundel, Montcalm. Les biogr. sont surtout celles des contributeurs de l'ouvrage. Pas d'index.
OONL QQA QQL QQS QMBM OOAg OTP OL

LA MALBAIE

SHARPLES, ALICE. Ports of pine; Labrador - Newfoundland - Gaspé. With a foreword by Sir Wilfred Grenfell ... [Montreal] Clarke Steamship Co. [1929] 89, 121p. ill. (coul.). 22 cm. Descr. surtout, mais comportant des notes hist. des origines à date de publ. sur le port Harrington, Havre Saint-Pierre, La Malbaie. Pas d'index.
NBFL BVa; LC NN

SIMMS, FLORENCE M. Etoffe du pays. Lower St. Lawrence sketches ... London, Toronto, The Masson Book Co. [s.d.] [7], 87p. front., ill. 17 cm. Descr. cet ouvrage donne quelques aperçus des us et coutumes des québecois. Pas d'index.
QQLa

WRONG, GEORGE M. A canadian manor and its seigneurs. The story of a hundred years, 1761-1861, by George M. Wrong ... Toronto, Macmillan, 1908. xiv, [3], 295p. front., pl.h.t., portr., cartes. 22 cm. Carte de la région du Saint-Laurent de Québec à La Malbaie, p. [1]. Couvre l'hist. de la seigneurie, p. [1]-167 et du village, p. [168]-221 des origines à date de publ. Bibliogr., p. [243-5] et notes bibliogr. en

bas de page. Append. : doc. "The Journal of Malcolm Fraser, first seigneur of Mount Murray, Malbaie", p. [249-70] ; "The curés of Malbaie", p. 287-90. Pas d'index.
OONL NfSM NSHPL NBFU NBC NBS QQA QMBN QMU QMBM OOA OOP OOC OOND OOSJ OKQ OKF OTP OH MWP SRL SSU AE BVa BVaU BVi BViP; LC NN

LA MOTTE

PROGRAMME-SOUVENIR. 20e anniversaire de la fondation de St-Luc de La Motte, Abitibi, Qué., 22, 23, 24 juin 1939. [Val d'Or, s. éd., 1939] 28p. ill., portr. 27 cm. Brève hist. surtout religieuse de la paroisse, de 1914 à date de publ. Nombreuses annonces commerciales. Pas d'index.
QMBN

LANORAIE

DESROSIERS, LOUIS-A. Le Sacré-Coeur de Lanoraie. Avec une lettre de Mgr Archambault. Montréal [s. éd.] 1912. [5], 59, [27] p. 16 cm. "Notes historiques sur Lanoraie", depuis les origines, p. [34]-48. Table dét. des mat., p. [61]; pas d'index.
QQA QQL QMBN QMBM OOA OOP

LA PETITE RIVIERE

BOIVIN, LEONCE. Dans nos montagnes (Charlevoix). Les Eboulements, 1941. 254p. ill., pl., portr. 20 cm. Survol hist. des origines à date de publ. Lettre de Georges Melançon à l'auteur, p. [5-6]. Doc. en append. Table dét. des mat.; pas d'index. /1942: 2e éd. /1945: 3e éd. rev. et corr. 242p.
1941: QPC QQLa QMBN QMU QMBM OOP OTP /1942: OONL QMBM OOU /1945: QQLa OTU

LAPRAIRIE

[CHEVALIER, JOSEPH] Laprairie. Notes historiques à l'occasion du centenaire de la consécration de l'église. [Lettre-préface de Mgr Anastase Forget] [S.l., s. éd., 1941] [7], 298p. ill., portr. 20 cm. Hist. des origines à date de publ. Append. : liste des maires, députés, etc., p. 285-91. Table des ill., p. 297; table dét. des mat., p. 295-6; pas d'index.
QQL QQLa QMBN QMU QMBM OOA OOSU OTP

CHOQUET, ELIZEE. Les communes de Laprairie. Laprairie, Impr. du Sacré-Coeur, 1935. [7], 153p. front. (plan), portr., plans, fac-sim. 21 cm. En front., plan de la seigneurie et des communes de Laprairie, par l'auteur; plan cadastral de la commune, en 1815, par L.-R. Chaussegros de Léry, p. 16; plan de la commune, en 1705, p. 51; plan des expropriations de 1822 à 1913, p. 112. La commune de Saint-Lambert, p. 25-36; Laprairie, p. 37-144. Hist. des origines à date de publ. Append.: "Les syndics depuis 1888", p. [146]-7; "Essai juridique", p. [148]-9. Bibliogr., p. [11]-4. Table dét. des mat.; pas d'index.
QQA QQL QQLa QMBN QMM QMU QMBM OOA OOP OTP; NN

LA SARRE

CHEVALIERS DE COLOMB. Souvenir du 48e Congrès annuel des Chevaliers de Colomb de la province de Québec, Rouyn, 25 mai 1947 [Rouyn, s. éd., 1947] 180p. ill., portr., carte. 30 cm. Carte de Rouyn-Noranda et de la région, p. 30. Aperçu hist. du développement de l'Abitibi et du Témiscamingue, de Rouyn-Noranda et de nombreuses paroisses. Pas d'index.
QRC QQLa

PROGRAMME-SOUVENIR. Vingt-cinquième anniversaire de l'Abitibi. Fêté à Amos, 1913-1918. [S.l., s. éd.] 1938. 159, [2] p. ill. 25 cm. Aperçu hist. des origines de l'Abitibi et de ses nombreuses paroisses. Table dét. des mat., p. [160]; pas d'index.
QQLa OOA

LA TUQUE

CARON, NAPOLEON. Deux voyages sur le Saint-Maurice par M. l'abbé N. Caron. Trois-Rivières, P.-V. Ayotte [1890] vi, 319, [2] p. 25 cm. "Rectification", p. [320]. Relations de voyages avec notes hist. sur certaines paroisses comme La Tuque, p. 53-66; Grand-Mère, p. 101-10; hist. des Forges Saint-Maurice, p. 246-74. Table dét. des mat.; pas d'index.
QPC QQA QQL QQLa QMU QMBM OOA OOP OTP BVaU; NN; BM

DESBIENS, LUCIEN. Au coeur de la Mauricie (La Tuque). Trois-Rivières, Ed. du Bien Public, 1933. 60, [1] p. ill., carte. 25 cm. (Pages trifluviennes, Série A, No 8). Lettre de l'abbé Albert Tessier à l'auteur, p. [5]. Hist. des origines à date de publ. Chronol. et stat. en append., p. 53-60. Table dét. des mat.; pas d'index.
QQLa QMBN QMBM OOA; NN

L'AVENIR

ST-AMANT, JOSEPH-C. L'Avenir, townships de Durham et de Wickham. Notes historiques et traditionnelles avec Précis historiques des autres townships du comté de Drummond ... Première édition. Arthabaskaville, Impr. "L'Echo des Bois-Francs", 1896. iii, [5], 433p. ill., pl., portr., carte dépl. 20 cm. Préface de Benjamin Sulte, p. i-iii. Hist. générale du comté de Drummond des origines à date de publ. avec accent sur: Drummondville, p. 9-384, les cantons de Durham (p. [105] -19) et de Wickham (p. [120] -30), les paroisses Saint-Cyrille de Wendower (p. [363] -76), Saint-Germain de Grantham (p. 407-15) et Saint-Jean l'Evangéliste de Wickham (p. 415-20); les cantons Kingsey (p. 376 -83), Kingsey Falls (p. 383) et Grantham (p. 384-402), la municipalité South-Durham (p. 402-6). Table dét. des mat.; pas d'index. /1932: Un coin des Cantons de l'Est. Histoire de l'envahissement pacifique mais irrésistible d'une race. Drummondville, "La Parole". [9], 534, [2] p. "Errata", p. [535].
1896: QQL QQLa QMBN QMU QMBM OOA OORD OOSU OOSJ OTP; LC
/1932: OONL QQL QQLa QSherU QMBN QMU QMG QMBM OOA OORD OOSJ OKQ OTP OLU BVaU; NN

ST-AMANT, JOSEPH-C. Un coin des Cantons de l'Est, voir: L'Avenir, townships de Durham et de Wickham.

LENNOXVILLE

LA TRIBUNE, Sherbrooke. Les romantiques Cantons de l'Est. Cahier d'Histoire, no 1- Sherbrooke, La Tribune, 1943- ill., portr., carte dépl. 42 cm. No 1, 204p.; no 2, 192p. Carte (vol. 1): "Romantic & Historic Map of the Lake Region of the Eastern Townships Quebec to 1867". Hist. religieuse et civile, des origines à date de publ. des Cantons de l'Est, part. de Sherbrooke, Lennoxville, Granby, Victoriaville, Thetford Mines, Coaticook, Magog, Plessisville ainsi que de nombreuses paroisses. Voir table des mat., 1943, p. 204 et 1945, p. 191. Table dét. des mat.; pas d'index.
QQA QQL QMBM OOA

LES CEDRES

AUCLAIR, ELIE-J.-A. Histoire de la paroisse Saint-Joseph-de-Soulanges ou Les Cèdres (1702-1927), par l'abbé Elie-J. Auclair ... [Saint-Polycarpe, 1927] 416, [2] p. ill., portr. 22 cm. Append., p. 354-

403. Table dét. des mat. ; pas d'index.
OONL QQL QQLa QMBN QMM QMBM OOA OOSU OOSJ OTU OTP BVaU; NN

LES EBOULEMENTS

[BELLERIVE, GEORGES] Les Eboulements et l'Ile-aux-Coudres; souvenirs et impressions d'écrivains sur ces deux beaux endroits historiques. [S.l., s.éd., s.d.] 45p. ill. 18 cm. Recueil d'articles de périodiques par Louis-H. Gray; "Esquisse historique des Eboulements et de l'Ile-aux-Coudres", p. 3-8; par G.-E. Marquis, Les Eboulements, p. 9-12; par Georges Bellerive, Un village intéressant: Les Eboulements ..., p. 13-22; par Georges Bellerive, L'Ile-aux-Coudres, p. 23-7; par G.-E. Marquis, A l'Ile-aux-Coudres, p. 28-31. Survol hist. des origines à date de publ. Pas d'index.
QQA QQL QQS QMBN QMBM OORD OTU OTP

BELLERIVE, GEORGES. Un village intéressant: Les Eboulements, voir: Les Eboulements et l'Ile-aux-Coudres.

BOIVIN, LEONCE. Dans nos montagnes (Charlevoix). Les Eboulements, 1941. 254p. ill., pl., portr. 20 cm. Survol hist. des origines à date de publ. Lettre de Georges Melançon à l'auteur, p. [5-6]. Doc. en append. Table dét. des mat. ; pas d'index. /1942: 2e éd. /1945: 3e éd. rev. et corr. 242p.
1941: QPC QQLa QMBN QMU QMBM OOP OTP /1942: OONL QMBM OOU /1945: QQLa OTU

MARQUIS, GEORGES-E. Les Eboulements, voir: Bellerive, Georges. Les Eboulements et l'Ile-aux-Coudres.

LEVIS

THE COMMERCIAL MAGAZINE CO. LTD. The town of Lévis & environs, P.Q., Canada. Montreal, The Commercial Mag. Co. Ltd., 1912. 59p. ill., portr. 26 cm. Brochure bilingue concernant surtout la vie commerciale et industrielle de Lévis au début du 20e s. Nombreuses ill. de l'état des maisons commerciales en 1912. Pas d'index.
OONL QQL QQLa

ROUTHIER, SIR ADOLPHE-B. Québec et Lévis à l'aurore du XXe siècle, par A.-B. Routhier ... Montréal, La Cie de Publication Samuel de

Champlain, 1900. [6]-353, ii, 138, [2] p. ill., pl.h.t., portr., plans. 30 cm. Plan de Québec en 1759, p. 175; plan du Saint-Laurent ... et des opérations du Siège de Québec en 1759, p. 179. Partie concernant Lévis, p. 319-34. Biographies et monographies, 140p. Table des gravures, p. [351]-3; table des biogr. et monographies, 20 parties, p. [139-40]; table dét. des mat., p. 353; pas d'index. /1904: Quebec at the dawn of the XXth century. Montreal, The Sir Joshua Reynold's Art Publishing Co. 400p. 25 cm. /1909: Quebec, a quaint medieval French city in America, at the dawn of the XXth century. Montreal, Montreal Printing & Publ. Co. 400p. front., ill., portr. 26 cm.
1900: QQA QQL QMBN QMU QMBM OOA OOC OOSJ OTP OWA; LC NN; BM /1904: NSHPL QQL QMBN QMBM OOA OOU OKQ OTU OTP OTY OHM AEP; LC /1909: NBS QMBN QMBG OOP OOND OH OLU; LC

ROY, JOSEPH-E. Le premier colon de Lévis, Guillaume Couture. Lévis, Mercier & Cie, 1884. [3], 160p. 17 cm. Append.: doc., p. [158]-60. Notes bibliogr. en bas de page. Pas d'index.
QQA QQL QMU QMBM OOAg OOSJ OTP; NN

ROY, PIERRE-G. Dates lévisiennes. Lévis [s. éd.] 1932-40. 12 v. 18 cm. Vol. 1: 1848-1869, 328p.; vol. 2: 1870-1880, 311p.; vol. 3: 1881-1888, 298p.; vol. 4: 1889-1898, 306p.; vol. 5: 1899-1908, 314p.; vol. 6: 1909-1914, 288p.; vol. 7: 1915-1920, 305p.; vol. 8: 1921-1926, 288p.; vol. 9: 1927-1932, 295p.; vol. 10: append., rues, p. [3]-53, bibliogr. lévisienne, p. 54-94, lois, stat. vitales, préfets du comté, secrétaires-trésoriers du Conseil du comté de Lévis, conseillers et échevins, curés, vicaires, prêtres, religieuses et marguilliers de Notre-Dame de Lévis, députés et notables, inhumations dans les cimetières du collège et du monastère du Précieux Sang, etc., 317p.; vol. 11: index, A-H, 224p.; vol. 12: index, Hospice-Z, 225-463p. Constitue une vaste chronol. de l'hist. de Lévis et de sa première paroisse Notre-Dame de Lévis.
QQL QQLa

ROY, PIERRE-G. Glanures lévisiennes. Lévis [s. éd.] 1920-2. 4 v. 17 cm. Vol. 1, 229p.; vol. 2, 231p.; vol. 3, 231p.; vol. 4, 232p. Bribes de l'hist. de Lévis et de la région depuis ses origines jusqu'à date de publ. L'auteur procède par petits tableaux qu'il étaye généralement de nombreux doc. Table dét. des mat.; pas d'index.
QRS QPC QQA QQL QQLa QMBN QMU QMBM OOU OTP

ROY, PIERRE-G. La traverse entre Québec et Lévis ... Lévis [Impr. aux ateliers "Le Quotidien"] 1942. vi, 169p. 24 cm. Contribution

directe à l'hist. de Québec et de Lévis des origines à 1930. Nombreux renseignements empruntés à l'Histoire de la seigneurie de Lauzon de J.-Edmond Roy Table dét. des mat., p. [165]-9; pas d'index.
NBSM QQA QQL QQLa QMBM OOA OTP BVaU; LC

L'ISLET

ROY, PIERRE-G. L'Annonciation de Notre-Dame de Bon Secours de L'Islet. Lévis, Bulletin des Recherches historiques, 1901. 28p. front., ill. 22 cm. Hist. de la paroisse des origines à date de publ. Liste et courte biogr. des missionnaires, prêtres et curés de L'Islet, p. [9]-20; prêtres nés à L'Islet, p. [25]-8. Pas d'index.
QQA QQL

LONGUE-POINTE

POINTE-AUX-TREMBLES. Programme-souvenir ... 225e anniversaire de la construction de l'église actuelle, 255e anniversaire de la fondation de la paroisse, le 1er juillet 1930. [S.l., s.éd., s.d.] 48p. ill. 22 cm. Bref rappel hist. de la fondation de Pointe-aux-Trembles, p. 3; Rivière-des-Prairies, p. 12; Longue-Pointe, p. 15; Saint-Léonard, p. 19, etc. Pas d'index.
QQA

LONGUEUIL

FALARDEAU, EMILE. Les pionniers de Longueuil et leurs origines, 1666-1681. Préface de M. Aegidius Fauteux ... Montréal, G. Ducharme, 1937. 186, [3] p. 24 cm. "Sources", p. [15]-20. Contribution à l'étude des origines de Longueuil. Liste des noms des pionniers, p. [117]-48; "Occupations, titres et surnoms", p. [163]-8; baptêmes, mariages, sépultures, p. [171]-86.
QQA QQLa QMBN QMU QMBM OOA OOU OTP AEU; LC

JODOIN, ALEXANDRE. Histoire de Longueuil et de la famille de Longueuil par Alex. Jodoin et J.-L. Vincent ... Montréal, Impr. Gebhardt-Berthiaume, 1889. ix, 681, [2] p. ill., pl.h.t., plans. 22 cm. Préface de Benjamin Sulte, p. [vii]-ix. "Errata", p. [683]. Plans du village de Longueuil en 1810 et en 1835, p. 296 et 576. Hist. religieuse, polit. et institutionnelle de Longueuil de 1535 à date de publ. Comté de Kent (Chambly), p. 285-310; municipalité de Saint-Lambert, p. 591-619; l'Ile Sainte-Hélène, p. 619-25. Append.: liste des prêtres, marguilliers,

vicaires, maires, conseillers, commissaires d'école de la paroisse et du village de Longueuil, p. 634-56. Notes bibliogr. en bas de page. Table dét. des mat. ; table alphabétique des noms, p. 665-73.
QPC QQA QQL QQLa QQS QMBN QMBM OOA OOSJ OTP; LC NN; BM

LORETTEVILLE

LINDSAY, LIONEL S. Notre-Dame de la Jeune-Lorette en la Nouvelle-France; étude historique, par Lionel Saint-George Lindsay. Montréal, La Cie de Publication de la "Revue canadienne", 1900. [9], 319, [3] p. ill. 25 cm. Chansons et musique, p. 261-4. Notes bibliogr. en bas de page. Table dét. des mat. ; pas d'index.
QPC QQL QQLa QMBN QMU QMBM OOA OOG OTP OTRM OTM BVaU; NN

MARTEL, ELZEAR-A. Saint-Ambroise de la Jeune-Lorette, Loretteville (comté de Québec), 1904-1940. Recueil de souvenirs. [Québec, Le Courrier de Limoilou, 1949] 15, 271, [1] p. 24 cm. Hist. des origines à date de publ. Table dét. des mat. ; pas d'index.
QQLa QNicS QMBN QMM QMBM OOA; NN

LOTBINIERE

PARADIS, LOUIS-L. Les Annales de Lotbinière, 1672-1933 [par l'] abbé Louis-L. Paradis. Québec, L'Action catholique, 1933. [7], 442p. front. (armoiries), ill., portr. 24 cm. "Errata", feuillet p. [5]. Annales religieuses de la paroisse. Append. : titres de concession de la seigneurie de Lotbinière, p. 414; liste des missionnaires, des curés, des vicaires et des prêtres originaires de Lotbinière, p. 415-9; causerie de Pamphile Lemay sur "les poètes illettrés de Lotbinière", p. 420-36. Notes bibliogr. en bas de page. Table dét. des mat. ; pas d'index.
QPC QQA QQLa QQS QMBN OOA OOSJ

MAGOG

LA TRIBUNE, Sherbrooke. Les romantiques Cantons de l'Est. Cahier d'Histoire, no 1- Sherbrooke, La Tribune, 1943- ill., portr., carte dépl. 42 cm. No 1, 204p. ; no 2, 192p. Carte (vol. 1): "Romantic & Historic Map of the Lake Region of the Eastern Townships Quebec to 1867". Hist. religieuse et civile, des origines à date de publ. des Cantons de l'Est, part. de Sherbrooke, Lennoxville, Granby, Victoriaville, Thetford Mines, Coaticook, Magog, Plessisville ainsi que de

nombreuses paroisses. Voir table des mat., 1943, p. 204 et 1945, p. 191. Table dét. des mat.; pas d'index.
QQA QQL QMBM OOA

MANIWAKI

ROY, ANASTASE. Maniwaki et la vallée de la Gatineau. Préface par Georges Bouchard. Ottawa, Impr. du "Droit", 1933. 259p. ill., portr., carte. 24 cm. Hist. des origines à date de publ. des paroisses de la vallée de la Gatineau, p. [191]-228. Append.: I. Généalogie, p. 231-3; III. Ile Roy, IV. Saint-Fabien de Rimouski, Saint-Fabien sur Mer, p. 240-4. Table des ill., table des noms de famille
QQA QQLa QMBN QMBM OOA OOU OTP; NN

MARSTON

CHANNELL, L.S. History of Compton county and sketches of the Eastern Townships, District of St. Francis, and Sherbrooke County. Supplemented with the records of four hundred families ... including biography of the late Hon. John Henry Pope by Hon. C.H. Mackintosh ... Cookshire, L. S. Channell, 1896. 289, [7] p. front. (carte), ill., portr. 31 cm. "Corrections" à la fin du vol. Carte du district électoral de Compton en front. Hist. du district St. Francis de 1692 à 1791, p. [15]-23; hist. des comtés de Buckingham (1791-1829), p. [24]-6, de Sherbrooke (1829-1853), p. [27]-32, de Compton (1853-1896), p. [33]-64, Eaton, incluant la ville de Cookshire et le village de Sawyerville, p. [65]-76; hist. des cantons de Compton, Clifton, Newport, Westbury, Hereford, Bury, Lingwick, Hampden, Winslow, Whitton, Marston, Ditton, Chesham, Emberton, Auckland et Clinton. Nombreuses biogr. avec index. Table des ill.
QQA QQL QQS QMBN QMM QMBM OOA OOP OTP SRL BVaU; LC

MATAGAMI

OUELLET, GERARD. Aux marches du royaume de Matagami (Rochebaucourt). Québec, Ministère de la Colonisation, 1947. 59p. ill., portr. 20 cm. Hist. de l'établissement de ce village, de 1935 à date de publ.
QQL QQLa QMU OLU; NN

MATANE

GAGNON, ANTOINE. Monographie de Matane, pays de brumes, de soleil, de visions [par] l'abbé Antoine Gagnon. [Rimouski, s.éd., 1945] [13],

370, [14] p. ill., portr., plans, carte dépl. 25 cm. Dessin de Matane vers 1873, reproduit de l'Opinion publique du 2 sept. 1875; plan de la partie nord de Matane, p. [372]. "Errata", fin du vol. Hist. des origines à date de publ. Chap. IV: Signification des noms géographiques; chap. IX, XII-XIV: La seigneurie de Matane. Chronol., p. [337]-54; bibliogr., p. [13]-6. Table dét. des mat., p. [375]-[80]; pas d'index.
QRS QPC QQA QQL QQLa QMBN QMM QMU QMBM OOA OOG OLU OTP; NN

METGERMETTE

[LECOURS, STANISLAS-I.] Saint-Zacharie de Metgermette. Hier, aujourd'hui, demain. Québec, L'Action Sociale Ltée, 1909. 46p. 20 cm. Bref hist. du canton puis de la paroisse de Saint-Zacharie depuis 1873. Pas d'index.
QPC QQA QQLa

MONTPETIT, ANDRE-N. Colonie française de Metgermette par A.-N. Montpetit. Québec, Blumhart & Cie, 1874. 31p. 23 cm. Brève hist. de l'établissement de colons français dans les régions de la Beauce et Dorchester. Pas d'index.
QQA QQL QMBN QMBM OTP; NN; BM

MILLE ISLES

THOMAS, CYRUS. History of the counties of Argenteuil, Que., and Prescott, Ont., from the earliest settlement to the present, by C. Thomas ... Montreal, John Lovell, 1896. viii, 665p. ill., pl.h.t., tabl. 25 cm. Errata, p. iii. Hist. du comté d'Argenteuil, des origines à date de publ., p. [34]-460 et part. de St. Andrew, Lachute, Grenville, Harrington, Wentworth, Core, Mille Iles, Morin, Arundel, Montcalm. Les biogr. sont surtout celles des contributeurs de l'ouvrage. Pas d'index.
OONL QQA QQL QQS QMBM OOAg OTP OL

MINGAN

HIND, HENRY Y. Explorations in the interior of the Labrador peninsula, the country of the Montagnais and Nasquapee indians by Henry Youle Hind ... London, Longman, Green ... 1863. 2 v. ill., cartes (1 dépl.), pl.h.t. (coul.). 22 cm. Contribution directe à l'hist. des origines de Moisie, de Sept-Iles, Mingan ... Notes bibliogr. en bas de page. Pas d' index.

NSHPL NBS QQA QMBN QMU QMBM QMAI OOA OOP OOG OOO OORD OOCiT OKQ OTP OH MWU SSU AEU BViP BViPA; LC NN; BM

MOISIE

HIND, HENRY Y. Explorations in the interior of the Labrador peninsula, the country of the Montagnais and Nasquapee indians by Henry Youle Hind ... London, Longman, Green ... 1863. 2 v. ill., cartes (1 dépl.), pl.h.t. (coul.). 22 cm. Contribution directe à l'hist. des origines de Moisie, de Sept-Iles, Mingan ... Notes bibliogr. en bas de page. Pas d'index.
NSHPL NBS QQA QMBN QMU QMBM QMAI OOA OOP OOG OOO OORD OOCiT OKQ OTP OH MWU SSU AEU BViP BViPA; LC NN; BM

MONT-BRUN

CHEVALIERS DE COLOMB. Souvenir du 48e Congrès annuel des Chevaliers de Colomb de la province de Québec, Rouyn, 25 mai 1947. [Rouyn, s.éd., 1947] 180p. ill., portr., carte. 30 cm. Carte de Rouyn-Noranda et la région, p. 30. Aperçu hist. de l'Abitibi, du Témiscamingue, de Rouyn-Noranda et de nombreuses paroisses. Pas d'index.
QRC QQLa

MONT-LAURIER

LALONDE, MAURICE. Notes historiques sur Mont-Laurier, Nominingue et Kiamika, 1822-1937 ... [Beauceville, L'Eclaireur] 1937. [6]-225, [2] p. ill., pl.h.t., portr. 19 cm. Hist. municipale du village du Rapide de L'Orignal, p. 203-5. Append.: liste des colons ayant obtenu des billets de location du gouvernement depuis 1859 dans les cantons Salaberry, Grandison, Clyde, etc., p. 219-25. Pas d'index.
QQL QQLa QMBN QMU QMBM OOA OOSJ OTP; LC NN

LE NORD de l'Outaouais. Manuel-répertoire d'histoire et de géographie régionale. Ouvrage rédigé en collaboration. 129 illustrations dans le texte, 138 hors-texte, 6 dépliées et une carte en couleurs. Ottawa, Le Droit, 1938. xvi, 396p. ill., pl.h.t., cartes. 24 cm. Hist. de la vallée de l'Outaouais, p. [101]-48; de Hull, p. [182]-201; des paroisses de la vallée de la Gatineau, p. [220]-9; des paroisses de la région de Mont-Laurier, p. [230]-46; des paroisses des comtés de Papineau et d'Argenteuil, p. [247]-74. Append.: démographie, p. [277]-88; divisions administratives, civiles et religieuses, p. [289]-90; dignitaires

religieux et civils, p. [309]-20; chronol. du Nord de l'Outaouais, p. [321]-30. Bibliogr., p. [331]-51. Table dét. des mat. ; pas d'index.
QRS QPC QQA QQLa; NN

MONT-ROLLAND

LANGEVIN-LACROIX, EDMOND. Histoire de la paroisse de Sainte-Adèle. [Sainte-Adèle, s. éd.] 1927. [7]-153, [3], [114] p. ill., portr. 19 cm. Hist. de Sainte-Adèle, de 1840 à date de publ. Notes sur Mont-Rolland et Val-Morin, p. 88-94. Liste des maires, p. 108. Notes bibliogr. en bas de page. Table dét. des mat. ; pas d'index.
QQLa QQS QMBN QMU QMBM OOA OOU OOSJ; NN

MONTCALM

THOMAS, CYRUS. History of the counties of Argenteuil, Que., and Prescott, Ont., from the earliest settlement to the present, by C. Thomas ... Montreal, John Lovell, 1896. viii, 665p. ill., pl.h.t., tabl. 25 cm. Errata, p. iii. Hist. du comté d'Argenteuil, des origines à date de publ., p. [34]-460 et part. de St. Andrew, Lachute, Grenville, Harrington, Wentworth, Core, Mille Iles, Morin, Arundel, Montcalm. Les biogr. sont surtout celles des contributeurs de l'ouvrage. Pas d'index.
OONL QQA QQL QQS QMBM OOAg OTP OL

MONTEBELLO

CHAMBERLAND, MICHEL. Histoire de Montebello, 1815-1928 ... Montréal, Impr. des Sourds-Muets, 1929. 410p. ill., portr., plans, cartes. 25 cm. Hist. de la seigneurie de la Petite Nation, 1613-1854, p. [21]-97; hist. religieuse et civile de la paroisse de Montebello, p. [103]-331. Table dét. des mat., p. 405-10; pas d'index.
QRS QPC QQL QQLa QMBN QMU QMBM OOA OOP OOU OOSJ OOSU OTU OTP BVaU; LC NN

MONTMAGNY

DION, ALBERT. Topographie de Montmagny par l'abbé A. Dion. Québec, L'Action catholique, 1935. [7], 208p. front. (portr.), ill., plans, cartes dépl. 23 cm. (Histoire primitive de la paroisse de Saint-Thomas de Montmagny). Plans de Québec en 1700 (p. 84) et en 1759 (p. 87 et 89). Carte de la paroisse de Saint-Thomas en 1875, p. [94]. Hist. de la paroisse et hist. de la ville, p. [95]-208. Notes bibliogr. en bas de page.

Pas d'index.
QPC QQL QQLa QQS OOA OOP; LC

GOSSELIN, DAVID. Page d'histoire contemporaine. Montmagny, il y a un demi-siècle [par] Mgr D. Gosselin ... Québec, L'Action Sociale, 1925. 16p. 21 cm. Montmagny en 1875. Pas d'index.
QQA QQL QMBN QMBM OOA OTP

MONTMORENCY

CASGRAIN, RENE-E. Histoire de la paroisse de l'Ange-Gardien, par l'abbé René-E. Casgrain ... Québec, Dussault & Proulx, 1902. 374p. front. 19 cm. Hist. depuis 1633 à la fin du 19e s. Append. : liste des familles, population, marguilliers, etc., p. [327]-66. Table dét. des mat. ; pas d'index.
QRS QQL QQS QMBN QMM QMU QMBM OOA OOP OONG OOU OOSJ OTP OTY OWA BVaU; LC

MONTREAL

ACHINTRE, AUGUSTE. L'Ile Ste-Hélène; passé, présent et avenir ... Edition ornée de quatre gravures et d'une carte de l'Ile par MM. A. Achintre et J.-A. Crevier. Montréal, Ateliers du journal "Le National", 1876. 100, [14] p. ill., pl., carte dépl. 11 cm. Hist. de l'Ile des origines à date de publ., p. [5]-22. Carte de l'Ile dessinée par J.-A. Crevier.
QQL QMM QMU OOA OOP OTP; LC

ANGUS, ALEXANDER D. Old Quebec, in the days before our day. Edited and published for the family by Louis Carrier. [1ère éd.] Montréal, 1949 [c1946] 232p. front. (portr.), pl., carte. 25 cm. Carte de la vallée du Saint-Laurent. Hist. locale de Québec (p. 17-64), Tadoussac (p. 65-71), l'Ile d'Orléans (p. 94-109), Chambly (p. 143-76) et Montréal (p. 216-21). Bibliogr., p. 222-4. /1955: réimpr.
QQL QQLa QMM OTP BVaU; LC

ATHERTON, WILLIAM H. History of the harbour front of Montreal since its discovery by Jacques Cartier in 1535 ... by Wm. Henry Atherton ... [Montréal, La Ligue du Progrès civique inc., 1935] 16p. ill. 23 cm. Addenda, p. 16. Hist. chronol. des principaux événements relatifs au port. Notes bibliogr. en bas de page. Pas d'index.
QMBN QMU QMBM OOT OOAg

Rue Saint-Jacques à Montréal vers 1845 Dessin de John Murray

ATHERTON, WILLIAM H. Montreal, 1535-1914, by William Henry Atherton ... Montreal, The S.J. Clarke Publ., 1914. 3 v. front. (portr.), ill., pl.h.t., plans, cartes. 27 cm. Vol. 1: Under French regime, xxxiv, [2], 450p.; vol. 2: Under British rule, xxvi, 673p.; vol. 3: Biographical, 686p. Plans et cartes: vol. 1, p. 198; plan de Montréal, 1650-72, p. 226; Gallence's map, 1669; plan de Montréal, 1687-1723; plan de l'église Notre-Dame, p. 374; carte de Montréal en 1758, p. 416. Inventaires des dessins et plans de l'île de Montréal jusqu'en 1760, vol. 1, p. 447-50. Notes bibliogr. en bas de page. Table dét. des mat.
NSHPL QQL QQLa QMBN QMM QMU QMBM QSherU OOA OOP OORD OKQ OKR OTU OTP OTPM (1er tome) AEU; LC NN; BM

ATHERTON, WILLIAM H. Old Montreal in the early days of British Canada, 1778-1788, by William Henry Atherton ... [Montreal, s.éd., 1925] 12p. ill. 23 cm. Reproduit de la Montreal Gazette du 29 déc. 1925. "Vue de Montréal vers 1760", p. [3]. Pas d'index.
NSHP QQA QMBN OH

BERTHELOT, HECTOR. Montréal. Le bon vieux temps ... Compilé, revu et annoté par E.-Z. Massicotte. Montréal, Beauchemin, 1916. 2 t. en 1 v. Première série: 6, 130p.; Deuxième série: 6, 116p. 21 cm. Table dét. des mat.; pas d'index. /1924: 124p. 23 cm.
1916: QRS QPC QQLa QMBN QMM OOA OOP OOC OONM OTU /1924: OONL QRS QQL QMM QMU QMBM OOU OOSU OKQ BVaU

BERTRAND, CAMILLE. Histoire de Montréal, par Camille Bertrand ... Montréal, Beauchemin; Paris, Plon, 1935-1942. 2 v.: 303p.; 307p. front. (portr.), pl.h.t., carte. 21 cm. Hist. de Montréal des origines à date de publ. Contient: vol. 1, 1535-1760, portrait de La Dauversière; carte de Montréal de 1729 de Chaussegros de Léry; bibliogr., p. [281]-4; vol. 2, 1760-1942. Append.: liste des maires, liste des voltigeurs canadiens du district de Montréal, 1812-13, réf. relatives à Montréal, p. [269]-87.
OONL QRS QPC QQLa QNicS QMBN QMM QMU QMBM OOA OOP OOU OOSJ OKQ OKF OKR OTU OTRM OTP MWU AEU BVaU; LC NN; BM

BLANCHARD, RAOUL. Le Québec par l'image. Montréal, Beauchemin, 1949. 138p. ill., pl.h.t. (54), plans. 25 cm. Abrégé de la série des Etudes canadiennes. Intéressants résumés hist. pour Québec, p. [59]-65 et Montréal, p. [115]-22. Table des ill.; table dét. des mat.; pas d'index.

OONL QRC QPC QQA QQL QQLa QMU OOP OONM OOU OLU BVaU

BOARD OF TRADE, Montreal. A souvenir of the opening of the New Building ... Montreal, Sabiston Lithographic & Publ. Co., 1893. 176, [2] p. ill., portr., plans. 28 cm. Plan des fortifications de Montréal, p. 20; plan de Montréal en 1830, p. 40; plan du début du Canal Lachine, p. 42. Aperçu hist. et économique de Montréal de 1535 à 1850 par William McLennan. Biogr. des comtés du Montreal Board of Trade, p. 80-6; biogr. des hommes d'affaires, p. 94-101, 109-69. Table dét. des mat., p. [177]; pas d'index.
QQA

BORTHWICK, JOHN D. History and biographical gazetteer of Montreal to the year 1892,by Rev. J. Douglas Borthwick ... Montreal, J. Lovell & Son, 1892. 531p. ill., pl.h.t., portr. 23 cm. Addenda, p. [525]-6. Survol de l'hist. de Montréal avec insistance sur le 19e s., p. [8]-97. Biogr., p. 101-523.
NBSaM QQA QQL QQS QMBN QMM QMU QMBM OOA OOP OOG OKQ OTU OTP OH OLU; NN

BORTHWICK, JOHN D. History of Montreal and commercial register for 1885, by Rev. J. Douglas Borthwick ... Montreal, Gebhardt-Berthiaume, 1885. 72p. ill. 29 cm. Aperçu hist. de Montréal, de 1642 à 1869. Le texte anglais est entrecoupé d'un chap. en français sur l'hist. de Montréal de 1642 à 1707 intitulé: Notes sur l'histoire de Montréal, p. 43-56. Nombreuses annonces commerciales. Pas d'index.
QQS QMBN OOP

BORTHWICK, JOHN D. History of Montreal, including the streets of Montreal. Their origin and history ... By Rev. J. Douglas Borthwick ... Montreal [D. Gallagher] 1897. [11], 288, [8] p. front., ill., portr., plan, fac-sim. 24 cm. Titre inscrit au dos du livre: Streets of Montreal. Plusieurs erreurs typographiques. Plan de Montréal en front. Collaborateurs: abbé Demazure avec Notes sur l'histoire de Montréal ..., p. 30-41 et P.S. Murphy. Survol de l'hist. de Montréal des origines à date de publ. Population, 1667-1897, p. 28. Hist. de quelques maisons de commerce avec annonces, p. 267-88. Notes biogr. des personnalités civiles et hist. des rues, des institutions et des entreprises commerciales.
OONL NSHPL NBSaM QQL QMBN QMM QMBM OOA OOP OOC OOND OTU OTP OLU OWA AEU BVaU BViP; LC NN; BM

BORTHWICK, JOHN D. History of the diocese of Montreal, 1850-1910, by Rev. J. Douglas Borthwick ... Montreal, J. Lovell & Son, 1910. vi, [1], 230p. front., pl.h.t., portr. 23 cm. "A limited first edition". (Voir notes après p. 230). Erreur dans la pag.: la p. vi apparaît deux fois. Couvre tout le diocèse anglican de Montréal et traite part. de l'hist. religieuse des Cantons de l'Est. Biogr. des membres du clergé.
NSHPL QQS QMBN QMBM OOA OOP OKQ OTU OTP OTY OLU BVaU; LC NN

BORTHWICK, JOHN D. Montreal, its history, to which is added biographical sketches, with photographs, of many of its principal citizens, by Rev. J. Douglas Borthwick ... Montreal, Drysdale and Co., 1875. 154p. front., ill., pl.h.t., portr. 30 cm. L'éditeur annonce que l'auteur poursuivra son oeuvre avec des vol. II et III qui ne virent pas le jour. Texte français de collaborateurs. Hist. de Montréal, des origines à date de publ., p. 1-34; notes biogr., p. 35-140; industries et manufactures, p. 141-53. Si l'hist. de Montréal remonte à Cartier, les biogr. sont celles de personnages du 19e s.
OONL QQA QQL QQS QMBN QMU QMBM OOA OOP OTP OTRM BVaU; LC NN

BORTHWICK, JOHN D. Notes sur l'histoire de Montréal, voir: History of Montreal and commercial register for 1885.

BOSWORTH, NEWTON, ed. Hochelaga depicta; or, The early history and present state of the city and Island of Montreal with numerous engravings. Montreal, William Greig, 1839. 9, 284p. ill., pl.h.t., plans. 20 cm. Notes et corrections, p. 283. Liste des gravures. Pas d'index. /1846: Hochelaga depicta; or, A new picture of Montreal, embracing the early history and present state of the city and Island of Montreal. With an addenda, containing a description of all the recent improvements. Montreal, R.W.S. Mackay. [27], [9], 284p. front., pl.h.t., plan dépl. 19 cm. /1901: réimpr. en fac-sim., publ. à Montréal.
1839: QQS QMU OOP OOCC OKQ OTP; LC NN; BM /1846: NSHPL NBFU QQL QMBN OTP; NN /1901: QMM OOA OOP OOC OOND OKQ OKR OTRM OTV OH OLU AEU BVaU

BRUCHESI, JEAN. De Ville-Marie à Montréal. Montréal, Ed. de l'Arbre [1942] 9, 154, [2] p. ill., pl.h.t. 20 cm. Des origines à date de publ. Bibliogr., p. 151-4. Pas d'index.
OONL NSHPL QPC QQL QQLa QMBN QMM QMU QMBM OOA OOP OOE OOU OOSS OKQ OTU OTP OTRM BVaU; LC NN

BULLETIN DES ETUDES FRANCAISES 3e centenaire [de] Ville-Marie, Montréal, mai 1642-1942. Montréal, Collège Stanislas, 1942. 192p. ill. (dessins). 24 cm. (Septième bulletin des Etudes françaises, mai 1942). En tête de titre: Numéro spécial. Contribution à l'hist. des origines de Montréal. Table dét. des mat., p. 1; pas d'index
OONL QRS QPC QQLa QMBN QMU QMBM OOP OTU

CALL, FRANK O. The spell of French Canada by Frank Oliver Call ... Boston, L. C. Page & Co. [c1926] xiv, 372p. front., pl. h. t., portr., carte dépl. 21 cm. (The Spell Series). Largement descr. cet ouvrage contient toutefois des notes hist. sur Montréal et Québec aux 17e et 18e s. Bibliogr., p. 363-4.
OONL NSHPL NfSM QQLa QMBN QMU QMBM OOP OKQ OTU OTP OTY OH OWtU MWU ACU AEP BVa BVaU

[CHAMBERLIN, B.] Montreal in 1856. A sketch prepared for the celebration of the opening of the Grand Trunk Railway of Canada. By a sub-committee of the celebration committee. Montreal, John Lovell, 1856. 52p. front. 23 cm. Sous-comité présidé par B. Chamberlin. Notes hist. concernant la ville, son commerce et son industrie.
QQL

CHAMBERS, ERNEST J. The book of Montreal. A souvenir of Canada's commercial metropolis. Montreal, Book of Montreal Co. [1903] [9], 257, [10] p. front., ill., pl. h. t., portr. 32 cm. En page-titre: "Why it holds that distinction and who its makers have been. A story of a great city's commerce, finance and wealth, with something about its advantages as a seaport, as a market, and as railway, manufacturing and educational center". Montréal à l'aurore du 20e s. Pas d'index.
QQLa QQS QMBN QMG QMBM OOA OOP OOC OTP OLU; NN; BM

COOPER, JOHN I. Montreal, the story of three hundred years. [Montréal, Imprimerie de Lamirande] 1942. [13], 133, [1] p. front., ill. 25 cm. Hist. événementielle. Table dét. des mat.; pas d'index.
NBFL QQL QQLa QMBN QMU QMBM OTP OLU SRL BVa BVaU

DEMAZURE. Notes sur l'histoire de Montréal, voir: Borthwick, John D. History of Montreal, including the streets of Montreal.

DOLLIER DE CASSON, FRANCOIS. A history of Montreal, 1640-1672, voir: Histoire du Montréal.

DOLLIER DE CASSON, FRANCOIS. Histoire du Montréal, par M. Dollier de Casson. Montréal, Des presses à vapeur de "La Minerve", 1868. [3], 295, [1] p. 25 cm. En tête du titre: Mémoires de la Société historique de Montréal, Quatrième livraison. "Ouvrage attribué à Dollier de Casson ... avec apostilles par Pierre Margry et notes et appendices par J. Viger", p. [3]. Copie du manuscrit conservé à la Bibliothèque Mazarine. /1871: autre éd. Montréal, Eusèbe Sénécal. 128p. 24 cm. (The Literary and Historical Society of Quebec. Manuscripts relating to the early history of Canada, 3e série, no 1). En tête du titre: Manuscrit de Paris - publ. sous la direction de la Société littéraire et historique de Québec. Contient en outre "Abrégé de la mission de Kenté" [par Claude Trouvé] p. [119]-28. /1928: A history of Montreal, 1640-1672 ... translated and edited with a life of the author, by Ralph Flenley. London & Toronto, J.M. Dent; New York, E.P. Dutton. 384p. front., plans, cartes. 23 cm. Texte français et anglais. "Abrégé de la mission de Kenté", p. 350-71. Considéré comme la première hist. locale. /1917: Les origines du Montréal. Montréal, Ménard. 364p. front., plans, cartes. 26 cm. Publ. sous les auspices de la Société historique de Montréal.
1868: OONL QQL QQLa QMBN QMBM; LC /1871: QQL QQLa QMBM OORD OKQ OTP; LC NN /1917: QRS QQLa /1928: OONL NBFU QQLa QMM QMBM OOG OOSU; LC NN

DOLLIER DE CASSON, FRANCOIS. Les origines du Montréal, voir: Histoire du Montréal.

DUBE, CHARLES. Montréal aux premiers jours [par] Charles Dubé et Armand Tanguay. Pages des Relations des Jésuites, 1637-1672. [Préf. de Léon Pouliot] [Montréal, Impr. Populaire] 1942. 178p. ill., cartes. 17 cm. Cartes: Montréal en 1645, p. 8; sites hist. de Montréal, p. 172. Chronol. des débuts de Montréal de 1642 à 1694, p. 143-5. Bibliogr., p. 173-6. Table dét. des mat., p. 177-8; pas d'index.
QQA QQL QQLa QMBM

DUPUY, PAUL. Villemarie. Petites fleurs religieuses du vieux Montréal ... Avec une introd. par M. H.-A. Verreau. Montréal, Librairie Saint-Joseph; Cadieux & Derome, 1885. xxii, 216, [2] p. front. (plan). 20 cm. (Bibliothèque religieuse et nationale, 3e série). Notes hist. sur les débuts de Montréal jusqu'à 1672, part. sur les événements religieux. Table dét. des mat.; pas d'index. /1930: Montréal, Granger. 240p. 25 cm. (Collection canadienne).
1885: QQL QQLa QMBN OOA OOU OOSU OOC OTP OLU; LC /1930: QPC

Les "chars à chevaux", coin McGill et Notre-Dame vers 1880

GAGNON, BLANCHE. Réminiscences ... et actualités. Québec, Garneau, 1939. 254p. front. (portr.). 20 cm. Souvenirs de l'auteur accompagnés de notes hist. sur certains événements ou institutions de Québec et Montréal. Table dét. des mat.; pas d'index.
QQA QQL QQLa QMBN QMU QMBM OOA OKQ OTP OSuL BVaU; LC; BM

GIBBON, JOHN M. Our old Montreal, by John Murray Gibbon. Toronto, McClelland & Stewart [c1947] xii, [xiv], 265, [1] p. front., pl., portr. 22 cm. Chanson: "Our old Montreal" avec paroles de J.M. Gibbon et arrangements d'E. MacMillan sur feuilles de garde. Hist. de Montréal, surtout du point de vue économique, des débuts à date de publ. Table des ill., p. [xiii]; table dét. des mat., p. [vii-xii].
NSHPL QQL QQLa QMBN QMM QMBM OOA OOP OTP MW BVa BVi BViP; LC NN

GRANT, GEORGE M. Artistic Quebec; described by pen and pencil. Edited by George Monro Grant ... Illustrated under the supervision of L.R. O'Brien ... Toronto, Belden Brothers [c1888] xii, [4], 141p. ill., pl.h.t., portr. 32 cm. Préf. de Julian Hawthorne. Rappel hist. des origines à 1840, p. [1]-32. Descr. de Québec (p. [33]-61) et de Montréal, p. 104-41. Pas d'index.
QQL QQLa QMBM OOA

GRANT, GEORGE M. French Canadian life and character; with historical and descriptive sketches of the scenery and life in Quebec, Montreal, Ottawa, and surrounding country. Edited by George Monro Grant ... Chicago, Alexander Belford, 1899. 249p. front., ill., pl. 31x23 cm. Hist. et descr., du début à date de publ., de Québec, p. 53-113, de la vallée du Richelieu, des Cantons de l'Est, p. 115-37 et de Montréal, p. 139-78. L'ouvrage est écrit en collaboration. Table dét. des mat., p. [7]; pas d'index.
NSHPL NBSM QMBN QMBM OKQ OTP SSU; LC

GRAY, CLAYTON. Montréal qui disparaît, voir: The Montreal story.

GRAY, CLAYTON. The Montreal story. Montreal, Whitcombe & Gilmour [c1949] [13], 84p. ill. 20 cm. Petite hist. de Montréal au 19e s. inspirée des journaux de l'époque. Table des ill., p. [10]; table dét. des mat., p. [11]; pas d'index. /1952: Montréal qui disparaît. Montréal, J.-A. Pony. 198p. ill. 22 cm.
1949: OONL QQA QQL QMBN QMBM OOA OOP OOE OTP OTY OH; LC
/1952: OONL NBFU QQL QMU QMBM OOA OORD BVa BVaU

GROULX, LIONEL. Ville-Marie, 1642-1942. Les origines de Ville-Marie. Montréal, L'Oeuvre des Tracts, 1942. 16p. 19 cm. (L'Oeuvre des Tracts, no 271). Texte d'une causerie donnée à "l'Heure catholique", d'octobre à novembre 1941. Survol de la fondation religieuse de Montréal. Pas d'index.
QQL QQLa QMBN QMM QMU QMBM

GROULX, LIONEL-A. Ville-Marie, joyau de l'histoire coloniale ... [Montréal, Granger, 1940] 24p. 19 cm. (Collection du troisième centenaire, no 1). Conférence prononcée le 7 déc. 1939, à l'Académie Querbes d'Outremont, sous les auspices du Cercle de Saint-Viateur. Sur les origines religieuses de Montréal. Pas d'index.
QQA QMBN QMU QMBM OOP OOSJ OTP OWtU BVaU; NN

GUIDE de Montréal. Souvenir. [Montréal, s. éd., 1910] [5], 202p. front., ill., plan. 16 cm. Plan de Montréal en 1700, p. 25. Survol de l'hist. de Montréal des origines à 1850, p. [10]-32. Guides des lieux hist. ainsi que des principaux monuments, p. 33-201. Pas d'index. /1913: Guide ... accompagné d'une carte. Montréal, Beauchemin. 126, [2] p. carte.
1910: QQLa /1913: QQLa

HENDRIE, LILIAN M. Early days in Montreal and rambles in the neighbourhood ... Illustrations by Harold Beament. Montreal [Mercury Press] 1932. [5], 70p. ill., carte. 24 cm. Hist. de Montréal et de ses environs au début du 17e s. Pas d'index.
NSHPL NBS QQA QQLa QMBN QMBM OOA OOP OTP OH SRL BVa BVaU BVi; LC NN

HEROUX, JEAN-P. Troisième centenaire de Montréal. Compte rendu des fêtes préparé par Jean-P. Héroux ... Montréal [La Commission du IIIe centenaire de Montréal par Therrien & Frères] 1942. 301p. front., ill., portr., plan. 25 cm. En tête de titre: 1642-1942. Plan de Montréal en 1761 d'après Paul Labrosse avec additions par E.-Z. Massicotte, p. [176-7]. "Montréal en 1642", par Olivier Maurault. Compte rendu chronol. des fêtes, p. 37-268. Bibliogr., p. 273-82. Table des ill., p. 298-9; table dét. des mat., p. 300-3; pas d'index.
QRS QPC QQLa; NN

HINSHELWOOD, N.M. Montreal and vicinity; being a history of the old town, a picturial record of the modern city, its sports and pastimes, and an illustrated description of many charming summer resorts around ... [Montreal, Desbarats, 1903] [2], 174p. front., ill., plan. 23 cm.

Plan de Montréal en 1760, p. 21. Hist. de Montréal des origines à date de publ., p. [5]-41; hist. de la banlieue, p. [105]-53. Table des ill., p. 1-4; pas d'index.
NSHPL QQL QQLa QMBM OOA OOP OTP BVa BVaU; LC NN; BM

HISTORIC Saint Helen's Island. [Montreal, The Metropolitan Commission, s.d.] [25p.] ill., plan. 25 cm. Carte de l'Ile Sainte-Hélène, [p.13]. Aperçu hist. de l'Ile de 1611 à 1936. Pas d'index.
QQL QMBN QMBM OOA

JODOIN, ALEXANDRE. Histoire de Longueuil et de la famille de Longueuil par Alex Jodoin et J.-L. Vincent ... Montréal, Impr. Gebhardt-Berthiaume, 1889. ix, 681, [2] p. ill., pl.h.t., plans. 22 cm. Préface de Benjamin Sulte, p. [vii]-ix. "Errata", p. [683]. Plans du village de Longueuil en 1810 et en 1835, p. 296 et 576. Hist. religieuse, polit. et institutionnelle de Longueuil de 1535 à date de publ. Comté de Kent (Chambly), p. 285-310; municipalité de Saint-Lambert, p. 591-619; l'Ile Sainte-Hélène, p. 619-25. Append.: liste des prêtres, marguilliers, vicaires, maires, conseillers, commissaires d'école de la paroisse et du village de Longueuil, p. 634-56. Notes bibliogr. en bas de page. Table dét. des mat.; table alphabétique des noms, p. 665-73.
QPC QQA QQL QQLa QQS QMBN QMBM OOA OOSJ OTP; LC NN; BM

LAMOTHE, J.-CLEOPHAS. Histoire de la corporation de la cité de Montréal depuis son origine jusqu'à nos jours comprenant, en outre, les portraits et les biographies des membres du Conseil municipal de Montréal et des principaux fonctionnaires actuels, ainsi que de tous les maires qui ont présidé à nos délibérations civiques, des échevins qui ont siégé à l'Hôtel de Ville depuis 1883, c'est-à-dire depuis la période d'annexion des municipalités limitrophes, constituant une revue unique des événements et des figures qui ont provoqué le développement de notre métropole, par J. Cléophas Lamothe ... et La Violette et Massé, éditeurs. Montréal, Montreal Printing and Publishing Co., 1903. xii, [4], 846p. front., ill., portr. 23 cm. Préf. de M. Arthur Dansereau, p. ix-xii; lettre de l'hon. L.-O. David, p. [xiii]. Hist. de Montréal depuis sa fondation, p. [1]-62; hist. de l'administration de Montréal, p. [65]-186; liste des maires, des conseillers, des fonctionnaires, des juges, échevins ... de Montréal, p. [189]-255; biogr. des mêmes personnages, p. 261-840. Table dét. des mat.; pas d'index.
QQA QQLa QQS QMBN QMU QMBM OOA OTP OTRM; LC; BM

LANCTOT, GUSTAVE. Montréal au temps de la Nouvelle-France, 1642-

1760, par Gustave Lanctôt ... Montréal, G. Ducharme, 1942. 25p. 25 cm. (Bibliothèque d'histoire scientifique). Excellent résumé de l'hist. de Montréal sous le Régime français. Pas d'index.
QRS QPC QQA QQL QMBN QMU QMBM OOA OOC OOU OTP ACU BVaU; LC NN; BM

LAUZON, LOUIS-J. Gilles Lauzon et sa postérité. Québec, L'Action sociale, 1926. [7], 248p. fac-sim. 24 cm. En tête de titre: Un pionnier de Ville-Marie. Plan de Ville-Marie en 1672, p. 162. Errata, p. 248. Hist. religieuse de Montréal jusqu'au milieu du 17e s. Tabl. généalogique de la famille Lauzon, p. 207-35. Notes bibliogr. en fin de chap. Table dét. des mat.; pas d'index.
QPC QQA QQL QQLa QMBN QMBM OOA; LC; BM

LEACOCK, STEPHEN B. Montreal, seaport and city, by Stephen Leacock. Garden City, N.Y., Doubleday, Doran, 1942. xi, 340p. front., ill., pl.h.t. 24 cm. Vue de Montréal en 1830 en front.; dessins du port de Montréal en 1860, p. 164 et 180. Hist. de l'université McGill, p. 288-311. Append.: population de Montréal de 1642 à 1941, p. [329]; chronol., p. 330-1. Notes bibliogr. en bas de page. Table des ill., p. xi. /1943: autre tirage. /1948: Toronto, McClelland and Stewart.
1942: OONL NSHPL NBFU NBS NBSaM QQA QQL QQLa QMBN QMU QMBM OOA OOP OONF OOE OOND OOCC OKQ OKF OTP OH OHM OLU MW MWP MWU BVa BVi BViP; LC; BM /1948: QQLa QMM; NN

LEBLOND DE BRUMATH, ADRIEN. Guide de Montréal et de ses environs ... par Leblond de Brumath ... Montréal, Granger Frères, 1897. 170p. pl.h.t. 18 cm. Hist. de Montréal des origines à date de publ., p. 1-23. Pas d'index.
QQA QQL QMBN QMU QMBM OORD OOSJ; NN

LEBLOND DE BRUMATH, ADRIEN. Histoire populaire de Montréal depuis son origine jusqu'à nos jours [par] A. Leblond de Brumath ... Avec une lettre-préface de l'abbé Verreau et une introduction de Benjamin Sulte. Montréal, Cadieux & Derome, 1890. xii, 454p. 22 cm. Table dét. des mat.; pas d'index. /1890: autre tirage chez Granger Frères. /1913: 2e éd. rev. et augm. Montréal, Beauchemin. 362p. front., ill. 27 cm.
1890: QRS QPC QQLa QQS QMBN QMBM QNicC QSherU OOA OOC OOU OOSJ OTP OTY; LC /1913: QQLa OLU /1926: QMBN

[LENOIR, JOSEPH] Montréal et ses principaux monuments. Edition illustrée. Montréal, Eusèbe Sénécal, 1860. 46, [8] p. front., ill.

(1 dépl.). 21 cm. Bref hist. de Montréal de 1535 à date de publ., p. [7]-14. Hist. et descr. des principaux édifices: couvents, églises, hôpitaux, banques ... Pas d'index.
QQL

LIGHTHALL, WILLIAM D. Montreal after 250 years, by W.D. Lighthall ... Montreal, F.E. Grafton, 1892. 149, [2] p. front., ill., pl.h.t., plans. 19 cm. "Authorities consulted". Plan d'Hochelaga en 1535, p. 4; plan de Ville-Marie en 1680, p. 108; plan de Montréal en 1759, p. 136. Des origines à la fin du 19e s. Notes hist. sur les lieux et les édifices. Table des ill. au début du vol.
OONL NSHPL NBSaM QQL QQS QMBN QMBM OOA OOP OOCC OOC OKQ OTP OH OHM OL MWU AEU BVaU; LC NN; BM

LIGHTHALL, WILLIAM D. Sights and shrines of Montreal. A topographical romantic and historical description of the city and environs, by W.D. Lighthall ... Montreal, F.E. Grafton [1892] [4], 160p. ill., pl.h.t. 19 cm. Nombreux rappels hist. avec accent sur le 19e s. /1903: 176p. 17 cm. /1919: A.T. Chapman. 199p.
1892: NBSM QQA QMBN; LC /1903: QQLa; NN /1919: BM

LONGSTRETH, THOMAS M. Quebec, Montreal and Ottawa. New York, London, Century [1933] xi, 318p. front., ill., cartes. 21 cm. Descr. avec notes hist. Bibliogr., p. 313.
NSHPL NBFL NBS QQL QQLa QMBN QMBM OOA OOP OKQ OTU OTP OTTC OTY OH OWA MW MWP SSU SRL BVa BVaU BVi; LC NN; BM

[McADAM, J.T.] Canada; from the lakes to the gulf: the country, its people, religions, politics, rulers and its apparent future. Being a compendium of travel through the upper and lower provinces, together with a description of their resources and enterprises, trade, statistics, etc., viewed both in its business, social and political aspects; its various cities and summer resorts, salmon rivers, etc., together with the legends of the lower St. Lawrence and the cities on the coast. In fact, a valuable and interesting book for both travellers and home folks. With numerous illustrations. By Captain Mac [pseud.] Montreal, Printed for the author, 1881. 222, [2] p. ill., portr. 22 cm. Surtout descr. avec quelques notes hist. concernant le Québec, p. 51-151; Montréal, p. 57-101; Québec, p. 107-20. Annonces commerciales, p. 201-24. Pas d'index.
QQL QMU QMBM OOA OONG OKQ OTP OLU SRL BViP; LC NN

McCONNIFF, JOHN. Illustrated Montreal, the metropolis of Canada. Its romantic history, its beautiful scenery, its grand institutions, its present greatness, its future splendour. 1892-93. Montreal, John McConniff [1893] 81, [3] p. ill., portr. 23 cm. Album photographique avec notes hist. se rapportant au 19e s. Pas d'index. /[c1890]: autre éd. 81p. /1892: 5e éd. Titre: Illustrated Montreal. 110p. /[1894]: autre éd.
1890: NSHD QQL QSherU QMU QMG QMBM OOA OOP OOT OKQ OTP OLU BVaU; NN /1892: QQL OOA OOP; NN /1893: QQL QQS OOP /1894: LC

MACKAY, ROBERT W.S. The stranger's guide to the island and city of Montreal, containing a brief description of all that is remarquable in either; illustrated by a map of the city and numerous wood cuts ... Montreal, Printed by Lovell & Gibson, 1848. 46, [6] p. ill., plan dépl. 12 cm. Plan de Montréal en 1848, p. [2]. Hist. des paroisses, des monuments et des institutions de Montréal. Pas d'index.
QQL QMBM

MARCHAL, LEON. Les origines de Montréal, Ville-Marie, 1642-1665. [Avant-propos d'Olivier Maurault et lettre-préface de Jean Verdier] Montréal, Beauchemin et Bulletin des Etudes françaises, 1942. [11], 214p. ill. 24 cm. Bibliogr., p. [209]-11. Table dét. des mat., p. [213]-4; pas d'index.
QPC QQL QQLa QNicS QMBN QMM QMU QMDB QMBM OOA OOU OOSJ OKQ OSS OTP OTRM; LC NN; BM

MASSICOTTE, EDOUARD-Z. Faits curieux de l'histoire de Montréal, par E.-Z. Massicotte. Avec une préface et un index par Casimir Hébert. Montréal, Beauchemin, 1922. [5], 223, [1] p. 17 cm. Hist. anecdotique couvrant toutes les périodes. Notes bibliogr. en bas de page. Table analytique, p. [201]-23. /1924: [11], 202, [1] p. 22 cm. (Bibliothèque canadienne, collection Maisonneuve). Table analytique, p. [181]-202.
1922: QQL QQLa QQS QMBN QMU QMBM OOA OOP OORD OOU OTP MWU AEU /1924: QPC QQA QNicS QMBN OOSJ OKQ OTP OTRM BVaU; NN; BM

MASSICOTTE, EDOUARD-Z. Montréal. Le bon vieux temps, voir: Berthelot, Hector.

MAURAULT, OLIVIER. Marges d'histoire. II: Montréal. [Montréal] Librairie d'Action canadienne-française, 1929. 297, [5] p. 19 cm.

Divers articles sur l'hist. religieuse de Montréal des origines à la fin du 19e s. Saint-Jacques de Montréal, p. 203-41; Notre-Dame de Grâces, p. 241-69. Notes bibliogr. en bas de page. Table dét. des mat.; pas d'index.
QRC QQA QQL QQLa QNicS QMBN QMU QMBM OOA OOCC OONG OOU OOSU OOSJ OKQ OTRM OLU OWtU BVaU

MAURAULT, OLIVIER. Moisson de Ville-Marie. Montréal, Fides [1942] 198, [2] p. 20 cm. S'attarde surtout à l'hist. des 17e et 18e s.; vie intellectuelle de Montréal jusqu'en 1942. Pas d'index.
QRC QPC QQL QQLa QNicS QMBN QMM QMU QMBM OOA OOCC OOU OOSJ OTP OTRM; LC NN

MAURAULT, OLIVIER. La paroisse. Histoire de l'Eglise Notre-Dame de Montréal. Montréal & New York, Louis Carrier & Cie, 1929. [12], 334, [2] p. ill., pl., portr., fac-sim. 25 cm. Plan de Montréal en 1726 et 1791, p. 18. Diverses vues de Montréal au 19e s., p. 27, 51, 52. Contribution à l'hist. de la paroisse Notre-Dame. Notes bibliogr. en bas de page. Table des ill.; pas d'index.
NfSM NSHPL NBFU NBSM QQA QQL QQLa QSherU QMBN QMU QMBM OOA OOCC OONG OOU OOSJ OKQ OKR OTU OTP OTRM OTStM OH OHM OLU MWU SSU AEU BVaU

MINVILLE, ESDRAS. Montréal économique. Etude préparée à l'occasion du troisième centenaire de la ville. Montréal, Fides, 1943. 430p. plans. 24 cm. (Etudes sur notre milieu. Série régionale). Plan du port de Montréal en 1877, p. [120]. Chap. VIII consacré à l'hist. de Montréal, p. [327]-75. Append.: p. [399]-419. Notes bibliogr. en bas de page et bibliogr. à la fin de chaque chap. Table dét. des mat., p. [427]-30; pas d'index.
QQL QQLa QMBN QMU QMBM

MONTREAL fin de siècle. Histoire de la métropole du Canada au dix-neuvième siècle. Ouvrage illustré. Montréal, The Gazette Printing Co., 1899. 216p. front., ill., portr., plans. 31 cm. Plan des fortifications de Montréal, p. 6; plan de la ville en 1830, p. 16. Vie sociale, économique et culturelle, p. [5]-80; biogr., p. [84]-213. Index des noms de personnes; liste des commissaires du port.
QQL QQLa QMBN QMBM

MONTREAL illustrated 1894. Its growth, resources, commerce, manufacturing interests, financial institutions, educational advantages and prospects; also sketches of the leading business concerns which con-

tribute to the city's progress and prosperity. A brief history of the city from the foundation to the present time. Montreal, The Consolidated illustrating Co. [1894] 368p. ill., portr. 20x27 cm. Hist. de Montréal par Arthur Weir, p. [37]-79. Annuaire commercial de la ville en 1894, p. [80]-360. La pag. de l'exempl. consulté commence à 35.
QQS QMBN QMBM OOA OTP

[MORGAN, HENRY J.] Historic Montreal, past and present. A portfolio of pictures of Montreal and surroundings - comprising reproductions of paintings by Canadian artists showing historical places as they stand today - together with a collection of carefully chosen photographs, giving a comprehensive panorama of our great city. [Assembled and edited by Geoffrey M. Le Hain] Montreal, Henry Morgan [s.d.] [76] p. ill., pl. (coul.). 30 cm. Ill. accompagnées de notes hist. des origines à date de publ.
NBS QQLa; LC

MORIN, VICTOR. The city of spires in the green, voir: La ville aux clochers dans la verdure.

MORIN, VICTOR. Croquis montréalais. Texte par Victor Morin ... Illustrations de Charles W. Simpson ... [Montréal] Pacifique Canadien, 1929. 40p. ill. (coul.). 23 cm. Hist. anecdotique et légendaire de Montréal couvrant toutes les périodes. Pas d'index. /1929: Old Montreal with pen and pencil.
Ed. française: QQA QQL QQLa QMBM /Ed. anglaise: NBFU NBSM QMBN QMM QMBM OOC OKQ OTP; NN; BM

MORIN, VICTOR. Les fastes historiques du vieux Montréal. The historical records of old Montreal. Montréal, Les Editions des Dix, 1944. [9], 133p. plan dépl. 24 cm. Plan du vieux Montréal, p. 129. Partie française, p. [9]-70; partie anglaise, p. [73]-133. Transcription et explications hist. des plaques commémoratives. Notes bibliogr. en bas de page. Pas d'index.
QQA QMBN QMBM OTP; LC NN

MORIN, VICTOR. The historical records of old Montreal, voir: Les fastes historiques du vieux Montréal.

MORIN, VICTOR. La légende dorée de Montréal. Montréal, Les Editions des Dix, 1949. 211, [4] p. front. (plan dépl.). 26 cm. Append.: explications hist. concernant les plaques commémoratives, p. 173-207.

OONL QQLa QMBN QMM OOPW OKQ OTP; NN

MORIN, VICTOR. Old Montreal with pen and pencil, voir: Croquis montréalais.

MORIN, VICTOR. Le vieux Montréal: 1642-1942. Fondation, développement, visite, par Victor Morin ... Montréal, Les Editions des Dix, 1942. 43p. plan. 23 cm. Plan de Montréal en 1761, p. 22-3. Tiré-à-part du Cahier des Dix, vol. 7, 1942.
OONL NSHPL NSHP QPC QQA QQL QMBN QMU QMBM OOU OKQ OTP OLU; LC NN

MORIN, VICTOR. La ville aux clochers dans la verdure - the city of spires in the green. Montréal, La Cie de Publication de la Patrie, 1923. [6], 61p. front., ill., pl.h.t. 22 cm. Précédé du programme de la 41e convention annuelle des Chevaliers de Colomb. Survol de l'hist. de Montréal à travers ses mouvements, ses sites hist., ses institutions. Pas d'index.
QQLa

MORIN, VICTOR. Ville mystique ... Hull, Impr. Leclerc, 1943. 34, [2] p. 23 cm. Les origines religieuses de Montréal avant 1660. Notes bibliogr. en bas de page. Pas d'index.
QPC QQLa QMBN QMU QMBM; NN

OAKLEY, AMY. Kaleidoscopic Quebec ... Illustrations by Thornton Oakley. New York, London, D. Appleton - Century Co. [1947] xiii, 278p. front., ill. (dessins originaux). 21 cm. Cartes géographiques de la vallée du Saint-Laurent, des Laurentides et de la Gaspésie en pages de garde. Descr. surtout l'ouvrage traite de la vallée du Richelieu, p. [3]-24; de Montréal et des environs, p. [27]-79; de Québec, p. [81]-115; de l'Ile d'Orléans, p. [117]-30; de Sainte-Anne de Beaupré, p. 135-50; de la Gaspésie, p. [221]-67. Table des ill., p. ix-x.
NSHPL QQA QQLa QMBM OOA OOP OTP OH MW BVa BVaU; LC NN; BM

PERCIVAL, WALTER P. The lure of Montreal [par] W.P. Percival ... Toronto, The Ryerson Press [c1945] xi, [1], 240p. front., ill., pl.h.t., plans. 21 cm. Plan des premières rues de Ville-Marie, p. 20; plan de Montréal (page de garde). Ouvrage hist. et descr. de Montréal et des environs. Bibliogr., p. [227]-37. Table des ill., p. [vii]-viii.
NSHPL QQLa QQS OOP OOS OTP MW MWP SRL BVa BVaU BVi BViP; LC NN

PRINCE, LORENZO. Montreal, old and new. Entertaining, convincing, fascinating. A unique guide for the managing editor. Editorial staff: Lorenzo Prince, Charles Gordonsmith, Ben Deacon, M.M. Marcy ... Montreal, International Press Syndicate [s. d.] [11], 509, viip. front. (portr.), ill., portr. 30 cm. Plan de Montréal de 1645 à 1652, p. 10; plan de Montréal en 1759 et en 1846, p. 17 et 33. Rappel des principaux événements hist., p. [11]-50; hist. commerciale, p. [79]-107; hist. religieuse, p. 108-24; biogr., p. 160-505.
QQLa QMBN

QUEBEC (PROV.). MINISTERE DU TRAVAIL. Historic Saint Helen's Island. [Montreal, Metropolitan Commission of Montreal, 1939?] [24] p. ill., carte. 24 cm. Carte de l'Ile Sainte-Hélène, p. [14-5]. Rappel hist. de Champlain à date de publ. Pas d'index.
QMCP OOA

ROBERT, ERNEST. Canada français et Acadie. Au pays de Maria Chapdelaine ... Paris, Pierre Roger & Cie, 1924. 304p. ill., pl. h. t., carte dépl. 20 cm. (Les pays modernes). Ouvrage descr. et hist. concernant Montréal (p. [24]-56), Québec (p. [57]-74), le Lac Saint-Jean (p. [87]-117), la Gaspésie (p. [167]-78). Notes bibliogr. en bas de page. Table dét. des mat., p. [301]-4; pas d'index.
QQL QQLa QMBN QMBM OOA OOG MWU BVaU

ROYAL SOCIETY OF CANADA. Hand-book for the use of members and visitors giving the rules of the society, its history, and a historical sketch of Montreal with places of interest in its vicinity. 27th May, 1891. Compiled by the local committee. Montreal [the Society] 1891. 140p. ill., plans, cartes. 17 cm. Plan des bâtiments de l'université McGill en front.; "Cartier's map of Hochelaga in 1535", p. 78; "Map of Montreal in 1680", p. 83. Survol de l'hist. de Montréal, de ses institutions et de ses monuments, p. 79-132. Table dét. des mat.; pas d'index.
QQLa

LA SAINT-JEAN BAPTISTE; fête patronale des canadiens-français, le mercredi 24 juin 1942. Montréal [Société Saint-Jean Baptiste, 1942] [4], 128p. ill., portr. 26 cm. En tête de titre: Troisième centenaire de Ville-Marie. Comprend des articles de Jean Bruchési, Lionel Groulx ... sur les fondateurs et les origines de Ville-Marie. Liste des chars allégoriques du défilé, p. 69. Thème des précédents défilés de la Saint-Jean Baptiste, p. 51. Table dét. des mat., p. 126; pas

d'index.
QQLa

THE ST. LAWRENCE HALL Montreal City Guide. Montreal, The Canada Bank Note Co., 1885. 107p. ill., pl.h.t. 23 cm. Ouvrage dédié aux touristes. Hist. des origines à date de publ., p. [13]-57. Index des annonces commerciales, p. [10]-1. Table dét. des mat., p. [9].
QQA

SANDHAM, ALFRED. Ville-Marie, or, Sketches of Montreal, past and present. Montreal, G. Bishop, 1870. x, [4], 393, [3] p. front., ill. 22 cm. Hist. de Montréal, p. 1-194; institutions, p. 195-393. Table dét. des mat.; pas d'index.
NSHP QQL QQLa QQS QMBN QMU QMBM OOA OOP OOC OOND OTP OL MWP BVa BVaU BViP; LC NN; BM

SOCIETE DES ECRIVAINS CANADIENS. Ville, ô ma ville. Montréal, Ed. de la Société des écrivains canadiens [1941] [6], 405p. ill., pl.h.t. 28 cm. Plan du fort de Montréal en 1645, p. 96; plan de Montréal en 1685, p. 160; plan de Montréal en 1723, p. 192. Comprend vingt-trois articles relatifs à l'hist. de Montréal des origines au milieu du 19e s. Doc., 1535-1929, p. [297]-380; lecture des armoiries, p. 391-2; liste et biogr. des collaborateurs, p. 393-9. Bibliogr., p. 387-90. Table des ill., p. 403; table des auteurs, p. 404; table dét. des mat., p. 405; pas d'index.
QQL QQLa OTP

SOCIETE HISTORIQUE DE MONTREAL. Les origines de Montréal ... Montréal, Adj. Ménard, 1917. 364p. front., pl.h.t., plans. 25 cm. (Mémoires de la Société historique de Montréal, 11e livraison). P. d'errata insérée entre p. 356-7. Plan de Montréal en 1761. Hist. des institutions, des monuments et des lieux de Montréal du 17e au 19e s., p. 19-39. Livre Terrier de 1666 et précisions de 1792 par Louis Guy, avec index et table des concordances, p. [40]-365.
QQL QQLa QQS QMBN QMM QMU QMBM OOC OOG OTP SSU; LC NN

SOUVENIR Maisonneuve. Esquisse historique de la ville de Montréal. Avec portraits et biographies de quelques-uns de nos canadiens-français distingués. Montréal, Cie de Publication Maisonneuve [1893] 218, [3] p. front., ill., portr., fac-sim. 32 cm. Hist. des origines à date de publ. Biogr., p. 61-218, suivie d'un index des noms cités. Pas d'index.
QQA

TANGHE, RAYMOND. Montréal. Montréal, Editions Albert Lévesque, 1936. 188, [5] p. cartes dépl. 25 cm. (Albums canadiens). Cartes: la population par quartier; voies de communications vers Montréal; le port; les hôpitaux; les institutions d'enseignement; les écoles. Ouvrage traitant de Montréal du point de vue géogr., économique et sociologique. Bref aperçu hist. Notes bibliogr. en bas de page. Table des ill., p. [193]; table dét. des mat., p. [189-91]; pas d'index.
QQA QQL QMBN QMU QMBM OOU OKQ OTP BVaU

TANGUAY, ARMAND. Montréal aux premiers jours, voir: Dubé, Charles.

TERRILL, FREDERICK W. A chronology of Montreal and of Canada, from A.D. 1752 to A.D. 1893, including commercial statistics, historic sketches of commercial corporations and firms and advertisements, arranged to show in what year the several houses and corporate bodies originated; together with calendars of every year from A.D. 1752 to A. D. 1925 by Fred'k Terrill ... Montreal, J. Lovell, 1893. [3], 501p. tabl. 22 cm. Chronol. dét. de l'hist. de Montréal en regard des calendriers. Hist. de la vie commerciale et des institutions financières.
NSHP NSHD NBSM QQA QQLa OOP OOG OORD OL MW AEU BVa; LC NN

THUOT, GEORGES. Aux origines de Montréal. Montréal [Impr. Populaire] 1942. 142, [1] p. 20 cm. Hist. de Montréal au 17e s. Pas d'index.
QPC QQL QQLa QMBN QMU QMBM OOA OTP BVaU; LC

TROUVE, CLAUDE. Abrégé de la mission de Kenté, voir: Dollier De Casson, François. Histoire du Montréal.

VILLE-MARIE dans les "Relations". [Préface de Léon Pouliot] Montréal, 1940. x, 100, [2] p. fac-sim., plans dépl. 21 cm. Errata, p. 100. Montréal de 1642 à 1672. Bibliogr., p. ix-x. Pas d'index.
QQL QQLa QMBM OOSJ

WARBURTON, ELIOT, ed. Hochelaga; or, England in the New World ... in two parts. New York, Wiley & Putnam, 1846. 2 t. en 1 vol. (xiii, 174; 198, vii-xiip.). 19 cm. Critiques de l'ouvrage, p. v-vi. Descr. surtout l'ouvrage rappelle les grandes lignes de l'hist. des principaux centres de l'Amérique du Nord principalement celles de la ville de Québec, p. 22-73, de Montréal, p. 110-6, de Kingston et de Toronto, p. 117-34. Table des mat.; pas d'index.
QQLa; LC

WEIR, ARTHUR. A brief history of the city from the foundation to the present time, voir: Montreal illustrated 1894.

WOOD, WILLIAM C. The storied province of Quebec. Past and present [par] William Wood ... Associate editors: William Henry Atherton ... [et] Edwin P. Conklin. Toronto, The Dominion Publishing Co., 1931. 5 v. front. (portr.), ill., pl.h.t., portr., fac-sim., plans, cartes. 27 cm. Vol. 1-2: xii, [2], 1164p.; vol. 3-5: [4], 865p. Couvre l'hist. de la prov. de Québec, de 1534 à date de publ. Bibliogr. sur la médecine au Québec, p. 1148-50 et notes bibliogr. en bas de page. Chronol., vol. 1, p. 249-72. Cartes: vol. 1: Ile de Montréal indiquant les premiers faits, les établissements, etc., p. 612; vol. 2: Montréal vu à vol d'oiseau, 1645-50, p. 625; Ville-Marie, 1650-72, p. 632; "plan of the palisaded town, 1687-1723", p. 655; Montréal, 1673-87, p. 656; Montréal, 1725, p. 662; Château de Vaudreuil et environs en 1760, p. 678. Ouvrage collectif qui comprend d'abord une hist. générale de la prov. de Québec signée William Wood, suivi d'hist. régionales et locales et, enfin, par thème, l'hist. des religions catholique et protestante, le système d'éducation, le journalisme, l'hist. des banques, de l'industrie, des sports, de la chasse et de la pêche, des cours de justice, du barreau, de la médecine. Vol. 1: The story of P.Q. by colonel William Wood, p. [3]-123, [125] p.; Unique Quebec by colonel William Wood, p. [127]-275; Regional Quebec by Edwin P. Conklin (Quebec Channel Region, Gaspé Peninsula Region, North Shore, Labrador and New Quebec, Lake St. John and the Saguenay River, Quebec Region, Quebec South Shore Region), p. [277]-437; Metropolitan Montreal by William Henry Atherton ... p. [603]-22. Vol. 2: Metropolitan Montreal (suite), p. [623]-781; Regional Quebec by Edwin P. Conklin (Three Rivers Region, Richelieu Region, Huntingdon Region, Ottawa Valley Region, Eastern Townships), p. [782]-972. Vol. 3-5: biogr. et portr. avec index pour chacun des vol. Table dét. des mat., vol. 1, p. vii-xii.
NSHPL NBFU QQLa QMBN QMU QMBM OOA OOP OKQ OTP BVaU BVi; LC NN

MORIN

THOMAS, CYRUS. History of the counties of Argenteuil, Que., and Prescott, Ont., from the earliest settlement to the present, by C. Thomas ... Montreal, John Lovell, 1896. viii, 665p. ill., pl.h.t., tabl. 25 cm. Errata, p. iii. Hist. du comté d'Argenteuil, des origines à date de publ., p. [34]-460 et part. de St. Andrew, Lachute, Grenville, Harrington, Wentworth, Core, Mille Iles, Morin, Arundel, Montcalm. Les

biogr. sont surtout celles des contributeurs de l'ouvrage. Pas d'index.
OONL QQA QQL QQS QMBM OOAg OTP OL

MURRAY BAY

DAVIES BLODWEN. Saguenay, "Saginawa"; the river of deep waters ... With illustrations by Paul Caron and G.A. Cuthbertson. Toronto, McClelland & Stewart [1930] 204p. front., ill., pl.h.t., carte. 23 cm. Carte de la région sur feuille de garde. Descr. surtout avec rappels hist.: Québec, p. 30-41; Ile d'Orléans, p. 42-63; Murray Bay, p. 82-100; Tadoussac, p. 118-25. Table des ill.; table des mat.; pas d'index. /1930: New York, Dodd, Mead & Co. Autre tirage.
OONL PC QPC QQA QQL QQLa QMBN QMBM OOP OONF OKQ OTP OTTC OPA OPAL OLH OFW OH OWtU SRL BVa BVi BViP; LC NN

NEDELEC

LA CHAMBRE DE COMMERCE DE VILLE-MARIE. Le Témiscamingue; ses possibilités et ses avantages agricoles, miniers et industriels. Notes et statistiques. [Québec, L'Action Sociale Ltée, 1929] [3], 47p. ill., tabl. stat., carte dépl. 23 cm. Préface de Camille Roy, recteur de l'université Laval. Carte de colonisation du Témiscamingue à la fin du vol. Contient de brèves notes hist. des principales paroisses notamment Ville-Marie (Notre-Dame du Rosaire), p. 31-3; Lorrainville (Notre-Dame de Lourdes), p. 35; Saint-Eugène de Guigues, p. 35-6; Fugèreville (Notre-Dame du Mont Carmel), p. 36-7; Laverlochère (Saint-Isidore), p. 37-8; Guigues (Saint-Bruno), p. 38-9; Notre-Dame du Nord (Saint-Joseph du Nord - Témiscamingue), p. 39-40; Guérin (Saint-Gabriel Lalement), p. 40-1; Nedelec (Saint-Louis), p. 41-2; Latulippe (Saint-Antoine-Abbé), p. 42-3; Bearn (Saint-Placide), p. 43; Fabre (Saint-Edouard), p. 43-4. Pas d'index.
QQS

NEUVILLE

ALBUM-SOUVENIR à l'occasion du 250e anniversaire de l'érection canonique de la paroisse St-François-de-Sales de la Pointe-aux-Trembles de Neuville. [Québec, Impr. Angers & Trudel, 1934] 20p. ill., portr. 17 cm. Hist. de la paroisse de 1679 à 1933; hist. de la seigneurie de Neuville, p. 10. Chronol., p. 16-8; prêtres et religieux originaires de la paroisse, p. 18. Notes bibliogr. en bas de page. Pas d'index.
QQA

NEWPORT

CHANNELL, L. S. History of Compton county and sketches of the Eastern Townships, District of St. Francis, and Sherbrooke County. Supplemented with the records of four hundred families ... including biography of the late Hon. John Henry Pope by Hon. C.H. Mackintosh ... Cookshire, L. S. Channell, 1896. 289, [7] p. front. (carte), ill., portr. 31 cm. "Corrections" à la fin du vol. Carte du district électoral de Compton en front. Hist. du district St. Francis de 1692 à 1791, p. [15]-23; hist. des comtés de Buckingham (1791-1829), p. [24]-6, de Sherbrooke (1829-1853), p. [27]-32, de Compton (1853-1896), p. [33]-64, Eaton, incluant la ville de Cookshire et le village de Sawyerville, p. [65]-76; hist. des cantons de Compton, Clifton, Newport, Westbury, Hereford, Bury, Lingwick, Hampden, Winslow, Whitton, Marston, Ditton, Chesham, Emberton, Auckland et Clinton. Nombreuses biogr. avec index. Table des ill.
QQA QQL QQS QMBN QMM QMBM OOA OOP OTP SRL BVaU; LC

NICOLET

BELLEMARE, JOSEPH-E. Deux cent cinquantième anniversaire de la fondation de Nicolet. Conférence donnée dans la cathédrale de Nicolet le 23 novembre 1919, par l'abbé Elzéar Bellemare ... Trois-Rivières, P.-R. Dupont [1919?] 23p. ill., portr. 23 cm. Origines de l'hist. de Nicolet au 17e s. Pas d'index.
QQA; NN

BELLEMARE, JOSEPH-E. Histoire de Nicolet, 1669-1924. Première partie: La seigneurie. Arthabaska, Impr. d'Arthabaska, 1924. xiii, 410p. front.(carte dépl.), ill., pl.h.t., portr., cartes. 24 cm. "Carte cadastrale de M. de Catalogne" en front. Hist. seigneuriale surtout avec réf. à la vie civile, économique, juridique et industrielle de la ville de Nicolet, p. 339-80. Doc. en append.: missionnaires et curés de Nicolet, p. 368-9; les institutions religieuses, p. 369-74; les députés, p. 375-6; les titulaires du Conseil municipal de Nicolet, p. 377-9; membres du Conseil de ville, p. 379-81; municipalités du comté de Nicolet, p. 381-2. Bibliogr., p. [383]-4; notes bibliogr. en bas de page. Table des gravures, p. [409]-10.
QQLa QMBN QMBM OTP; NN; BM

NOMININGUE

LALONDE, MAURICE. Notes historiques sur Mont-Laurier, Nominingue

et Kiamika, 1822-1937 ... [Beauceville, L'Eclaireur] 1937. [6], 225, [2] p. ill., pl.h.t., portr. 19 cm. Hist. municipale du village du Rapide de L'Orignal, p. 203-5. Append. : liste des colons ayant obtenu des billets de location du gouvernement depuis 1859 dans les cantons Salaberry, Grandison, Clyde, etc., p. 219-25. Pas d'index.
QQL QQLa QMBN QMU QMBM OOA OOSJ OTP; LC NN

R[ELIGIEUSES DE] S[AINTE]-C[ROIX] Vers un glorieux passé. Saint-Laurent, 1938. [15], 438p. ill., portr., plan dépl., carte. 22 cm. Titre en page-couverture: Vers un glorieux passé; 50 ans à Nominingue, 1887-88, 1937-38. Publ. à l'occasion du cinquantenaire de l'arrivée des Religieuses de Sainte-Croix à Nominingue. Carte de la région de Nominingue, p. 48; plan du village, p. 320. Lettre de Mgr J.-E. Limoges, p. [7-8]; lettre de l'abbé S. Noiseux, p. [9-10]. Biogr. de Mgr A. Labelle, p. 25-34. Hist. de Nominingue vu à travers l'hist. de la communauté religieuse. Poèmes de Lozeau, LeMay, Doucet, etc. Table dét. des mat.; pas d'index.
QQLa

NORANDA

CHEVALIERS DE COLOMB. Souvenir du 48e Congrès annuel des Chevaliers de Colomb de la province de Québec, Rouyn, 25 mai 1947. [Rouyn, s.éd., 1947] 180p. ill., portr., carte. 30 cm. Carte de Rouyn-Noranda et la région, p. 30. Aperçu hist. - des origines à date de publ. - de l'Abitibi et du Témiscamingue, de Rouyn-Noranda et de nombreuses paroisses. Pas d'index.
QRC QQLa

NORMANDIN

BUIES, ARTHUR. Le Saguenay et le bassin du Lac Saint-Jean. Ouvrage hist. et descr. 3e éd. Québec, Léger Brousseau, 1896. 420p. front., ill., pl.h.t. 23 cm. Errata corrigés. Hist. et descr. de Tadoussac, p. [59]-81; de Chicoutimi, p. [141]-69; de Saint-Dominique de Jonquière, p. [171]-88; du canton Labarre, p. [189]-208; du Lac Saint-Jean, p. [209]-38; des cantons Normandin et Albanel, p. [238]-91; des Laurentides, p. [293]-362; du Saint-Maurice, p. [377]-403. Table dét. des mat.; pas d'index. /1880: 1ère éd. sous le titre: Le Saguenay et la vallée du Lac Saint-Jean; études historique, géographique, industrielle et agricole ... Québec, A. Côté. xvi, 342p. En tête de titre: Emparons-nous du sol. Errata, p. 341-2.

1880: OONL QPC QQA QMM QMU QMBM OOA OOC OOU OKQ OTU OTY; LC NN; BM /1896: QRS QPC QQA QQLa OOP OOSJ BVaU; LC

CANADA. MINISTERE DE L'AGRICULTURE. Le Saguenay et le Lac Saint-Jean. Ressources et avantages qu'ils offrent aux colons et aux capitalistes ... Ottawa, Département de l'Agriculture, 1879. 54p. 22 cm. Hist. de l'origine des paroisses et cantons de la région: Chicoutimi, Grand Brûlé, Hébertville, Labarre, Normandin, Racine. Pas d'index.
QQL; LC

NOTRE-DAME-DE-LA-MERCI

OUELLET, GERARD. Hier à Palmarolle; une histoire merveilleuse. Québec, Ministère de la Colonisation, 1947. 55, [2] p. ill., portr. 23 cm. Hist. civile et religieuse, de 1921 à date de publ. Table des mat. ; pas d'index.
QQL QQLa QMBN QMU QMBM OOA OOGB; NN

NOTRE-DAME DE LORETTE

LINDSAY, LIONEL S. Notre-Dame de la Jeune-Lorette en la Nouvelle-France; étude historique, par Lionel Saint-George Lindsay. Montréal, La Cie de Publication de la "Revue canadienne", 1900. [9], 319, [3] p. ill. 25 cm. Chansons et musique, p. 261-4. Notes bibliogr. en bas de page. Table dét. des mat. ; pas d'index.
QPC QQL QQLa QMBN QMU QMBM OOA OOG OTP OTRM OTM BVaU; NN

NOTRE-DAME DU NORD

LA CHAMBRE DE COMMERCE DE VILLE-MARIE. Le Témiscamingue; ses possibilités et ses avantages agricoles, miniers et industriels. Notes et statistiques. [Québec, L'Action Sociale Ltée, 1929] [3], 47p. ill., tabl. stat., carte dépl. 23 cm. Préface de Camille Roy, recteur de l'université Laval. Carte de colonisation du Témiscamingue à la fin du vol. Contient de brèves notes hist. des principales paroisses notamment Ville-Marie (Notre-Dame du Rosaire), p. 31-3; Lorrainville (Notre-Dame de Lourdes), p. 35; Saint-Eugène de Guigues, p. 35-6; Fugèreville (Notre-Dame du Mont Carmel), p. 36-7; Laverlochère (Saint-Isidore), p. 37-8; Guigues (Saint-Bruno), p. 38-9; Notre-Dame du Nord (Saint-Joseph du Nord - Témiscamingue), p. 39-40; Guérin (Saint-Gabriel Lalement), p. 40-1; Nedelec (Saint-Louis), p. 41-2; Latulippe (Saint-Antoine-Abbé),

p. 42-3; Bearn (Saint-Placide), p. 43; Fabre (Saint-Edouard), p. 43-4. Pas d'index.
QQS

PAPINEAUVILLE

ALBUM-SOUVENIR du 75e anniversaire - 1853-1928 - de la paroisse de Sainte-Angélique de Papineauville, le 25 juin 1928. [Papineauville, 1928] 47, [1] p. ill., portr. 23 cm. Liste des maires du village et de la paroisse, p. 39-40; liste des marguilliers, p. [44]; chroniques de la vie paroissiale, p. 45-6; biogr. des curés, p. 14-5, 38, 41. Pas d'index.
QQLa

PARENT

CHEVALIERS DE COLOMB. Souvenir du 48e Congrès annuel des Chevaliers de Colomb de la province de Québec, Rouyn, 25 mai 1947. [Rouyn, s.éd., 1947] 180p. ill., portr., carte. 30 cm. Carte de Rouyn-Noranda et la région, p. 30. Aperçu hist. - des origines à date de publ. - de l'Abitibi, du Témiscamingue, de Rouyn-Noranda et de nombreuses paroisses. Pas d'index.
QRC QQLa

PERCE

CLARKE, JOHN M. The Gaspé, including an account of l'Ile Percée, voir: L'Ile Percée, the finial of St. Lawrence.

CLARKE, JOHN M. The heart of Gaspe; sketches in the Gulf of St. Lawrence by John Mason Clarke. New York, Macmillan, 1913. xiv, [2], 292, [14] p. front., ill., portr., cartes. 21 cm. Carte de la côte de la Gaspésie, p. [xvi]; carte des Iles de la Madeleine, p. [209]; glossaire des noms de lieux, p. [273]-89; liste des phares, p. [290]-2. Exposé hist. - des origines à date de publ. - descr. et géologique du comté de Gaspé, de l'Ile Bonaventure et des Iles de la Madeleine. Table des ill., p. xiii; table dét. des mat., p. [xi]; pas d'index.
NfSG NBFL NBS NBSM PCL QPC QQA QQL QQLa QMBN QMU QMBM OOA OOP OOC OOCC OOG OTP OTTC OHM OL AEP AEU BVa BVaU BVi; LC NN; BM

CLARKE, JOHN M. L'Ile Percée, the finial of the St. Lawrence; or,

Gaspé flaneries. Being a blend of reveries and realities; of history and science; of description and narrative; as also a signpost to the traveler. New Haven, Yale Univ. Press, 1923. 203, [1] p. ill., diagr., cartes. 24 cm. Survol des principaux faits hist. des origines à date de publ. Bibliogr., p. 202-3. /1935: 2e éd. The Gaspé, including an account of l'Ile Percée, the finial of the St. Lawrence. Being a blend of reveries ... With an introd. by David McCord. xxiv, 203p. 22 cm.
NSHPL NBFU NBS NBSM QRS QQA QQLa QMBN QMM QMU QMBM OOA OOP OOG OOC OOR OKQ OKR OTP OTTC OH MW MWU AE AEU BVaU BViP; LC NN; BM

JOUVE, ALPHONSE. Le frère Didace Pelletier [par Père Odoric-Marie, o.f.] Québec, Couvent des SS. Stigmates, 1910. 33, 458p. ill., pl.h.t., fac-sim., plans. 18 cm. Plan de Sainte-Anne de Beaupré, 1641, p. 45; plan de Dieppe et de Pollet, p. 54; carte de la Nouvelle-France, 1691, p. 160. Notes hist. - des origines à date de publ. - concernant Sainte-Anne de Beaupré, Percé et Trois-Rivières. Append.: p. 349-453. Pas d'index.
QQA

POULIOT, JOSEPH-C. Glanures gaspésiennes, voir: La grande aventure de Jacques Cartier.

POULIOT, JOSEPH-C. La grande aventure de Jacques Cartier. Epave bi-centenaire découverte au Cap des Rosiers en 1908. Québec, 1934. iii, 328p. ill., pl.h.t., portr., fac-sim., cartes dépl. 23 cm. Lettre-préface de Mgr Camille Roy. En tête de titre de la page-couverture: Glanures gaspésiennes, par J.-Camille Pouliot ... Contient les relations de 1534 et de 1535-36 de Jacques Cartier, puis, en cinquième partie, des notes hist. - des origines à date de publ. - concernant Gaspé et Percé, p. 230-72 et les Iles de la Madeleine, p. [277]-319. Nombreux doc. Table des ill., p. [325]-8; table dét. des mat., p. [321]-4; pas d'index.
NBSM QGS QPC QQL QQLa QSherU QMBN QMU QMBM OORD OOC OOU OOSU OKQ OTRM; NN

PYE, THOMAS. Canadian scenery: district of Gaspé ... Beautifully illustrated with tinted lithographs, from photographs by the author. Montreal, John Lovell, 1866. xii, 55p. ill., pl.h.t. (coul.), carte. 26x34 cm. Descr. surtout avec notes hist. sur des localités de la Gaspésie et du Nouveau-Brunswick des origines à date de publ. Pas d'index.
NBSM NBSaM QQL QMBN QMM QMBM OOA OOP OTP OH OLU; LC NN; BM

ROY, CHARLES-E. Percé et Gaspésie, voir: Percé, sa nature, son histoire.

ROY, CHARLES-E. Percé: its nature, its history, voir: Percé, sa nature, son histoire.

ROY, CHARLES-E. Percé, sa nature, son histoire. Percé, 1947. 16, 178, xlviii, [4] p. ill., pl., portr., fac-sim., plans, cartes. 21 cm. Préf. de Mgr Albini Leblanc, p. 9-10. Hist. religieuse, p. 83-122; hist. civile, p. 123-52; hist. économique, p. 153-73. Table dét. des mat.; pas d'index. /1947: éd. anglaise. Percé: its nature, its history. 159, xlviiip. /1950: éd. abrégée. Percé et Gaspésie. 48, [8], viiip. ill., pl.h.t., portr., fac-sim. 23 cm. Présentation de C.-E. Pouliot, p. 1. Pas de page-titre; pas d'index.
1947, éd. française: QGS QRS QPC QQA QQLa QMM QMBM BVaU BViP; NN /1947, éd. anglaise: QQLa OOP OKQ OL; LC NN /1950: QQLa

PHILIPSBURG

MONTGOMERY, GEORGE H.A. Missisquoi Bay (Philipsburg, Que.). Granby, Granby Printing and Publishing Co., 1950. 132, [2] p. front. (portr.), ill., pl.h.t., portr., fac-sim., plans, cartes. 25 cm. Errata (feuillet page de garde). Plan de la seigneurie de Saint-Armand, p. 32; plan du village de Philipsburg en 1809, p. 47.
QQLa QMBM OOA OOP OTP; NN

PLESSISVILLE

JEAN RIVARD-DE-PLESSIS (Pseud.). La naissance de Plessisville, 1835-1855. Dans les Bois-Francs. [Plessisville, Impr. Houde & Houde, 1935] [3], 25p. ill. 22 cm. Concerne surtout l'hist. de la colonisation et de l'érection de paroisses: Plessisville, p. 11-6; Saint-Calixte de Sommerset, p. 17; notes à propos de la fondation de la municipalité de Plessisville, p. 20-1. Notes bibliogr. en bas de page. Pas d'index.
QPC QQA QQLa QQS

LA TRIBUNE, Sherbrooke. Les romantiques Cantons de l'Est. Cahier d'Histoire, no 1- Sherbrooke, La Tribune, 1943- ill., portr., carte dépl. 42 cm. No 1, 204p.; no 2, 192p. Carte (vol. 1): "Romantic & Historic Map of the Lake Region of the Eastern Townships Quebec to 1867". Hist. religieuse et civile des Cantons de l'Est, part. de Sherbrooke, Lennoxville, Granby, Victoriaville, Thetford Mines, Coaticook, Magog, Plessisville ainsi que de nombreuses paroisses. Voir table des

mat., 1943, p. 204 et 1945, p. 191. Table dét. des mat.; pas d'index.
QQA QQL QMBM OOA

POHENEGAMOOK

REDEMPTORISTES. Album historique et paroissial de Marie-Médiatrice d'Estcourt. Notes hist. des origines à date de publ. sur les cantons: Pohénégamook, Chabot et Estcourt. Quinze ans de la vie paroissiale. Estcourt [1944] 108p. ill., portr., fac-sim., carte. 22 cm. Carte de la région en page-titre. Pas d'index.
QPC QQA

POINTE-AUX-TREMBLES

POINTE-AUX-TREMBLES. Programme-souvenir ... 225e anniversaire de la construction de l'église actuelle, 255e anniversaire de la fondation de la paroisse, le 1er juillet 1930. [S.l., s.éd., s.d.] 48p. ill. 22 cm. Bref rappel hist. de la fondation de Pointe-aux-Trembles, p. 3; Rivière-des-Prairies, p. 12; Longue-Pointe, p. 15; Saint-Léonard, p. 19, etc. Pas d'index.
QQA

POINTE-CLAIRE (ILE DE MONTREAL)

GIROUARD, DESIRE-H. Les anciennes côtes du Lac Saint-Louis, avec un tableau complet des anciens et nouveaux propriétaires. Montréal, Poirier, Bessette & Co., 1892. 71p. 21 cm. Brèves notes hist. sur la fondation et la colonisation de La Présentation, p. [5]-7, Lachine, p. 7-8, 25-6, Dorval, p. 9, Beaurepaire, p. 9-10, Pointe-Claire, p. 10-1, 15, Sainte-Anne, p. 16. En append.: "Tableau des anciens et nouveaux propriétaires des côtes du Lac Saint-Louis, d'après le terrier ...", p. 34-47; "Liste des premiers habitants du Lac Saint-Louis/List of the first inhabitants of Lake St. Louis", p. 49-50; "Relevé des registres de Lachine .../Statement from the registers of Lachine ...", p. [51]; "Traiteurs et voyageurs au pays d'en haut .../Fur traders and voyageurs ...", p. [53]-5; "Voyageurs sous le Régime britannique /Voyageurs under the British Crown", p. [59]-71. Table dét. des mat.; pas d'index. /Comprend une partie anglaise intitulée: The old settlement of Lake St. Louis with a list of the old and new proprietors. 37p.
QQA QQLa QMBN OOU BVi; NN

GIROUARD, DESIRE-H. The old settlement of Lake St. Louis, voir: Les anciennes côtes du Lac Saint-Louis.

POINTE-GATINEAU

BRAULT, LUCIEN. Histoire de la Pointe-Gatineau, 1807-1947. Montréal, Ecole industrielle des Sourds-Muets, 1948. 182p. ill., pl.h.t., portr. 21 cm. "Les noms des premiers concessionnaires", p. 17-8; chap. 2: administration municipale comprenant la liste des noms des employés civils; chap. 5: biogr. des membres du clergé.
QQLa QMBN QMM QMU QMBM OOA OOP OOU OOC OKR OTU OTP OHM AEU BVaU; LC NN

POTTON

THOMAS, CYRUS. Contributions to the history of the Eastern Townships: a work containing an account of the early settlement of St. Armand, Dunham, Sutton, Brome, Potton and Bolton; with a history of the principal events that have transpired in each of these townships up to the present time .. Montreal, J. Lovell, 1866. iv, [9], 376p. 19 cm. Saint-Armand, p. [9]-135; Dunham, p. [136]-73; Sutton, p. [174]-230; Brome, p. [231]-99; Potton, p. [300]-32; Bolton, p. [333]-71. Table dét. des mat.; pas d'index.
NSWA QQA QMM OTP MWU BVaU; LC NN

PRINCEVILLE

CENTENAIRE de Princeville, "le Berceau des Bois-Francs", 1849-1948. Album-souvenir. [Princeville, s.éd., 1948] 107, [1] p. ill., portr. 30 cm. Hist. de la paroisse de Saint-Eusèbe de Stanfold et de Princeville. Liste des curés, p. 77-85; liste des maires de Princeville, p. 87. Renseignements stat., p. 100-1. Pas d'index.
QQA QMBM

QUEBEC

ADAM, GRAEME M. Illustrated Quebec (the Gibraltar & tourists' mecca of America) under French and English occupancy: the story of its famous annals; with pen pictures descriptive of the matchless beauty and quaint mediaeval characteristics of Canadian Gibraltar, by G. Mercer Adam. Montreal, J. McConniff, 1892. 112p. ill. 16 cm. En tête de titre: 1535-1608; 1763-1893. Introd. de Arthur G. Doughty et collaboration de James MacPherson LeMoine. Table des ill.; pas d'index. /1891: 1ère éd. 87, [5] p. 23 cm.
NSWA QQA QMM OTU OTP; LC

AN ACCOUNT of the French settlements in North America: shewing from the latest authors, the towns, ports, islands, lakes, rivers, &c. of Canada ... by a Gentleman. To which is added an appendix, giving a more particular and exact account of Quebec, with its inhabitants and their manner of living, by P. Charlevoix. Boston, Rogers and Fowle, 1746. 26p. 20 cm. L'append. est la trad. de la lettre III tirée de l'Histoire et description générale de la Nouvelle-France de Charlevoix. Paris, Rollin, 1744 (1ère éd.), vol. 3: descr. surtout. Index et errata à la fin. /1937: [Boston, Mass. Hist. Soc.] 24 cm. (Photostat Americana, 2e série, no 43). Réimpr. en fac-sim.
OONL (microfiche); LC RPJCB NN

ASSOCIATION DES GUIDES HISTORIQUES DE QUEBEC. Hier et aujourd'hui Québec past and present. [Québec, L'Association, s.d.] [3], 64, [34] p. front., ill., pl.h.t. 23 cm. Photographie de la maquette Duberger - Québec en 1800, p. 50-1. Rappel de l'hist. des principaux sites de Québec, de ses monuments et de ses environs. Pas d'index.
QQLa

BAILLARGE, CHARLES-P.-F. Québec passé, présent, futur, par Chs. Baillargé ... Québec, Impr. Jos.-G. Gingras & Cie, 1885. 8p. 22 cm. Descr. de Québec avec quelques notes hist. des origines à date de publ. Pas d'index.
QQL QMBN OTP

BECHARD, AUGUSTE. L'ancien Québec, descriptions, nos archives, etc. Québec, Impr. Belleau & Cie [1890] 152p. 21 cm. Articles parus dans la Justice. Les fortifications du Canada sous le Régime français, collection de [60] plans, p. [53]-76; les rues de l'ancien Québec en 1716, p. [85]-141. Table dét. des mat.; pas d'index.
OONL QPC QQL QQLa QQS QMBN QMM QMU QMBM OOA OOC OOU OKQ OTU OTP OTY OLU SSU BVaU; LC NN

BESTON, HENRY. The St. Lawrence ... Illustrated by A.Y. Jackson. New York, Toronto, Farrar & Rinehart [1942] xi, 274p. ill., cartes. 21 cm. (The Rivers of America). Descr. surtout avec épisodes de l'hist. de la ville de Québec depuis Champlain, p. [17]-30 et 49-75.
OONL NBFU QQA QQL QMBN OOND OOCC OOB OOSJ OTP OTT BVa BVaU; LC NN; BM

BLANCHARD, RAOUL. Le Québec par l'image. Montréal, Beauchemin, 1949. 138p. ill., pl.h.t. (54), plans. 25 cm. Abrégé de la série des

Etudes canadiennes. Intéressants résumés hist. pour Québec, p. [59] -65 et Montréal, p. [115] -22. Table des ill. ; table dét. des mat. ; pas d'index.
OONL QRC QPC QQA QQL QQLa QMU OOP OONM OOU OLU BVaU

BRANN, ESTHER. A Quebec sketch book, voir: Notes et croquis sur Québec.

BRANN, ESTHER. Notes et croquis sur Québec. Texte et illustrations de Esther Brann. Québec, Château Frontenac, 1926. 32p. ill. 24 cm. Bref hist. de "la Citadelle", la rue Saint-Louis, le Séminaire, les Plaines d'Abraham, visités au cours d'une promenade. Pas d'index. /Autre éd. en anglais sous le titre: A Quebec sketch book.
OONL QQL QQLa QMBN QMU QMBM OOA OOP OWtU; NN

BUIES, ARTHUR. L'ancien et le futur Québec. Projet de Son Excellence Lord Dufferin. Conférence faite à la Salle Victoria le 19 janvier 1876 par Arthur Buies. Québec, C. Darveau, 1876. 43p. 19 cm. Contient quelques notes hist. sur Québec depuis sa fondation.
OONL QQA QQL QMM QMU OTU OLU SSU; LC NN

BUIES, ARTHUR. Québec en 1900. Conférence donnée à l'Académie de musique de Québec, lundi, le 29 mai 1893. Québec, Brousseau, 1893. 65p. 20 cm. Reconstitue bien l'atmosphère de la vie québecoise. Pas d'index.
OONL NSHD QPC QQL QQLa QMU OOU OKQ OTU OWtU OPAL BVaU; BM

CALL, FRANK O. The spell of French Canada by Frank Oliver Call ... Boston, L. C. Page & Co. [c1926] xiv, 372p. front., pl.h.t., portr., carte dépl. 21 cm. (The Spell Series). Largement descr. cet ouvrage contient toutefois des notes hist. sur Montréal et Québec aux 17e et 18e s. Bibliogr., p. 363-4.
OONL NfSM NSHPL QQLa QMBN QMU QMBM OOP OKQ OTU OTP OTY OH OWtU MWU ACU AEP BVa BVaU

CARREL, FRANK. The Quebec tercentenary commemorative history. Compiled and edited by Frank Carrel and Louis Feiczewicz; rev. by E.T.D. Chambers, with introd. by Dr. A.G. Doughty. Quebec, Daily Telegraph Print. House, 1908. 176p. ill., portr. 31 cm.
OONL NBFU NBS PCL QPC QQL QMBN QMM QMU QMBM OOA OOP OOC OORD OKQ OTP OTRM OH OL OLU BViP; LC NN; BM

CHAMBERS, E. T. D. The Quebec tercentenary commemorative history, voir: Carrel, Frank.

CHOUINARD, FRANCOIS-X. Québec, la ville historique. The historic city of Quebec. [S. l., Impr. "Le Soleil", s. d.] 64p. ill. 22 cm. "Aperçu historique", par F. -X. Chouinard; "renseignements et statistiques", par Valère Desjardins. Texte bilingue. Brochure touristique. Pas d'index.
QQL QMBN OTP OH

CHOUINARD, HONORE-J. Livret souvenir, 1921, La cité de Québec. Organisation municipale, renseignements pour les voyageurs et les touristes, préparé par H. -J. -J. -B. Chouinard. [Québec, 1921] 128p. plans. 16 cm. Hist. de la ville, p. 7-11; maires de Québec depuis 1663, p. 11-2; population de 1665 à 1919, p. 15-6; budget de la ville, p. 19; l'éducation, p. 45-51; notes hist. et archéologiques, p. 104-24; plan de Québec et carte de la région à la fin de l'ouvrage. Table dét. des mat. ; pas d'index. /1921: Souvenir booklet, 1921, The city of Quebec ... Québec, Dussault & Proulx. /1923: Booklet no 4. 144p. /1924: Booklet no 5. 158p.
1921, éd. française: QQA /1921, éd. anglaise: QQA; BM /1923: QMBN; BM /1924: BM

CHOUINARD, HONORE-J. Souvenir booklet, 1921, The city of Quebec, voir: Livret souvenir, 1921, La cité de Québec.

CHOUINARD, HONORE-J. Troisième centenaire de la fondation de Québec, berceau du Canada, par Champlain, 1608-1908. Travaux préliminaires - délibérations - documents [par] H. -J. -J. -B. Chouinard. Québec, Typ. Laflamme & Proulx, 1908. [7], 270p. front. 20 cm. Titre de la page-couverture: Fêtes du troisième centenaire de la fondation de Québec par Champlain. Append. : membres du Comité des fêtes, estimé des montants requis, p. [257]-66. Table dét. des mat., p. [267]-70; pas d'index.
QQA QQL QQLa; LC NN; BM

CLOUTIER, RAOUL. The lure of Quebec ... An illustrated descriptive guide to the historical and picturesque landmarks and places of interest in Quebec and environs. Toronto, The Musson Book Co. [1923] viii, [7], 84, [1] p. front., ill., pl.h.t., carte dépl. 22 cm. Carte de la ville de Québec, 1908 (tirée de A. G. Doughty, Cradle of New France). Chronol. des événements, 1535-1917, p. 84. Table des ill., p. vii-viii.
QQLa; LC NN; BM

[COCKBURN] Quebec and its environs, being a picturesque guide for strangers. Quebec, Printed by Thomas Cary & Co., 1831. 42p. front., ill. 20 cm. "Errata", feuillet ajouté à la fin. Descr. de Québec et des environs avec notes hist. et gravures. Compte rendu de la cérémonie de la pose de la première pierre du monument Wolfe-Montcalm, le 20 novembre 1827, p. 33-42. Pas d'index.
QQL

DAVIES, BLODWEN. Romantic Quebec [par] Brook Abbott [pseud.] Illustrated by Barbara Stephens. Toronto, McClelland & Stewart [c1932] vii, 213p. front., ill., pl.h.t. 21 cm. Des origines à date de publ. et d'un caractère surtout descr. Tient compte des environs de Québec, Sillery, Charlesbourg, Château Bigot, Beauport, Cap Rouge, Beaumont et Ile d'Orléans. Table des ill., p. [vii]; table dét. des mat., p. [v]; pas d'index. /1932: réimpr. New York, Dodd, Mead & Co.
NfSG NSHPL PC QPC QQL QQLa QMBM OOA OOP OKQ OKP OTU OTP OTY OFW OH OPeT OSuL OWA MW BVa; LC NN

DAVIES, BLODWEN. Saguenay, "Saginawa"; the river of deep waters ... With illustrations by Paul Caron and G.A. Cuthbertson. Toronto, McClelland & Stewart [1930] 204p. front., ill., pl.h.t., carte. 23 cm. Carte de la région sur feuille de garde. Descr. surtout avec rappels hist.: Québec, p. 30-41; Ile d'Orléans, p. 42-63; Murray Bay, p. 82-100; Tadoussac, p. 118-25. Table des ill.; table des mat.; pas d'index. /1930: New York, Dodd, Mead & Co. Autre tirage.
OONL PC QPC QQA QQL QQLa QMBN QMBM OOP OONF OKQ OTP OTTC OPA OPAL OLH OFW OH OWtU SRL BVa BVi BViP; LC NN

DAVIES, BLODWEN. The storied streets of Quebec [par] Brook Abbott [pseud.] Illustrations by Robert Pilot. Montreal, New York ... Louis Carrier [c1929] 94, [2] p. ill., carte. 16 cm. Première éd. concernant à peu près exclusivement le Régime français. Crayons de Robert Pilot reproduits en coul. dans les 950 exempl. numérotés dont 75 signés de l'auteur et de l'artiste. Table des ill.; table dét. des mat.; pas d'index. /1931: 2e éd. Toronto, Ryerson. 20 cm. Même texte que la 1ère éd. Ill. différentes dues au pinceau de Barbara Stephens.
1929: OONL NfSG NfSM NSHPL NBSM NBSaM QPC QQL QQLa QMBN QMM QMU QMBM QSherU OOA OOP OOND OONG OKQ OTP OFW OH MW MWP BVaP BViP; LC NN /1931: QQLa OTU; NN

DAWSON, SAMUEL E. The Saint Lawrence, its basin border lands. The story of their discovery exploration and occupation ... With illustrations

from drawings, photographs, and maps, and with map in colours by J. G. Bartholomew. New York, Frederick A. Stokes [1905] xl, 451p. front., ill., pl. h. t., portr., plans, cartes (coul.). 21 cm. "Geographical map of the Saint Lawrence basin" by J. G. Bartholomew, p. 442; nombreuses autres cartes - de 1500 à 1700 - citées dans la table des ill., p. xix-xxii. Hist. générale de la découverte et de l'exploration du Saint-Laurent et de la Côte Atlantique depuis John Cabot jusqu'aux mouvements de colonisation du 17e s.; hist. de la fondation de Québec, p. 253-72; hist. du peuplement de la vallée du Saint-Laurent (p. 401-14) et de l'Acadie, p. 415-21. Sources consultées, p. 429-41. Table des ill., p. xix-xxii.
OONL QQLa QMBN QMM OOCC OKQ OPeT OTP OLU OWtU; LC NN; BM

DE LA ROCHE, MAZO. Quebec, historic seaport. Illustrated with photographs. Garden City, N.Y., Doubleday, Doran & Co., 1944. xii, 212p. ill., pl. h. t., carte. 24 cm. Plan de la ville de Québec vers 1760, p. 124; vue de Québec vers 1675 sur pages de garde. Anecdotes et notes hist. du port de Québec et de la province depuis 1608 jusqu'à 1850 environ. /1945: réimpr.
1944: OONL NfSG NSHPL NBFL NBS NBSM NBSaM PC QQL QQLa QMBN QMBM OOP OOU OOCC OOSU OKQ OKR OTU OTP OTY OH OHM OPeT OPA OPAL MW MWP MWU SRL SSO BVa BVaU BRC BVi BViP; LC NN; BM /1945: OTU

DION, ALBERT. Album souvenir du IIIe centenaire de Québec (1608-1908), publié par M. l'abbé Alb. Dion, de l'Université Laval ... [Québec, Impr. "L'Action Sociale", 1908] 54, [1] p. ill., portr., plans. 33 cm. Nombreux textes extraits des journaux. Table dét. des mat.; pas d'index. /1912: réimpr.
QRS QPC QQLa OOA OTU OTP BVaU; LC NN; BM

DOUGHTY, ARTHUR G. The cradle of New France; a story of the city founded by Champlain, by Arthur G. Doughty. Montreal, Cambridge Corp., 1908. [6], 314p. front., ill. (certaines en coul.), pl., portr., plan, carte dépl. 20 cm. Publ. l'année du IIIe centenaire de Québec. "Roberval and his companions, from de Vallard map, 1545", p. 14; vue de Québec en 1700, d'après le plan de Catalogne, p. 70; carte hist. de la ville de Québec, montrant les sites de la bataille des Plaines d'Abraham. Append. concernant les monuments, les hôpitaux, les institutions, les églises, p. [239]-314. Chronol. de l'hist. de la ville 1535-1908, p. [219]-37; liste des gouverneurs du Bas-Canada et du Haut-Canada, p. 311-4. Table dét. des mat.; pas d'index. /1908: 2e éd. /1909: autre éd. London, New York [etc.] Longmans, Green &

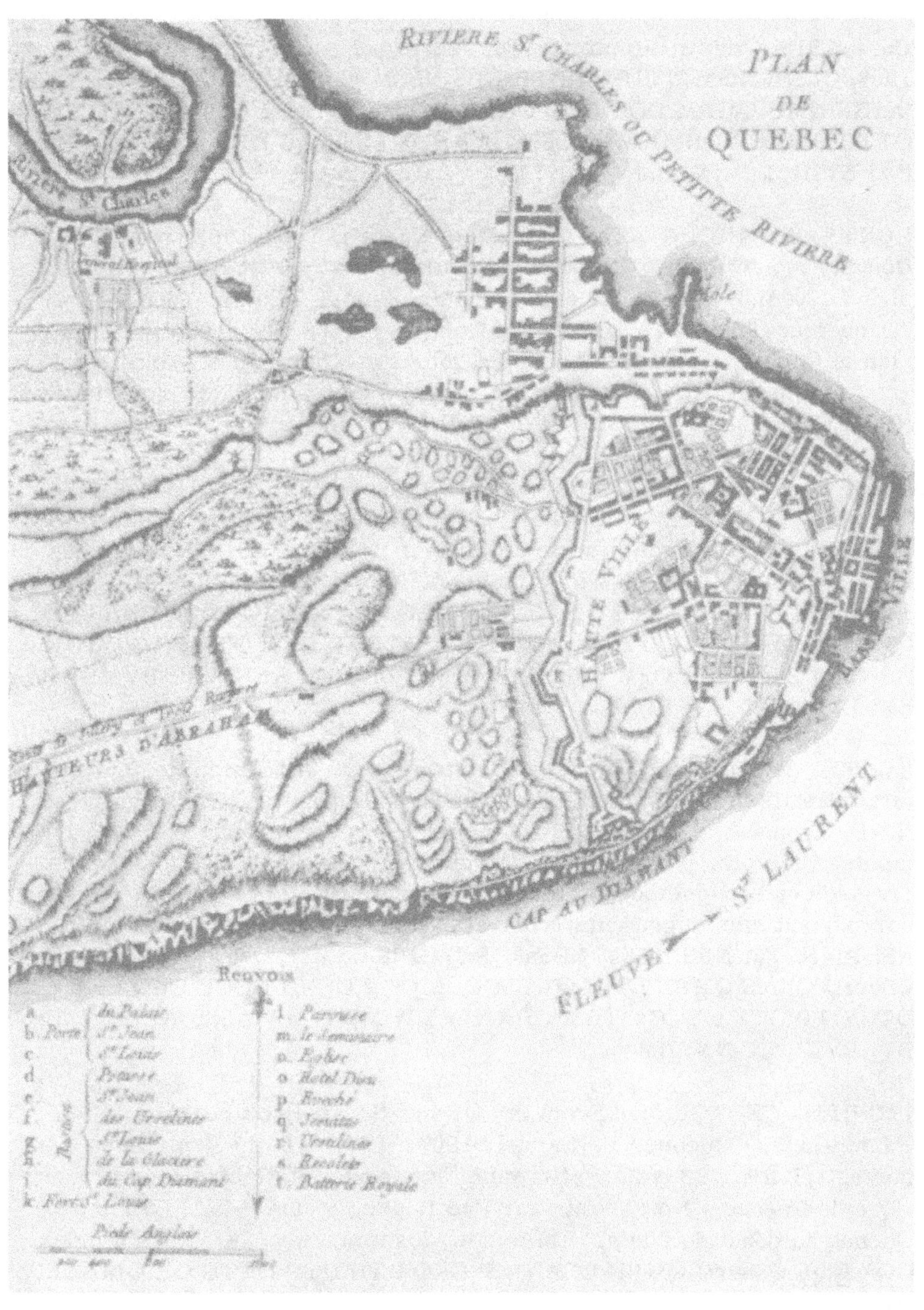

Québec à la fin du Régime français
(Plan de Carver en 1763, publié en français par Le Rouge en 1777)

Co. /1915: Ottawa, Mortimer Co. 289p.
1908: OONL NfSM NSHPL NBFU NBS NBSM NBSaM PC QQL QQLa QQS QMBN QMU QMBM OOA OOP OOC OOU OOCC OOSJ OTP OTY OTRM OTTC OLU OH OHM OWtU OSuL MW MWU SSU AE AEU AEP ACU BVaU BVi BViP; LC NN; BM /1909: BM /1915: QQA

DOUGHTY, ARTHUR G. The fortress of Quebec, 1608-1903 [par] A. G. Doughty ... Québec, Dussault & Proulx, 1904. [12], 126p. ill., pl.h.t. (coul.), plans. 23 cm. "Plan of Fort St. Louis, 1663", p. 79; "Quebec in 1700", p. 84; "Plan of Quebec in 1800", p. 103; "Wolfe's plan of Quebec", p. 105. Append.: doc. sur Montcalm et Wolfe, p. [115]-26. Table des ill., p. [5]; table dét. des mat., p. [11]; pas d'index.
NBSM QQA QMBN QMBM OOP OTP; LC NN; BM

DOUGHTY, ARTHUR G. Quebec of Yester-year [par] A. G. Doughty. Toronto, T. Nelson, 1932. [6], 198p. front. (coul.), ill., fac-sim., plan. 23 cm. Plan de la ville de Québec, 1716, p. 38. Des origines à la Conquête. Table des ill.; table dét. des mat.; pas d'index.
NfSM NSHPL NBFL NBFU NBS NBSM PC QQA QQL QQLa QMBN QMM QMBM OOA OOP OOU OOND OORD OOCC OKQ OKR OTP OTC OTRM OH OHM OLU OLH OFW OPAC OWA MW SRL AE AEU ACU BVa BVaU BVi BViP; LC NN; BM

DOUGHTY, ARTHUR G. Quebec under two flags. A brief history of the city from its foundation until the present time [par] A. G. Doughty [et] N.-E. Dionne ... Quebec, The Quebec News Co., 1903. xi, 424, lvip. front., ill., pl., portr., plan. 19 cm. Ed. originale de 1000 copies numérotées et signée des auteurs. Corrections à la fin du vol. Append.: correspondance, jugements, contrats, liste des rues, etc.
NSHPL NBFM NBS NBSM NBSaM PCL QRS QSTAC QQA QQL QQLa QQS QSherU QNicS QMBN QMU QMBM OOA OOP OOND OOCC OKQ OKR OKF OTU OTP OTY OTTC OTRM OH OWA MW MWP MWU SSU AEU BVaU BVi BViP; LC NN; BM

FAIRCHILD, GEORGE M. From my Quebec Scrap-Book [par] G. M. Fairchild ... Québec, F. Carrel, 1907. [8], 316, [10] p. front., portr., pl.h.t. 23 cm. Petits tabl. sur la vie intellectuelle et artistique de Québec. Notes hist. sur Cap Rouge, p. [67]-77. La vie à Québec au début du 20e s. Table dét. des mat., p. [7-8]; pas d'index.
QQA QQL QSherU QMBN OOA OOP OKQ OTU OTP OTTC OL OLU AEU BVaU; NN

FEICZEWICZ, LOUIS. The Quebec tercentenary commemorative history, voir: Carrel, Frank.

FERLAND, JEAN-B.-A. Notes sur les registres de Notre-Dame de Québec par J.-B.-A. Ferland, ptre. Publiées par la direction du "Foyer canadien". 2e éd. Québec, G. et G.E. Desbarats, 1863. [3], 100p. 21 cm. Contribution à l'hist. de Québec de 1621 à 1651. Pas d'index. /1854: Québec, A. Côté. 75p. 18 cm.
1854: QMBN QMU QMBM OOA; LC NN /1863: OONL QQA QQL QQLa QMU OOC OTP BVaU; NN; BM

GAGNON, BLANCHE. Réminiscences ... et actualités. Québec, Garneau, 1939. 254p. front. (portr.). 20 cm. Souvenirs de l'auteur accompagnés de notes hist. sur certains événements ou institutions de Québec et Montréal. Table dét. des mat.; pas d'index.
QQA QQL QQLa QMBN QMU QMBM OOA OKQ OTP OSuL BVaU; LC; BM

GAGNON, ERNEST. Le fort et le château Saint-Louis (Québec). Etude archéologique et historique par Ernest Gagnon. Québec, Typ. Léger Brousseau, 1895. [3], 376p. ill., plans. 20 cm. "Erratum", p. 376. Nombreux plans des divers états du château Saint-Louis et de Québec, p. 17, 36, [43], [55], [74], [84], [97], [105]. Notes bibliogr. en bas de page. Table des noms de personnes, p. 349-71; table dét. des mat., p. 373-6. /1908: 3e éd. Montréal, Beauchemin. 265p. ill., pl., portr., plans. 23 cm.
1895: QQA QQL QMU QMBM OOA OOU OOND SSU; LC NN /1908: LC

GAGNON, PHILEAS. Québec, il y a cent ans. Les hommes et les choses de Québec en 1809 ... Publiée sous les auspices de la Chambre de Commerce à l'occasion de la célébration du premier centenaire de sa fondation, le 20 février 1909. [Québec, Chambre de Commerce, 1909] [62] p. ill. 18 cm. Vie économique, polit., sociale et artistique de Québec en 1809. Exportations et importations du port de Québec, p. [5-10]; budget de la ville, p. [12]; membres du clergé, p. [28]; liste des livres publ. en 1809, p. [58-61]. Pas d'index.
QQL QMBN QMU QMBM

GAILLARD DE CHAMPRIS, HENRY. Images du Canada français. Préface de Firmin Roz ... Paris, Editions de Flore [1947] xiv, 286, [1] p. front., ill., pl.h.t., portr., fac-sim. 19 cm. Rappel hist. et descr. de la ville de Québec, p. 37-60; de Lorette (Ancienne-Lorette), p. 61-5. Table dét. des mat.; pas d'index.

NBFU QQL QQLa QMBN QMU QMBM OOA OOU OKQ OKR OSuL BVaU; LC NN

GALE, GEORGE. Historic tales of old Quebec. Quebec, The Telegraph Printing Co., 1923. [6], 344p. front., ill., pl.h.t. 21 cm. Liste des gouverneurs français et anglais, des gouverneurs-généraux et des intendants, p. 171-2; liste des plaques commémoratives hist. de Québec, p. 2-5; liste chronol. des maires, p. 6. Table des ill., p. [6]. /1920: xi, 245p.
1920: QPC; BM /1923: NfSM NSHPL NBFU NBSM QQLa QSherU QMBN QMM QMU QMBM OOA OOP OOC OKR OTU OTY OH OLU OPeT SRL AEU ACU ACG BVa; LC NN; BM

GALE, GEORGE. Quebec twixt old and new. Quebec, The Telegraph Printing Co., 1915. ix, 296p. ill., pl.h.t. 22 cm. Tabl. complet de Québec au 19e s.: hist., vie économique, sociale, militaire, etc. Table des ill., p. ix; table dét. des mat., p. v-ix; pas d'index.
NBFU QPC QQL QQLa QMBN QMM QMBM OOA OOP OORD OTP OWA AE ACU BVa BVaU BViP; LC NN; BM

GRANT, GEORGE M. Artistic Quebec; described by pen and pencil. Edited by George Monro Grant ... Illustrated under the supervision of L.R. O'Brien ... Toronto, Belden Brothers [c1888] xii, [4], 141p. ill., pl.h.t., portr. 32 cm. Préf. de Julian Hawthorne. Rappel hist. des origines à 1840, p. [1]-32. Descr. de Québec (p. [33]-61) et de Montréal, p. 104-41. Pas d'index.
QQL QQLa QMBM OOA

GRANT, GEORGE M. French Canadian life and character; with historical and descriptive sketches of the scenery and life in Quebec, Montreal, Ottawa, and surrounding country. Edited by George Monro Grant ... Chicago, Alexander Belford, 1899. 249p. front., ill., pl. 31x23 cm. Hist. et descr., du début à date de publ., de Québec, p. 53-113, de la vallée du Richelieu, des Cantons de l'Est, p. 115-37 et de Montréal, p. 139-78. L'ouvrage est écrit en collaboration. Table dét. des mat., p. [7]; pas d'index.
NSHPL NBSM QMBN QMBM OKQ OTP SSU; LC

LE GUIDE français de Québec. Complet - illustré - descriptif. Québec, Laflamme & Lefebvre, 1908. 109, iiip. ill., carte dépl. 23 cm. Aperçu hist. de Québec signé par l'abbé A.-E. Gosselin, p. [5]-26. Liste des peintures conservées au Musée provincial et au Séminaire,

p. 66-73. Notes bibliogr. en bas de page. Table dét. des mat., p. i-iii; pas d'index.
QQA QQL QMBM

HAMMOND, JOHN M. Quaint and historic forts of North America, by John Martin Hammond ... With seventy-one illustrations. Philadelphia & London, J.B. Lippincott Co., 1915. 308, [1] p. ill. (front.), pl. 25 cm. Contient un bref hist. des forteresses que furent Québec (depuis 1608), Annapolis (depuis 1604), Halifax (depuis 1609) et Louisbourg (1744-48).
NSHPL NBFU NBSM QMBN OOA OOP OOND OORD OKQ OKF OTP OTH AEU BVaU BViPA; LC NN; BM

HAWKINS, ALFRED. Hawkin's picture of Quebec; with historical recollections. Quebec, Printed for the proprietor by Neilson & Cowan, 1834. 477p. front., ill., pl. 18 cm. Comp. et rédigé part. par J. C. Fisher (cf. Préf.). 13 gravures dont 12 scènes de Québec. Des origines à 1776. Pas d'index. /1834: autre impr. Picture of Quebec.
NSHPL NSHD NSWA NBFU NBSM QQL QQLa QMBN QMM QMBM OOA OOP OKQ OTP SSU BViP; LC NN; BM

JEAN DU SAGUENAY. Québec historique, 1608-1908, voir: Leau, Léopold.

JOBIN, ALBERT. Histoire de la congrégation et de la paroisse de Notre-Dame de Jacques Cartier. [S.l., s.éd.] 1940. 158p. ill., pl.h.t., portr. 20 cm. Des origines à date de publ. Table dét. des mat.; pas d'index.
QPC QQL QMBN QMU QMBM OTP

JOBIN, ALBERT. Histoire de Québec. Québec, 1947. [5], 366p. pl.h.t. 21 cm. Titre en page-couverture: La petite histoire de Québec, Institut St-Jean-Bosco, 1948. Hist. municipale, commerciale, militaire et religieuse de la ville depuis 1608. Population de Québec depuis 1608, p. 116-31. Listes des gouverneurs et intendants, des lieutenants-gouverneurs jusqu'à 1939, des monuments commémoratifs et des statues, p. 354-8. Table dét. des mat.; pas d'index.
QPC QQL QQLa QMBN QMM QMBM OOA OTP; NN

THE KING'S book of Quebec. Ottawa, The Mortimer Co., 1911. 2 v. front. (portr.), pl.h.t., portr., plan dépl. 26 cm. Pag. continue: vol. 1: [8], 166p.; vol. 2: [3], 167-388, [4] p. Préparé par G.A. Doughty et William C.H. Wood; préf. par Lord Grey. Volume-

souvenir des fêtes du tricentenaire de Québec, publ. sous la direction de la Commission nationale des Champs de Bataille. Vol. 1: Histoire de la Nouvelle-France; vol. 2: Archives des fêtes du tricentenaire. Chronol. de Québec, 1533-1908, p. 158-66; plan du Parc des Champs de Bataille, 1909, à la fin du vol. 2. Notes biogr. sur Cartier, Champlain, Frontenac, LaSalle.
NSHPL NBFU NBSM QQA QQL QQS QMBN QMBM OOA OOP OOC OOAg OOB OOE OOND OONM OONG OKQ OKR OTP OTY OL OLU OH OWtU MBC SSU AEU BVa BVaU BViP; LC NN; BM

[LANGELIER, JEAN-C.] Why Quebec is interesting. [Quebec, s. éd., s. d.] 177, [3] p. ill. 17 cm. Survol de l'hist. de Québec de 1535 à date de publ. (p. 113-43) et de ses institutions, p. 66-113; du Bas Saint-Laurent, p. 143-70. Table dét. des mat., p. [179]; pas d'index.
QQA

[LASCELLES, FRANK] Historical souvenir and book of the pageants of the 300th anniversary of the founding of Quebec, voir: Souvenirs du passé ...

[LASCELLES, FRANK] Souvenirs du passé et livret des spectacles historiques représentés lors du trois-centième anniversaire de la fondation de Québec, l'ancienne capitale du Canada. Montréal, Commission des Champs de Bataille nationaux, 1908. [3], 49, [2] p. front., ill., pl. h. t., portr., carte dépl. 25 cm. Plan de Québec en 1700 d'après Catalogne, p. [15]. Autres vues de Québec. Survol hist. des origines au 19e s. Consiste en huit spectacles rappelant les grands événements de l'histoire du Canada pendant le premier siècle de son existence. Pas d'index. /1908: trad. anglaise. Historical souvenir and book of the pageants of the 300th anniversary of the founding of Quebec, the ancient capital of Canada. [2], 50, [2] p.
1908, éd. française: QPC QQLa QMBN /1908, éd. anglaise: QQLa; LC NN; BM

LEAU, LEOPOLD. Québec historique, 1608-1908. Plaquette publiée avec le patronage de l'Association "La Canadienne" [par] Jean Du Saguenay [pseud.] Paris, Blond & Cie; Québec, L'Action Sociale, 1908. [5], 31, [2] p. front., ill., plans. 24 cm. En tête de titre: La vieille capitale. "Plan de Québec et des environs pendant le siège de 1690 ...", p. 9; Québec assiégé en 1690 d'après un dessin de La Hontan, p. 13; "Plan de Québec vers 1740", p. 17; "Plan de Québec lors du siège de 1776", p. 21. Rappel des grandes lignes de l'hist. de Québec. Pas d'index.
QPC QCSHS QQA QQL QQLa QMBN QMBM OOSJ; LC NN

LEMOINE, JAMES M. L'Album du touriste; archéologie, histoire, littérature, sport ... par J.M. LeMoine ... 2e éd. Québec, Impr. A. Côté, 1872. vi, 385, [2] p. ill. 22 cm. En tête de titre: For tourists. Contient: 1ère partie: hist., descr. de Québec; 2e partie: itinéraire d'un voyage de Québec à Gaspé. /1870: 1ère éd. publ. sous le titre: Album canadien et détruite par le feu en mars 1871.
NBSM QQA QQL QMBN QMBM OOA OKQ OTP BViP; LC NN; BM

LEMOINE, JAMES M. The explorations of Jonathan Oldbuck ... in eastern latitudes, by J.M. LeMoine ... Québec, L.-J. Demers, 1889. [5] -265, [2] p. ill. 22 cm. "Opinions of the press" [8p. au début du vol.] Descr. et hist. principalement pour Beauport, p. [5]-24; la seigneurie de Deschambault, p. 71-6; la colonisation dans Mégantic, p. 77-83; la Beauce en 1775, p. [84]-96. Table dét. des mat., p. 263-5; pas d'index.
NSHPL NBFU QQA QQL QQLa QMBN QMU QMBM OOA OOP OOU OOC OKQ OTP OH BVaU BViP; LC NN

LEMOINE, JAMES M. Histoire des fortifications et des rues de Québec. Québec, "Le Canadien", 1875. 51p. ill. 22 cm. Survol de l'hist. depuis Champlain à date de publ. Pas d'index.
NSHPL QQA QQL QMBN QMBM OOA OOC OOND OTP SSU BVaU BViP; LC NN; BM

LEMOINE, JAMES M. Historical and sporting notes on Quebec and its environs, by J.M. LeMoine. Québec, L.-J. Demers & Frère, 1889. [4e éd.] 133p. ill. 17 cm. Page-couverture: Historical ... and on Lake St. John and our trout lakes. 1ère partie: Quebec to Montmorency, p. 1-66; 2e partie: Lake St. John. Pas d'index.
QQA QQL QQS QMBN OOA OOP OTP OH BVaU; LC NN; BM

LEMOINE, JAMES M. Historical notes on Quebec and its environs, by J.M. LeMoine ... [2e éd.] Québec, Darveau, 1887. 60p. 16 cm. Notes hist. des origines à date de publ. Pas d'index. /1879: 1ère éd. Historical notes on the environs of Quebec Drive to Indian Lorette. Indian Lorette ... the St. Louis & the St. Foy roads ... Montreal. 31p. /1890: 5e éd. 152p.
1879: QQL QMBN OOA OTP SSU BViP; LC /1887: QQA QQL QMBN OOA OORD OKQ OTP; LC /1890: BM

LEMOINE, JAMES M. Illustrated Quebec under French and English occupancy, voir: Adam, Graeme M.

LEMOINE, JAMES M. Maple leaves. Canadian history and Quebec scenery, (Third Series), by J.M. LeMoine ... Quebec, Hunter, Rose & Co., 1865. iv, 137, [2] p. front. (plan), pl. 21 cm. "Errata", p. [139]. Rappels de l'hist. de Québec et de Sillery des origines à date de publ. Notes bibliogr. en bas de page. Table dét. des mat., p. [iii]-iv; pas d'index.
NSHPL NBFU NBSM QQA QQLa QMBN QMU QMBM OOA OOP OOC OOU OOSJ OTP SRL BVa BVaU BVi BViP; LC NN; BM

LEMOINE, JAMES M. Maple leaves. Canadian history - literature - ornithology ... [6e serie] Québec, L.-J. Demers, 1894. [7], 508, [4] p. front. 23 cm. "Errata", p. [505]. Notes hist. de toutes les périodes de la ville de Québec, de ses rues, de ses édifices, etc. Notes bibliogr. en bas de page. Table dét. des mat.; pas d'index.
NSHPL NBFU NBSM QQA QQLa QMBN QMU QMBM OOA OOP OOC OOU OOSJ OTP SRL BVa BVaU BVi BViP; LC NN; BM

LEMOINE, JAMES M. Maple leaves. History - biography - legend - literature - memories ... [7e série] Quebec, Frank Carrel, 1906. xii, 407, ix, [7] p. front. (portr.), ill., pl.h.t. 23 cm. "Errata", fin du vol. Nombreuses notes hist. sur la ville de Québec, ses rues, ses édifices, ses monuments, etc. Notes bibliogr. en bas de page. Append.: table générale des mat. des sept séries des "Maple leaves", p. i-ix; pas d'index.
QQA QQLa; LC NN

LEMOINE, JAMES M. Monographies et esquisses, par J.M. LeMoine ... [Québec, Impr. J.-G. Gingras, 1885] iii, 478, [3] p. 23 cm. Les villas autour de Québec, p. 151-319. Table dét. des mat.; pas d'index.
NSHPL QQA QQL QMBN QMU QMBM OOA OOC OOU OOSJ OKQ OTP SRL BVaU; LC NN; BM

LEMOINE, JAMES M. Picturesque Quebec: a sequel to Quebec past and present, by J.M. LeMoine ... Montreal, Dawson Bros., 1882. [v], xiv, 535p. front. (plan), cartes (1 dépl.), plans. 23 cm. "Errata", p. xiv. Première partie: descr. et hist., p. 1-273; deuxième partie: "The environs of Quebec" incl. une hist. de Sillery, p. 273-99. Plan de la ville de Québec en 1759 (front.); plan du siège de Québec, 1759, p. 301; carte "Operations of General De Levis & Murray, 1759-60" à Québec, p. 419. Append., nombreux doc., p. 483-525; liste des gouverneurs français et anglais, p. 522-5. Notes bibliogr. en bas de page.
NSHPL NBFU NBSM QQL QQLa QMBN QMU QMBM OOA OOP OORD OOC OOU OKQ OTP OH OHM MWP MWU BVaU BVi BViP; LC NN; BM

La Basilique de Québec et place du marché vers 1841
Dessin de Mme M. M. Chaplin

LEMOINE, JAMES M. The port of Quebec. Its annals, 1535-1900, by James MacPherson LeMoine ... Quebec, The Chronicle Printing Co., 1901. 95, [9] p. front. (plan). 22 cm. Plan du bassin Louise en 1901 en front. Hist. du port de Québec avec stat. en append. Notes bibliogr. en bas de page. Table dét. des mat.; pas d'index.
QQA QQL QMBM OOC OORD OKQ OTP BVaU; NN; BM

LEMOINE, JAMES M. Quebec past and present; a history of Quebec, 1608-1876; in two parts, by J.M. LeMoine ... Québec, Augustin Côté, 1876. [v]-xv, [1], 466p. ill., pl.h.t., portr., fac-sim., carte dépl. 21 cm. Annonce de la publication du volume "from the Morning Chronicle, 10th May, 1876", feuille insérée entre p. [viii] et [ix]. "Errata", p. xv (verso). Fac-sim. de "l'Abitation de Québec" pris d'une estampe dans les Voyages de Champlain, éd. de 1613. "Sketch of Arnold's assault in 1775", p. 317. Liste des gouverneurs, maires, édifices publics, etc., p. [343]-450. Append.: p. [451]-60. Notes biogr. sur Champlain, Montcalm, Wolfe, etc. Contenu: partie 1, "The annals of the city from 1608 to 31st December 1875"; partie 2, "Quebec present". Notes bibliogr. en bas de page. Table dét. des mat., p. [461]-6; pas d'index.
NSHPL NBFU QRS QPC QQL QQLa QMBN QMU QMBM OOA OOP OOC OKQ OTP OH OHM BVa BVaU BViP; LC NN; BM

LEVASSEUR, NAZAIRE. Réminiscences d'antan; Québec il y a 70 ans. [Québec, 1926] 96p. ill. 27 cm. Nombreuses annonces commerciales, p. 1-14 et 83-96.
QPC QQA QQL QMBN QMBM; NN

LONGSTRETH, THOMAS M. Quebec, Montreal and Ottawa. New York, London, Century [1933] xi, 318p. front., ill., cartes. 21 cm. Descr. avec notes hist. Bibliogr., p. 313.
NSHPL NBFL NBS QQL QQLa QMBN QMBM OOA OOP OKQ OTU OTP OTTC OTY OH OWA MW MWP SSU SRL BVa BVaU BVi; LC NN; BM

MACPHERSON, CHARLOTTE (HOLT GETHINGS). Reminiscences of old Quebec ... Montreal, Lovell, 1890. 128p. 19 cm. En tête de titre: Quebec and its vicinity. Brèves biogr. de personnages marquants de Québec, p. 88-99. Pas d'index.
NSHD QQL QQLa QMBN QMU QMBM OOA OOP OOC OKQ OTP OLU MWP MWU AEU BVaU BVi; LC NN

MAGNAN, HORMISDAS. Notes historiques sur la banlieue de Québec. Le quartier Belvédère; la paroisse Notre-Dame du Chemin, par

Hormisdas Magnan. Québec, 1915. 35, [3] p. ill., pl., portr., plans. 25 cm. Publ. dans le Bulletin des Recherches historiques, mars 1915. Plan du quartier Belvédère, p. [3]; banlieue de Québec d'après le plan cadastral de 1685, p. 14. Table des gravures, p. [35]; table dét. des mat.; pas d'index.
QQL QQLa QMBN QMBM BVaU; NN

MARQUIS, GEORGES-E. Les fortifications de Québec. Un centenaire: 1823-1923, par le lieut.-colonel G.-E. Marquis. [Québec] The Telegraph Printing Co., 1924. 32p. ill. 23 cm. Eléments de l'hist. de la ville de Québec vus à travers l'hist. de ses fortifications depuis Frontenac. Append.: doc. relatifs à l'entretien des fortifications et doc. de la Société des Arts, Sciences et Lettres sur l'opportunité d'en célébrer le centenaire. Pas d'index.
QQA QQL QQLa QMBN QMBM OOND OORD OOSJ OKQ OTP OPAL

MARQUIS, GEORGES-E. Québec, hier et aujourd'hui. Quebec, past and present. [Québec, Editions de l'A.B., s.d.] 88p. ill. 22 cm. Résumé de l'hist. de Québec des origines à date de publ. à l'usage des touristes. Chronol., p. [84]. Bibliogr., p. 83. Table dét. des mat., p. 85-8; pas d'index.
QPC QQL QMU OOA OKQ BVaU

MARQUIS, GEORGES-E. Québec, son site, ses reliques historiques, sa population, par le lieut.-colonel G.-E. Marquis. [S.l., s.éd.] 1934. 29p. 20 cm. Descr. avec notes hist. des origines à date de publ. Pas d'index. /1949: autre éd.
1934: QQL; LC NN /1949: QQL

MORGAN, JOAN E. Castle of Quebec. Toronto ... J.M. Dent & Sons, 1949. v, [1], 186p. ill., portr., fac-sim., plans. 23 cm. Plans de l'habitation de Champlain, du Fort Saint-Louis (1683), du Château Saint-Louis (1700 et 1723), de la ville de Québec (1722 et ca. 1740), du Château Frontenac. Hist. des grandes étapes du développement de Québec des origines à 1840. Chap. consacrés à la construction du Château Frontenac (p. 150-75) et à la Conférence de Québec en 1943, p. 176-81. Notes bibliogr. en bas de page; bibliogr., p. 185-6.
NSHPL NBFU QQL QQLa OOP OOGB OTP; NN

NICHOLSON, BYRON. In old Quebec and other sketches by Byron Nicholson ... Quebec, Commercial Printing Co., 1908. [9], 162p. ill., pl.h.t., portr. 20 cm. Présentation de J.M. LeMoine, p. [7]. Descr. surtout

Notes hist. sur Québec, p. [9]-40, [55]-63 et l'Ile d'Orléans, p. [41]-54. Table des ill., p. [6]. /1909: 2e éd.
1908: QQL QQLa QQS QMBN QMU QMBM OOA OOND OORD OOU BVa BViP; LC NN /1909: NSHD NBSaM OKQ OTP OLU MWP SSU AEU BVaU

OAKLEY, AMY. Kaleidoscopic Quebec ... Illustrations by Thornton Oakley. New York, London, D. Appleton - Century Co. [1947] xiii, 278p. front., ill. (dessins originaux). 21 cm. Cartes géographiques de la vallée du Saint-Laurent, des Laurentides et de la Gaspésie en pages de garde. Descr. surtout l'ouvrage traite de la vallée du Richelieu, p. [3]-24; de Montréal et des environs, p. [27]-79; de Québec, p. [81]-115; de l'Ile d'Orléans, p. [117]-30; de Sainte-Anne de Beaupré, p. 135-50; de la Gaspésie, p. [221]-67. Table des ill., p. ix-x.
NSHPL QQA QQLa QMBM OOA OOP OTP OH MW BVa BVaU; LC NN; BM

PARKER, SIR HORATIO G. Old Quebec, the fortress of New France, by Gilbert Parker and Claude G. Bryan ... New York, London, Macmillan [1903] xxiv, 486p. front., ill., pl.h.t., portr., plans, cartes. 23 cm. Plan de Québec en 1759, p. 207; plan du Saint-Laurent, des Chutes Montmorency, p. 268; carte des environs de Québec et carte de Louisbourg, entre p. 110-1. Table des portr., p. [ix]-x; table des ill., p. xi-xiv; table des cartes, p. xv. /1903: autre éd. Toronto, Copp, Clark. /1904: réimpr.
1903: NBSM QQLa QMBN OOP BViP; LC NN; BM /1903, éd. canadienne: QMM OOP OTP /1904: MWU

PERCIVAL, WALTER P. The lure of Quebec, by W.P. Percival ... Foreword by Colonel William Wood ... Toronto, Ryerson [1941] xx, 216p. front., ill., portr., pl.h.t. 21 cm. Plan dans le plat avant. Descr. avec notes hist. des origines à date de publ. Bibliogr. en append., p. 205-13.
NSHPL NBFU NBSM QQL QQLa QMBN QMBM OOND OTP MW MWU SRL BVa BViP; NN; BM

POTVIN, DAMASE. Six coins historiques du vieux Québec. Visites royales d'autrefois. Souvenir de la visite, à Québec, le 17 mai 1939, du roi Georges [sic] VI et de la reine Elizabeth. Québec, s.éd., 1939. [5], 47p. front. (portr.). 23 cm. Retrace l'hist. de lieux et de monuments: l'Anse-au-Foulon et l'Anse-des-Mères, p. 9-12; l'Hôtel du Gouvernement, p. 13-7; la Citadelle, p. 18-9; Spencer-Wood, p. 23-5; le Parc des Champs de Bataille, p. 26-8; le monument Victoria, p. 29-30. Pas d'index.
QQLa

POULIOT, JOSEPH-C. Historical reminder; Quebec and the Isle of Orleans, voir: Québec et l'Ile d'Orléans; évocations historiques.

POULIOT, JOSEPH-C. Québec et l'Ile d'Orléans; évocations historiques, par J.-Camille Pouliot ... Québec [L'Action Sociale] 1927. 234, [22] p. ill., portr., plan, fac-sim. 23 cm. Feuille d'errata insérée, p. 15. Plans: "Port-Royal" (habitation), p. 11; "Fort St-Louis", p. 14; "abitation de Québecq", p. 137; plan de Québec d'après celui de M. de Catalogne en 1709, p. 211. Hist. de l'Ile d'Orléans, p. [185]-205. Table dét. des mat.; pas d'index. /1927, trad. anglaise: Historical reminder; Quebec and the Isle of Orleans. Trad. par Lewis Drummond. Quebec. [7], 224, [15] p. ill. 24 cm.
Ed. française: QPC QQL QQLa QQS QMM QMBM; LC NN /Ed. anglaise: NSHP QQLa QMBN OOG OKQ OTU OTP BViP; LC NN

PROVOST, HONORIUS. Vieilles maisons de Québec. Première série: 1, La maison Louis Jolliet; 2, La maison Cadet; 3, L'hôtel Louis XIV, par l'abbé Honorius Provost. Québec, La Société d'histoire régionale de Québec, 1947. 48, [1] p. pl.h.t. 23 cm. (Cahiers d'histoire, no 1). Plan de Québec en 1700 d'après La Potherie, p. 16. Contribution directe à l'hist. de Québec. Pas d'index.
QQLa QMU QMBM OOA OORD OTP OWA; NN

QUEBEC CHRONICLE. Greater Quebec. Edition of the Quebec Chronicle showing the rise, progress, growth & development of the city's industries ... [Quebec, Quebec Chronicle, 1908] 100, [2] p. ill., portr., plan. 33 cm. Plan du Fort Saint-Louis de Québec en 1683. Hist. polit., économique et sociale de Québec à la fin du 19e s.; hist. du Quebec Chronicle, p. 1-14. Pas d'index.
QQLa

QUEBEC. THE PUBLICITY BUREAU. Quebec, Canada. [Quebec] The Commercial Magazine Co. [ca.1912] [3], 167p. ill., portr. 26 cm. Hist. commerciale et sociale de Québec à la fin du 19e s. et au début du 20e s. Pas d'index.
QQLa

QUEBEC (VILLE). OFFICE MUNICIPAL DU TOURISME. La vieille cité de Québec. Québec [Impr. du roi, s.d.] 14p. ill. 22 cm. Titre relevé de la couverture. Survol de l'hist. de Québec depuis sa fondation. Pas d'index.
QPC QQA

REMINISCENCES of Quebec, derived from reliable sources; for the use of travellers. 2nd ed., considerably augmented and improved. Quebec, Printed at the Mercury Office, 1859. 16, 43p. front., cartes, pl. 22 cm. Cartes dépl. du Haut et du Bas-Canada, avant la page-titre. Réminiscences, p. [3]-14; le siège de Québec en 1759, par une religieuse de l'Hôpital générale de Québec; trad. anglaise de la brochure publ. par la Société littéraire et historique de Québec, p. 1-24; le monument Montcalm et Wolfe, p. [21]-33; le siège de Québec en 1775, p. 34-43. Pas d'index. /1858: 16, 28p. front., pl. 20 cm. /1862: 43p. front., cartes.
1858: QQL OOP OTP MWU BViP; LC NN /1859: QQA QMBN OOA OTP; NN /1862: OTTC /1863: OH

ROUTHIER, SIR ADOLPHE-B. Québec et Lévis à l'aurore du XXe siècle, par A.-B. Routhier ... Montréal, La Cie de Publication Samuel de Champlain, 1900. [6], 353, ii, 138, [2] p. ill., pl.h.t., portr., plans. 30 cm. Plan de Québec en 1759, p. 175; plan du Saint-Laurent ... et des opérations du Siège de Québec en 1759, p. 179. Partie concernant Lévis, p. 319-34. Biographies et monographies, 140p. Table des gravures, p. [351]-3; table des biogr. et monographies, 20 parties, p. [139-40]; table dét. des mat., p. 353; pas d'index. /1904: Quebec at the dawn of the XXth century. Montreal, The Sir Joshua Reynold's Art Publishing Co. 400p. 25 cm. /1909: Quebec, a quaint medieval French city in America, at the dawn of the XXth century. Montreal, Montreal Printing & Publ. Co. 400p. front., ill., portr. 26 cm.
1900: QQA QQL QMBN QMU QMBM OOA OOC OOSJ OTP OWA; LC NN; BM /1904: NSHPL QQL QMBN QMBM OOA OOU OKQ OTU OTP OTY OHM AEP; LC /1909: NBS QMBN QMBG OOP OOND OH OLU; LC

[ROY, CAMILLE] Les fêtes du troisième centenaire de Québec, 1608-1908. Québec, Comité du "Livre-Souvenir" des fêtes jubilaires, 1911. [9], 630p. ill., pl.h.t. (14 dépl.), portr. 23 cm. Descr. des activités des fêtes du troisième centenaire avec de nombreux rappels hist. Liste des familles de la prov. de Québec dont les descendants occupent (en 1608) la terre ancestrale depuis deux cents ans ou plus, p. 517-611. Table des ill., p. [629]-30; table dét. des mat., p. [621]-7; pas d'index.
QRS QPC QQA QQLa QQS; NN

ROY, PIERRE-G. La traverse entre Québec et Lévis ... Lévis [Impr. aux ateliers "Le Quotidien"] 1942. vi, 169p. 24 cm. Contribution directe à l'hist. de Québec et de Lévis des origines à 1930. Nombreux

renseignements empruntés à l'Histoire de la seigneurie de Lauzon de J.-Edmond Roy. Table dét. des mat., p. [165]-9; pas d'index.
NBSM QQA QQL QQLa QMBM OOA OTP BVaU; LC

ROY, PIERRE-G. La ville de Québec sous le Régime français ... Publié par le Service des Archives du Gouvernement de la province de Québec. Québec, R. Paradis, Impr. du Roi, 1930. 2 v.: [6], 548, [1] p.; [4], 519p. ill., pl.h.t., portr., fac-sim., plans, cartes. 25 cm. Errata, vol. 1, p. [2]. Vol. 1: carte de Québec et des environs par Champlain, p. 32; habitation, p. 46; carte de la Nouvelle-France par Champlain, p. 48; Nouvelle-France (1643), par Jean Boisseau, p. 174; plan de Québec (1660), par Jean Bourdon, p. 264; plan de Québec (1664), p. 304; Fort Saint-Louis (1683), par Franquelin, p. 424; carte de Québec (1680), par Robert de Villeneuve, p. 462; carte de Québec (1690), p. 488; plan de Québec d'après La Hontan (1691), p. 496; plan de Québec (sept. 1693), p. 538; vol. 2: plan de Québec (1700), p. 1; plan du Séminaire et de la fabrique (1714), p. 76; plan de De Lery (1720), p. 90; plan de Québec (1750), p. 208; plan de Québec (1759), p. 306. "La population de Québec de 1608 à 1631", vol. 1, p. 115-6. Sources des noms de rues de Québec durant le Régime français, vol. 2, p. 255-6. Nombreux fac-sim. d'autographes des notables de l'hist. de la Nouvelle-France. Notes bibliogr. en bas de page. Table des gravures et fac-sim., p. 473-7; table des signatures, p. 479-81; table dét. des mat., vol. 2, p. 461-77.
OONL NSHP NBSM QPC QQLa QMBN QMU QMBM OOA OOU OOSU OOSJ OTP OLU AEU BVaU; LC NN; BM

ROY, PIERRE-G. Le vieux Québec. Québec [Arthabaska, Impr. d'Arthabaska]; Lévis [Impr. "Le Quotidien"] 1923-1931. 2 v.: première série, [3], 300p.; deuxième série, [3], 300p. 19 cm. Etude descr. des gens, des lieux et des événements de Québec durant le Régime français surtout. Nombreux doc. Notes bibliogr. en bas de page. Table dét. des mat.; pas d'index.
NBSM QQA QQL QQLa QMM QMU QMBM OOA OOCiT OORD OTP AEU BVaU; NN; BM

SULTE, BENJAMIN. Mélanges historiques. Etudes éparses et inédites. Compilées, annotées et publiées par Gérard Malchelosse. Montréal, G. Ducharme; Edouard Garand, 1919-1933. 21 v. ill., pl.h.t., plans, cartes. 24 cm. Vol. 1, 162p., front.; vol. 2, 156p.; vol. 3, 148p.; vol. 4, 103p., front., ill., portr.; vol. 5, 126p.; vol. 6, 216p., ill., pl.h.t., plans; vol. 7, 163p.; vol. 8, 144p.; vol. 9, 74p., ill., pl.h.t., plans; vol. 10, 160p., plan; vol. 11, 98p., front., ill.; vol. 12, 109p.;

vol. 13, 96p. ; vol. 14, 96p. ; vol. 15, 130p. ; vol. 16, 96p. ; vol. 17, 130p. ; vol. 18, 96p., plan; vol. 19, 96p., plan; vol. 20, 96p. ; vol. 21, 96p. Contient divers articles sur la petite hist. locale et régionale du Québec. Vol. 1: "Québec en 1629-31", p. 27-36; "Beauport vs Québec", p. 37-43; vol. 2: Trois-Rivières, p. 73-83; vol. 3: "Trois-Rivières", p. 93-113; "Cap-Rouge", p. 123-33; vol. 5: "Verdun", p. 52-7; vol. 6: Les forges du Saint-Maurice, p. [9]-195; vol. 9: Le fort de Chambly, p. [7]-58; vol. 10: "Rivière-du-Loup (en haut)", p. [5]-65; Lachine, p. [66]-92; "L'Ile à la Fourche (Nicolet)", p. [93]-106; "Le Château Bigot", p. 107-17; vol. 16: L'Acadie française, p. [11]-90; vol. 18: Trois-Rivières d'autrefois, Première série, p. [5]-90; vol. 19: Trois-Rivières d'autrefois, Deuxième série, p. [7]-89; vol. 20: Trois-Rivières d'autrefois, Troisième série, p. [5]-91; vol. 21: Trois-Rivières d'autrefois, Quatrième série, p. [7]-90. Notes bibliogr. en bas de page. Table des mat. et index à la fin de chaque vol.
QQL QQLa QMBN QMBM OOA OOLU OOSJ OOCC OKR OTP; LC

TRUDELLE, JOSEPH. Les jubilés et les églises et chapelles de la ville et de la banlieue de Québec ... par Joseph Trudelle ... Québec, Le Soleil, 1901-1904. 2 v. : [7], 518p. ; xv, [5], 428p. front., ill., pl., portr., plans, cartes, fac-sim. 23 cm. Couvre la période de 1608 à 1901. Vol. 1: Plan de Québec en 1660, p. 144; plan "of the fiefs Coulonge and St. Michel, 1834", p. 360; plan du terrain et résidence de Spencer Wood, p. 378. Contribution à l'hist. religieuse. Nombreuses biogr. Table dét. des mat., vol. 1, p. [515]-8; vol. 2, p. [425]-8; pas d'index.
QQA QMBN QMBM OOA OTP; LC

VALIQUET, ADRIEN-N. Calendrier et bulletin des paroisses françaises de la ville de Québec, année 1908. [Québec, s. éd., 1908] 97, 95p. ill., portr. 18 cm. Première partie consacrée aux annonceurs. Seconde contient des notes hist. relatives à Notre-Dame de Québec, Saint-Roch, Saint-Jean-Baptiste, Saint-Sauveur, Notre-Dame de la Garde, Saint-Malo, Notre-Dame de Jacques Cartier. Pas d'index.
QQA QQS

WARBURTON, ELIOT, ed. Hochelaga; or, England in the New World ... in two parts. New York, Wiley & Putnam, 1846. 2 t. en 1 vol. (xiii, 174; 198, vii-xiip.). 19 cm. Critiques de l'ouvrage, p. v-vi. Descr. surtout l'ouvrage rappelle les grandes lignes de l'hist. des principaux centres de l'Amérique du Nord principalement celles de la ville de Québec, p. 22-73, de Montréal, p. 110-6, de Kingston et de Toronto,

p. 117-34. Table des mat. ; pas d'index.
QQLa; LC

WEAVER, EMILY POYNTON. Old Quebec, the city of Champlain. With illustrations by Annie E. Weaver. Toronto, William Briggs, 1907. 60p. ill., portr. 18 cm. Plan de Québec vers 1690 tiré de l'oeuvre de La Potherie. Table des ill., p. 3-4; table dét. des mat. ; pas d'index.
NSHD QQA QQL QMBN QMBM OOP OOC OTP OL MW; NN

WOOD, WILLIAM C. The storied province of Quebec. Past and present [par] William Wood ... Associate editors: William Henry Atherton ... [et] Edwin P. Conklin. Toronto, The Dominion Publishing Co., 1931. 5 v. front. (portr.), ill., pl.h.t., portr., fac-sim., plans, cartes. 27 cm. Vol. 1-2: xii, [2], 1164p. ; vol. 3-5: [4], 865p. Couvre l'hist. de la prov. de Québec, de 1534 à date de publ. Bibliogr. sur la médecine au Québec, p. 1148-50 et notes bibliogr. en bas de page. Chronol., vol. 1, p. 249-72. Cartes: vol. 1: Ile de Montréal indiquant les premiers faits, les établissements, etc., p. 612; vol. 2: Montréal vu à vol d'oiseau, 1645-50, p. 625; Ville-Marie, 1650-72, p. 632; "plan of the palisaded town, 1687-1723", p. 655; Montréal, 1673-87, p. 656; Montréal, 1725, p. 662; Château de Vaudreuil et environs en 1760, p. 678. Ouvrage collectif qui comprend d'abord une hist. générale de la prov. de Québec signée William Wood, suivi d'hist. régionales et locales et, enfin, par thème, l'hist. des religions catholique et protestante, le système d'éducation, le journalisme, l'hist. des banques, de l'industrie, des sports, de la chasse et de la pêche, des cours de justice, du barreau, de la médecine. Vol. 1: The story of P.Q. by colonel William Wood, p. [3] -123, [125] p. ; Unique Quebec by colonel William Wood, p. [127]-275; Regional Quebec by Edwin P. Conklin (Quebec Channel Region, Gaspé Peninsula Region, North Shore, Labrador and New Quebec, Lake St. John and the Saguenay River, Quebec Region, Quebec South Shore Region), p. [277]-437; Metropolitan Montreal by William Henry Atherton ... p. [603]-22. Vol. 2: Metropolitan Montreal (suite), p. [623]-781; Regional Quebec by Edwin P. Conklin (Three Rivers Region, Richelieu Region, Huntingdon Region, Ottawa Valley Region, Eastern Townships), p. [782]-972. Vol. 3-5: biogr. et portr. avec index pour chacun des vol. Table dét. des mat., vol. 1, p. vii-xii.
NSHPL NBFU QQLa QMBN QMU QMBM OOA OOP OKQ OTP BVaU BVi; LC NN

WOOD, WILLIAM C. Unique Quebec. A vademecum for visiting fellows of the Royal Society of Canada and members of Canadian Historical

Association ... [Quebec] Literary and Historical Society of Quebec, 1924. 109p. 23 cm. Sorte d'append. à The Centenary volume of the Literary and Historical Society of Quebec, 1824-1924. Hist. militaire, polit., religieuse et culturelle de Québec aux 17e, 18e et 19e s. surtout. Descr. des principaux monuments. Table dét. des mat.; pas d'index.
NSHPL NBSM QQL QQLa QQS QMBN QMBM OOP OOC OORD OKQ OTP OH OL OLU MWU SSU BVa BVaU BViP; LC NN; BM

RACINE

CANADA. MINISTERE DE L'AGRICULTURE. Le Saguenay et le Lac Saint-Jean. Ressources et avantages qu'ils offrent aux colons et aux capitalistes ... Ottawa, Département de l'Agriculture, 1879. 54p. 22 cm. Hist. de l'origine des paroisses et cantons de la région: Chicoutimi, Grand Brûlé, Hébertville, Labarre, Normandin, Racine. Pas d'index.
QQL; LC

LE DOMAINE de la Pointe à Taillon, co. du Lac St-Jean, prov. de Québec. [3], 25p. ill., plans, carte. 24 cm. Plan dépl. de bâtiments de ferme et carte dépl. de la Pointe à Taillon et des environs à la fin du vol. Traite des origines du développement agricole et commercial. Pas d'index.
QQS

RIGAUD

AUCLAIR, ELIE-J. Rigaud de Vaudreuil et son Collège Bourget. Etude présentée à la Société royale, session de mai 1941, par l'abbé Elie-J. Auclair ... [Montréal, Impr. des Sourds-Muets] 1941. 40p. 23 cm. Brève hist. religieuse et civile de Rigaud, des origines à date de publ. Liste des maires, curés, marguilliers & directeurs du Collège, p. 20-1. Notes bibliogr. en bas de page. Pas d'index.
QQA QMU

RIMOUSKI

BENOIST, EMILE. Rimouski et les pays d'en-bas. Montréal, Editions du "Devoir", 1945. 193, [3] p. 19 cm. Hist. des paroisses de Sainte-Angèle-de-Mérici, p. 135-9 et de Saint-Jérôme-de-Matane, p. 161-9. Table dét. des mat.; pas d'index.
QQL QQLa QMM QMU QMBM OOA OOP OOG OOSJ OTU OTP OHM OLU BVaU; LC NN

GUAY, CHARLES. Chronique de Rimouski, par l'abbé Chs. Guay ... Québec, P.-G. Delisle, 1873-74. 2 v.: 254, [20] p.; 261-417, [8] p. "Errata", premier vol., p. [258]. Hist. des origines à date de publ. Chap. XI, liste chronol. des prêtres ... des députés, tabl. ... de la population de 1701 à 1872, p. [137]-77. Table dét. des mat., vol. 1, p. [254-5]; vol. 2, p. [419-20]; pas d'index.
QRS QPC QQA QQL QQLa QMU QMBM OOA OTP OLU; LC NN

RIMOUSKI. Comité du Centenaire. Album-souvenir. Notes historiques, 1829-1929. Rimouski, S. Vachon [1929] xvi, [6], 84, xvii-xxiip. ill., portr. 25 cm. En tête de titre: Fêtes du centenaire de Rimouski. Append.: liste des évêques, curés, députés, maires, conseils municipaux, avocats, médecins, shérifs, agents des terres, etc., p. 65-75. Biogr., p. 83-4. Table dét. des mat., p. [5-6]; pas d'index.
QRS QPC QQA QQLa

RIVIERE-DU-LOUP

PELLETIER, EDMOND. Album historique et paroissial de Notre-Dame du Portage, 1723 à 1940. Lettre du Cardinal Villeneuve. [Québec, Imprimerie provinciale, 1942] [7], 367p. ill., pl.h.t., portr., plan. 20 cm. Généalogie, p. [214]-365. Table dét. des mat., p. 366-7; pas d'index.
QPC QQL QQLa QMBN QMBM OOA OOU OTP

SULTE, BENJAMIN. Mélanges historiques. Etudes éparses et inédites. Compilées, annotées et publiées par Gérard Malchelosse. Montréal, G. Ducharme; Edouard Garand, 1919-1933. 21 v. ill., pl.h.t., plans, cartes. 24 cm. Vol. 1, 162p., front.; vol. 2, 156p.; vol. 3, 148p.; vol. 4, 103p., front., ill., portr.; vol. 5, 126p.; vol. 6, 216p., ill., pl.h.t., plans; vol. 7, 163p.; vol. 8, 144p.; vol. 9, 74p., ill., pl.h.t., plans; vol. 10, 160p., plan; vol. 11, 98p., front., ill.; vol. 12, 109p.; vol. 13, 96p.; vol. 14, 96p.; vol. 15, 130p.; vol. 16, 96p.; vol. 17, 130p.; vol. 18, 96p., plan; vol. 19, 96p., plan; vol. 20, 96p.; vol. 21, 96p. Contient divers articles sur la petite hist. locale et régionale du Québec. Vol. 1: "Québec en 1629-31", p. 27-36; "Beauport vs Québec", p. 37-43; vol. 2: Trois-Rivières, p. 73-83; vol. 3: "Trois-Rivières", p. 93-113; "Cap-Rouge", p. 123-33; vol. 5: "Verdun", p. 52-7; vol. 6: Les forges du Saint-Maurice, p. [9]-195; vol. 9: Le fort de Chambly, p. [7]-58; vol. 10: "Rivière-du-Loup (en haut)", p. [5]-65; Lachine, p. [66]-92; "L'Ile à la Fourche (Nicolet)", p. [93]-106; "Le Château Bigot", p. 107-17; vol. 16: L'Acadie française, p. [11]-90; vol. 18: Trois-Rivières

d'autrefois, Première série, p. [5]-90; vol. 19: Trois-Rivières d'autrefois, Deuxième série, p. [7]-89; vol. 20: Trois-Rivières d'autrefois, Troisième série, p. [5]-91; vol. 21: Trois-Rivières d'autrefois, Quatrième série, p. [7]-90. Notes bibliogr. en bas de page. Table des mat. et index à la fin de chaque vol.
QQL QQLa QMBN QMBM OOA OOLU OOSJ OOCC OKR OTP; LC

ROUX

ROY, WILFRID. Saint-Magloire de Bellechasse, par l'abbé Wilfrid Roy. Québec [s. éd.] 1925. [7], 274p. front., pl. h. t., portr. 18 cm. En tête de titre: Monographie. Hist. des origines à date de publ. Table dét. des mat., p. [273]-4; pas d'index.
QPC QCSHS QQL QQLa QMBN QMBM OOA; NN

ROUYN

CHEVALIERS DE COLOMB. Souvenir du 48e Congrès annuel des Chevaliers de Colomb de la province de Québec, Rouyn, 25 mai 1947. [Rouyn, s. éd., 1947] 180p. ill., portr., carte. 30 cm. Carte de Rouyn-Noranda et la région, p. 30. Aperçu hist. de l'Abitibi, du Témiscamingue, de Rouyn-Noranda et de nombreuses paroisses. Pas d'index.
QRC QQLa

ISBELL, IRVING J. The romance of Rouyn. [Montreal, The Financial Press, s. d.] 20p. ill., portr., carte dépl. 16 cm. Bref hist. des origines de Rouyn et de ses possibilités minières. Pas d'index.
QQA QMBN

POTVIN, DAMASE. Sous le signe du quartz. Histoire romancée des mines du Nord-Ouest de Québec. Montréal, Editions Bernard Valiquette [s. d.] [7], 262, [1] p. 18 cm. Des origines à date de publ. Notes bibliogr. en bas de page. Table dét. des mat., p. [263]; pas d'index.
QRC QQLa QMBN QMBM OTP

SAINT-ANDRE-EST

THOMAS, CYRUS. History of the counties of Argenteuil, Que., and Prescott, Ont., from the earliest settlement to the present, by C. Thomas ... Montreal, John Lovell, 1896. viii, 665p. ill., pl. h. t., tabl. 25 cm. Errata, p. iii. Hist. du comté d'Argenteuil, des origines à date de publ., p. [34]-460 et part. de St. Andrew, Lachute, Grenville,

Harrington, Wentworth, Core, Mille Iles, Morin, Arundel, Montcalm. Les biogr. sont surtout celles des contributeurs de l'ouvrage. Pas d'index.
OONL QQA QQL QQS QMBM OOAg OTP OL

WALES, BENJAMIN N. Memories of old St. Andrews and historical sketches of the seignory of Argenteuil, by B.N. Wales ... [Lachute, Watchman Press, 1934] 135p. ill., portr., plan. 24 cm. Couvre la période 1682 à date de publ. Hist. de St. Andrews (maintenant Saint-André-Est), de la seigneurie et du comté d'Argenteuil des origines à date de publ. Notes bibliogr. et généalogies. Index des noms de personnes.
QQL QMBN QMM QMU OOC OTP OHM BVaU BViP; LC NN

SAINT-ARMAND

THOMAS, CYRUS. Contributions to the history of the Eastern Townships: a work containing an account of the early settlement of St. Armand, Dunham, Sutton, Brome, Potton and Bolton; with a history of the principal events that have transpired in each of these townships up to the present time ... Montreal, J. Lovell, 1866. iv, [9], 376p. 19 cm. Saint-Armand, p. [9]-135; Dunham, p. [136]-73; Sutton, p. [174]-230; Brome, p. [231]-99; Potton, p. [300]-32; Bolton, p. [333]-71. Table dét. des mat. ; pas d'index.
NSWA QQA QMM OTP MWU BVaU; LC NN

SAINT-GEORGES DE BEAUCE

ANGERS, P. Histoire de Saint-Georges de Beauce, voir: Vézina, Robert.

VEZINA, ROBERT. Histoire de Saint-Georges de Beauce, par Robert Vézina et P. Angers. [Beauceville, Cie de l'Eclaireur, 1935] 191p. ill., pl.h.t., portr. 25 cm. Errata, p. 191. Ouvrage hist. et descr. des origines à date de publ. Table dét. des mat., p. 189-90; pas d'index.
QPC QQL QMBN QMBM

SAINT-HYACINTHE

BOUCHER DE LA BRUERE, MONTARVILLE. St-Hyacinthe. Lecture donnée par M. P.B. de La Bruère, fils, à la première séance publique du "Cercle d'Union de St-Hyacinthe", le 3 juillet 1859. St-Hyacinthe,

Boivin, 1859. 16p. 18 cm. Aperçu hist. de Saint-Hyacinthe de 1748 à date de publ. Pas d'index.
QQS QMBN

CHOQUETTE, CHARLES-P. Histoire de la ville de Saint-Hyacinthe, par Mgr C.-P. Choquette ... Saint-Hyacinthe, Richer et Fils, 1930. vii, 551p. front. (portr.), ill., pl.h.t. 23 cm. Hist. religieuse, économique, polit. et sociale de Saint-Hyacinthe des origines à date de publ. Rappel de l'hist. de la seigneurie Yamaska, p. 21-8; de la seigneurie de Saint-Hyacinthe, p. [79]-94. Doc. en append.: les journaux, p. 528-9; liste des maires et des échevins, p. 532-5.
QRS QPC QQL QQLa QMBN QMU QMBM QMDB OOA OOP OOT BVaU; NN

THE COMMERCIAL MAGAZINE CO. LTD. Saint-Hyacinthe, P.Q., Canada. Montreal, The Commercial Magazine Co. Ltd. [1912] 60p. ill., portr., carte dépl. 26 cm. Hist. religieuse, civile, économique et industrielle de Saint-Hyacinthe en 1912, avec rappels hist. sur ses origines. Carte du nouveau Saint-Hyacinthe, 1911. Brochure bilingue. Pas d'index.
QMBM

SAINT-IGNACE-DU-LAC

PELLAND, ALFRED. La Mattavinie, ses ressources, ses progrès et son avenir ... Québec, Ministère de la Colonisation, des Mines et des Pêcheries, 1908. 64p. ill., portr., pl.h.t., carte dépl. 22 cm. En tête de titre: Vastes champs offerts à la colonisation et à l'industrie. Carte de la Mattavinie en 1908. Etat de la colonisation à l'aurore du 20e s. Table dét. des mat., p. [63]-4; pas d'index.
QQA QQL QMBN QMBM

SAINT-JEAN

BROSSEAU, JEAN-D. Saint-Jean de Québec, origine et développement. Saint-Jean, "Le Richelieu" [1937] 313, [1] p. front. (portr.), ill., portr., carte. 24 cm. Append.: I, Le site de Sainte-Thérèse, p. 259-64; II, Fanny Allen, p. 265-71; III, Journal d'Antoine Foucher (frag.), p. 273-303; IV, Arpentage du terrain de l'église, p. 304-10; V, L'église anglicane de Saint-Jean, p. 311-3. Table dét. des mat.; pas d'index. /1938: réimpr.
1937: QQA QQL QQLa QMBN QMBM OOA OOP OTU OTP /1938: QQA; NN

LANCTOT, GUSTAVE. Bref historique de Saint-Jean du Richelieu. Montréal, Ducharme Limitée, 1947. [5], 22p. 23 cm. Causerie donnée au treizième Congrès annuel de la Société canadienne d'histoire de l'Eglise catholique, tenu à Saint-Jean en octobre 1946. Survol de l'hist. militaire, sociale et économique de Saint-Jean de 1665 à 1941. Append. : allocation du président ... de la Société canadienne d'histoire de l'Eglise catholique. Pas d'index.
QQLa QMBN QMU QMBM OOA OOU OTP BVaU

SAINT-JEROME

ALBUM-SOUVENIR. Centenaire de Saint-Jérôme, 1834-1934. [Saint-Jérôme, Impr. J.-H.-A. Labelle, 1934] [95] p. ill., portr. 18x25 cm. Notes hist. sur Saint-Jérôme; vie industrielle et commerciale. Collaboration du sénateur Prévost et de l'abbé Elie-J. Auclair. Pas d'index.
OONL QQL QMBM

AUCLAIR, ELIE-J. Saint-Jérôme de Terrebonne ... Saint-Jérôme, J.-H.-A. Labelle, 1934. 362, [4] p. ill., pl., portr., fac-sim. 23 cm. Hist. de la seigneurie des Mille-Isles, de la paroisse et de la ville de Saint-Jérôme avec avant-propos de l'auteur, de 1834 à date de publ., p. 12-213; hist. des anciennes familles avec avant-propos, p. 213-362. Table dét. des mat. ; pas d'index.
QQL QQLa QSherU QMBN QMU QMG QMBM OOA OTP BVaU; NN

BUIES, ARTHUR. Au portique des Laurentides. Une paroisse moderne. Le curé Labelle. Québec, Imprimé par C. Darveau, 1891. 96p. front. (portr.). 19 cm. Les débuts de la paroisse de Saint-Jérôme, p. 1-47; le curé Labelle, p. 48-96. Pas d'index.
OONL QRS QPC QQA QQL QMM QMG OOU OTU SSU; LC NN

GRIGNON, JOSEPH-J. Le bon vieux temps. Saint-Jérôme, Librairie Prévost, 1921. iv, 80, [2] p. 22 cm. Avant-propos de Jules-Edouard Prévost, p. i-iii. Rappel hist. des origines à date de publ. Pas d'index.
QQA QQL QMBN QMBM

MONTIGNY, BENJAMIN-A. T. DE. Le Nord, par B.-A. T. de Montigny. Montréal, L'Etendard, 1886. iii, 163, [1] p. 24 cm. En tête de titre: Colonisation. "Corrections", p. [164]. Descr. géogr., physique et hist. de la région du nord de Montréal. Pas d'index. /1898: Montréal, Beauchemin. iv, 350p. 22 cm. /1895: La colonisation. Le Nord de

Montréal ou la région de Labelle. iv, 350p. 22 cm.
1886: QQL QMBN QMBM OOA OOSJ OTP; NN /1895: QQL QQLa QMBN QMM OOA OOCiT OOSU OTP BVaU /1896: OOA OOU OKQ BVaU /1898: QQL QMBN

SAINT-LAMBERT

CHOQUET, ELIZEE. Les communes de Laprairie. Laprairie, Impr. du Sacré-Coeur, 1935. [7], 153p. front. (plan), portr., plans, fac-sim. 21 cm. En front., plan de la seigneurie et des communes de Laprairie, par l'auteur; plan cadastral de la commune, en 1815, par L.-R. Chaussegros de Léry, p. 16; plan de la commune, en 1705, p. 51; plan des expropriations de 1822 à 1913, p. 112. La commune de Saint-Lambert, p. 25-36; Laprairie, p. 37-144. Hist. des origines à date de publ. Append.: "Les syndics depuis 1888", p. [146]-7; "Essai juridique", p. [148]-9. Bibliogr., p. [11]-4. Table dét. des mat.; pas d'index.
QQA QQL QQLa QMBN QMM QMU QMBM OOA OOP OTP; NN

JODOIN, ALEXANDRE. Histoire de Longueuil et de la famille de Longueuil par Alex. Jodoin et J.-L. Vincent ... Montréal, Impr. Gebhardt-Berthiaume, 1889. ix, 681, [2] p. ill., pl.h.t., plans. 22 cm. Préface de Benjamin Sulte, p. [vii]-ix. "Errata", p. [683]. Plans du village de Longueuil en 1810 et en 1835, p. 296 et 576. Hist. religieuse, polit. et institutionnelle de Longueuil de 1535 à date de publ. Comté de Kent (Chambly), p. 285-310; municipalité de Saint-Lambert, p. 591-619; l'Ile Sainte-Hélène, p. 619-25. Append.: liste des prêtres, marguilliers, vicaires, maires, conseillers, commissaires d'école de la paroisse et du village de Longueuil, p. 634-56. Notes bibliogr. en bas de page. Table dét. des mat.; table alphabétique des noms, p. 665-73.
QPC QQA QQL QQLa QQS QMBN QMBM OOA OOSJ OTP; LC NN; BM

SAINT-LUC

MOREAU, STANISLAS-A. Histoire de Saint-Luc, par S.-A. Moreau ... [S.éd.] 1901. ix, 107, [1] p. ill., pl.h.t., portr. 21 cm. Errata, p. [108]. Hist. religieuse et civile des origines à date de publ. Généalogie de la famille Moreau, p. 79-101. Table dét. des mat.; pas d'index.
QQL QQLa QMBN OOA OOU OKQ OTP; NN

SAINT-PAMPHILE

PROGRAMME-SOUVENIR. Quelques notes historiques à l'occasion du 75e

anniversaire de la paroisse de Saint-Pamphile de L'Islet, 11 et 12 juillet 1943. [S.l., s.éd., 1943] 56p. ill., portr. 22 cm. Bref hist. de la paroisse de 1859 à date de publ. Biogr. sommaire des vicaires et curés ainsi que des professionnels de la paroisse; liste des maires et des religieux, p. 49-52. Annonces commerciales. Pas d'index.
QQS QMBM

SAINTE-ADELE

MONTIGNY, BENJAMIN-A. T DE. Le Nord, par B.-A. T. de Montigny. Montréal, L'Etendard, 1886. iii, 163, [1] p. 24 cm. En tête de titre: Colonisation. "Corrections", p. [164]. Descr. géogr., physique et hist. de la région du nord de Montréal. Pas d'index. /1898: Montréal, Beauchemin. iv, 350p. 22 cm. /1895: La colonisation. Le Nord de Montréal ou la région de Labelle. iv, 350p. 22 cm.
1886: QQL QMBN QMBM OOA OOSJ OTP; NN /1895: QQL QQLa QMBN QMM OOA OOCiT OOSU OTP BVaU /1896: OOA OOU OKQ BVaU /1898: QQL QMBN

SAINTE-ANNE-DE-BELLEVUE

GIROUARD, DESIRE-H. Les anciennes côtes du Lac Saint-Louis, avec un tableau complet des anciens et nouveaux propriétaires. Montréal, Poirier, Bessette & Co., 1892. 71p. 21 cm. Brèves notes hist. sur la fondation et la colonisation de La Présentation, p. [5]-7, Lachine, p. 7-8, 25-6, Dorval, p. 9, Beaurepaire, p. 9-10, Pointe-Claire, p. 10-1, 15, Sainte-Anne, p. 16. En append.: "Tableau des anciens et nouveaux propriétaires des côtes du Lac Saint-Louis, d'après le terrier ...", p. 34-47; "Liste des premiers habitants du Lac Saint-Louis/List of the first inhabitants of Lake St. Louis", p. 49-50; "Relevé des registres de Lachine .../Statement from the registers of Lachine ...", p. [51]; "Traiteurs et voyageurs au pays d'en haut .../Fur traders and voyageurs ...", p. [53]-5; "Voyageurs sous le Régime britannique /Voyageurs under the British Crown", p. [59]-71. Table dét. des mat.; pas d'index. /Comprend une partie anglaise intitulée: The old settlement of Lake St. Louis with a list of the old and new proprietors. 37p.
QQA QQLa QMBN OOU BVi; NN

GIROUARD, DESIRE-H. The old settlement of Lake St. Louis, voir: Les anciennes côtes du Lac Saint-Louis.

SAINTE-ANNE-DES-MONTS

BIGNELL, EFFIE. Saint Anne of the Mountains. The story of a summer in a Canadian pilgrimage village ... Toronto, McClelland & Goodchild [c1912] 215p. ill., pl.h.t., carte. 19 cm. Descr. Pas d'index. /Autre tirage: Boston, R.G. Badger.
QQA QQL QQLa QMBN QMM QMBM OOA OOP OTP OH OPAL OSuL SSU BVa BViP; LC

SAINTE-FOY

SCOTT, HENRI-A. Grands anniversaires. Souvenirs historiques et pensées utiles. Québec, L'Action Sociale, 1919. xiv, [2], 304, [2] p. ill., pl.h.t. 24 cm. Lettre de Mgr Louis-Adolphe Paquet à l'auteur, p. [vii]-ix. Errata, p. [xv]. Hist. de Notre-Dame de Foy ou Sainte-Foy, p. 1-46; Saint-Colomb de Sillery, p. [113]-36; Cap Rouge, p. [139]-60. Notes bibliogr. en bas de page. Table dét. des mat., p. [305]-6; pas d'index.
QQA QQL QQS QSherU QMBN QMBM; LC

SAINTE-HELENE-DE-CHESTER

MAILHOT, CHARLES-E. Les Bois-Francs. Arthabaska, La Cie d'Imprimerie d'Arthabaska, 1914-1920. 4 v.: vol. 1, 471, [3] p.; vol. 2, 445p.; vol. 3, 491p.; vol. 4, 352p. front., ill., pl.h.t., portr. 23 cm. Vol. 1: "Errata", p. [474]; hist. générale de la région, p. 9-161; hist. des paroisses Saint-Louis-de-Blandford, p. 163-208; Saint-Eusèbe-de-Stanfold, p. 209-78; Saint-Calixte-de-Sommerset, p. 279-312; Saint-Norbert d'Arthabaska, p. 313-34; Saint-Médard-de-Warwick, p. 391-432; Sainte-Victoire d'Arthabaska, p. 433-62; "Recensements décennaux des Bois-Francs de 1840 à 1910", p. 463-4. Vol. 2: "Corrections", p. 440; paroisse de Saint-Ferdinand, p. 9-12; Sainte-Victoire d'Arthabaska, p. 51-112; Saint-Paul-de-Chester, p. 113-92; Sainte-Hélène-de-Chester, p. 193-216; les Acadiens dans les Bois-Francs et notes généalogiques, p. 217-436. Vol. 3: "Corrections", p. 485; la paroisse de Saint-Valère de Bulstrode, p. 131-43; notice sur la paroisse du Saint-Rosaire, p. 175-7; nombreuses généalogies de familles et doc. divers. Vol. 4: "Corrections", p. 440; hist. de Sainte-Victoire d'Arthabaska, p. 51-[111]; esquisse de la paroisse Saint-Paul-de-Chester de 1849 à 1901, p. [113]-91; notes sur la paroisse de Sainte-Hélène-de-Chester depuis 1860, p. [193]-216; généalogies de familles, p. [217]-424; Sainte-Julie de Sommerset depuis 1840, p. [425]-34. Nombreux doc. stat. Table des ill. pour chaque vol.; table des mat.

pour chaque vol. ; pas d'index.
QQLa QSherU QMBN QMU OORD OLU OStCB

SAWYERVILLE

CHANNELL, L.S. History of Compton county and sketches of the Eastern Townships, District of St. Francis, and Sherbrooke County. Supplemented with the records of four hundred families ... including biography of the late Hon. John Henry Pope by Hon. C.H. Mackintosh ... Cookshire, L. S. Channell, 1896. 289, [7] p. front. (carte), ill., portr. 31 cm. "Corrections" à la fin du vol. Carte du district électoral de Compton en front. Hist. du district St. Francis de 1692 à 1791, p. [15]-23; hist. des comtés de Buckingham (1791-1829), p. [24]-6, de Sherbrooke (1829-1853), p. [27]-32, de Compton (1853-1896), p. [33]-64, Eaton, incluant la ville de Cookshire et le village de Sawyerville, p. [65]-76; hist. des cantons de Compton, Clifton, Newport, Westbury, Hereford, Bury, Lingwick, Hampden, Winslow, Whitton, Marston, Ditton, Chesham, Emberton, Auckland et Clinton. Nombreuses biogr. avec index. Table des ill.
QQA QQL QQS QMBN QMM QMBM OOA OOP OTP SRL BVaU; LC

SEPT-ILES

HIND, HENRY Y. Explorations in the interior of the Labrador peninsula, the country of the Montagnais and Nasquapee indians by Henry Youle Hind ... London, Longman, Green ... 1863. 2 v. ill., cartes (1 dépl.), pl.h.t. (coul.). 22 cm. Contribution directe à l'hist. des origines de Moisie, de Sept-Iles, Mingan ... Notes bibliogr. en bas de page. Pas d'index.
NSHPL NBS QQA QMBN QMU QMBM QMAI OOA OOP OOG OOO OORD OOCiT OKQ OTP OH MWU SSU AEU BViP BViPA; LC NN; BM

POTVIN, DAMASE. Le Saint-Laurent et ses îles. Histoire, légendes, anecdotes, description, topographie. Montréal, Bernard Valiquette [1940] [7], 413p. 20 cm. Descr. et hist. de l'Ile d'Orléans, Ile-aux-Grues, Ile-aux-Oies, Ile Madame, Ile Verte, Ile du Bic, Ilets Jérémie, Ile-aux-Oeufs, Sept-Iles, Iles Mingan, Ile d'Anticosti, etc. Pas d'index. /1945: éd. rev. et corr. Québec, Garneau. 425p.
1940: QRS QPC QQA QQL QMBN QMU QMBM OOA OKQ OTP; NN /1945: QQLa QMU QMBM OONF OOTC OTP OTY BVaU

SETTRINGTON

TREMBLAY, NEREE. Monographie de la paroisse de Saint-Hilarion. Québec, Charrier & Dugal, 1948. xv, 257, [2] p. ill., plan. 20 cm. Lettre-préface du père Benoît Mailloux, p. ix-x. "Plan de la paroisse", p. 2. Consacrée surtout à l'hist. religieuse des origines à date de publ., l'étude traite des écoles et raconte certains faits divers. Doc.: la population depuis 1851, p. [208]; ancêtres, p. [226]-38. "Table des noms cités", p. [239]-47; "Table analytique des matières", p. [248]-57.
QCSHS QQL QQLa QMBM OOA; NN

SHAWINIGAN

FILTEAU, GERARD. L'épopée de Shawinigan. [Présentation de Pierre Deschutes] [Shawinigan, s.éd., 1944] [5], 415, [15] p. ill., pl.h.t., cartes. 22 cm. Comprend: Première partie, "Travail de la nature par MM. J.-W. Laverdière et C. Faessler", p. [19-34] ou hist. géologique; deuxième partie, "Travail des hommes par Gérard Filteau", p. [37]-335 ou hist. polit., économique et religieuse; troisième partie, "Les glanures" ou textes et doc. Table dét. des mat.; pas d'index.
QPC QQLa QMBN QMBM OOA OOTC OTP; LC NN

SHEFFORD

DAY, CATHERINE M. Pioneers of Eastern Townships: a work containing official and reliable information respecting the formation of settlements, with incidents in their early history, and details of adventures, perils and delivrance, by Mrs. C.M. Day. Montreal, John Lovell, 1863. ix, 171p. 17 cm. Concerne part. les cantons Stukely et Shefford. Nombreuses généalogies.
NSHPL NBSM QQL QQLH QMBN QMM QMU QMBM QLB OOA OOP OOC OOND OKQ OTP OTRM OTTC OH OHM OLU SSU SSRL AEP BVa BVaU; LC NN; BM

SHERBROOKE

BLANCHARD, RAOUL. Le centre du Canada français "province de Québec". Montréal, Librairie Beauchemin, 1947. 577, [2] p. ill., pl.h.t., plans, cartes. 26 cm. (Publications de l'Institut scientifique franco-canadien). La région du fleuve Saint-Laurent: région du Lac Saint-Pierre, p. [65]-112, de Trois-Rivières, p. [153]-76; région des Cantons de l'Est, p. [181]-369; de Sherbrooke, p. 317-22; des Laurentides, p. [371]-532.

Ouvrage géogr. comprenant l'hist. du peuplement et de la colonisation de ces régions. Bibliogr., p. [535]-45 et notes bibliogr. en bas de page. Tables des planches, p. [575]-7.
OONL QQL QQLa QMBN QMU OOA OOGB OOG OOAg OOTC BVaU

[NOTES HISTORIQUES sur les paroisses du diocèse de Sherbrooke parues dans l'Annuaire du Collège de Sherbrooke] [Sherbrooke, 1949] Pag. var. 21 cm. Recueil de différentes études parues dans l'Annuaire et relié en un vol. factice. Comprend des notes hist. - généralement des origines à date de publ. - de paroisses du diocèse de Sherbrooke, notamment Saint-Michel de Sherbrooke, Saint-Philémon de Stoke, Saint-Hippolyte de Wotton Saint-Janvier de Weedon et Saint-Pierre de la Patrie.
QQLa

LA TRIBUNE, Sherbrooke. Les romantiques Cantons de l'Est. Cahier d'Histoire, no 1- Sherbrooke, La Tribune, 1943- ill., portr., carte dépl. 42 cm. No 1, 204p.; no 2, 192p. Carte (vol. 1): "Romantic & Historic Map of the Lake Region of the Eastern Townships Quebec to 1867". Hist. religieuse et civile des Cantons de l'Est, part. de Sherbrooke, Lennoxville, Granby, Victoriaville, Thetford Mines, Coaticook, Magog, Plessisville ainsi que de nombreuses paroisses. Voir table des mat., 1943, p. 204 et 1945, p. 191. Table dét. des mat.; pas d'index.
QQA QQL QMBM OOA

SHIPTON

CLEVELAND, EDWARD. A sketch of the early settlement and history of Shipton, Canada East, by Rev. Edward Cleveland ... Richmond, S.C. Smith, 1858. x, 78, [2] p. 17 cm. Hist. des établissements du canton depuis 1800. Traite de tous les aspects: agriculture, religion, éducation, etc. Pas d'index. /1964: réimpr.
1858: QQL QSherU QMG QLB OOP OTP OLU; LC; BM /1964: OONL QQLa AE

SILLERY

LEMOINE, JAMES M. Maple leaves. Canadian history and Quebec scenery, (Third series), by J.M. LeMoine ... Quebec, Hunter, Rose & Co., 1865. iv, 137, [2] p. front. (plan), pl. 21 cm. "Errata", p. [139]. Rappels de l'hist. de Québec et de Sillery (p. 32-52) des origines à date de publ. Notes bibliogr. en bas de page. Table dét. des mat., p. [iii]-iv; pas

d'index.
NSHPL NBFU NBSM QQA QQLa QMBN QMU QMBM OOA OOP OOC OOU OOSJ OTP SRL BVa BVaU BVi BViP; LC NN; BM

LEMOINE, JAMES M. Picturesque Quebec: a sequel to Quebec past and present, by J.M. LeMoine ... Montreal, Dawson Bros., 1882. [v], xiv, 535p. front. (plan), cartes (1 dépl.), plans. 23 cm. "Errata", p. xiv. Première partie: descr. et hist., p. 1-273; deuxième partie: "The environs of Quebec" incl. un hist. de Sillery, p. 273-99. Plan de la ville de Québec en 1759 (front.); plan du siège de Québec, 1759, p. 301; carte "Operations of General De Levis & Murray, 1759-60" à Québec, p. 419. Append., nombreux doc., p. 483-525; liste des gouverneurs français et anglais, p. 522-5. Notes bibliogr. en bas de page.
NSHPL NBFU NBSM QQL QQLa QMBN QMU QMBM OOA OOP OORD OOC OOU OKQ OTP OH OHM MWP MWU BVaU BVi BViP; LC NN; BM

SOMMERSET

JEAN RIVARD-DE-PLESSIS (Pseud.). La naissance de Plessisville, 1835-1855. Dans les Bois-Francs. [Plessisville, Impr. Houde & Houde, 1935] [3], 25p. ill. 22 cm. Concerne surtout l'hist. de la colonisation et de l'érection de paroisses: Plessisville, p. 11-6; Saint-Calixte de Sommerset, p. 17; notes à propos de la fondation de la municipalité de Plessisville, p. 20-1. Notes bibliogr. en bas de page. Pas d'index.
QPC QQA QQLa QQS

SOREL

[BEAUDRY, YVON] Sorel, 1642-1942. [Sorel, Ed. du IIIe centenaire, 1943] 141p. ill., portr. 30 cm. Brèves notes hist. sur les paroisses de Sorel. Pas d'index.
QPC QQA QQL QMBN QMBM

CITE de Sorel. Esquisse historique, statistiques, notes générales. Sorel, Impr. du "Sorelois", 1889. 12p. 24 cm. Hist. depuis 1860. Liste des maires, notaires, officiers publics de Sorel, p. 6-7. Notes bibliogr. en bas de page. Pas d'index.
QQLa

COUILLARD DESPRES, AZARIE-E. Histoire de Sorel de ses origines à nos jours. Montréal, Impr. des Sourds-Muets, 1926. [11], 343p. ill., pl.h.t., portr., plans. 24 cm. "Plan des forts faits par le Régiment

de Carignan sur la rivière Richelieu", p. [36]; "Plan de cette partie du village de Sorel, qui se rapporte au procès de Isaac et James Jones", p. [91]. Hist. religieuse et civile. Append. : liste des vicaires, prêtres, religieux, conseillers municipaux, etc., p. 321-38. Notes bibliogr. en bas de page. Table dét. des mat., p. [329]-43; pas d'index.
NBSM QPC QQA QMBN QMU QMBM OOA OOP OOU OOSU OOSJ OORD OKQ OTP BVaU; LC NN; BM

PROGRAMME-SOUVENIR des fêtes du IIIe centenaire de Sorel et de l'inauguration de la 19e croisade annuelle de la Société du Bon Parler Français, le dimanche 20 septembre 1942 ... [Sorel, Impr. du "Sorelois", 1942] 3, 30p. ill., portr. 16x24 cm. Contient un bref hist. des origines de la fondation de Sorel, p. 3-14. Nombreuses annonces commerciales. Pas d'index.
QQLa

SOUTH DURHAM

ST-AMANT, JOSEPH-C. L'Avenir, townships de Durham et de Wickham. Notes historiques et traditionnelles avec Précis historiques des autres townships du comté de Drummond ... Première édition. Arthabaskaville, Impr. "L'Echo des Bois-Francs", 1896. iii, [5], 433p. ill., pl., portr., carte dépl. 20 cm. Préface de Benjamin Sulte, p. i-iii. Hist. générale du comté de Drummond des origines à date de publ. avec accent sur: Drummondville, p. 9-384, les Cantons de Durham (p. [105]-19) et de Wickham (p. [120]-30), les paroisses Saint-Cyrille de Wendower (p. [363]-76), Saint-Germain de Grantham (p. 407-15) et Saint-Jean l'Evangéliste de Wickham (p. 415-20); les cantons Kingsey (p. 376-83), Kingsey Falls (p. 383) et Grantham (p. 384-402), la municipalité South-Durham (p. 402-6). Table dét. des mat.; pas d'index. /1932: Un coin des Cantons de l'Est. Histoire de l'envahissement pacifique mais irrésistible d'une race. Drummondville, "La Parole". [9], 534, [2] p. "Errata", p. [535].
1896: QQL QQLa QMBN QMU QMBM OOA OORD OOSU OOSJ OTP; LC
/1932: OONL QQL QQLa QSherU QMBN QMU QMG QMBM OOA OORD OOSJ OKQ OTP OLU BVaU; NN

STUKELY

DAY, CATHERINE M. Pioneers of Eastern Townships: a work containing official and reliable information respecting the formation of settlements, with incidents in their early history, and details of adventures, perils

and delivrance, by Mrs. C.M. Day. Montreal, John Lovell, 1863. ix, 171p. 17 cm. Concerne part. les cantons Stukely et Shefford. Nombreuses généalogies.
NSHPL NBSM QQL QQLH QMBN QMM QMU QMBM QLB OOA OOP OOC OOND OKQ OTP OTRM OTTC OH OHM OLU SSU SSRL AEP BVa BVaU; LC NN; BM

SUTTON

THOMAS, CYRUS. Contributions to the history of the Eastern Townships: a work containing an account of the early settlement of St. Armand, Dunham, Sutton, Brome, Potton and Bolton; with a history of the principal events that have transpired in each of these townships up to the present time ... Montreal, J. Lovell, 1866. iv, [9], 376p. 19 cm. Saint-Armand, p. [9]-135; Dunham, p. [136]-73; Sutton, p. [174]-230; Brome, p. [231]-99; Potton, p. [300]-32; Bolton, p. [333]-71. Table dét. des mat. ; pas d'index.
NSWA QQA OTP MWU BVaU; LC NN

TADOUSSAC

ANGUS, ALEXANDER D. Old Quebec, in the days before our day. Edited and published for the family by Louis Carrier. [1ère éd.] Montréal, 1949 [c1946] 232p. front. (portr.), pl., carte. 25 cm. Carte de la vallée du Saint-Laurent. Hist. locale de Québec (p. 17-64), Tadoussac (p. 65-71), l'Ile d'Orléans (p. 94-109), Chambly (p. 143-76) et Montréal (p. 216-21). Bibliogr., p. 222-4. /1955: réimpr.
QQL QQLa QMM OTP BVaU; LC

BUIES, ARTHUR. Le Saguenay et le bassin du Lac Saint-Jean. Ouvrage hist. et descr. 3e éd. Québec, Léger Brousseau, 1896. 420p. front., ill., pl.h.t. 23 cm. Errata corrigés. Hist. et descr. de Tadoussac, p. [59]-81; de Chicoutimi, p. [141]-69; de Saint-Dominique de Jonquière, p. [171]-88; du canton Labarre, p. [189]-208; du Lac Saint-Jean, p. [209]-38; des cantons Normandin et Albanel, p. [238]-91; des Laurentides, p. [293]-362; du Saint-Maurice, p. [377]-403. Table dét. des mat. ; pas d'index. /1880: 1ère éd. sous le titre: Le Saguenay et la vallée du Lac Saint-Jean; études historique, géographique, industrielle et agricole ... Québec, A. Côté. xvi, 342p. En tête de titre: Emparons-nous du sol. Errata, p. 341-2.
1880: OONL QPC QQA QMM QMU QMBM OOA OOCC OOU OKQ OTU OTY; LC NN; BM /1896: QRS QPC QQA QQLa OOP OOSJ BVaU; LC

COVERDALE, WILLIAM H. Tadoussac, then and now; a history and narrative of the Kingdom of the Saguenay. [New York, Charles Francis Press, 1942] 23, [1] p. ill., pl.h.t., carte. 31 cm. Carte de Tadoussac (1608) par Champlain montrant le poste Chauvin en 1600. Carte de la Nouvelle-France en 1612 par Champlain montrant le Royaume du Saguenay. Notes hist. des origines à date de publ. Bibliogr., p. [24]. Pas d'index.
NSHPL NSHD NSWA NSHK NBFU NBSM NBSaM QPC QQLa QMBN QMU QMBM OOP OOG OOAg OOAgC OOFi OODF OORD OOU OKQ OKR OTU OTP OTK OTAG OTT OTTC OH OHM OL OLS OWL MW MWP SSU AEU AENBS BVaU BVi BViP; LC

DAVIES, BLODWEN. Saguenay, "Saginawa"; the river of deep waters ... With illustrations by Paul Caron and G.A. Cuthbertson. Toronto, McClelland & Stewart [1930] 204p. front., ill., pl.h.t., carte. 23 cm. Carte de la région sur feuille de garde. Descr. surtout avec rappels hist. : Québec, p. 30-41; Ile d'Orléans, p. 42-63; Murray Bay, p. 82-100; Tadoussac, p. 118-25. Table des ill. ; table des mat. ; pas d'index. /1930: New York, Dodd, Mead & Co. Autre tirage.
OONL PC QPC QQA QQL QQLa QMBN QMBM OOP OONF OKQ OTP OTTC OPA OPAL OLH OFW OH OWtU SRL BVa BVi BViP; LC NN

PACREAU, CAMILLE. Tadoussac. Illustrations de vingt-deux gravures. Montmagny, Ed. Marquis [c1947] [9], 139, [5] p. pl.h.t., carte. 20 cm. Bref hist. de Tadoussac des débuts à date de publ. Notes bibliogr. en bas de page. Table dét. des mat. ; pas d'index.
QPC QQLa QMBN QMBM OOA OTP

PACREAU, CAMILLE. Un voyage au Saguenay. Montmagny, Ed. Marquis [c1944] [7], 156, [6] p. ill., pl.h.t., cartes. 20 cm. Descr. et bref hist. des paroisses traversées de Québec au Saguenay. Bibliogr., p. [159]. Table dét. des mat. ; pas d'index.
QPC QQLa QMBN QMBM OOA OTP; LC NN

[PILOTE, FRANCOIS] Le Saguenay en 1851; histoire du passé, du présent et de l'avenir probable du Haut-Saguenay ... Québec, Impr. Augustin Côté, 1852. 147, v, [1] p. carte dépl. 18 cm. Errata à la fin du vol. Hist. de la région du Saguenay-Lac Saint-Jean avec accent sur les origines de Tadoussac, p. 6-17; l'hist., au 19e s., de Chicoutimi (p. 31-6, 67-70) et de Grande Baie (p. 70-5). Table dét. des mat. ; pas d'index.
QPC QQL QQLa QQS OTP BVaU; NN

ROY, JOSEPH-E. Au royaume du Saguenay. Voyage au pays de Tadoussac.

Québec, A. Côté, 1889. 235p. 23 cm. Hist. de Tadoussac des origines à date de publ. Notes bibliogr. en bas de page. Table dét. des mat. ; pas d'index. /1891: In and around Tadoussac. Lévis, Mercier. 250p. 17 cm.
1889: OONL QRS QPC QQA QQL QQS QMBN OOA OORD OOSJ OH; LC NN; BM /1891: NSHD QCSHS QQL QMBN QMU QMBM OOA OOP OTP OLU; LC

TREMBLAY, GEORGES. Monographie de Tadoussac, 1535 à 1922 [par l'abbé] Geo. Tremblay. [Chicoutimi, Syndicat des Imprimeurs du Saguenay] 1922. 65, [5] p. ill., pl. h. t. 18 cm. Lettre-préface de l'abbé V. -A. Huard, p. 5-6. Notes en bas de page. Table dét. des mat. ; pas d'index.
QRS QPC QQA QQL QMBN QMBM OOA OORD OTP; NN; BM

TAILLON

LE DOMAINE de la Pointe à Taillon, co. du Lac St-Jean, prov. de Québec. [3], 25p. ill., plans, carte. 24 cm. Plan dépl. de bâtiments de ferme et carte dépl. de la Pointe à Taillon et des environs à la fin du vol. Traite des origines du développement agricole et commercial. Pas d'index.
QQS

TERREBONNE

GAREAU, CHARLES-A. Aperçu historique de Terrebonne. 200e anniversaire de fondation et Congrès eucharistique. Terrebonne [s. éd.] 1927. 81, [2] p. front., ill., portr. 24 cm. Biogr. des seigneurs de Terrebonne. Table dét. des mat. ; pas d'index.
QQL QQLa QMBN QMM QMU QMBM OOA OTP

THETFORD MINES

ADAMS, CLEOPHAS. Thetford Mines. Historique, notes et biographies compilés et publiés à l'occasion des fêtes des 12, 13 et 14 mai 1929. ... Cinquantième anniversaire de la fondation de Thetford; cinquantième anniversaire de la découverte de nos mines d'amiante. Thetford Mines, "Le Mégantic", 1929. xvi, 310, xxxp. ill., portr., pl. h. t. 23 cm. Hist. religieuse, civile et polit. de Thetford de 1876 à date de publ. Liste des prêtres & curés, maires & marguilliers pour chacune des paroisses. Biogr., p. 296-308. Table dét. des mat. ; pas d'index.
QPC QQL QQLa QMM QML QMBM QLB OTU OTP; NN

HISTORIQUE de la ville de Thetford Mines depuis sa fondation jusqu'à nos jours, 1876-1910. Québec, L'Action Sociale Ltée, 1910. [5], 143, [1] p. ill., portr. 23 cm. Table dét. des mat. ; pas d'index.
QPC QQA QQLa

LA TRIBUNE, Sherbrooke. Les romantiques Cantons de l'Est. Cahier d'Histoire, no 1- Sherbrooke, La Tribune, 1943- ill., portr., carte dépl. 42 cm. No 1, 204p. ; no 2, 192p. Carte (vol. 1): "Romantic & Historic Map of the Lake Region of the Eastern Townships Quebec to 1867". Hist. religieuse et civile des Cantons de l'Est, part. de Sherbrooke, Lennoxville, Granby, Victoriaville, Thetford Mines, Coaticook, Magog, Plessisville ainsi que de nombreuses paroisses. Voir table des mat., 1943, p. 204 et 1945, p. 191. Table dét. des mat. ; pas d'index.
QQA QQL QMBM OOA

TROIS-PISTOLES

BENOIST, EMILE. Rimouski et les pays d'en-bas. Montréal, Editions du "Devoir", 1945. 193, [3] p. 19 cm. Hist. des paroisses de Saint-Angèle-de-Mérici, p. 135-9 et de Saint-Jérôme-de-Matane, p. 161-9. Table dét. des mat. ; pas d'index.
QQL QQLa QMM QMU QMBM OOA OOP OOG OOSJ OTU OTP OHM OLU BVaU; LC NN

D'AMOURS, MATHIAS. Les Trois-Pistoles, voir: Gauvreau, Charles-A.

GAUVREAU, CHARLES-A. Trois-Pistoles, par Charles-A. Gauvreau ... 1ère éd. Lévis, Mercier, 1890. [5], 336p. 17 cm. En tête de titre: Nos paroisses. Pas d'index. /1946: Les Trois-Pistoles. Ouvrage écrit en 1890 par Charles-A. Gauvreau. Rev. et complété par Mathias d'Amours. Trois-Pistoles [s. éd.] 2 v. front., pl. h. t., portr. 20 cm. Contenu: vol. 1, 1696-1853; vol. 2, 1853 à date de publ.
1890: QRC QQA QQL QMBN QMBM OTP; BM /1946: QPC QQA OOA OLU BVaU; NN

TROIS-RIVIERES

BALCER, GEORGES. The city of Three-Rivers as a seaport and her network of rail-roads, by Georges Balcer ... Trois-Rivières, Journal des Trois-Rivières, 1880. 67, [4] p. carte dépl. 22 cm. Carte de la ville, du port et du district de Trois-Rivières. Aperçu hist. et économique de 1534 à date de publ. Pas d'index.
QQA OWA

[BARTHE, J.-B.-MEILLEUR] Trois-Rivières. Album illustré. Histoire - Géographie - Industrie. Trois-Rivières [s. éd.] 1903. [36p.] ill., portr. 34 cm. Survol de l'hist. de 1634 à date de publ. Chronol., p. [14-22]; liste des journaux de Trois-Rivières, p. [5-10]; hist. des Vieilles Forges, p. [26-8]. Pas d'index.
QQA

BLANCHARD, RAOUL. La Mauricie. Trois-Rivières, Ed. du Bien Public, 1950. 154, [5] p. ill., pl.h.t., carte. 23 cm. (L'Histoire régionale, no 3). Plan de Trois-Rivières, p. [123]. Hist. des origines à date de publ. de la région du Saint-Maurice; hist. de Trois-Rivières, p. 122-51. Table des ill.; table dét. des mat.; pas d'index.
OONL QQA QQL QQLa QMU OOP OOU

BOUCHER DE LA BRUERE, MONTARVILLE. Chapelles et églises trifluviennes, par Montarville Boucher de la Bruère. Trois-Rivières, Ed. du Bien Public, 1933. 45, [3] p. 25 cm. (Pages trifluviennes, série A, no 3). Présentation d'Albert Tessier, p. [5]-6. Les églises, p. 7-33; les îles de l'embouchure du Saint-Maurice, p. 34-45. Quelques doc. Pas d'index.
QQLa QMBN QMBM OOA

BOUCHER DE LA BRUERE, MONTARVILLE. La naissance des Trois-Rivières, par Montarville Boucher de la Bruère. Trois-Rivières, 1928. 58p. ill., portr., plans, diagr. 25 cm. (Cahiers de la Société d'histoire régionale des Trois-Rivières, no 1). Plan de la région de Trois-Rivières en 1650, p. [12]; Trois-Rivières en 1650, p. [14]. Quelques doc. Pas d'index.
QQA QQL QQLa QMM QMBM OOA OOU OOS OTU BViV; NN; BM

LA CITE de Trois-Rivières, P.Q., Canada, 1910. Trois-Rivières, Association des citoyens, 1910. 39p. ill., portr., carte. 26 cm. Carte de Trois-Rivières au dos intérieur de la page-couverture. Bref aperçu hist. et surtout descr. de Trois-Rivières en 1910. Nombreuses photos. Pas d'index. /1910: éd. anglaise. Quelques divergences dans les photos.
Ed. française: QMBM /Ed. anglaise: OKQ

GODIN, LOUIS-G. Mémorial trifluvien ... par le Dr Louis-Georges Godin ... Trois-Rivières, Ed. du Bien Public, 1933. 2 v.: 44, [2] p.; 46p. front. (portr.). 25 cm. (Pages trifluviennes, série B, no 1). Hist. anecdotique. Table dét. des mat.; pas d'index.
QQLa QMBM OOA BVaU

JOUVE, ALPHONSE. Le frère Didace Pelletier [par Père Odoric-Marie, o. f.] Québec, Couvent des SS. Stigmates, 1910. 33, 458p. ill., pl. h. t., fac-sim., plans. 18 cm. Plan de Sainte-Anne de Beaupré, 1641, p. 45; plan de Dieppe et de Pollet, p. 54; carte de la Nouvelle-France, 1691, p. 160. Notes hist. des origines à date de publ. concernant Sainte-Anne de Beaupré, Percé et Trois-Rivières. Append., p. 349-453. Pas d'index.
QQA

SULTE, BENJAMIN. Chronique trifluvienne. Montréal, Compagnie d'Imprimerie canadienne, 1879. [6], 237p. 25 cm. Errata, p. [4]. Couvre la période 1640-1665 de l'hist. de Trois-Rivières. Liste des colons, avec leur date d'arrivée à Trois-Rivières, p. 232-4; liste des gouverneurs & commandants de Trois-Rivières, p. 235-6. Notes bibliogr. en bas de page. Pas d'index.
QQS QMBN QMU QMBM OOA OTP OLU SSU; LC NN

SULTE, BENJAMIN. Histoire de la ville des Trois-Rivières et de ses environs ... Montréal, Eusèbe Sénécal, 1870. vii, 126p. fac-sim., carte dépl. 22 cm. Carte de la ville des Trois-Rivières, p. 24. Hist. des Trois-Rivières de 1534 à 1637. Notes bibliogr. en bas de page. Pas d'index.
QPC QQA QQS QMBN QMBM OOA OOC OORD OOU OTP; LC NN

SULTE, BENJAMIN. Mélanges historiques. Etudes éparses et inédites. Compilées, annotées et publiées par Gérard Malchelosse. Montréal, G. Ducharme; Edouard Garand, 1919-1933. 21 v. ill., pl. h. t., plans, cartes. 24 cm. Vol. 1, 162p., front.; vol. 2, 156p.; vol. 3, 148p.; vol. 4, 103p., front., ill., portr.; vol. 5, 126p.; vol. 6, 216p., ill., pl. h. t., plans; vol. 7, 163p.; vol. 8, 144p.; vol. 9, 74p., ill., pl. h. t., plans; vol. 10, 160p., plan; vol. 11, 98p., front., ill.; vol. 12, 109p.; vol. 13, 96p.; vol. 14, 96p.; vol. 15, 130p.; vol. 16, 96p.; vol. 17, 130p.; vol. 18, 96p., plan; vol. 19, 96p., plan; vol. 20, 96p.; vol. 21, 96p. Contient divers articles sur la petite hist. locale et régionale du Québec. Vol. 1: "Québec en 1629-31", p. 27-36; "Beauport vs Québec", p. 37-43; vol. 2: Trois-Rivières, p. 73-83; vol. 3: "Trois-Rivières", p. 93-113; "Cap-Rouge", p. 123-33; vol. 5: "Verdun", p. 52-7; vol. 6: Les forges du Saint-Maurice, p. [9]-195; vol. 9: Le fort de Chambly, p. [7]-58; vol. 10: "Rivière-du-Loup (en haut)", p. [5]-65; Lachine, p. [66]-92; "L'Ile à la Fourche (Nicolet)", p. [93]-106; "Le Château Bigot", p. 107-17; vol. 16: L'Acadie française, p. [11]-90; vol. 18: Trois-Rivières d'autrefois, Première série, p. [5]-90; vol. 19: Trois-Rivières d'autrefois, Deuxième série, p. [7]-89; vol. 20: Trois-Rivières d'autrefois,

Troisième série, p. [5]-91; vol. 21: Trois-Rivières d'autrefois, Quatrième série, p. [7]-90. Notes bibliogr. en bas de page. Table des mat. et index à la fin de chaque vol.
QQL QQLa QMBN QMBM OOA OOLU OOSJ OOCC OKR OTP; LC

[TESSIER, ALBERT] Fastes trifluviens. Tableaux d'histoire trifluvienne sous le Régime français ... [Trois-Rivières] Société St-Jean-Baptiste des Trois-Rivières et Société d'histoire régionale, 1931. [4], 43p. ill. 23 cm. "Une bonne partie de la documentation de cette brochure a été puisée dans les oeuvres de Benjamin Sulte".
QRS QQA; NN

TESSIER, ALBERT. Trois-Rivières; quatre siècles d'histoire, 1535-1935, par l'abbé Albert Tessier. Trois-Rivières, 1934. 167p. ill. 24 cm. (Pages trifluviennes, série A, no 17). /1935: Trois-Rivières, 1535-1935 ... Quatre siècles d'histoire. [2e éd.] [Trois-Rivières] Ed. "Le Nouvelliste". 199p. ill. 25 cm. Pas d'index.
1934: QMBM OOA OORD OOSU OOSJ BVaU /1935: QQL QQLa QMBN QMU QMBM OTP; BM

WOOD, WILLIAM C. The storied province of Quebec. Past and present [par] William Wood ... Associate editors: William Henry Atherton ... [et] Edwin P. Conklin. Toronto, The Dominion Publishing Co., 1931. 5 v. front. (portr.), ill., pl.h.t., portr., fac-sim., plans, cartes. 27 cm. Vol. 1-2: xii, [2], 1164p.; vol. 3-5: [4], 865p. Couvre l'hist. de la prov. de Québec, de 1534 à date de publ. Bibliogr. sur la médecine au Québec, p. 1148-50 et notes bibliogr. en bas de page. Chronol., vol. 1, p. 249-72. Cartes: vol. 1: Ile de Montréal indiquant les premiers faits, les établissements, etc., p. 612; vol. 2: Montréal vu à vol d'oiseau, 1645-50, p. 625; Ville-Marie, 1650-72, p. 632; "plan of the palisaded town, 1687-1723", p. 655; Montréal, 1673-87, p. 656; Montréal, 1725, p. 662; Château de Vaudreuil et environs en 1760, p. 678. Ouvrage collectif qui comprend d'abord une hist. générale de la prov. de Québec signée William Wood, suivi d'hist. régionales et locales et, enfin, par thème, l'hist. des religions catholique et protestante, le système d'éducation, le journalisme, l'hist. des banques, de l'industrie, des sports, de la chasse et de la pêche, des cours de justice, du barreau, de la médecine. Vol. 1: The story of P.Q. by colonel William Wood, p. [3]-123, [125] p.; Unique Quebec by colonel William Wood, p. [127]-275; Regional Quebec by Edwin P. Conklin (Quebec Channel Region, Gaspé Peninsula Region, North Shore, Labrador and New Quebec, Lake St. John and the Saguenay River, Quebec Region, Quebec South Shore

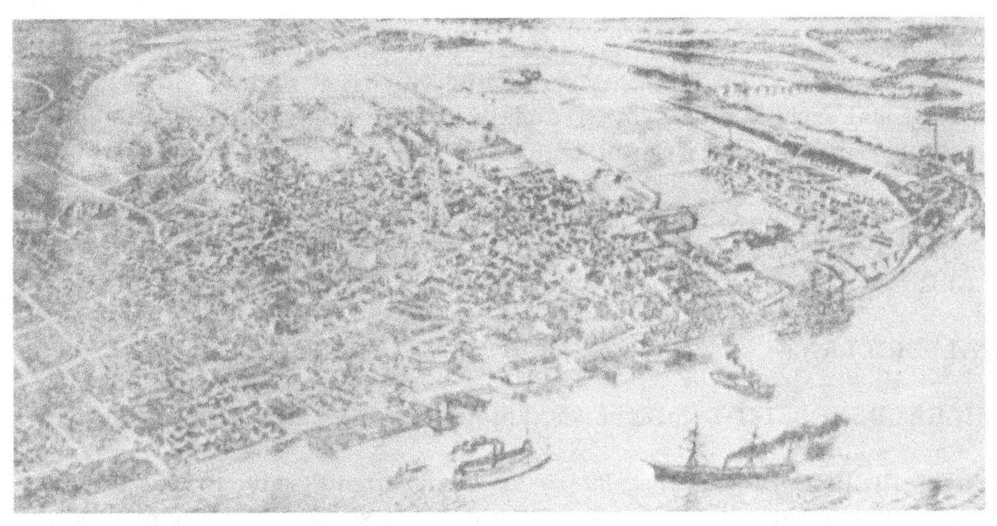

Trois-Rivières en 1881

Region), p. [277]-437; Metropolitan Montreal by William Henry Atherton ... p. [603]-22. Vol. 2: Metropolitan Montreal (suite), p. [623]-781; Regional Quebec by Edwin P. Conklin (Three Rivers Region, Richelieu Region, Huntingdon Region, Ottawa Valley Region, Eastern Townships), p. [782]-972. Vol. 3-5: biogr. et portr. avec index pour chacun des vol. Table dét. des mat., vol. 1, p. vii-xii.
NSHPL NBFU QQLa QMBN QMU QMBM OOA OOP OKQ OTP BVaU BVi; LC NN

VAL-BRILLANT

MICHAUD, JOSEPH-D. Glanures d'histoire, voir: Saint-Pierre-du-Lac.

SAINT-PIERRE-DU-LAC, 1889-1949. Programme-souvenir des fêtes du 60e anniversaire de la consécration de l'église et du dévoilement du monument de Messire Pierre Brillant ... [Val-Brillant, 1949] 111p. ill., portr. 22 cm. "Glanures d'histoire" de 1694 à 1949 par l'abbé Joseph-D. Michaud, p. 17-37; seigneurie du Lac Matapédia, p. 55-8. Liste des marguilliers (1883-1948), liste des maires de la paroisse Saint-Pierre (1891-1949) et des maires du village de Val-Brillant (1915 -1949), liste des prêtres et des professionnels, p. 60-3. Pas d'index.
QQL QMBN QMBM

VALCARTIER

POTVIN, DAMASE. Fossembault. Publié à l'occasion du 10e anniversaire de la ville du Lac Saint-Joseph. Québec, 1946. 144p. ill., portr., cartes. 25 cm. Cartes: le Fort Jacques Cartier, p. 99; carte du Lac Saint-Joseph, p. 144. Ouvrage descr. concernant le Lac Saint-Joseph, Valcartier, Sainte-Catherine, Duchesnay, Lac Sergent, Lac des Sept-Iles. Hist. du chemin à lisses "Quebec & Gosford Wooden Ry", p. 41-7. "Notes diverses sur le comté de Portneuf", par Clément-T. Dussault, p. 81-112.
QQA QQL QMBM OOA OTP; NN

VAL D'OR

BENOIST, EMILE. L'Abitibi, pays de l'or. Montréal, Les Editions du Zodiaque [1938] 198, [2] p. ill., pl.h.t., carte dépl. 19 cm. (Collection du Zodiaque, deuxième). Hist. de l'Abitibi et du Témiscamingue depuis ses origines; hist. de la paroisse Saint-Bernard-de-Sullivan, p. [69]-75; Val d'Or, p. [76]-92; Bourlamarque, p. [93]-101. Table dét. des mat.; pas d'index.

OONL QRC QQA QQL QQLa QMBN QMM QMU QMBM OOA OOP OOSJ OOTC OKQ OTU OTP; NN

CHEVALIERS DE COLOMB. Souvenir du 48e Congrès annuel des Chevaliers de Colomb de la province de Québec, Rouyn, 25 mai 1947. [Rouyn, s.éd., 1947] 180p. ill., portr., carte. 30 cm. Carte de Rouyn-Noranda et la région, p. 30. Aperçu hist. de l'Abitibi, du Témiscamingue, de Rouyn-Noranda, de Val d'Or et de nombreuses paroisses. Pas d'index.
QRC QQLa

POTVIN, DAMASE. Sous le signe du quartz. Histoire romancée des mines du Nord-Ouest de Québec. Montréal, Editions Bernard Valiquette [s.d.] [7], 262, [1] p. 18 cm. Des origines à date de publ. Notes bibliogr. en bas de page. Table dét. des mat., p. [263]; pas d'index.
QRC QQLa QMBN QMBM OTP

PROGRAMME-SOUVENIR. Vingt-cinquième anniversaire de l'Abitibi. Fêté à Amos, 1913-1918. [S.l., s.éd.] 1938. 159, [2] p. ill. 25 cm. Aperçu hist. de l'Abitibi et des nombreuses paroisses et villes de la région. Table dét. des mat., p. [160]; pas d'index.
QQLa OOA

VAL MORIN

LANGEVIN-LACROIX, EDMOND. Histoire de la paroisse de Sainte-Adèle. [Sainte-Adèle] 1927. [7], 153, [3], [114] p. ill., portr. 19 cm. Hist. de Sainte-Adèle, de 1840 à date de publ. Notes sur Mont-Rolland et Val Morin, p. 88-94. Liste des maires, p. 108. Notes bibliogr. en bas de page. Table dét. des mat.; pas d'index.
QQLa QQS QMBN QMU QMBM OOA OOU OOSJ; NN

VAL SENNEVILLE

ISIDORE LE LABOUREUR [Pseud.] Histoire de Val Senneville. Senneville [s.éd.] 1946. 15p. 22 cm. (Comité de surveillance et d'organisation, Val Senneville, Abitibi-Est, P.Q., 3e partie, 1946). Sur la page-couverture: Senneville, terre de promesse. Hist. de la paroisse de 1940 à 1946. Pas d'index.
QQLa

VALLEYFIELD

ERECTION du diocèse de Valleyfield. Consécration de son premier évêque Monseigneur J. -M. Emard, 9 juin 1892. Montréal, Arbour & Laperle, 1892. viii, 176p. tabl. 21 cm. Hist. de la ville et de la paroisse de Valleyfield de 1849 à 1892, p. 26-42. Notes bibliogr. en bas de page. Table dét. des mat. ; pas d'index.
QMBM

GROULX, LIONEL-A. Petite histoire de Salaberry de Valleyfield [par] l'abbé L. -A. Groulx ... Montréal, Librairie Beauchemin, 1913. [7], 31p. 22 cm. Texte d'abord publ. dans l'Echo du Bazar de 1912. Hist. de la seigneurie et de la ville de Valleyfield de 1729 à date de publ. Pas d'index.
QQL QQLa QMBN QMU OOA

VARENNES

BROUILLETTE, BENOIT. Varennes; monographie géographique. [Montréal, 1944] 58p. ill., plans. 24 cm. Plan du village de Varennes, p. 50; plan de la paroisse de Varennes, p. 52. Rappel de la fondation de la seigneurie et des paroisses de Varennes, p. 11-28. Nombreux doc. stat. de la population, de l'état agricole, de l'élevage, des cultures. Notes bibliogr. en bas de page. Pas d'index.
QQLa

VERDUN

SULTE, BENJAMIN. Mélanges historiques. Etudes éparses et inédites. Compilées, annotées et publiées par Gérard Malchelosse. Montréal, G. Ducharme; Edouard Garand, 1919-1933. 21 v. ill., pl.h.t., plans, cartes. 24 cm. Vol. 1, 162p., front.; vol. 2, 156p.; vol. 3, 148p.; vol. 4, 103p., front., ill., portr.; vol. 5, 126p.; vol. 6, 216p., ill., pl.h.t., plans; vol. 7, 163p.; vol. 8, 144p.; vol. 9, 74p., ill., pl.h.t., plans; vol. 10, 160p., plan; vol. 11, 98p., front., ill.; vol. 12, 109p.; vol. 13, 96p.; vol. 14, 96p.; vol. 15, 130p.; vol. 16, 96p.; vol. 17, 130p.; vol. 18, 96p., plan; vol. 19, 96p., plan; vol. 20, 96p.; vol. 21, 96p. Contient divers articles sur la petite hist. locale et régionale du Québec. Vol. 1: "Québec en 1629-31", p. 27-36; "Beauport vs Québec", p. 37-43; vol. 2: Trois-Rivières, p. 73-83; vol. 3: "Trois-Rivières", p. 93-113; "Cap-Rouge", p. 123-33; vol. 5: "Verdun", p. 52-7; vol. 6: Les forges du Saint-Maurice, p. [9]-195; vol. 9: Le fort de Chambly, p. [7]-58;

vol. 10: "Rivière-du-Loup (en haut)", p. [5]-65; Lachine, p. [66]-92; "L'Ile à la Fourche (Nicolet)", p. [93]-106; "Le Château Bigot", p. 107-17; vol. 16: L'Acadie française, p. [11]-90; vol. 18: Trois-Rivières d'autrefois, Première série, p. [5]-90; vol. 19: Trois-Rivières d'autrefois, Deuxième série, p. [7]-89; vol. 20: Trois-Rivières d'autrefois, Troisième série, p. [5]-91; vol. 21: Trois-Rivières d'autrefois, Quatrième série, p. [7]-90. Notes bibliogr. en bas de page. Table des mat. et index à la fin de chaque vol.
QQL QQLa QMBN QMBM OOA OOLU OOSJ OOCC OKR OTP; LC

VICTORIAVILLE

LA TRIBUNE, Sherbrooke. Les romantiques Cantons de l'Est. Cahier d'Histoire, no 1- Sherbrooke, La Tribune, 1943- ill., portr., carte dépl. 42 cm. No 1, 204p.; no 2, 162p. Carte (vol. 1): "Romantic & Historic Map of the Lake Region of the Eastern Townships Quebec to 1867". Hist. religieuse et civile des Cantons de l'Est, part. de Sherbrooke, Lennoxville, Granby, Victoriaville, Thetford Mines, Coaticook, Magog, Plessisville ainsi que de nombreuses paroisses. Voir table des mat., 1943, p. 204 et 1945, p. 191. Table dét. des mat.; pas d'index.
QQA QQL QMBM OOA

VICTORIAVILLE. [Victoriaville, s. éd., 1913] 52p. ill. 26 cm. La vie municipale et commerciale de Victoriaville en 1913 avec quelques notes hist.
QQA QMBN QMBM

VIGER

CHOUINARD, LAURENT. Histoire de Saint-Epiphane (Viger). Préface de Mgr Georges-Léon Pelletier ... Montmagny, Ed. Marquis [1948] [9], 213, [2] p. front. (portr.), ill., pl. h. t. 20 cm. Hist. religieuse, p. [39]-108, municipale, p. [109]-30, militaire, p. [143]-9, de la paroisse des origines à date du publ. et du canton Viger, p. 17-37. Biogr. des évêques, curés, vicaires, p. [79]-90; liste des maires, p. 114-5; liste des députés fédéraux et provinciaux, p. 184-6. Table dét. des mat., p. [209]-13; pas d'index.
QRS QPC QQL QQLa QMBN QMU QMBM OOA OTP

WARDEN

THOMAS, CYRUS. The history of Shefford; civil, ecclesiastical, biographical and statistical, by C. Thomas. Montreal, Lovell, 1877. [5], 152p.

front. (portr.), portr. 19 cm. Hist. des origines à date de publ. de Shefford, du village Frost, p. [20]-34; de Waterloo, p. [35]-126; du village Warden, p. [127]-8. Liste des membres des conseils de comtés, 1855-1876, p. 133-43. Annonces commerciales, p. 145-52. Pas d'index.
NSWA QQA QMM QMBM OOA OONDR OTP; NN

WATERLOO

[NOYES, JOHN P.] Sketches of some early Shefford pioneers. [Waterloo, Que., Waterloo Public Library, 1905] Montreal, Gazette Printing. [3], 126p. pl.h.t., portr. 23 cm. Préface signée Jno. P. Noyes. Ouvrage biogr. et hist. concernant Waterloo, le comté de Shefford et les Cantons de l'Est. Pas d'index.
QQL QQLa QMBN QMM QMBM QWA OOA OOP OOAg OORD OTP AEU BVaU; NN

THOMAS, CYRUS. The history of Shefford; civil, ecclesiastical, biographical and statistical, by C. Thomas. Montreal, Lovell, 1877. [5], 152p. front. (portr.), portr. 19 cm. Hist. des origines à date de publ. de Shefford, du village Frost, p. [20]-34; de Waterloo, p. [35]-126; du village Warden, p. [127]-8. Liste des membres des conseils de comtés, 1855-1876, p. 133-43. Annonces commerciales, p. 145-52. Pas d'index.
NSWA QQA QMM QMBM OOA OONDR OTP; NN

WENTWORTH

THOMAS, CYRUS. History of the counties of Argenteuil, Que., and Prescott, Ont., from the earliest settlement to the present, by C. Thomas ... Montreal, John Lovell, 1896. viii, 665p. ill., pl.h.t., tabl. 25 cm. Errata, p. iii. Hist. du comté d'Argenteuil, des origines à date de publ., p. [34]-460 et part. de St. Andrew, Lachute, Grenville, Harrington, Wentworth, Core, Mille Iles, Morin, Arundel, Montcalm. Les biogr. sont surtout celles des contributeurs de l'ouvrage. Pas d'index.
OONL QQA QQL QQS QMBM OOAg OTP OL

WESTBURY et WHITTON

CHANNELL, L.S. History of Compton county and sketches of the Eastern Townships, District of St. Francis, and Sherbrooke County. Supplemented with the records of four hundred families ... including biography of the late Hon. John Henry Pope by Hon. C.H. Mackintosh ... Cookshire, L. S. Channell, 1896. 289, [7] p. front. (carte), ill., portr. 31 cm.

"Corrections" à la fin du vol. Carte du district électoral de Compton en front. Hist. du district St. Francis de 1692 à 1791, p. [15]-23; hist. des comtés de Buckingham (1791-1829), p. [24]-6, de Sherbrooke (1829-1853), p. [27]-32, de Compton (1853-1896), p. [33]-64, Eaton, incluant la ville de Cookshire et le village de Sawyerville, p. [65]-76; hist. des cantons de Compton, Clifton, Newport, Westbury, Hereford, Bury, Lingwick, Hampden, Winslow, Whitton, Marston, Ditton, Chesham, Emberton, Auckland et Clinton. Nombreuses biogr. avec index. Table des ill.
QQA QQL QQS QMBN QMM QMBM OOA OOP OTP SRL BVaU; LC

WICKHAM

ST-AMANT, JOSEPH-C. L'Avenir, townships de Durham et de Wickham. Notes historiques et traditionnelles avec Précis historiques des autres townships du comté de Drummond ... Première édition. Arthabaskaville, Impr. "L'Echo des Bois-Francs", 1896. iii, [5], 433p. ill., pl., portr., carte dépl. 20 cm. Préface de Benjamin Sulte, p. i-iii. Hist. générale du comté de Drummond des origines à date de publ. avec accent sur: Drummondville, p. 9-384, les cantons de Durham (p. [105] -19) et de Wickham (p. [120]-30), les paroisses Saint-Cyrille de Wendower (p. [363]-76), Saint-Germain de Grantham (p. 407-15) et Saint-Jean l'Evangéliste de Wickham (p. 415-20); les cantons Kingsey (p. 376 -83), Kingsey Falls (p. 383) et Grantham (p. 384-402), la municipalité South-Durham (p. 402-6). Table dét. des mat.; pas d'index. /1932: Un coin des Cantons de l'Est. Histoire de l'envahissement pacifique mais irrésistible d'une race. Drummondville, "La Parole". [9], 534, [2] p. "Errata", p. [535].
1896: QQL QQLa QMBN QMU QMBM OOA OORD OOSU OOSJ OTP; LC
/1932: OONL QQL QQLa QSherU QMBN QMU QMG QMBM OOA OORD OOSJ OKQ OTP OLU BVaU; NN

WINSLOW

CHANNELL, L.S. History of Compton county and sketches of the Eastern Townships, District of St. Francis, and Sherbrooke County. Supplemented with the records of four hundred families ... including biography of the late Hon. John Henry Pope by Hon. C.H. Mackintosh ... Cookshire, L. S. Channell, 1896. 289, [7] p. front. (carte), ill., portr. 31 cm. "Corrections" à la fin du vol. Carte du district électoral de Compton en front. Hist. du district St. Francis de 1692 à 1791, p. [15]-23; hist. des comtés de Buckingham (1791-1829), p. [24]-6, de Sherbrooke (1829-1853), p. [27]-32, de Compton (1853-1896), p. [33]-64, Eaton, incluant la ville

de Cookshire et le village de Sawyerville, p. [65]-76; hist. des cantons de Compton, Clifton, Newport, Westbury, Hereford, Bury, Lingwick, Hampden, Winslow, Whitton, Marston, Ditton, Chesham, Emberton, Auckland et Clinton. Nombreuses biogr. avec index. Table des ill.
QQA QQL QQS QMBN QMM QMBM OOA OOP OTP SRL BVaU; LC

GRAVEL, ALBERT. Précis historique de Saint-Romain. Lévis, La Cie de Publication de Lévis, 1934. 18p. 23 cm. Tirage à part des Annales de Saint-Gérard. Bref hist. de la paroisse de 1844 à date de publ. et hist. du canton de Winslow. Notes biogr. des curés. Pas d'index.
QMBN

WOTTON et WOTTONVILLE

O'BREADY, MAURICE. Histoire de Wotton, comté de Wolfe, P.Q. [Sherbrooke, s.éd., 1949] [9], 354p. ill., portr., fac-sim., carte. 23 cm. Carte de la subdivision du comté de Buckingham-shire en cantons (1792), p. 16-7. "Sources et références", p. 350-1. Hist. religieuse de la paroisse (Saint-Hippolyte de Wotton) et hist. civile, polit. et culturelle des municipalités de Wotton et Wottonville des origines à date de publ. ; esquisse de l'hist. du comté de Wolfe, p. 125-41. Table dét. des mat. ; pas d'index.
QPC QQL QQLa QSherU QMBN QMM QMU QMBM OOA OTP; NN

CHAPITRE V

LES SEIGNEURIES

En dépit du fait de l'abolition du régime seigneurial en 1854, la seigneurie reste un objet privilégié d'étude pour les auteurs d'histoires locales et régionales.

Nous retenons dans ce chapitre tous les ouvrages consacrés entièrement aux seigneuries, de même qu'un certain nombre de monographies de paroisses ou de comtés, dans lesquels la part faite à l'étude de la seigneurie nous paraissait digne de mention. C'est dire, toutefois, que l'on trouvera dans d'autres monographies de brèves notes relatives à d'autres seigneuries pour lesquelles nous n'avons pas rédigé de fiches particulières en raison de leur caractère trop épisodique.

ALAINVILLE

DE LERY MACDONALD, A. The seigneurie of Alainville on Lake Champlain. Address read at the annual meeting of the New York branch of The Order of Colonial Lords of Manors in America held in the city of New York, April 19th, 1929. Baltimore [s.éd.] 1929. 36p. front.(coul.), ill., portr., carte. 24 cm. Le front. représente les armes de la famille. Carte des possessions françaises et anglaises du Lac Champlain, p. 18-9. Survol hist. des origines à date de publ. Généalogie des Lotbinière. Pas d'index. QQLa QQS

ARGENTEUIL

THOMAS, CYRUS. History of the counties of Argenteuil, Que., and Prescott, Ont., from the earliest settlement to the present, by C. Thomas ... Montreal, John Lovell, 1896. viii, 665p. ill., pl.h.t., tabl. 25 cm. Errata, p. iii. Hist. du comté d'Argenteuil, des origines à date de publ., p. [34]-460 et part. de St. Andrew, Lachute, Grenville, Harrington, Wentworth, Gore, Mille Iles, Morin, Arundel, Montcalm. Les biogr. sont surtout celles des contributeurs de l'ouvrage. Pas d'index. OONL QQA QQL QQS QMBM OOAg OTP OL

WALES, BENJAMIN N. Memories of old St. Andrews and historical sketches of the seignory of Argenteuil, by B.N. Wales ... [Lachute,

Watchman Press, 1934] 135p. ill., portr., plan. 24 cm. Couvre la période 1682 à date de publ. Hist. de St. Andrews (maintenant Saint-André-Est), de la seigneurie et du comté d'Argenteuil des origines à date de publ. Notes bibliogr. et généalogies. Index des noms de personnes.
QQL QMBN QMM QMU OOC OTP OHM BVaU BViP; LC NN

AUBERT-GALLION et AUBIN DE L'ISLE

ANGERS, PHILIPPE. Les seigneurs et premiers censitaires de Saint-Georges de Beauce et la famille Pozer. Beauceville, L'Eclaireur, 1927. [6], 96p. ill., pl.h.t., portr. 25 cm. Hist. de la seigneurie d'Aubert-Gallion, p. 11-6; de la seigneurie d'Aubin de l'Isle, p. 69-81.
OONL QQA QQL QMBN QMM QMBM OOA OOP OTU OTP; LC NN

BATISCAN

MASSICOTTE, EDOUARD-Z. Sainte-Geneviève de Batiscan. Trois-Rivières, Ed. du Bien Public, 1936. 131p. ill., carte. 25 cm. (Pages trifluviennes, série A, no 18). Préf. d'Albert Tessier, p. [5]. Carte cadastrale de Sainte-Geneviève de Batiscan par Jean-Maurice Massicotte, p. [6]. Hist. des origines à date de publ. Notes bibliogr. en bas de page. En plus de nombreuses notes biogr. de "figures" du passé (p. 94-104), la quatrième partie est faite de listes des notables, civils ou religieux, p. 104-27. Table dét. des mat. ; pas d'index.
QQLa QMBN QMM QMU QMBM OOA OTP

BEAUHARNOIS

DEWAR, JAMES. Colonization of the country of Beauharnois, voir: North American Colonial Association of Ireland.

GROULX, LIONEL-A. Petite histoire de Salaberry de Valleyfield [par] l'abbé L.-A. Groulx ... Montréal, Librairie Beauchemin, 1913. [7], 31p. 22 cm. Texte d'abord publ. dans l'Echo du Bazar de 1912. Hist. de la seigneurie et de la ville de Valleyfield de 1729 à date de publ. Pas d'index.
QQL QQLa QMBN QMU OOA

LEDUC, AUGUSTIN. Beauharnois, paroisse Saint-Clément, 1819-1919; histoire religieuse, histoire civile, fêtes du centenaire. Beauharnois, Presbytère de Beauharnois [Impr. par la Cie d'Imprimerie d'Ottawa]

1920. [6], xix, 321p. ill., pl., portr., fac-sim. 31 cm. Carte de la seigneurie de Beauharnois, p. xiii; plan de la paroisse Saint-Clément de Beauharnois, p. 15. Programme des fêtes du centenaire, p. 231-304. Table dét. des mat.; pas d'index.
QPC QQA QQLa QQS QMBN QMU QMBM OOA OOSJ OTP AEU BVaU; NN; BM

NORTH AMERICAN COLONIAL ASSOCIATION OF IRELAND. Colonization of the county of Beauharnois ... including lands reserved for villages and towns, numerous houses, farm-buildings, mills, and choice farming stock, etc., etc., with two descriptive maps. London, Smith, Elder and Co., 1840. 47p. cartes dépl. 21 cm. Rédigé par James Dewar. Origine de l'hist. de la seigneurie de Beauharnois et du canton de Clifton. Pas d'index.
QQL

SELLAR, ROBERT. The history of the county of Huntingdon and of the seigniories of Chateauguay and Beauharnois from their first settlement to the year 1838, by Robert Sellar. Huntingdon, Que., The Canadian Gleaner, 1888. viii, 584p. front. 22 cm. Hist. de l'établissement de chaque paroisse des origines à date de publ.
QQA QQLa QMBN QMU OOP OORD OOAg; LC NN

BEAUJEU

LIGHTHALL, WILLIAM D. The manor house of Lacolle. A description and historical sketch of the manoir of the seigniory of de Beaujeu or Lacolle ... Montreal, C.A. Marchand [1914] 10p. front. 33 cm. Porte surtout sur les circonstances de la construction ainsi que la descr. du manoir de Beaujeu. Pas d'index.
QQL QQLa OTP

BEAUMONT

ROY, PIERRE-G. A travers l'histoire de Beaumont. Lévis [s. éd.] 1943. [2], 309p. 19 cm. Hist. de la seigneurie de Beaumont, p. [6]-[43]; de la seigneurie de Cap Saint-Claude ou Vincennes, p. [185]-[200]; de la seigneurie de la Livaudière, p. [201]-[18]; de la seigneurie de Vitré ou Montapeine, p. [218]-[21]. Append.: "Statistiques vitales de Beaumont, 1692-1942", p. [294]-[301]. Pas d'index.
NBSM QPC QCSHS QQL QQLa QMBN QMBM OKQ OTP BVaU; NN

BEAUPORT

CAMBRAY, ALFRED. Robert Giffard, premier seigneur de Beauport et les origines de la Nouvelle-France. Cap-de-la-Madeleine, 1932. xi, 372p. ill., fac-sim. 27 cm. Hist. de la seigneurie de Beauport; origines de la paroisse de Beauport; recensements de 1666 et 1667, p. [157]-65; généalogies. Table dét. des mat.; pas d'index.
QQA QQL QQLa QMBN QMU QMBM OOP BVaU; NN

PROGRAMME officiel des fêtes du troisième centenaire de Beauport et du 250e anniversaire de l'érection canonique de la paroisse, les 1-2-3-4 septembre 1934. [S.l., s.éd., 1934] [32] p. 23 cm. Donne un aperçu très succinct de la fondation de la seigneurie puis de la paroisse. Programme des fêtes et nombreuses annonces commerciales. Pas d'index.
QQS

BEAURIVAGE

NADEAU, ANDRE. Histoire de la paroisse de Saint-Patrice de Beaurivage, 1871-1946. Québec, Ernest Tremblay, Impr. [1946] [5], 163, 46p. ill., portr., fac-sim. 22 cm. Quarante-six dernières p. contiennent des annonces commerciales. Hist. religieuse et civile de la paroisse; hist. civile du village; hist. polit.: liste des députés, résultats du vote, à Saint-Patrice, depuis 1867 ... p. 141-54. Notes bibliogr. en bas de page. Table dét. des mat.; pas d'index.
QPC QQA QQL QQLa QMBN QMBM OOA OTP; NN

BERTHIER

MOREAU, STANISLAS-A. Précis de l'histoire de la seigneurie, de la paroisse et du comté de Berthier, P.Q., Canada, par M. S.-A. Moreau ... Berthier, Cie d'impr. de Berthier, 1899. [1], [3]-118, [2] p. 22 cm. "Errata", p. [1]. Hist. des débuts à date de publ. Seigneurie, p. 5-43; paroisse, p. 46-113; comté, p. 114-6. Notes bibliogr. en bas de page. Table dét. des mat.; pas d'index.
QPC QQL QQLa QMBN QMU QMBM OOA OTP BVaU; LC NN; BM

BIC

MICHAUD, JOSEPH-D. Le Bic, les étapes d'une paroisse [par l'] abbé Joseph-D. Michaud. Québec, Ernest Tremblay, 1925; L'Action Sociale, 1926. 2 v.: vol. 1, [9], 328p. incl. ill., pl.h.t.; vol. 2, [7], 250p. front., ill., pl.h.t. 23 cm. Première partie: Au temps des découvertes

HISTOIRE

DU

CAP-SANTE

DEPUIS LA FONDATION DE CETTE PAROISSE

JUSQU'À 1830

Par L'ABBÉ FÉLIX GATIEN

CONTINUÉE DEPUIS 1830 JUSQU'À 1887

Par L'ABBÉ DAVID GOSSELIN

QUÉBEC

Imprimerie Franciscaine Missionnaire

180, Grande Allée.

1899

Page titre d'une des premières monographies de paroisse rédigée par l'abbé Gatien en 1830 mais publiée en 1899 seulement

et sous la tenure seigneuriale; deuxième partie: Un siècle de vie paroissiale. Errata du premier vol., vol. 2, p. [249]-50. Généalogie, p. 225-8, 233-5, 246. Table dét. des mat., vol. 1, p. [323]-8; vol. 2, p. [241]-7; pas d'index.
QRS QPC QQL QQLa QQS QMBN QMM QMU QMBM OOA OOSJ OTP; LC NN; BM

BLEURY-SUD

DEMERS, PHILIPPE. Le Général Hazen, seigneur de Bleury-Sud. Essai de monographie régionale. Montréal, Librairie Beauchemin, 1927. [3], 18p. plan. 25 cm. Plan de l'attaque de Saint-Jean en 1775, p. [2]. Couvre la période 1731 à 1802. Notes bibliogr. en bas de page. Pas d'index.
QQLa

DEMERS, PHILIPPE. Quelques études sur notre histoire régionale par l'honorable juge Philippe Demers. [Saint-Jean] Editions du "Canada français" [1946] [2], 55p. front. (portr.), plan. 22 cm. Plan de Saint-Georges d'Henryville, p. 52. Regroupe six études d'hist. locale et régionale: "La Vallée du Richelieu et son histoire", p. 5-16; "L'amiral du Lac Champlain", p. 17-24; "Le Général Hazen ... seigneur de Bleury-Sud", p. 25-36; "Un coin de frontière", p. 44; "Histoire de la fondation du village de Henryville", p. 45-52; "Le Mont Johnson", p. 53-5. Notes bibliogr. en bas de page. Pas d'index.
QQLa

BOUCHERVILLE

LALANDE, LOUIS. Une vieille seigneurie, Boucherville; chroniques, portraits et souvenirs, par le P. Louis Lalande. Montréal, Cadieux & Derome, 1890. vii, 406, [2] p. front., portr. 18 cm. Lettre de Mgr Taché à l'auteur, p. vii. Notes et doc., p. 385. Table dét. des mat., p. [405]-6; pas d'index. /1891: 2e éd. Montréal. viii, 402p. 19 cm.
1890: QPC QQL QQLa QQS QMBN QMU QMBM OOA OOU OORD OOSJ OTP OLU BVaU; NN

CAP SAINT-CLAUDE

ROY, PIERRE-G. A travers l'histoire de Beaumont. Lévis [s. éd.] 1943. [2], 309p. 19 cm. Hist. de la seigneurie de Beaumont, p. [6]-[43]; de la seigneurie de Cap Saint-Claude ou Vincennes, p. [185]-[200]; de

la seigneurie deLa Livaudière, p. [201]-[18]; de la seigneurie de Vitré ou Montapeine, p. [218]-[21]. Append.: "Statistiques vitales de Beaumont, 1692-1942", p. [294]-[301]. Pas d'index.
NBSM QPC QCSHS QQL QQLa QMBN QMBM OKQ OTP BVaU; NN

ROY, PIERRE-G. La seigneurie du Cap Saint-Claude ou Vincennes. Lévis [s. éd.] 1919. 46p. 25 cm. Hist. de la seigneurie de 1672 à 1856. Liste des censitaires et habitants de la seigneurie, p. 22-7; liste des concessions, p. 28-37. Notes bibliogr. en bas de page. Pas d'index.
QQA QQL QQS QMBM OOSJ

CARUFEL

AUDET, FRANCIS-J. Le comté de Maskinongé (1853-1867). Notes historiques, statistiques et biographiques. Trois-Rivières, Ed. du Bien Public, 1934. 51p. 25 cm. (Pages trifluviennes, série A, no 16). Les paroisses du comté de Maskinongé, p. 13-6; les seigneuries du comté, p. [17]-23; liste des députés du comté et quelques biogr., p. [33-48]. Bibliogr., p. [49] et notes bibliogr. en bas de page. Table dét. des mat., p. [50]-1; pas d'index.
NBSM QQA QQL QQLa QMBN QMBM OOA OOAg; NN

CHAMBLY

SULTE, BENJAMIN. Mélanges historiques. Etudes éparses et inédites. Compilées, annotées et publiées par Gérard Malchelosse. Montréal, G. Ducharme; Edouard Garand, 1919-1933. 21 v. ill., pl.h.t., plans, cartes. 24 cm. Vol. 1, 162p., front.; vol. 2, 156p.; vol. 3, 148p.; vol. 4, 103p., front., ill., portr.; vol. 5, 126p.; vol. 6, 216p., ill., pl.h.t., plans; vol. 7, 163p.; vol. 8, 144p.; vol. 9, 74p., ill., pl.h.t., plans; vol. 10, 160p., plan; vol. 11, 98p., front., ill.; vol. 12, 109p.; vol. 13, 96p.; vol. 14, 96p.; vol. 15, 130p.; vol. 16, 96p.; vol. 17, 130p.; vol. 18, 96p., plan; vol. 19, 96p., plan; vol. 20, 96p.; vol. 21, 96p. Contient divers articles sur la petite hist. locale et régionale du Québec. Vol. 1: "Québec en 1629-31", p. 27-36; "Beauport vs Québec", p. 37-43; vol. 2: Trois-Rivières, p. 73-83; vol. 3: "Trois-Rivières", p. 93-113; "Cap-Rouge", p. 123-33; vol. 5: "Verdun", p. 52-7; vol. 6: Les forges du Saint-Maurice, p. [9]-195; vol. 9: Le fort de Chambly, p. [7]-58; vol. 10: "Rivière-du-Loup (en haut)", p. [5]-65; Lachine, p. [66]-92; "L'Ile à la Fourche (Nicolet)", p. [93]-106; "Le Château Bigot", p. 107-17; vol. 16: L'Acadie française, p. [11]-90; vol. 18: Trois-Rivières d'autrefois, Première série, p. [5]-90; vol. 19: Trois-Rivières d'autre-

fois, Deuxième série, p. [7]-89; vol. 20: Trois-Rivières d'autrefois, Troisième série, p. [5]-91; vol. 21: Trois-Rivières d'autrefois, Quatrième série, p. [7]-90. Notes bibliogr. en bas de page. Table des mat. et index à la fin de chaque vol.
QQL QQLa QMBN QMBM OOA OOLU OOSJ OOCC OKR OTP; LC

CHATEAUGUAY

SELLAR, ROBERT. The history of the county of Huntingdon and of the seigniories of Chateauguay and Beauharnois from their first settlement to the year 1838, by Robert Sellar. Huntingdon, Que., The Canadian Gleaner, 1888. viii, 584p. front. 22 cm. Hist. de l'établissement de chaque paroisse des origines à date de publ.
QQA QQLa QMBN QMU OOP OORD OOAg; LC NN

CONTRECOEUR

AUDET, FRANCIS-J. Contrecoeur. Famille, seigneurie, paroisse, village, par François-J. Audet ... Montréal, G. Ducharme, 1940. 276p. front., ill., portr., plan, carte. 23 cm. Hist. de la seigneurie de Contrecoeur, p. [11]-77; hist. polit., p. [153]-201; hist. militaire, industrielle et commerciale, p. [203]-31. Liste des maires, conseillers et secrétaires-trésoriers de Contrecoeur; liste des présidents et secrétaires-trésoriers de la municipalité scolaire. Notes bibliogr. en bas de page. Table des ill., p. [275]-6.
QPC QQL QQLa QMBN QMM QMU QMBM OOA OOP OOU OKQ OTU OTP OLU BVaU; LC NN

SOEUR DE SAINT-JOSEPH DE SAINT-HYACINTHE. La petite histoire de chez nous, Saint-Antoine-sur-Richelieu, par une soeur de Saint-Joseph de Saint-Hyacinthe. [Saint-Hyacinthe] Société d'histoire régionale de Saint-Hyacinthe, 1938. 3, 99p. ill., pl. h. t., portr., carte dépl. 22 cm. (Documents maskoutains, no 3). Sources: notes recueillies par M. Louis-Joseph Cartier; Archives paroissiales et municipales ... Chap. sur la seigneurie de Contrecoeur, p. 13-21. Biogr. des curés et des maires, p. 51-74. Table dét. des mat., p. [97]-8; pas d'index.
QQLa QMBM OTU; NN

DESCHAMBAULT

LEMOINE, JAMES M. The explorations of Jonathan Oldbuck ... in eastern latitudes, by J.M. LeMoine ... Québec, L.-J. Demers, 1889. [5]

-265, [2] p. ill. 22 cm. "Opinions of the press" [8p. au début du vol.] Descr. et hist. principalement pour Beauport, p. [5]-24; la seigneurie de Deschambault, p. 71-6; la colonisation dans Mégantic, p. 77-83; la Beauce en 1775, p. [84]-96. Table dét. des mat., p. 263-5; pas d'index. NSHPL NBFU QQA QQL QQLa QMBN QMU QMBM OOA OOP OOU OOC OKQ OTP OH BVaU BViP; LC NN

FOSSAMBAULT

POTVIN, DAMASE. Fossembault. Publié à l'occasion du 10e anniversaire de la ville du Lac St-Joseph. Québec, 1946. 144p. ill., portr., cartes. 25 cm. Cartes: le Fort Jacques Cartier, p. 99; carte du Lac Saint-Joseph, p. 144. Ouvrage descr. concernant le Lac Saint-Joseph, Valcartier, Sainte-Catherine, Duchesnay, Lac Sergent, Lac des Sept-Iles. Hist. du chemin à lisses "Quebec & Gosford Wooden Ry", p. 41-7. "Notes diverses sur le comté de Portneuf", par Clément-T. Dussault, p. 81-112. QQA QQL QMBM OOA OTP; NN

FOUCAULT

DEMERS, PHILIPPE. Chroniques du Haut-Richelieu. IV: Un coin de frontière; essai de monographie régionale. Montréal, Librairie Générale Canadienne, 1932. [5], 15p. carte. 26 cm. Carte de la région d'après un plan relevé en 1815 et déposé aux Archives nationales à Ottawa, page front. Rappelle les circonstances de la fondation des seigneuries de Noyan (p. 8-12) et de Foucault, p. 12-5. Notes bibliogr. en bas de page. Pas d'index.
QQS

DEMERS, PHILIPPE. Quelques études sur notre histoire régionale, par l'honorable juge Philippe Demers. [Saint-Jean] Editions du "Canada français" [1946] [2], 55p. front. (portr.), plan. 22 cm. Plan de Saint-Georges d'Henryville, p. 52. Regroupe six études d'hist. locale et régionale: "La Vallée du Richelieu et son histoire", p. 5-16; "L'amiral du Lac Champlain", p. 17-24; "Le Général Hazen ... seigneur de Bleury-Sud", p. 25-36; "Un coin de frontière", p. 44; "Histoire de la fondation du village de Henryville", p. 45-52; "Le Mont Johnson", p. 53-5. Notes bibliogr. en bas de page. Pas d'index.
QQLa

MISSISQUOI COUNTY HISTORICAL SOCIETY. Report of the Missisquoi County Historical Society. With papers & items of local interest ...

[S. l., s. éd.] 1906-1913. 5 v. : vol. 1, 61p. ; vol. 2, 60p. ; vol. 3, 109p. ; vol. 4, 79p. ; vol. 5, 109p. ill., pl. h. t., carte. 25 cm. Titre varie. Carte: le Lac Champlain en 1748, signée De Lery, vol. 5, p. 28. Comprend de courtes études hist. sur le comté de Missisquoi et des biogr. Vol. 5: la seigneurie de Missisquoi, p. 29-33; la seigneurie de Foucault, p. 33-43; la seigneurie de Noyan, p. 43-5; la seigneurie de Lusignon, p. 31. Notes biogr. en bas de page. Pas d'index.
QQL QQLa QMBN QMBM OOC OTP OLU; NN

GENTILLY

DUBOIS, LUCIEN. Histoire de la paroisse de Gentilly ... [S. l., s. éd.] 1935. [9], 286p. ill., portr. 23 cm. Hist. de la seigneurie de Gentilly, p. [13]-60; hist. de la paroisse, p. 60-203; généalogie, p. 227-65; recensements de 1667 à nos jours, p. [66]-71. Table dét. des mat. ; pas d'index.
OONL QPC QQL QQLa QMBN QMU QMBM OOA OOP; NN

GIFFARD

GIROUX, T.-EDMOND. Robert Giffard, seigneur colonisateur au tribunal de l'histoire ou la raison de fêter le troisième centenaire de Beauport, 1634-1934. Québec, L'Action Sociale Ltée, 1934. 111p. ill., fac-sim., plan, carte. 23 cm. Lettre de Mgr J.-Omer Plante à l'auteur, p. [7]; recensement de Beauport en 1634, p. [29]-30; carte de la région de Québec, 1641, p. 42; recensement de 1666, p. [64]-71; plan du bourg de Fargy en 1669, p. 74; doc. en append., p. [91]-102.
QPC QQA QQL QQLa QMBN QMU QMBM OTP

ISLE VERTE

GAUVREAU, CHARLES-A. L'Isle-Verte (Saint-Jean-Baptiste), par Charles-A. Gauvreau ... Lévis, Mercier, 1889. [5], 250p. 16 cm. En tête de titre: Nos paroisses. Errata,au début du vol. "Tableau chronologique des missionnaires et curés (1711-1888)", p. 221-3. Table dét. des mat., p. [249]-50; pas d'index.
QRS QPC QCSHS QQA QQL QQLa QQS QMBN QMU OOSJ OTP; BM

KAMOURASKA

PARADIS, ALEXANDRE. Kamouraska, 1674-1948 ... Québec [s. éd.] 1948. [vii]-[xii], 394, [1] p. front., ill., pl., portr., plans. 19 cm. Préf. d'Albert Fortier. Partie IV: Les églises de Kamouraska, par

Gérard Morissette, p. [317]-41. Hist. de la seigneurie, p. [13]-22 et 151-64. Origine des paroisses - filiales de Kamouraska, p. [265]-315. Bibliogr., p. xx-xxi et notes en bas de page. Chronol., p. [xxii]. Table des ill., p. [393-5]; table dét. des mat., p. [389]-92; pas d'index.
QGS QRS QPC QQLa QQS QMBN QMBM OOA OTP; NN

L'EPINAY

CASAULT, FLAVIEN-E. Notes historiques sur la paroisse de Saint-Thomas de Montmagny. Québec, Dussault & Proulx, 1906. 448p. 18 cm. Errata, p. [438]. Hist. des origines à date de publ. Table dét. des mat.; pas d'index.
QPC QQA QQL QQS QMBN QMBM OOA OOP OOU OTP; LC NN

LA DURANTAYE

ROY, MARIE-A. Saint-Michel-de-la-Durantaye. Notes et souvenirs, 1678-1929, par le Rév. P. Marie-Antoine ... Québec, Charrier & Dugal, 1929. [5], 167, [1] p. 23 cm. Hist. de la paroisse et de la seigneurie de La Durantaye, p. [11]-20. Notes bibliogr. en bas de page. Append.: liste des religieux, maires, sénateurs et députés, etc., p. [151]-67. Pas d'index.
QPC QQL QQLa QQS QSherU QMM QMU OOA

LA GORGENDIERE

PERRON, JEAN-T. Saint-Joseph de la Nouvelle-Beauce. Résumé historique d'après les notes de M. l'abbé Jean-Thomas Nadeau ... Québec [L'Action catholique] 1938. 64p. ill., portr., fac-sim. 23 cm. Hist. religieuse surtout de 1736 à date de publ. Seigneurie de La Gorgendière au 18e s., p. 16. Maires de la paroisse et maires du village, p. 47; députés fédéraux et provinciaux, p. 57. Table dét. des mat.; pas d'index.
QPC QQL QQLa OOP

LA LIVAUDIERE

ROY, PIERRE-G. A travers l'histoire de Beaumont. Lévis [s. éd.] 1943. [2], 309p. 19 cm. Hist. de la seigneurie de Beaumont, p. [6]-[43]; de la seigneurie de Cap Saint-Claude ou Vincennes, p. [185]-[200]; de la seigneurie de La Livaudière, p. [201]-[18]; de la seigneurie de Vitré ou Montapeine, p. [219]-[21]. Append.: "Statistiques vitales de Beaumont, 1692-1942", p. [294]-[301]. Pas d'index.

NBSM QPC QCSHS QQL QQLa QMBN QMBM OKQ OTP BVaU; NN

LA MALBAIE

WRONG, GEORGE M. A canadian manor and its seigneurs. The story of a hundred years, 1761-1861, by George M. Wrong ... Toronto, Macmillan, 1908. xiv, [3], 295p. front., pl. h. t., portr., cartes. 22 cm. Carte de la région du Saint-Laurent de Québec à La Malbaie, p. [1]. Couvre l'hist. de la seigneurie, p. [1]-167 et du village, p. [168]-221 des origines à date de publ. Bibliogr., p. [243-5] et notes bibliogr. en bas de page. Append.: doc. "The Journal of Malcolm Fraser, first seigneur of Mount Murray, Malbaie", p. [249-70]; "The curés of Malbaie", p. 287-90. Pas d'index.
OONL NfSM NSHPL NBFU NBC NBS QQA QMBN QMU QMBM OOA OOP OOC OOND OOSJ OKQ OKF OTP OH MWP SRL SSU AE BVa BVaU BVi BViP; LC NN

LAC MASKINONGE

AUDET, FRANCIS-J. Le comté de Maskinongé (1853-1867). Notes historiques, statistiques et biographiques. Trois-Rivières, Ed. du Bien Public, 1934. 51p. 25 cm. (Pages trifluviennes, série A, no 16). Les paroisses du comté de Maskinongé, p. 13-6; les seigneuries du comté, p. [17]-23; liste des députés du comté et quelques biogr., p. [33-48]. Bibliogr., p. [49] et notes bibliogr. en bas de page. Table dét. des mat., p. [50]-1; pas d'index.
NBSM QQA QQL QQLa QMBN QMBM OOA OOAg; NN

LAC MATAPEDIA

MICHAUD, JOSEPH-D. Notes historiques sur la vallée de la Matapédia ... par l'abbé Jos.-D. Michaud ... Préface du chanoine Victor Côté. Val-Brillant, "La Voix du Lac", 1922. [6], 241p. ill. 24 cm. Hist. de la vallée de la Matapédia et de toutes ses paroisses, dont Saint-Moïse, des origines à date de publ., p. 16-129; hist. de la seigneurie du Lac Matapédia, p. 130-67; hist. de la paroisse de Val-Brillant, p. 168-209. Append.: liste des missionnaires, curés, marguilliers, maires, secrétaires-trésoriers, p. 210-3. Table dét. des mat., p. 237-41; pas d'index.
NBFU NBSM QRS QPC QQA QQL QQLa QMBN QMU QMBM OOA OKQ OTP OPeT OSuL BVaU; NN; BM

SAINT-PIERRE-DU-LAC, 1889-1949. Programme-souvenir des fêtes du

60e anniversaire de la consécration de l'église et du dévoilement du monument de Messire Pierre Brillant ... [Val-Brillant, 1949] 111p. ill., portr. 22 cm. "Glanures d'histoire" de 1694 à 1949 par l'abbé Joseph-D. Michaud, p. 17-37; seigneurie du Lac Matapédia, p. 55-8. Liste des marguilliers (1883-1948), liste des maires de la paroisse Saint-Pierre (1891-1949) et des maires du village de Val-Brillant (1915-1949), liste des prêtres et des professionnels, p. 60-3. Pas d'index.
QQL QQLa QMBN QMBM

LAC TEMISCOUATA

PELLAND, ALFRED. Le Témiscouata; ses ressources, ses progrès et son avenir. Québec, Ministère de la Colonisation, des Mines et des Pêcheries, 1910. [5], 95p. front., ill. 23 cm. En tête de titre: Vastes champs offerts à la colonisation et à l'industrie. Notes hist. - des origines à date de publ. - relatives aux cantons et aux anciennes seigneuries du comté de Témiscouata. Table dét. des mat.; pas d'index.
QQA QMBN; NN

LACOLLE

LIGHTHALL, WILLIAM D. The manor house of Lacolle. A description and historical sketch of the manoir of the seigniory of de Beaujeu or Lacolle ... Montreal, C.A. Marchand [1914] 10p. front. 33 cm. Porte surtout sur les circonstances de la construction ainsi que la descr. du manoir de Beaujeu. Pas d'index.
QQL QQLa OTP

LANAUDIERE

[DUCHARME, GONZAGUE] Histoire de Saint-Gabriel-de-Brandon et de ses démembrements: Saint-Damien, Saint-Didace, Saint-Charles-de-Mandeville, Saint-Cléophas, Saint-Edmond, etc. A travers les registres et en marge. Montréal, G. Ducharme, 1917. [7], 236, [1] p. front., ill., pl.h.t., portr., cartes dépl. 22 cm. Préface de Casimir Hébert. Lettre-préface de Benjamin Sulte. Feuillet d'errata, à la fin du vol. Notes hist. concernant Saint-Damien, p. 195-8; Saint-Edmond, p. 198-9; Saint-Didace, p. 199-200; Saint-Cléophas, p. 200-1; Saint-Charles, p. 201-3. Table dét. des mat.; pas d'index.
QQL QQLa QMU QMBM OTP; NN; BM

LAPRAIRIE

CHOQUET, ELIZEE. Les communes de Laprairie. Laprairie, Impr. du Sacré-Coeur, 1935. [7], 153p. front. (plan), portr., plans, fac-sim. 21 cm. En front., plan de la seigneurie et des communes de Laprairie, par l'auteur; plan cadastral de la commune, en 1815, par L.-R. Chaussegros de Léry, p. 16; plan de la commune, en 1705, p. 51; plan des expropriations de 1822 à 1913, p. 112. La commune de Saint-Lambert, p. 25-36; Laprairie, p. 37-144. Hist. des origines à date de publ. Append.: "Les syndics depuis 1888", p. [146]-7; "Essai juridique", p. [148]-9. Bibliogr., p. [11]-4. Table dét. des mat.; pas d'index.
QQA QQL QQLa QMBN QMM QMU QMBM OOA OOP OTP; NN

DEVINE, EDWARD J. Historic Caughnawaga ... Montreal, The Messenger Press, 1922. iv, 443p. ill., pl. h. t., portr., plan, carte dépl. 24 cm. Carte de Caughnawaga de 1667 à 1890. Retrace l'hist. polit. et religieuse de 1667 à date de publ. Table des ill., p. [vi].
QQLa QQS OTRM AEU; LC NN

VIGER, JACQUES. Souvenirs historiques sur la seigneurie de Laprairie, par J. Viger ... Montréal, Sénécal et Daniel, 1857. 13p. 19 cm. En tête de titre: Archéologie canadienne. Hist. de la seigneurie au 17e s. Notes bibliogr. en bas de page. Pas d'index.
QQL QMBN; LC

LAUZON

ROY, JOSEPH-E. Histoire de la seigneurie de Lauzon, par J.-Edmond Roy. Lévis, Mercier; [J.-E. Roy] 1897-1904. 5 v. front. (vol. 4-5), ill., fac-sim., portr., plan dépl. 22 cm. Vol. 1: Mercier & Cie, 1897, lxiii, 495, lxxxvi, viiip.; vol. 2: En vente chez l'auteur, 1898, 416, lxii, vp.; vol. 3: 1900, 442, xxxix, ivp.; vol. 4: 1904, 406, ix, ivp.; vol. 5: 525, lxiv, vip. Plan de la seigneurie de Lauzon dressé par L.-E. Fontaine, 1897, dans le 1er plat du vol. 1. Nombreux doc. dans le texte et dans les append. Notes bibliogr. en bas de page. Table dét. des mat. à la fin de chaque vol.; pas d'index.
OONL NSHP QPC QQA QQL QQLa QMU QMBM OOA OOU OTU OTP BVaU; LC NN

LOTBINIERE

PARADIS, LOUIS-L. Les Annales de Lotbinière, 1672-1933 [par l'] abbé

Le moulin seigneurial des Eboulements

Louis-L. Paradis. Québec, L'Action catholique, 1933. [7], 442p. front. (armoiries), ill., portr. 24 cm. "Errata", feuillet p. [5]. Annales religieuses de la paroisse. Append. : titres de concession de la seigneurie de Lotbinière, p. 414; liste des missionnaires, des curés, des vicaires et des prêtres originaires de Lotbinière, p. 415-9; causerie de Pamphile Lemay sur "les poètes illettrés de Lotbinière", p. 420-36. Notes bibliogr. en bas de page. Table dét. des mat. ; pas d'index.
QPC QQA QQLa QQS QMBN OOA OOSJ

LUSIGNON

MISSISQUOI COUNTY HISTORICAL SOCIETY. Report of the Missisquoi County Historical Society. With papers & items of local interest ... [S.l., s.éd.] 1906-1913. 5 v. : vol. 1, 61p. ; vol. 2, 60p. ; vol. 3, 109p. ; vol. 4, 79p. ; vol. 5, 109p. ill., pl.h.t., carte. 25 cm. Titre varie. Carte: le Lac Champlain en 1748, signée De Lery, vol. 5, p. 28. Comprend de courtes études hist. sur le comté de Missisquoi et des biogr. Vol. 5: la seigneurie de Missisquoi, p. 29-33; la seigneurie de Foucault, p. 33-43; la seigneurie de Noyan, p. 43-5; la seigneurie de Lusignon, p. 31. Notes biogr. en bas de page. Pas d'index.
QQL QQLa QMBN QMBM OOC OTP OLU; NN

MASSUE

LAPALICE, OVIDE-M. Histoire de la seigneurie Massue et de la paroisse de Saint-Aimé, par Ovide-M.-H. Lapalice. [S.l., s.éd.] 1930. 432p. ill., portr., plans. 26 cm. Hist. de la paroisse des origines à date de publ., p. 139-415. Doc. en append., p. 416-28. Table dét. des mat. ; pas d'index.
QRS QPC QQLa QMBN QMBM OOA OTP; LC NN

MATANE

GAGNON, ANTOINE. Monographie de Matane, pays de brumes, de soleil, de visions [par] l'abbé Antoine Gagnon. [Rimouski, s.éd., 1945] [13], 370, [14] p. ill., portr., plans, carte dépl. 25 cm. Dessin de Matane vers 1873, reproduit de l'Opinion publique du 2 sept. 1875; plan de la partie nord de Matane, p. [372]. "Errata", fin du vol. Hist. des origines à date de publ. Chap. IV: Signification des noms géographiques; chap. IX, XII-XIV: La seigneurie de Matane. Chronol., p. [337]-54; bibliogr., p. [13]-6. Table dét. des mat., p. [375]-[80]; pas d'index.
QRS QPC QQA QQL QQLa QMBN QMM QMU QMBM OOA OOG OLU OTP; NN

MAURE

BECHARD, AUGUSTE. Histoire de la paroisse Saint-Augustin (Portneuf) par A. Béchard ... Québec, Léger Brousseau, 1885. vii, [1], 395, [1] p. 19 cm. Hist. religieuse et civile des origines à date de publ. Nombreux doc.: généalogie, souvenirs, légendes et monuments, p. [315]-62; seigneurie de Maure, p. [363]-75; députés, tabl. des naissances, mariages et sépultures de 1794 à 1884, p. 383-4, etc. Table dét. des mat.; pas d'index.
QRS QPC QQL QQS QQLa QMBN QMM QMU OOA OOP OOU OOC OTU OTP AEU; LC NN

MILLE-ISLES

AUCLAIR, ELIE-J. Saint-Jérôme de Terrebonne ... Saint-Jérôme, J.-H.-A. Labelle, 1934. 362, [4] p. ill., pl., portr., fac-sim. 23 cm. Hist. de la seigneurie des Mille-Isles, de la paroisse et de la ville de Saint-Jérôme avec avant-propos de l'auteur, de 1834 à date de publ., p. 12-213; hist. des anciennes familles avec avant-propos, p. 213-362. Table dét. des mat.; pas d'index.
QQL QQLa QSherU QMBN QMU QMG QMBM OOA OTP BVaU; NN

MINGAN

QUEBEC (PROV.). ASSEMBLEE LEGISLATIVE. Réponse à une adresse de l'Assemblée législative ... Rapport du député-arpenteur Bouchette sur les prétendues réclamations légales des Seigneurs de la Terre Ferme de Mingan, avec la carte qui l'accompagne. Québec, Impr. par Ch.-Fr. Langlois, 1882. 99p. carte. 23 cm. Doc. hist. concernant l'hist. de la seigneurie depuis 1679 jusqu'à 1882. Pas d'index.
QQL QQLa

MISSISQUOI

MISSISQUOI COUNTY HISTORICAL SOCIETY. Report of the Missisquoi County Historical Society. With papers & items of local interest ... [S.l., s.éd.] 1906-1913. 5 v.: vol. 1, 61p.; vol. 2, 60p.; vol. 3, 109p.; vol. 4, 79p.; vol. 5, 109p. ill., pl.h.t., carte. 25 cm. Titre varie. Carte: le Lac Champlain en 1748, signée De Lery, vol. 5, p. 28. Comprend de courtes études hist. sur le comté de Missisquoi et des biogr. Vol. 5: la seigneurie de Missisquoi, p. 29-33; la seigneurie de Foucault, p. 33-43; la seigneurie de Noyan, p. 43-5; la seigneurie de Lusignon,

p. 31. Notes biogr. en bas de page. Pas d'index.
QQL QQLa QMBN QMBM OOC OTP OLU; NN

MONTAPEINE

ROY, PIERRE-G. A travers l'histoire de Beaumont. Lévis [s. éd.] 1943. [2], 309p. 19 cm. Hist. de la seigneurie de Beaumont, p. [6]-[43]; de la seigneurie de Cap Saint-Claude ou Vincennes, p. [185]-[200]; de la seigneurie de La Livaudière, p. [201]-[18]; de la seigneurie de Vitré ou Montapeine, p. [218]-[21]. Append.: "Statistiques vitales de Beaumont, 1692-1942", p. [294]-[301]. Pas d'index.
NBSM QPC QCSHS QQL QQLa QMBN QMBM OKQ OTP BVaU; NN

MONTREAL

SOCIETE HISTORIQUE DE MONTREAL. Les origines de Montréal ... Montréal, Adj. Ménard, 1917. 364p. front., pl. h. t., plans. 25 cm. (Mémoires de la Société historique de Montréal, 11e livraison). P. d'errata insérée entre p. 356-7. Plan de Montréal en 1761. Hist. des institutions, des monuments et des lieux de Montréal du 17e au 19e s., p. 19-39. Livre Terrier de 1666 et précisions de 1792 par Louis Guy, avec index et table des concordances, p. [40]-365.
QQL QQLa QQS QMBN QMM QMU QMBM OOC OOG OTP SSU; LC NN

MOUNT MURRAY

WRONG, GEORGE M. A canadian manor and its seigneurs. The story of a hundred years, 1761-1861, by George M. Wrong ... Toronto, Macmillan, 1908. xiv, [3], 295p. front., pl. h. t., portr., cartes. 22 cm. Carte de la région du Saint-Laurent de Québec à La Malbaie, p. [1]. Couvre l'hist. de la seigneurie, p. [1]-167 et du village, p. [168]-221 des origines à date de publ. Bibliogr., p. [243-5] et notes bibliogr. en bas de page. Append.: doc. "The Journal of Malcolm Fraser, first seigneur of Mount Murray, Malbaie", p. [249-70]; "The curés of Malbaie", p. 287-90. Pas d'index.
OONL NfSM NSHPL NBFU NBC NBS QQA QMBN QMU QMBM OOA OOP OOC OOND OOSJ OKQ OKF OTP OH MWP SRL SSU AE BVa BVaU BVi BViP; LC NN

NICOLET

BELLEMARE, JOSEPH-E. Histoire de Nicolet, 1669-1924. Première partie: La seigneurie. Arthabaska, Impr. d'Arthabaska, 1924. xiii,

410p. front. (carte dépl.), ill., pl.h.t., portr., cartes. 24 cm. "Carte cadastrale de M. de Catalogne" en front. Hist. seigneuriale surtout avec réf. à la vie civile, économique, juridique et industrielle de la ville de Nicolet, p. 339-80. Doc. en append.: missionnaires et curés de Nicolet, p. 368-9; les institutions religieuses, p. 369-74; les députés, p. 375-6; les titulaires du Conseil municipal de Nicolet, p. 377-9; membres du Conseil de ville, p. 379-81; municipalités du comté de Nicolet, p. 381-2. Bibliogr., p. [383]-4; notes bibliogr. en bas de page. Table des gravures, p. [409]-10.
QQLa QMBN QMBM OTP; NN; BM

NOYAN

BROSSEAU, JEAN-D. Saint-Georges d'Henryville et la seigneurie de Noyan, essai de monographie paroissiale [par] Fr. J.-D. Brosseau ... [Saint-Hyacinthe, Qué.] La Cie d'Impr. et Comptabilités de Saint-Hyacinthe, 1913. [3], 238, [2] p. front., ill., pl.h.t., portr., plan, carte dépl. 21 cm. Carte de la seigneurie de Noyan, p. 32; plan de Saint-Georges d'Henryville à la fin du vol.; armoiries de Noyan, p. 6. Hist. de la paroisse des origines à date de publ. "Sources", p. 238; notes bibliogr. en bas de page. Liste des maires de Saint-Georges, 1855-1912, p. 122; généalogies des premières familles, p. 192-223. Table dét. des mat.; pas d'index.
QQL QQLa QMBN QMM QMU QMBM OOA OOP OOU OTP BVaU; LC

DEMERS, PHILIPPE. Chroniques du Haut-Richelieu. IV: Un coin de frontière; essai de monographie régionale. Montréal, Librairie Générale Canadienne, 1932. [5], 15p. carte. 26 cm. Carte de la région d'après un plan relevé en 1815 et déposé aux Archives nationales à Ottawa, page front. Rappelle les circonstances de la fondation des seigneuries de Noyan (p. 8-12) et de Foucault, p. 12-5. Notes bibliogr. en bas de page. Pas d'index.
QQS

DEMERS, PHILIPPE. Quelques études sur notre histoire régionale, par l'honorable juge Philippe Demers. [Saint-Jean] Editions du "Canada français" [1946] [2], 55p. front. (portr.), plan. 22 cm. Plan de Saint-Georges d'Henryville, p. 52. Regroupe six études d'hist. locale et régionale: "La Vallée du Richelieu et son histoire", p. 5-16; "L'amiral du Lac Champlain", p. 17-24; "Le général Hazen ... seigneur de Bleury-Sud", p. 25-36; "Un coin de frontière", p. 44; "Histoire de la fondation du village de Henryville", p. 45-52; "Le Mont Johnson", p.

53-5. Notes bibliogr. en bas de page. Pas d'index.
QQLa

MISSISQUOI COUNTY HISTORICAL SOCIETY. Report of the Missisquoi County Historical Society. With papers & items of local interest ... [S.l., s.éd.] 1906-1913. 5 v.: vol. 1, 61p.; vol. 2, 60p.; vol. 3, 109p.; vol. 4, 79p.; vol. 5, 109p. ill., pl.h.t., carte. 25 cm. Titre varie. Carte: le Lac Champlain en 1748, signée De Lery, vol. 5, p. 28. Comprend de courtes études hist. sur le comté de Missisquoi et des biogr. Vol. 5: la seigneurie de Missisquoi, p. 29-33; la seigneurie de Foucault, p. 33-43; la seigneurie de Noyan, p. 43-5; la seigneurie de Lusignon, p. 31. Notes biogr. en bas de page. Pas d'index.
QQL QQLa QMBN QMBM OOC OTP OLU; NN

PETITE NATION

CHAMBERLAND, MICHEL. Histoire de Montebello, 1815-1928 ... Montréal, Impr. des Sourds-Muets, 1929. 410p. ill., portr., plans, cartes. 25 cm. Hist. de la seigneurie de la Petite Nation, 1613-1854, p. [21]-97; hist. religieuse et civile de la paroisse de Montebello, p. [103]-331. Table dét. des mat., p. 405-10; pas d'index.
QRS QPC QQL QQLa QMBN QMU QMBM OOA OOP OOU OOSJ OOSU OTU OTP BVaU; LC NN

POINTE DU LAC

DUGRE, ALEXANDRE. La Pointe du Lac, par le R.P. Alexandre Dugré ... Trois-Rivières, Ed. du Bien Public, 1934. [6], 90p. ill., pl.h.t. 24 cm. (Pages trifluviennes, série A, no 15). Hist. religieuse et civile du début de l'établissement à date de publ. Les seigneurs de Pointe du Lac et la seigneurie de Tonnancour, p. [14]-25; liste des curés, p. 39-47. Pas d'index.
QQLa QMBN QMBM OOA OOSJ OSuL; NN

PORTNEUF

GATIEN, FELIX-X. Histoire de la paroisse du Cap-Santé, par l'abbé F.-X. Gatien. Québec, Léger Brousseau, 1884. [5], 376, [4] p. 15 cm. "Avertissement" de l'abbé Henri-Raymond Casgrain, p. [5]-13. Hist. de la paroisse depuis ses origines jusqu'à 1830. Publ. d'abord dans le Courrier du Canada. Longtemps manuscrit, cet ouvrage avait été écrit en 1830 par l'abbé Gatien et s'intitulait Mémoires sur la

paroisse de Cap-Santé. La seigneurie de Portneuf, p. 366-76. Recensement, p. 363-5. Table dét. des mat. ; pas d'index. /1899: Histoire du Cap-Santé depuis la fondation de cette paroisse jusqu'à 1830 ... continuée depuis 1830 jusqu'à 1887 par David Gosselin. Québec, Imprimerie Franciscaine Missionnaire. 6, 288p. front. (carte), ill., portr. 23 cm. Avant-propos de David Gosselin, p. 3-6. Table dét. des mat. ; pas d'index.
1884: QQL QQS QQLa QMBN QMU QMBM OOA OOU OTP MWB; NN; BM
/1899: QQL QQLa QMBN QMU OOA OTP

RIGAUD-VAUDREUIL

DEMERS, BENJAMIN. Notes sur la paroisse de St-François de la Beauce, par l'abbé Benj. Demers. Québec, Impr. C. Darveau, 1891. 151p. 18 cm. "L'histoire de la paroisse de St-François ... n'est pas autre que l'histoire de la seigneurie de Rigaud-Vaudreuil", p. [9]. Notices biogr. des missionnaires Récollets, 1737-66, p. 40-8; des curés, 1766-1891, p. 48-121; liste des marguilliers de 1782-1890, p. 133-8. Table dét. des mat. ; pas d'index.
QRS QPC QQA QMM QMU QMBM OOP; NN

RIMOUSKI

RIMOUSKI. Comité du Centenaire. Album-souvenir. Notes historiques, 1829-1929. Rimouski, S. Vachon [1929] xvi, [6], 84, xvii-xxiip. ill., portr. 25 cm. En tête de titre: Fêtes du centenaire de Rimouski. Append. : liste des évêques, curés, députés, maires, conseils municipaux, avocats, médecins, shérifs, agents des terres, etc., p. 65-75. Biogr., p. 83-4. Table dét. des mat., p. [5-6]; pas d'index.
QRS QPC QQA QQLa

RIVIERE DU SUD

CASAULT, FLAVIEN-E. Notes historiques sur la paroisse de Saint-Thomas de Montmagny. Québec, Dussault & Proulx, 1906. 448p. 18 cm. Errata, p. [438]. Hist. des origines à date de publ. Table dét. des mat. ; pas d'index.
QPC QQA QQL QQS QMBN QMBM OOA OOP OOU OTP; LC NN

COUILLARD-DESPRES, AZARIE-E. Histoire des seigneurs de la Rivière du Sud et de leurs alliés canadiens et acadiens [par] l'abbé Azarie Couillard-Després. Saint-Hyacinthe, Impr. de "La Tribune", 1912. xvi, 401, [1] p. ill., fac-sim., portr., plans, cartes. 22 cm.

"Errata", p. 402. Lettre d'approbation de Mgr A.-X. Bernard, p. [xiii]; lettre de Mgr L.-N. Bégin, p. xiv; lettre de Mgr Paul Bruchési, p. xv; lettre de Sir J.-A. Garneau, p. xvi. Plan de Québec en 1660, p. 62; carte de l'Ile-aux-Grues, p. [99]; plan de la seigneurie de la Rivière du Sud dressé par M. de Catalogne en 1705, p. [187]; plan des seigneuries Bernier, Gagnon, Vincelotte et Bélanger, dressé par M. de Catalogne en 1705, p. [195]; plan de la seigneurie de l'Islet-Saint-Jean, par M. de Catalogne en 1709, p. [203];plan reconstitué de Saint-Thomas de Montmagny vers 1790, p. [285]; carte de l'Acadie, vers 1650, p. [373]. Hist. de 1669 à la fin du 19e s. Nombreux doc. Généalogies. Notes bibliogr. en bas de page. Table des blasons, table des signatures, table dét. des mat.; pas d'index.
NBFU QQA QQLa QSherU QMBN QMDB QMBM OOA OOSJ OTP OPAL SSU; LC; BM

SABLE

AUDET, FRANCIS-J. Le comté de Maskinongé (1853-1867). Notes historiques, statistiques et biographiques. Trois-Rivières, Ed. du Bien Public, 1934. 51p. 25 cm. (Pages trifluviennes, série A, no 16). Les paroisses du comté de Maskinongé, p. 13-6; les seigneuries du comté, p. [17]-23; liste des députés du comté et quelques biogr., p. [33-48]. Bibliogr., p. [49] et notes bibliogr. en bas de page. Table dét. des mat., p. [50]-1; pas d'index.
NBSM QQA QQL QQLa QMBN QMBM OOA OOAg; NN

SAINT-ANTOINE DE LA BAIE-DU-FEBVRE

BELLEMARE, JOSEPH-E. Histoire de la Baie Saint-Antoine dite Baie-du-Febvre, 1683-1911; avec annotations de M. B. Sulte ... Montréal, Impr. "La Patrie", 1911. xxii, 664, [2] p. front., ill., pl.h.t., portr., fac-sim., cartes. 23 cm. Errata et addenda. Comprend: partie 1, La paroisse, p. 1-401; partie 2, La seigneurie, p. [403]-71; partie 3, Les institutions; partie 4, Les personnages. Suppl.: Les paroisses rattachées à la Baie-du-Febvre.
OONL QQL QQLa QMBN QMU OTP; LC NN

SAINT-ARMAND

MISSISQUOI COUNTY HISTORICAL SOCIETY. Report of the Missisquoi County Historical Society. With papers & items of local interest ... [S.l., s.éd.] 1906-1913. 5 v.: vol. 1, 61p.; vol. 2, 60p.; vol. 3, 109p.;

vol. 4, 79p.; vol. 5, 109p. ill., pl.h.t., carte. 25 cm. Titre varie. Carte: le Lac Champlain en 1748, signée De Lery, vol. 5, p. 28. Comprend de courtes études hist. sur le comté de Missisquoi et des biogr. Vol. 5: la seigneurie de Missisquoi, p. 29-33; la seigneurie de Foucault, p. 33-43; la seigneurie de Noyan, p. 43-5; la seigneurie de Saint-Armand, p. 48-51; la seigneurie de Lusignon, p. 31. Pas d'index.
QQL QQLa QMBN QMBM OOC OTP OLU; NN

MONTGOMERY, GEORGE H.A. Missisquoi Bay (Philipsburg, Que.). Granby, Granby Printing and Publishing Co., 1950. 132, [2] p. front. (portr.), ill., pl.h.t., portr., fac-sim., plans, cartes. 25 cm. Errata (feuillet page de garde). Plan de la seigneurie de Saint-Armand, p. 32; plan du village de Philipsburg en 1809, p. 47.
QQLa QMBM OOA OOP OTP; NN

SAINT-DENIS-SUR-RICHELIEU

ALLAIRE, JEAN-B.-A. Histoire de la paroisse de Saint-Denis-sur-Richelieu, par l'abbé J.-B.-A. Allaire ... Ouvrage illustré de nombreuses gravures. Saint-Hyacinthe, Imprimerie du "Courrier de Saint-Hyacinthe", 1905. viii, 543p. ill., pl.h.t., portr., plans, cartes. 23 cm. Errata, p. [498]. Carte de Saint-Denis et des environs, p. [24]; plan de la paroisse Saint-Denis, p. [40]; plan du bourg de Saint-Denis, p. [73]; plan du village Saint-Denis, p. [88]. De 1603 à date de publ. Notes bibliogr. en bas de page. Table des gravures, p. [541]-3; table dét. des mat., p. [499-507]; pas d'index.
QRS QPC QQLa QMBM OWA; LC NN; BM

RICHARD, JEAN-B. Saint-Denis-sur-Richelieu, 1900 à 1940 avec notes supplémentaires jusqu'à 1943, par le Dr J.-B. Richard. Préf. de F.-A. Laroche. [St-Hyacinthe] Société d'Histoire régionale de Saint-Hyacinthe [1943] 251p. ill., pl.h.t., plan, carte. 23 cm. Plan de la paroisse Saint-Denis, 1943, p. [8]. Hist. du bourg, du village, de la municipalité et de la paroisse Saint-Denis. Table dét. des mat., p. [249]-51; pas d'index.
QQLa QMU QMG QMBM OOTC OTP

SAINT-ETIENNE

[GRENIER, AIME] Centenaire de Saint-Bernard, Dorchester, 1844-1944 ... [par l'abbé Aimé Grenier] [Saint-Bernard, 1944] 121, [17] p. ill., pl.h.t., portr., plans, cartes. 28 cm. En tête de titre: Brochure

-souvenir. Hist. de la seigneurie de Saint-Etienne de 1730 à 1857. Vie religieuse, municipale et scolaire de Saint-Bernard. Paroisses avoisinantes, p. 4-7. Pas d'index.
QQL OOA

SAINT-HYACINTHE

CHOQUETTE, CHARLES-P. Histoire de la ville de Saint-Hyacinthe, par Mgr C.-P. Choquette ... Saint-Hyacinthe, Richer et Fils, 1930. vii, 551p. front. (portr.), ill., pl.h.t. 23 cm. Hist. religieuse, économique, polit. et sociale de Saint-Hyacinthe des origines à date de publ. Rappel de l'hist. de la seigneurie Yamaska, p. 21-8; de la seigneurie de Saint-Hyacinthe, p. [79]-94. Doc. en append.: les journaux, p. 528-9; liste des maires et des échevins, p. 532-5.
QRS QPC QQL QQLa QMBN QMU QMBM QMDB OOA OOP OOT BVaU; NN

SAINT-JEAN

AUDET, FRANCIS-J. Le comté de Maskinongé (1853-1867). Notes historiques, statistiques et biographiques. Trois-Rivières, Ed. du Bien Public, 1934. 51p. 25 cm. (Pages trifluviennes, série A, no 16). Les paroisses du comté de Maskinongé, p. 13-6; les seigneuries du comté, p. [17]-23; liste des députés du comté et quelques biogr., p. [33-48]. Bibliogr., p. [49] et notes bibliogr. en bas de page. Table dét. des mat., p. [50]-1; pas d'index.
NBSM QQA QQL QQLa QMBN QMBM OOA OOAg; NN

BROSSEAU, JEAN-D. Saint-Jean-de-Québec, origine et développements. Saint-Jean, Le "Richelieu" [1937] 313, [1] p. front. (portr.), ill., portr., carte. 24 cm. Append.: I, Le site de Sainte-Thérèse, p. 259-64; II, Fanny Allen, p. 265-71; III, Journal d'Antoine Foucher (frag.), p. 273-303; IV, Arpentage du terrain de l'église, p. 304-10; V, L'église anglicane de Saint-Jean, p. 311-3. Table dét. des mat.; pas d'index. /1938: réimpr.
QQA QQL QQLa QMBN QMBM OOA OOP OTU OTP /1938: QQA; NN

SAINT-JEAN-PORT-JOLY

OUELLET, GERARD. Ma paroisse, Saint-Jean-Port-Joly. [Québec, s.éd., 1946] xvi, 348, [3] p. front. (portr.), pl.h.t., portr., carte dépl. 23 cm. Carte de la seigneurie Saint-Jean-Port-Joly, p. 176. Bibliogr., p. [347]-8; append.: liste des familles, prêtres, religieuses,

etc., p. [331]-45. Table dét. des mat., p. [349-51]; pas d'index.
QPC QQL QQLa QMBN QMM QMU QMBM OOA OTP BVaU

SAINT-OURS

[COUILLARD-DESPRES, AZARIE-E.] Histoire de la seigneurie de Saint-Ours ... Montréal, Impr. de l'Institution des Sourds-Muets, 1915-17. 2 v. ill., portr., plans. 27 cm. Vol. 1: Les origines de la famille et de la seigneurie, 1330-1785. [7], 345p.; vol. 2: La famille et la paroisse de Saint-Ours, 1785-1916. [9], 473, [1] p. Errata, vol. 2, p. [474]. Plan de la paroisse de Saint-Ours, vol. 2, p. [1]. Notes bibliogr. en bas de page. Append.: vol. 1, remarques sur les notes en bas de page, p. 319-40; vol. 2, liste des instituteurs, religieux, maires, médecins, etc., p. [451]-68. Table dét. des mat., p. [469]-73; pas d'index.
QQA QQLa QQS QSherU QMBN QMU QMBM OOA OOP OOU OKQ OTP OHM OWA SSU AEU BVaU; LC; BM

SAINTE-ANNE

[RHEAULT, LOUIS-S.] Autrefois et aujourd'hui à Sainte-Anne de la Pérade [suivi de] Jubilé sacerdotal de Mgr des Trois-Rivières ... Trois-Rivières, E.S. De Carufel, 1895. 6, 218, 69p. ill., pl.h.t., portr. 22 cm. Hist. de la seigneurie, p. [3]-8 et [14]-8; hist. religieuse, municipale et polit. Sources consultées, p. 5-6. Biogr. des curés, p. 89-102, etc.; biogr. des notables, p. 169-74, etc. Table des ill., p. 69.
QPC QQA QQLa QMBM OOA OOSJ OTP BVaU; LC NN; BM

TERREBONNE

BOISMENU, LEO. Les étapes d'un manoir canadien, le château Masson, par le P. Léo Boismenu ... Terrebonne, Juvénat du T.S. Sacrement, 1924. 58p. front., ill., portr. 25 cm. Portr. de l'hon. Joseph Masson, p. 15. Contribution indirecte à l'hist. de la seigneurie de Terrebonne. Pas d'index.
OONL QQA QQL QMBN QMM QMU QMBM OOP OOSJ OTU; BM

GAREAU, CHARLES-A. Aperçu historique de Terrebonne. 200e anniversaire de fondation et Congrès eucharistique. Terrebonne [s.éd.] 1927. 81, [2] p. front., ill., portr. 24 cm. Biogr. des seigneurs de Terrebonne. Table dét. des mat.; pas d'index.
QQL QQLa QMBN QMM QMU QMBM OOA OTP

TILLY

NOEL DE TILLY, JULIE. Histoire de la seigneurie de Tilly de 1672 jusqu'à l'abolition de la tenure seigneuriale avec notes historiques depuis 1854. Préface du Rév. Père Archange Godbout ... Québec [s. éd.] 1941. 224p. ill. 35 cm. Ouvrage dactylographié. Notes bibliogr. en bas de page. Append. : doc., p. 140-219. Table dét. des mat., p. 220-4; pas d'index.
QQA

TONNANCOUR

DUGRE, ALEXANDRE. La Pointe du Lac, par le R.P. Alexandre Dugré ... Trois-Rivières, Ed. du Bien Public, 1934. [6], 90p. ill., pl. h. t. 24 cm. (Pages trifluviennes, série A, no 15). Hist. religieuse et civile du début de l'établissement à date de publ. Les seigneurs de Pointe du Lac et la seigneurie de Tonnancour, p. [14]-25; liste des curés, p. 39-47. Pas d'index.
QQLa QMBN QMBM OOA OOSJ OSuL; NN

VARENNES

AUDET, FRANCIS-J. Varennes. Notes pour servir à l'histoire de cette seigneurie, par Francis-J. Audet ... Montréal, Editions des Dix, 1943. 7, 38p. 22 cm. Armes des Gaultier de Varennes, p. [6]. Hist. de la paroisse Sainte-Anne de Varennes, de ses curés et desservants des origines à date de publ., p. 28-33. Notes bibliogr. en bas de page. Pas d'index.
QPC QQL QQLa QMBN QMU QMBM OOA OOU OKQ OTU OTP BVaU

BROUILLETTE, BENOIT. Varennes; monographie géographique. [Montréal, 1944] 58p. ill., plans. 24 cm. Plan du village de Varennes, p. 50; plan de la paroisse de Varennes, p. 52. Rappel de la fondation de la seigneurie et des paroisses de Varennes, p. 11-28. Nombreux doc. stat. de la population, de l'état agricole, de l'élevage, des cultures. Notes bibliogr. en bas de page. Pas d'index.
QQLa

VAUDREUIL

ARCHAMBAULT, JEAN-B. Monographie de la paroisse de Sainte-Rosalie, par le chanoine J.-B.-O. Archambault. [St-Hyacinthe] Soc. d'Histoire

régionale de St-Hyacinthe, 1939. 175, [1] p. ill., portr., plan, carte. 23 cm. (Documents maskoutains, no 5). Errata, p. [171]. Hist. religieuse et civile de 1757 à date de publ. Table dét. des mat.; pas d'index.
QQL QQLà QMU QMBM OOA OTP

SEGUIN, ROBERT-L. Etude monographique relative à la paroisse de Saint-Thomas d'Aquin d'Hudson, comté de Vaudreuil. Rigaud de Vaudreuil [s. éd.] 1947. [58f.] ill. 36 cm. Titre bilingue de la page-couverture: 1897-1947 Programme-souvenir des fêtes du cinquantenaire de la fondation de la paroisse Saint-Thomas d'Aquin d'Hudson, les 30, 31 août et 1er sept. 1947/Souvenir Program of the Festival of the 50th anniversary of the foundation of the parish ... the 30th, 31st August and Sept. 1st 1947. Hist. de la paroisse du début à date de publ. La seigneurie de Vaudreuil, p. [9-28]. Bibliogr., p. [55]; biogr., p. [29-39]. Doc.: recensement de 1871, p. [23]; stat. démographiques de 1894, p. [47]; la vie paroissiale, p. [49-54].
QQLa OOA

VINCENNES

ROY, PIERRE-G. La seigneurie du Cap Saint-Claude ou Vincennes. Lévis [s. éd.] 1919. 46p. 25 cm. Hist. de la seigneurie de 1672 à 1856. Liste des censitaires et habitants de la seigneurie, p. 22-7; liste des concessions, p. 28-37. Notes bibliogr. en bas de page. Pas d'index.
QQA QQL QQS QMBM OOSJ

VITRE

ROY, PIERRE-G. A travers l'histoire de Beaumont. Lévis [s. éd.] 1943. [2], 309p. 19 cm. Hist. de la seigneurie de Beaumont, p. [6]-[43]; de la seigneurie de Cap Saint-Claude ou Vincennes, p. [185]-[200]; de la seigneurie de La Livaudière, p. [201]-[18]; de la seigneurie de Vitré ou Montapeine, p. [218]-[21]. Append.: "Statistiques vitales de Beaumont, 1692-1942", p. [294]-[301]. Pas d'index.
NBSM QPC QCSHS QQL QQLa QMBN QMBM OKQ OTP BVaU; NN

CHAPITRE VI

LES DIOCESES

CHICOUTIMI

FRENETTE, FRANCOIS-X. -E. Notices biographiques et notes historiques sur le diocèse de Chicoutimi [par le] chanoine F. -X. -Eug. Frenette. Chicoutimi [s. éd.] 1945. [7], 243p. ill., portr. 23 cm. Errata, p. [4]. Table dét. des mat., p. 243. /1947: Suppl. aux "Notices biographiques et notes historiques" sur le diocèse de Chicoutimi ... [5], 415, 2p. Table des paroisses du diocèse de Chicoutimi, p. [395]-8.
QQA QQL QQLa QMBN QMBM OOA OOP OOSJ OTP BVaU; NN

JOLIETTE

DUGAS, ALPHONSE-C. Joliette. [Valleyfield, s. éd., 1904] 19p. 22 cm. Texte paru d'abord dans la Revue ecclésiastique de Valleyfield de 1904. Bref aperçu hist. sur la fondation de la ville et du diocèse de Joliette. Pas d'index.
QQA QMBN; LC

MONTREAL

ANNUAIRE de Ville-Marie; origine, utilité et progrès des institutions catholiques de Montréal. Première année, 1863 [Première partie, 1863-77] Montréal, Eusèbe Sénécal, 1864. xiv, 440p. 18 cm. "Erreurs et omissions", p. xiv. Hist. des missions du diocèse. "Fondation de Ville-Marie", p. 313-39. Table alphabétique et statistique des mat., p. [423]-39. /1872: Suppl. de l'éd. de 1864. Montréal, C. -O. Beauchemin & Valois. [Au moins 17 livraisons à pag. diverse] Table dét. des mat.; pas d'index.
QQA QQL QMBN OOSJ OLU BVaU; LC; BM

ANNUAIRE de Ville-Marie, suivi de recherches archéologiques et statistiques sur les institutions catholiques du Canada. Montréal, Z. Chapeleau, 1867-1879. 4 v. (404p.): 1867, L. -A. Hugnet-Latour, 128p.; 1871, C. -O. Beauchemin & Valois, [129]-256p.; 1878, J. Chapleau, [257]-379, [5]p.; 1879, J. Chapleau, [384]-404p. 19 cm. "Errata et addenda",

vol. 4, p. 403-4. Vol. 1: Hist. de la paroisse de La Visitation de l'Ile Dupas, p. [1]-55; de la paroisse de Saint-Roch-de-l'Achigan, p. [57] -80; de la paroisse de Saint-Hermas, p. 81-105; de la paroisse de Sainte-Philomène, p. [107]-28. Vol. 2: Hist. de la paroisse de Saint-Eustache, Rivière du Chêne, p. [129]-208; de la paroisse de l'Enfant-Jésus-de-la-Pointe-aux-Trembles, p. [209]-56. Vol. 3: Hist. de la paroisse de Boucherville, p. [257]-379. Vol. 4: Suppl. à l'hist. de la paroisse de Boucherville. Nombreux doc. relatifs à Pierre Boucher, et doc. extraits des registres paroissiaux, p. [385]-402. Table dét. des mat. ; pas d'index.
QQA QQS QMBM

ASSOCIATION DE LA PROPAGATION DE LA FOI, MONTREAL (DIOCESE). Rapport de l'Association de la propagation de la foi, établie à Montréal ... Montréal, C.-P. Leprohon, 1839; Impr. de John Lovell, 1840; Bureau des Mélanges religieux, 1841-52; Des Presses ... de Louis Perrault, 1853-4; Plinguet & Cie, 1859-61; Eusèbe Sénécal, 1862-5; Le Nouveau-Monde, 1871-3. 27 fasc. 20 cm. Devient avec le 28e numéro, de févr. 1874, Annales de la Propagation de la Foi pour le diocèse de Montréal. Chaque fasc., publ. annuellement puis trois fois, puis six fois par an, contient des descr. géogr. des missions, de leur état, de leurs effectifs ... Récit de voyage des missionnaires sur les missions indiennes: Rivière de l'Ottawa, Lac Témiscaming, Missions du Nord-Ouest, Lac d'Abbitibbi, Lac Caribou, Mingan, Baie d'Hudson; état des missions des Cantons de l'Est, etc. Pas d'index.
QQL QQS

BORTHWICK, JOHN D. History of the diocese of Montreal, 1850-1910, by Rev. J. Douglas Borthwick ... Montreal, J. Lovell & Son, 1910. vi, [1], 230p. front., pl.h.t., portr. 23 cm. "A limited first edition". (Voir notes après p. 230). Erreur dans la pag. : la p. vi apparaît deux fois. Couvre tout le diocèse anglican de Montréal et traite part. de l'hist. religieuse des Cantons de l'Est. Biogr. des membres du clergé.
NSHPL QQS QMBN QMBM OOA OOP OKQ OTU OTP OTY OLU BVaU; LC

CENTENAIRE du diocèse de Montréal, 1836-1936. [Montréal, Thérien Frères, 1936] [6], 205, [3] p. ill., portr., fac-sim. 26 cm. Hist. des origines de Montréal, p. 21-49. Le diocèse de Montréal en 1836, en 1936, par Léon Pouliot, p. 77-86. Notes bibliogr. en bas de page. Table des mat., p. 205; pas d'index.
QQA QQL QQLa QMBN QMU QMBM

MONTREAL (QUE.). DIOCESE. Le diocèse de Montréal à la fin du dix-neuvième siècle. Avec portraits du clergé. Hélio-gravures et notices historiques de toutes les églises et presbytères, institutions d'éducation et de charité. ... Montréal, Eusèbe Sénécal, 1900. xvi, 800p. ill., portr. 24 cm. Gaspard Dauth & Joseph A.S. Perron, éd. et comp. (cf. Préf.). Préf. de Raphaël Bellemare. Biogr. des membres du clergé et des officiers de sociétés. Table des mat. analytique par paroisses, communautés, maisons d'éducation, institutions de charité; pas d'index. QQA QQL QMBN QMBM OOP OONG OOSJ; BM

POULIOT, LEON. Le diocèse de Montréal en 1836 - en 1936, voir: Centenaire du diocèse de Montréal.

VIGER, JACQUES. Archéologie religieuse du diocèse de Montréal, 1850, par J. Viger ... Montréal, Lovell et Gibson, 1850. 36p. 20 cm. Brèves notes hist. sur les paroisses et missions suivantes: Saint-Cyprien, Saint-Placide, Sainte-Scholastique, Notre-Dame-des-Anges, Sainte-Marie Magdelaine, Chambly, Saint-André, Saint-Edouard, Rouville, Sainte-Mélanie, Saint-Gabriel de Brandon, Saint-Mathias, Saint-Vincent de Paul, Saint-Cuthbert. Notes bibliogr. en bas de page. Pas d'index. QQA QQL QMBN

QUEBEC

ASSOCIATION DE LA PROPAGATION DE LA FOI. Rapport sur les missions du diocèse de Québec, qui sont secourues par l'Association de la propagation de la foi. Janvier 1839, no 1-mai 1874, no 21. Québec, Fréchette & Cie, 1839-42; J.-B. Fréchette, 1843-5; Fréchette et Frère, 1847; A. Côté et Cie, 1849-55; J.-T. Brousseau, 1857-61; Léger Brousseau, 1863-8; P.-G. Delisle, 1870-4. 21 fasc. cartes. 20 cm. Légère variante dans le titre des relations 1 et 4: Notice sur les missions ... Tabl.: "Echelle chronologique et historique de la religion", vol. 5, p. 136. Chaque relation contient également un tabl. des recettes et des dépenses de l'Association. Traite des missions sous la juridiction ecclésiastique du diocèse de Québec pour les années 1836 à 1874 qui furent: Missions du Saint-Maurice, du Lac Témiscaming, de la Grosse-Ile, de Sherbrooke, de Drummondville, d'Halifax, de Leeds, d'Inverness, de Frampton, du Lac Beauport et de Stoneham, de Laval, de Valcartier, du Lac Abbitibbi, de Blandford, du Saguenay, de Kennebec, de Labrador, de Gaspé, des Cantons de l'Est, du Lac Saint-Jean, de Saint-Pierre de Broughton, de Tadoussac, de Chicoutimi, de Cascapédiac, de Nataskouan, de Saint-Jérôme, des Escoumins, de Sainte-Anne de Portneuf, de Saint-Ubald, d'Anticosti, de la Pointe aux

Esquimaux, de Matapédia, etc., et d'autres localités du Canada et des Etats-Unis. Pas d'index.
QQL QQS

[CHAUVEAU, PIERRE-J.-O.] Le deuxième centenaire de l'érection du diocèse de Québec. Québec, Blumhart & Cie, 1874. lvi, 251, ivp. 20 cm. Doc. relatifs à l'organisation des fêtes du bicentenaire: mandements, lettre pastorale, correspondance des évêques. Biogr. de l'archevêque, des évêques et des prélats des diocèses formant l'ancien diocèse de Québec. Notes bibliogr. en bas de page. Table dét. des mat., p. i-iv; pas d'index.
QQLa QMBN QMU QMBM OOA OOSJ OOSU OTP BVaU BViP

HAWKINS, ERNEST. Annals of the diocese of Quebec, by Ernest Hawkins ... London, Society for promoting Christian knowledge, 1849. xiv, 335p. ill., carte dépl. 17 cm. De Jacques Cartier à date de publ. Hist. religieuse du protestantisme et du catholicisme. Notes bibliogr. en bas de page.
QQA; BM

SAINT-HYACINTHE

CHOQUETTE, CHARLES-P. Histoire de la ville de Saint-Hyacinthe, par Mgr C.-P. Choquette ... Saint-Hyacinthe, Richer et Fils, 1930. vii, 551p. front. (portr.), ill., pl.h.t. 23 cm. Hist. religieuse, économique, polit. et sociale de Saint-Hyacinthe des origines à date de publ.; rappel de l'hist. de la seigneurie Yamaska, p. 21-8; de la seigneurie de Saint-Hyacinthe, p. [79]-94. Doc. en append.: les journaux, p. 528-9; liste des maires et des échevins, p. 532-5.
QRS QPC QQL QQLa QMBN QMU QMBM QMDB OOA OOP OTT BVaU; NN

SHERBROOKE

[NOTES HISTORIQUES sur les paroisses du diocèse de Sherbrooke parues dans l'Annuaire du Collège de Sherbrooke] [Sherbrooke, 1949] Pag. var. 21 cm. Recueil de différentes études parues dans l'Annuaire et relié en un vol. factice. Comprend des notes hist. - généralement des origines à date de publ. - de paroisses du diocèse de Sherbrooke, notamment Saint-Michel de Sherbrooke, Saint-Philémon de Stoke, Saint-Hippolyte de Wotton, Saint-Janvier de Weedon et Saint-Pierre de la Patrie.
QQLa

VALLEYFIELD

ERECTION du diocèse de Valleyfield. Consécration de son premier évêque, Monseigneur J.-M. Emard, 9 juin 1892. Montréal, Arbour & Laperle, 1892. viii, 176p. tabl. 21 cm. Hist. de la ville et de la paroisse de Valleyfield de 1849 à 1892, p. 26-42. Notes bibliogr. en bas de page. Table dét. des mat. ; pas d'index.
QMBM

CHAPITRE VII

PAROISSES ET MISSIONS

Parallèlement à la monographie de cité ou de ville, la monographie de paroisse constitue le genre le plus cultivé par les historiens de la petite histoire.

Afin d'utiliser au maximum ce chapitre, le lecteur se gardera d'oublier que l'histoire d'une paroisse est souvent et à la fois l'histoire de la municipalité qui, parfois, se confond avec elle. Nous n'avons cependant pas cru utile de toujours multiplier les fiches en raison de l'approche strictement religieuse de bon nombre de monographies de paroisse. Nous avons fait des entrées à la paroisse et à la municipalité chaque fois que l'attention portée à l'une ou à l'autre nous a paru le justifier.

Comme corollaire et comme complément on trouvera ici les études consacrées aux missions. La plupart de celles que nous citons, le lecteur s'en rendra vite compte, sont extraites d'ouvrages généraux publiés par des sociétés ou les associations de propagation de la foi.

ABENAKIS (mission)

McALEER, GEORGE. A study in the etymology of the Indian place named Missisquoi ... Worcester, Mass., 1906. 6, 102, 2p. cartes, plans. 23 cm. "Living authorities consulted", p. [103]. Origines du toponyme Missisquoi ainsi que notes hist. sur la région. Bibliogr., p. 101-2. Pas d'index. /1910: The etymology of Missisquoi - Addenda. 3, 39p. fac-sim.
<u>QQLa</u>

BERGERONNES

TREMBLAY, VICTOR. Bon-Désir, par l'abbé Victor Tremblay. Présenté par la Société historique des Bergeronnes, 1944. [Chicoutimi, La Société historique du Saguenay, 1944] 32p. 21 cm. (Publications de la Société historique du Saguenay, no 7). En tête de titre: Un coin de la paroisse des Bergeronnes. Hist. des débuts à date de publ. Pas d'index.
QPC <u>QCSHS</u> <u>QQLa</u> QMBN QMBM OTP

BIC

MICHAUD, JOSEPH-D. Le Bic, les étapes d'une paroisse [par l'] abbé Joseph-D. Michaud. Québec, Ernest Tremblay, 1925; L'Action Sociale, 1926. 2 v. : vol. 1, [9], 328p. incl. ill., pl. h. t. ; vol. 2, [7], 250p. front., ill., pl. h. t. 23 cm. Première partie: Au temps des découvertes et sous la tenure seigneuriale; deuxième partie: Un siècle de vie paroissiale. Errata du premier vol., vol. 2, p. [249]-50. Généalogie, p. 225-8, 233-5 et 246. Table dét. des mat., vol. 1, p. [323]-8; vol. 2, p. [241]-7; pas d'index.
QRS QPC QQL QQLa QQS QMBN QMM QMU QMBM OOA OOSJ OTP; LC NN; BM

BLANDFORD (mission)

ASSOCIATION DE LA PROPAGATION DE LA FOI. Rapport sur les missions du diocèse de Québec, qui sont secourues par l'Association de la propagation de la foi. Janvier 1839, no 1-mai 1874, no 21. Québec, Fréchette & Cie, 1839-42; J.-B. Fréchette, 1843-5; Fréchette et Frère, 1847; A. Côté et Cie, 1849-55; J.-T. Brousseau, 1857-61; Léger Brousseau, 1863-8; P.-G. Delisle, 1870-4. 21 fasc. cartes. 20 cm. Légère variante dans le titre des relations 1 et 4: Notice sur les missions ... Tabl. : "Echelle chronologique et historique de la religion", vol. 5, p. 136. Chaque relation contient également un tabl. des recettes et des dépenses de l'Association. Traite des missions sous la juridiction ecclésiastique du diocèse de Québec pour les années 1836 à 1874 qui furent: Missions du Saint-Maurice, du Lac Témiscaming, de la Grosse-Ile, de Sherbrooke, de Drummondville, d'Halifax, de Leeds, d'Inverness, de Frampton, du Lac Beauport et de Stoneham, de Laval, de Valcartier, du Lac Abbitibbi, de Blandford, du Saguenay, de Kennebec, de Labrador, de Gaspé, des Cantons de l'Est, du Lac Saint-Jean, de Saint-Pierre de Broughton, de Tadoussac, de Chicoutimi, de Cascapédiac, de Nataskouan, de Saint-Jérôme, des Escoumins, de Sainte-Anne de Portneuf, de Saint-Ubald, d'Anticosti, de la Pointe aux Esquimaux, de Matapédia, etc., et d'autres localités du Canada et des Etats-Unis. Pas d'index.
QQL QQS

CAP-ROUGE

FAIRCHILD, GEORGE-M. From my Quebec Scrap-Book [par] G.-M. Fairchild ... Quebec, F. Carrell, 1907. [8], 316, [10] p. front., portr., pl. h. t. 23 cm. Petits tabl. sur la vie intellectuelle et artistique de Québec. Notes hist. sur Cap-Rouge, p. [67]-77; la vie à

Québec au début du 20e s. Table dét. des mat., p. [7-8]; pas d'index.
QQA QQL QQLa QSherU QMBN OOA OOP OKQ OTV OTP OTTC OL OLU AEU BVaU; NN

SULTE, BENJAMIN. Mélanges historiques. Etudes éparses et inédites. Compilées, annotées et publiées par Gérard Malchelosse. Montréal, G. Ducharme; Edouard Garand, 1919-1933. 21 v. ill., pl.h.t., plans, cartes. 24 cm. Vol. 1, 162p., front.; vol. 2, 156p.; vol. 3, 148p.; vol. 4, 103p., front., ill., portr.; vol. 5, 126p.; vol. 6, 216p., ill., pl.h.t., plans; vol. 7, 163p.; vol. 8, 144p.; vol. 9, 74p., ill., pl.h.t., plans; vol. 10, 160p., plan; vol. 11, 98p., front., ill.; vol. 12, 109p.; vol. 13, 96p.; vol. 14, 96p.; vol. 15, 130p.; vol. 16, 96p.; vol. 17, 130p.; vol. 18, 96p., plan; vol. 19, 96p., plan; vol. 20, 96p.; vol. 21, 96p. Contient divers articles sur la petite hist. locale et régionale du Québec. Vol. 1: "Québec en 1629-31", p. 27-36; "Beauport vs Québec", p. 37-43; vol. 2: Trois-Rivières, p. 73-83; vol. 3: "Trois-Rivières, p. 93-113; "Cap-Rouge", p. 123-33; vol. 5: "Verdun", p. 52-7; vol. 6: Les forges du Saint-Maurice, p. [9]-195; vol. 9: Le fort de Chambly, p. [7]-58; vol. 10: "Rivière-du-Loup (en haut)", p. [5]-65; Lachine, p. [66]-92; "L'Ile à la Fourche (Nicolet)", p. [93]-106; "Le Château Bigot", p. 107-17; vol. 16: L'Acadie française, p. [11]-90; vol. 18: Trois-Rivières d'autrefois, Première série, p. [5]-90; vol. 19: Trois-Rivières d'autrefois, Deuxième série, p. [7]-89; vol. 20: Trois-Rivières d'autrefois, Troisième série, p. [5]-91; vol. 21: Trois-Rivières d'autrefois, Quatrième série, p. [7]-90. Notes bibliogr. en bas de page. Table des mat. et index à la fin de chaque vol.
QQL QQLa QMBN QMBM OOA OOLU OOSJ OOCC OKR OTP; LC

CAP-SANTE

GATIEN, FELIX-X. Histoire de la paroisse du Cap-Santé, par l'abbé F.-X. Gatien. Québec, Léger Brousseau, 1884. [5], 376, [4] p. 15 cm. "Avertissement" de l'abbé Henri-Raymond Casgrain, p. [5]-13. Hist. de la paroisse depuis ses origines jusqu'à 1830. Publ. d'abord dans le Courrier du Canada. Longtemps manuscrit, cet ouvrage avait été écrit en 1830 par l'abbé Gatien et s'intitulait Mémoires sur la paroisse de Cap-Santé. La seigneurie de Portneuf, p. 366-76. Recensement, p. 363-5. Table dét. des mat.; pas d'index. /1899: Histoire du Cap-Santé depuis la fondation de cette paroisse jusqu'à 1830 ... continuée depuis 1830 jusqu'à 1887 par David Gosselin. Québec, Imprimerie Franciscaine Missionnaire. 6, 288p. front. (carte), ill., portr. 23 cm. Avant-propos de David Gosselin, p. 3-6. Table dét. des mat.; pas d'index.

1884: QQL QQLa QQS QMBN QMU QMBM OOA OOU OTP MWB; NN; BM
/1899: QQL QQLa QMBN QMU OOA OTP

GATIEN, FELIX-X. Mémoires sur la paroisse de Cap-Santé, voir: Histoire de la paroisse du Cap-Santé.

CAP TOURMENTE

TRUDELLE, CHARLES. Trois souvenirs. Québec, Léger Brousseau, 1878. 173p. 17 cm. Quelques notes hist., des origines à date de publ., sur les Bois-Francs, p. 5-74; la Baie Saint-Paul, p. 81-152; le Cap Tourmente, p. 155-72. Table dét. des mat.; pas d'index.
QRS QPC QQA QMBN OOA OTP; NN

CASCAPEDIAC (mission)

ASSOCIATION DE LA PROPAGATION DE LA FOI. Rapport sur les missions du diocèse de Québec, qui sont secourues par l'Association de la propagation de la foi. Janvier 1839, no 1-mai 1874, no 21. Québec, Fréchette et Cie, 1839-42; J.-B. Fréchette, 1843-5; Fréchette et Frère, 1847; A. Côté et Cie, 1849-55; J.-T. Brousseau, 1857-61; Léger Brousseau, 1863-8; P.-G. Delisle, 1870-4. 21 fasc. cartes. 20 cm. Légère variante dans le titre des relations 1 et 4: Notice sur les missions ... Tabl.: "Echelle chronologique et historique de la religion", vol. 5, p. 136. Chaque relation contient également un tabl. des recettes et des dépenses de l'Association. Traite des missions sous la juridiction ecclésiastique du diocèse de Québec pour les années 1836 à 1874 qui furent: Missions du Saint-Maurice, du Lac Témiscaming, de la Grosse-Ile, de Sherbrooke, de Drummondville, d'Halifax, de Leeds, d'Inverness, de Frampton, du Lac Beauport et de Stoneham, de Laval, de Valcartier, du Lac Abbitibbi, de Blandford, du Saguenay, de Kennebec, de Labrador, de Gaspé, des Cantons de l'Est, du Lac Saint-Jean, de Saint-Pierre de Broughton, de Tadoussac, de Chicoutimi, de Cascapédiac, de Nataskouan, de Saint-Jérôme, des Escoumins, de Sainte-Anne de Portneuf, de Saint-Ubald, d'Anticosti, de la Pointe aux Esquimaux, de Matapédia, etc., et d'autres localités du Canada et des Etats-Unis. Pas d'index.
QQL QQS

CHAMBLY-CANTON

AUCLAIRE, ARMAND. Programme-souvenir 1849-1949 Chambly-Canton, 3-4-5 septembre. [Chambly, 1949] [4], 111, [85] p. ill., portr.,

fac-sim., plans. 26 cm. Texte français et anglais en certaines parties de la brochure. Plan de la bataille de Châteauguay, p. [3]; plan de Chaussegros de Lery pour l'érection d'une ville à Chambly (1721), p. iii; plan militaire de Chambly (1850). Hist. du fort de Chambly, de sa construction à 1856; hist. du canton, du village et de la paroisse de Chambly. Pas d'index.
QQLa QQS

CHAMPLAIN

[CLOUTIER, JEAN-J.-P.] Histoire de la paroisse de Champlain. Trois-Rivières, Impr. "Le Bien Public", 1915-1917. 2 v.: vol. 1, [6], v, 521p.; vol. 2, [4], 672p. ill., fac-sim., pl.h.t., portr. 22 cm. Vol. 1: lettre de Mgr F.-X. Cloutier à l'auteur, p. i-v; lettre de l'auteur à ses paroissiens, p. 3-5; préf. avec poèmes de B. Sulte, p. 7-15; conclusion de B. Sulte; vol. 2: introd. de B. Sulte, p. 3-8; notes bibliogr. en bas de page. Chaque vol. contient un index préparé par B. Sulte.
QRS QPC QQA QQLa QQS; LC NN; BM

HAMELIN, EDDIE. La paroisse de Champlain. Trois-Rivières, Ed. du Bien Public, 1933. 79, [1] p. fac-sim., carte. 25 cm. (Pages trifluviennes, série A, no 7). Quelques doc. hist. concernant toutes les périodes de l'hist. de Champlain. Table dét. des mat.; pas d'index.
QQLa QMBN QMU QMBM OOA OOSJ; NN

SULTE, BENJAMIN. Histoire de la paroisse de Champlain, voir: [Cloutier, Jean-J.-P.]

CHARETTE

PICOTTE, JOSEPH-H.-D. Civisme paroissial. Une paroisse qui se débrouille. Québec, Belisle [1948?] [17], 279p. 19 cm. Préf. de Louis-A. Belisle. Publ. de 1945 à 1947 comme bulletins paroissiaux. Traite de tous les aspects de la vie religieuse, civile et économique de la paroisse des origines à date de publ. Table dét. des mat.; pas d'index.
QPC QQL QQLa QMBM OOA

CHARLESBOURG

TRUDELLE, CHARLES. Paroisse de Charlesbourg, par l'abbé Charles Trudelle ... Québec, Côté, 1887. xxii, 326p. 17 cm. Des origines

à date de publ. Append. : Origine des familles de Charlesbourg, inventaire de 1686, recensement de 1666, liste des prêtres et marguilliers. Table dét. des mat. ; pas d'index.
QRS QPC QQA QQS QMBN OOA OOU OTP; BM

CHRIST-ROI (Joliette)

BULLETIN paroissial, édition publiée à l'occasion du centenaire de Saint-Charles Borromée, et préparée en collaboration. [Joliette, L'Action populaire, 1943] 157, [3] p. ill. 24 cm. Titre de la page-couverture: Bulletin paroissial, 31e année, nos 10-11, oct. -nov. 1943: Edition du centenaire de Saint-Charles Borromée. Hist. religieuse de la paroisse de 1843 à 1943. Rappel de la fondation des paroisses Saint-Pierre et Christ-Roi, p. 97-9; hist. des communautés religieuses & leurs oeuvres, p. 100-56. Nombreux doc. stat. : biogr. des prêtres & curés, p. [27] -46; liste des prêtres et religieux, p. [47]-54. Table dét. des mat., p. [159-60]; pas d'index.
QQLa

CONTRECOEUR

AUDET, FRANCIS-J. Contrecoeur. Famille, seigneurie, paroisse, village, par François-J. Audet ... Montréal, G. Ducharme, 1940. 276p. front., ill., portr., plan, carte. 23 cm. Hist. de la seigneurie de Contrecoeur, p. [11]-77; hist. polit., p. [153]-201; hist. militaire, industrielle et commerciale, p. [203]-31. Liste des maires, conseillers et secrétaires-trésoriers de Contrecoeur; liste des présidents et secrétaires-trésoriers de la municipalité scolaire. Notes bibliogr. en bas de page. Table des ill., p. [275]-6.
QPC QQL QQLa QMBN QMM QMU QMBM OOA OOP OOU OKQ OTU OTP OLU BVaU; LC NN

DRUMMONDVILLE, ESCOUMINS, FRAMPTON et GASPE (missions)

ASSOCIATION DE LA PROPAGATION DE LA FOI. Rapport sur les missions du diocèse de Québec, qui sont secourues par l'Association de la propagation de la foi. Janvier 1839, no 1-mai 1874, no 21. Québec, Fréchette & Cie, 1839-42; J.-B. Fréchette, 1843-5; Fréchette et Frère, 1847; A. Côté et Cie, 1849-55; J.-T. Brousseau, 1857-61; Léger Brousseau, 1863-8; P.-G. Delisle, 1870-4. 21 fasc. cartes. 20 cm. Légère variante dans le titre des relations 1 et 4: Notice sur les missions ... Tabl. : "Echelle chronologique et historique de la religion", vol. 5, p. 136. Chaque

relation contient également un tabl. des recettes et des dépenses de l'Association. Traite des missions sous la juridiction ecclésiastique du diocèse de Québec pour les années 1836 à 1874 qui furent: Missions du Saint-Maurice, du Lac Témiscaming, de la Grosse-Ile, de Sherbrooke, de Drummondville, d'Halifax, de Leeds, d'Inverness, de Frampton, du Lac Beauport et de Stoneham, de Laval, de Valcartier, du Lac Abbitibbi, de Blandford, du Saguenay, de Kennebec, de Labrador, de Gaspé, des Cantons de l'Est, du Lac Saint-Jean, de Saint-Pierre de Broughton, de Tadoussac, de Chicoutimi, de Cascapédiac, de Nataskouan, de Saint-Jérôme, des Escoumins, de Sainte-Anne de Portneuf, de Saint-Ubald, d'Anticosti, de la Pointe aux Esquimaux, de Matapédia, etc., et d'autres localités du Canada et des Etats-Unis. Pas d'index.
QQL QQS

GENTILLY

DUBOIS, LUCIEN. Histoire de la paroisse de Gentilly ... [S. l., s. éd.] 1935. [9], 286p. ill., portr. 23 cm. Des origines à date de publ.: hist. de la seigneurie de Gentilly, p. [13]-60; hist. de la paroisse, p. 60-203; généalogie, p. 227-65. Recensements de 1667 à nos jours, p. [66]-71. Table dét. des mat.; pas d'index.
OONL QPC QQL QQLa QMBN QMU QMBM OOA OOP; NN

GRANDE LIGNE (mission)

LAFLEUR, THEODORE. Historical sketch of the Grande Ligne Mission ... by Rev. Theodore Lafleur. Montreal, Printed by D. Bentley & Co. [1886] [3], 60, [1] p. ill., pl.h.t. 22 cm. Hist. de la mission protestante de Grande Ligne de 1834 à date de publ. Pas d'index.
QQLa

GROSSE-ILE, HALIFAX et INVERNESS (missions)

ASSOCIATION DE LA PROPAGATION DE LA FOI. Rapport sur les missions du diocèse de Québec, qui sont secourues par l'Association de la propagation de la foi. Janvier 1839, no 1-mai 1874, no 21. Québec, Fréchette & Cie, 1839-42; J.-B. Fréchette, 1843-5; Fréchette et Frère, 1847; A. Côté et Cie, 1849-55; J.-T. Brousseau, 1857-61; Léger Brousseau, 1863-8; P.-G. Delisle, 1870-4. 21 fasc. cartes. 20 cm. Légère variante dans le titre des relations 1 et 4: Notice sur les missions ... Tabl.: "Echelle chronologique et historique de la religion", vol. 5, p. 136. Chaque relation contient également un tabl. des recettes et des dépenses de

l'Association. Traite des missions sous la juridiction ecclésiastique du diocèse de Québec pour les années 1836 à 1874 qui furent: Missions du Saint-Maurice, du Lac Témiscaming, de la Grosse-Ile, de Sherbrooke, de Drummondville, d'Halifax, de Leeds, d'Inverness, de Frampton, du Lac Beauport et de Stoneham, de Laval, de Valcartier, du Lac Abbitibbi, de Blandford, du Saguenay, de Kennebec, de Labrador, de Gaspé, des Cantons de l'Est, du Lac Saint-Jean, de Saint-Pierre de Broughton, de Tadoussac, de Chicoutimi, de Cascapédiac, de Nataskouan, de Saint-Jérôme, des Escoumins, de Sainte-Anne de Portneuf, de Saint-Ubald, d'Anticosti, de la Pointe aux Esquimaux, de Matapédia, etc., et d'autres localités du Canada et des Etats-Unis. Pas d'index.
QQL QQS

JESUS-MARIE-JOSEPH DE BOUCHERVILLE

ANNUAIRE de Ville-Marie, suivi de recherches archéologiques et statistiques sur les institutions catholiques du Canada. Montréal, Z. Chapeleau, 1867-1879. 4 v. (404p.): 1867, L.-A. Hugnet-Latour, 128p.; 1871, C.-O. Beauchemin & Valois, [129]-256p.; 1878, J. Chapleau, [257]-379, [5] p.; 1879, J. Chapleau, [384]-404p. 19 cm. "Errata et addenda", vol. 4, p. 403-4. Vol. 1: Hist. de la paroisse de La Visitation de l'Ile Dupas, p. [1]-55; de la paroisse de Saint-Roch-de-l'Achigan, p. [57]-80; de la paroisse de Saint-Hermas, p. 81-105; de la paroisse de Sainte-Philomène, p. [107]-28. Vol. 2: Hist. de la paroisse de Saint-Eustache, Rivière du Chêne, p. [129]-208; de la paroisse de l'Enfant-Jésus-de-la-Pointe-aux-Trembles, p. [209]-56. Vol. 3: Hist. de la paroisse de Boucherville, p. [257]-379. Vol. 4: Suppl. à l'hist. de la paroisse de Boucherville. Nombreux doc. relatifs à Pierre Boucher, et doc. extraits des registres paroissiaux, p. [385]-402. Table dét. des mat.; pas d'index.
QQA QQS QMBM

KENNEBEC (mission)

ASSOCIATION DE LA PROPAGATION DE LA FOI. Rapport sur les missions du diocèse de Québec, qui sont secourues par l'Association de la propagation de la foi. Janvier 1839, no 1-mai 1874, no 21. Québec, Fréchette & Cie, 1839-42; J.-B. Fréchette, 1843-5; Fréchette et Frère, 1847; A. Côté et Cie, 1849-55; J.-T. Brousseau, 1857-61; Léger Brousseau, 1863-8; P.-G. Delisle, 1870-4. 21 fasc. cartes. 20 cm. Légère variante dans le titre des relations 1 et 4: Notice sur les missions ... Tabl.: "Echelle chronologique et historique de la religion", vol. 5, p. 136. Chaque

relation contient également un tabl. des recettes et des dépenses de l'Association. Traite des missions sous la juridiction ecclésiastique du diocèse de Québec pour les années 1836 à 1874 qui furent: Missions du Saint-Maurice, du Lac Témiscaming, de la Grosse-Ile, de Sherbrooke, de Drummondville, d'Halifax, de Leeds, d'Inverness, de Frampton, du Lac Beauport et de Stoneham, de Laval, de Valcartier, du Lac Abbitibbi, de Blandford, du Saguenay, de Kennebec, de Labrador, de Gaspé, des Cantons de l'Est, du Lac Saint-Jean, de Saint-Pierre de Broughton, de Tadoussac, de Chicoutimi, de Cascapédiac, de Nataskouan, de Saint-Jérôme, des Escoumins, de Sainte-Anne de Portneuf, de Saint-Ubald, d'Anticosti, de la Pointe aux Esquimaux, de Matapédia, etc., et d'autres localités du Canada et des Etats-Unis. Pas d'index.
QQL QQS

L'ACADIE, voir: Sainte-Marguerite de Blairfindie.

L'ANGE-GARDIEN

CASGRAIN, RENE-E. Histoire de la paroisse de l'Ange-Gardien, par l'abbé René-E. Casgrain ... Québec, Dussault & Proulx, 1902. [6], 374p. front. 19 cm. Hist. depuis 1633 à la fin du 19e s. Append.: liste des familles, population, marguilliers, etc., p. [327]-66. Table dét. des mat.; pas d'index.
QRS QQL QQLa QQS QMBN QMM QMU QMBM OOA OOP OONG OOU OOSJ OTP OTY OWA BVaU; LC

L'ASSOMPTION

[MARTEL, J.-Z.] Guide de l'Assomption contenant les renseignements nécessaires aux gens de Montréal et d'ailleurs, qui veulent aller passer la saison d'été à la campagne ... [L'Assomption, mai 1883] [5], 39, [11] p. ill. 17 cm. Plan du village de L'Assomption (feuillet dépl.). Survol de l'hist. de L'Assomption, p. 9-21; vie économique et industrielle. Pas d'index.
QMBN QMBM

L'ENFANT-JESUS-DE-LA-POINTE-AUX-TREMBLES

ANNUAIRE de Ville-Marie, suivi de recherches archéologiques et statistiques sur les institutions catholiques du Canada. Montréal, Z. Chapeleau, 1867-1879. 4 v. (404p.): 1867, L.-A. Hugnet-Latour, 128p.; 1871, C.-O. Beauchemin & Valois, [129]-256p.; 1878, J. Chapleau, [257]-379,

[5] p.; 1879, J. Chapleau, [384]-404p. 19 cm. "Errata et addenda", vol. 4, p. 403-4. Vol. 1: Hist. de la paroisse de La Visitation de l'Ile Dupas, p. [1]-55; de la paroisse de Saint-Roch-de-l'Achigan, p. [57]-80; de la paroisse de Saint-Hermas, p. 81-105; de la paroisse de Sainte-Philomène, p. [107]-28. Vol. 2: Hist. de la paroisse de Saint-Eustache, Rivière du Chêne, p. [129]-208; de la paroisse de l'Enfant-Jésus-de-la-Pointe-aux-Trembles, p. [209]-56. Vol. 3: Hist. de la paroisse de Boucherville, p. [257]-379. Vol. 4: Suppl. à l'hist. de la paroisse de Boucherville. Nombreux doc. relatifs à Pierre Boucher, et doc. extraits des registres paroissiaux, p. [385]-402. Table dét. des mat.; pas d'index.
QQA QQS QMBM

POINTE-AUX-TREMBLES. Programme-souvenir ... 225e anniversaire de la construction de l'église actuelle, 255e anniversaire de la fondation de la paroisse, 1er juillet 1930. [S.l., s.éd., s.d.] 48p. ill. 22 cm. Bref rappel hist. de la fondation de Pointe-aux-Trembles, p. 3; Rivière-des-Prairies, p. 12; Longue-Pointe, p. 15; Saint-Léonard, p. 19, etc. Pas d'index.
QQA

L'IMMACULEE CONCEPTION

DUGRE, ADELARD. La paroisse au Canada français. Première partie: Le rôle de la paroisse. Deuxième partie: Une paroisse de ville au Canada: L'Immaculée-Conception, Montréal. Montréal, L'Action populaire, 1929. 58p. 20 cm. (L'Ecole sociale populaire, nos 183-4). Hist. de la paroisse et de ses institutions religieuses et sociales depuis 1883 jusqu'à date de publ. Pas d'index.
QQA QQL QQLa QMBN QMM QMU QMBM

LA PRESENTATION

GIROUARD, DESIRE H. Les anciennes côtes du Lac Saint-Louis, avec un tableau complet des anciens et nouveaux propriétaires. Montréal, Poirier, Bessette et Co., 1892. 71p. 21 cm. Brèves notes hist. sur la fondation et la colonisation de La Présentation, p. [5]-7, Lachine, p. 7-8, 25-6, Dorval, p. 9, Beaurepaire, p. 9-10, Pointe-Claire, p. 10-1, 15, Sainte-Anne, p. 16. En append.: "Tableau des anciens et nouveaux propriétaires des côtes du Lac Saint-Louis, d'après le terrier ...", p. 34-47; "Liste des premiers habitants du Lac Saint-Louis/List of the first inhabitants of Lake St. Louis", p. 49-50; "Relevé des registres de Lachine .../Statement

from the registers of Lachine . . . ", p. [51]; "Traiteurs et voyageurs au pays d'en haut . . ./Fur traders and voyageurs . . . ", p. [53]-5; "Voyageurs sous le Régime britannique/Voyageurs under the British Crown", p. [59]-71. Table dét. des mat.; pas d'index. /Comprend une partie anglaise intitulée: The old settlement of Lake St. Louis with a list of the old and new proprietors. 37p.
QQA QQLa QMBN OOU BVi; NN

LA VISITATION DE L'ILE DUPAS

ANNUAIRE de Ville-Marie, suivi de recherches archéologiques et statistiques sur les institutions catholiques du Canada. Montréal, Z. Chapeleau, 1867-1879. 4 v. (404p.): 1867, L.-A. Hugnet-Latour, 128p.; 1871, C.-O. Beauchemin & Valois, [129]-256p.; 1878, J. Chapleau, [257]-379, [5] p.; 1879, J. Chapleau, [384]-404p. 19 cm. "Errata et addenda", vol. 4, p. 403-4. Vol. 1: Hist. de la paroisse de La Visitation de l'Ile Dupas, p. [1]-55; de la paroisse de Saint-Roch-de-l'Achigan, p. [57]-80; de la paroisse de Saint-Hermas, p. 81-105; de la paroisse de Sainte-Philomène, p. [107]-28. Vol. 2: Hist. de la paroisse de Saint-Eustache, Rivière du Chêne, p. [129]-208; de la paroisse de l'Enfant-Jésus-de-la-Pointe-aux-Trembles, p. [209]-56. Vol. 3: Hist. de la paroisse de Boucherville, p. [257]-379. Vol. 4: Suppl. à l'hist. de la paroisse de Boucherville. Nombreux doc. relatifs à Pierre Boucher, et doc. extraits des registres paroissiaux, p. [385]-402. Table dét. des mat.; pas d'index.
QQA QQS QMBM

LABRADOR, LAC ABBITIBBI, LAC BEAUPORT, LAC SAINT-JEAN, LAC TEMISCAMING, LAVAL et LEEDS (missions)

ASSOCIATION DE LA PROPAGATION DE LA FOI. Rapport sur les missions du diocèse de Québec, qui sont secourues par l'Association de la propagation de la foi. Janvier 1839, no 1-mai 1874, no 21. Québec, Fréchette & Cie, 1839-42; J.-B. Fréchette, 1843-5; Fréchette et Frère, 1847; A. Côté et Cie, 1849-55; J.-T. Brousseau, 1857-61; Léger Brousseau, 1863-8; P.-G. Delisle, 1870-4. 21 fasc. cartes. 20 cm. Légère variante dans le titre des relations 1 et 4: Notice sur les missions . . . Tabl.: "Echelle chronologique et historique de la religion", vol. 5, p. 136. Chaque relation contient également un tabl. des recettes et des dépenses de l'Association. Traite des missions sous la juridiction ecclésiastique du diocèse de Québec pour les années 1836 à 1874 qui furent: Missions du Saint-Maurice, du Lac Témiscaming, de la Grosse-Ile, de Sherbrooke, de Drummondville,

d'Halifax, de Leeds, d'Inverness, de Frampton, du Lac Beauport et de Stoneham, de Laval, de Valcartier, du Lac Abbitibbi, de Blandford, du Saguenay, de Kennebec, de Labrador, de Gaspé, des Cantons de l'Est, du Lac Saint-Jean, de Saint-Pierre de Broughton, de Tadoussac, de Chicoutimi, de Cascapédiac, de Nataskouan, de Saint-Jérôme, des Escoumins, de Sainte-Anne de Portneuf, de Saint-Ubald, d'Anticosti, de la Pointe aux Esquimaux, de Matapédia, etc., et d'autres localités du Canada et des Etats-Unis. Pas d'index.
QQL QQS

MACAMIC

JEAN-LOUIS (Pseud.). Regards sur Makamik. [S. l., s. éd., 1948] 67p. ill., portr. 23 cm. Notes hist. sur la vie religieuse, municipale, scolaire et économique de Macamic de 1913 à date de publ. Table dét. des mat.; pas d'index.
QQLa

MARIE-MEDIATRICE D'ESTCOURT

REDEMPTORISTES. Album historique et paroissial de Marie-Médiatrice d'Estcourt. Notes historiques sur les cantons: Pohénégamook, Chabot et Estcourt. Quinze ans de la vie paroissiale. Estcourt [1944] 108p. ill., portr., fac-sim., carte. 22 cm. Carte de la région en page-titre. Des origines à date de publ. Pas d'index.
QPC QQA

MATAPEDIA et NATASKOUAN (missions)

ASSOCIATION DE LA PROPAGATION DE LA FOI. Rapport sur les missions du diocèse de Québec, qui sont secourues par l'Association de la propagation de la foi. Janvier 1839, no 1-mai 1874, no 21. Québec, Fréchette & Cie, 1839-42; J.-B. Fréchette, 1843-5; Fréchette et Frère, 1847; A. Côté et Cie, 1849-55; J.-T. Brousseau, 1857-61; Léger Brousseau, 1863-8; P.-G. Delisle, 1870-4. 21 fasc. cartes. 20 cm. Légère variante dans le titre des relations 1 et 4: Notice sur les missions ... Tabl.: "Echelle chronologique et historique de la religion", vol. 5, p. 136. Chaque relation contient également un tabl. des recettes et des dépenses de l'Association. Traite des missions sous la juridiction ecclésiastique du diocèse de Québec pour les années 1836 à 1874 qui furent: Missions du Saint-Maurice, du Lac Témiscaming, de la Grosse-Ile, de Sherbrooke, de Drummondville, d'Halifax, de Leeds, d'Inverness, de Frampton, du Lac Beauport et de Stoneham, de Laval, de Valcartier, du Lac Abbitibbi, de Blandford, du

Saguenay, de Kennebec, de Labrador, de Gaspé, des Cantons de l'Est, du Lac Saint-Jean, de Saint-Pierre de Broughton, de Tadoussac, de Chicoutimi, de Cascapédiac, de Nataskouan, de Saint-Jérôme, des Escoumins, de Sainte-Anne de Portneuf, de Saint-Ubald, d'Anticosti, de la Pointe aux Esquimaux, de Matapédia, etc., et d'autres localités du Canada et des Etats-Unis. Pas d'index.
QQL QQS

NOTRE-DAME (DE BEAUPORT)

LANGEVIN, JEAN. Notes sur les archives de Notre-Dame de Beauport. 1ère livraison. Québec, St-Michel et Darveau, 1860. 138, xxxvi, [3] p. 17 cm. "Errata" et "Errata et addenda" à la fin du vol. Hist. chronol. de Beauport basée sur la publ. des registres. Table dét. des mat.; pas d'index. /1863: 2e livraison. 259, xxxviiip.
1860: QQA QQLa QMBN QMBM OOA OTP; NN /1863: QQLa

PROGRAMME officiel des fêtes du troisième centenaire de Beauport et du 250e anniversaire de l'érection canonique de la paroisse, les 1-2-3-4 septembre 1934. [S.l., s.éd., 1934] [32] p. 23 cm. Donne un aperçu très succinct de la fondation de la seigneurie puis de la paroisse. Programme des fêtes et nombreuses annonces commerciales. Pas d'index.
QQS

NOTRE-DAME (DE LEVIS)

ROY, PIERRE-G. Dates lévisiennes. Lévis [s.éd.] 1932-40. 12 v. 18 cm. Vol. 1: 1848-1869, 328p.; vol. 2: 1870-1880, 311p.; vol. 3: 1881-1888, 298p.; vol. 4: 1889-1898, 306p.; vol. 5: 1899-1908, 314p.; vol. 6: 1909-1914, 288p.; vol. 7: 1915-1920, 305p.; vol. 8: 1921-1926, 288p.; vol. 9: 1927-1932, 295p.; vol. 10: append., rues, p. [3]-53, bibliogr. lévisienne, p. 54-94, lois, stat. vitales, préfets du comté, secrétaires-trésoriers du Conseil du comté de Lévis, conseillers et échevins, curés, vicaires, prêtres, religieuses et marguilliers de Notre-Dame de Lévis, députés et notables, inhumations dans les cimetières du collège et du monastère du Précieux Sang, etc., 317p.; vol. 11: index, A-H, 224p.; vol. 12: index, Hospice-Z, 225-463p. Constitue une vaste chronol. de l'hist. de Lévis et de sa première paroisse Notre-Dame de Lévis.
QPC QQA QQL QQLa QMBN QMBM OOA OOP BVaU

ROY, PIERRE-G. Glanures lévisiennes. Lévis [s.éd.] 1920-2. 4 v. 17 cm. Vol. 1, 229p.; vol. 2, 231p.; vol. 3, 231p.; vol. 4, 232p.

Bribes de l'hist. de Lévis et de la région depuis ses origines jusqu'à date de publ. L'auteur procède par petits tableaux qu'il étaye généralement de nombreux doc. Table dét. des mat. ; pas d'index.
QRS QPC QQA QQL QQLa QMBN QMU QMBM OOU OTP

NOTRE-DAME (DE QUEBEC)

FERLAND, JEAN-B.-A. Notes sur les registres de Notre-Dame de Québec, par J.-B.-A. Ferland, prêtre. Deuxième édition. Publiées par la direction du "Foyer canadien". Québec, G. et G.-E. Desbarats, 1863. [3], 100p. 21 cm. Contribution directe à l'hist. de la paroisse et à l'hist. du Canada de 1621 à 1650. Pas d'index. /1854: Aug. Côté et Cie. 75p.
1854: QQS /1863: OONL QQL QQLa

VALIQUET, ADRIEN-N. Calendrier et bulletin des paroisses françaises de la ville de Québec, année 1908. [Québec, s.éd., 1908] 97, 95p. ill., portr. 18 cm. Notes hist. - des origines à date de publ. - relatives à Notre-Dame de Québec, Saint-Roch, Saint-Jean-Baptiste, Saint-Sauveur, Notre-Dame de la Garde, Saint-Malo, Notre-Dame de Jacques Cartier. Première partie consacrée aux annonces commerciales. Pas d'index.
QQA QQS

NOTRE-DAME (DE SAINT-HYACINTHE)

CHOQUETTE, CHARLES-P. Histoire de la ville de Saint-Hyacinthe, par Mgr C.-P. Choquette ... Saint-Hyacinthe, Richer & Fils, 1930. vii, 551p. front. (portr.), ill., pl.h.t. 23 cm. Hist. religieuse, économique, polit. et sociale de Saint-Hyacinthe des origines à date de publ. ; rappel de l'hist. de la seigneurie de Saint-Hyacinthe, p. [79]-94. Doc. en append. : les journaux, p. 528-9; liste des maires et des échevins, p. 532-5.
QRS QPC QQL QQLa QMBN QMU QMBM QMDB OOA OOP OOT BVaU; NN

NOTRE-DAME-DE-BON-SECOURS (PAPINEAU)

ALEXIS DE BARBEZIEUX. Histoire de la province ecclésiastique d'Ottawa et de la colonisation de la vallée de l'Ottawa. Ottawa, La Cie d'Imprimerie d'Ottawa, 1897. 2 v. : xix, 609, [3], ivp. ; 507, xxviii, iip. ill., pl.h.t., portr. 23 cm. "Errata" à la fin des vol. 1 et 2. Liste des paroisses du Québec étudiées, p. viii. Les missions de Québec 1836-44, p. [184]-220. Nombreux doc. Index des membres du clergé figurant

dans l'ouvrage, p. [489]-507.
OONL QQA QQL QMBN QMU QMBM OOA OOP OOC OOSJ OOSU OKQ OTU OTStM OTRM OTP

NOTRE-DAME-DE-BON-SECOURS DE L'ISLET

ROY, PIERRE-G. L'Annonciation de Notre-Dame-de-Bon-Secours de L'Islet. Lévis, Bulletin des Recherches historiques, 1901. 28p. front., ill. 22 cm. Hist. de la paroisse des origines à date de publ. Liste et courte biogr. des missionnaires, prêtres et curés de L'Islet, p. [9]-20; prêtres nés à L'Islet, p. [25]-8. Pas d'index.
QQA QQL

NOTRE-DAME-DE-FOY

SCOTT, HENRI-A. Deuxième centenaire de Notre-Dame-de-Foy au Canada, par l'abbé H.-A. Scott ... Québec, Impr. L'Action Sociale, 1916. 24p. 24 cm. Bref aperçu hist. de la paroisse des origines à date de publ. Notes bibliogr. en bas de page. Pas d'index.
QQA QMBN OOA

SCOTT, HENRI-A. Une paroisse historique de la Nouvelle-France. Notre-Dame-de-Sainte-Foy. Histoire civile et religieuse d'après les sources, par l'abbé H.-A. Scott ... Tome 1, 1541-1670. Québec, J.-A.-K. Laflamme, 1902. [8], x, 620p. front., ill., portr., pl.h.t., plans dépl., cartes. 23 cm. Errata, p. [8]. Carte des environs de Québec tracée par M. De Villeneuve, en 1688, au début du vol.; plan des fiefs Coulonge et Saint-Michel, p. 246; plan cadastral des environs de Québec, en 1685, p. 394; autre plan cadastral, p. 426. Nombreux doc. en append. Table dét. des mat.; table onomastique.
QRS QPC QQA QQLa QQS QMBN QMBM OOA OOSJ OTP; NN; BM

NOTRE-DAME-DE-GRACE (HULL)

BONHOMME, JOSEPH. Notre-Dame de Hull; ses origines, ses oeuvres, son jubilé de diamant [par] Joseph Bonhomme, o.m.i. Hull [Impr. par "Le Droit" d'Ottawa] 1931. 126p. front., ill., portr. 23 cm. Biogr. et liste des prêtres de la paroisse depuis sa fondation, p. 37-41. Contient quelques détails sur l'hist. civile de la ville de Hull des origines à date de publ.
QQL QMM QMBM OOU OOSJ OOSU

NOTRE-DAME-DE-GRACE (MONTREAL)

MAURAULT, OLIVIER. Marges d'histoires. [Tome] II: Montréal. [Montréal] Librairie d'Action canadienne-française, 1929. 297, [5] p. 19 cm. Divers articles sur l'hist. religieuse de Montréal des origines à la fin du 19e s. Saint-Jacques de Montréal, p. 203-41; Notre-Dame de Grâce, p. 241-69. Notes bibliogr. en bas de page. Table dét. des mat. ; pas d'index.
QRC QQA QQL QQLa QNicS QMBN QMU QMBM OOA OOCC OONG OOU OOSU OOSJ OKQ OTRM OLU OWtU BVaU

MAURAULT, OLIVIER. Les origines sulpiciennes de Notre-Dame de Grâce, voir: Soixante-quinze ans de vie paroissiale.

MAURAULT, OLIVIER. La paroisse. Histoire de l'Eglise Notre-Dame de Montréal. Montréal & New York, Louis Carrier & Cie, 1929. [12], 334, [2] p. ill., pl., portr., fac-sim. 25 cm. Plan de Montréal en 1726 et 1791, p. 18. Diverses vues de Montréal au 19e s., p. 27, 51, 52. Contribution à l'hist. de la paroisse Notre-Dame. Notes bibliogr. en bas de page. Table des ill. ; pas d'index.
NfSM NSHPL NBFU NBSM QQA QQL QQLa QSherU QMBN QMU QMBM OOA OOCC OONG OOU OOSJ OKQ OKR OTU OTP OTRM OTStM OH OHM OLU MWU SSU AEU BVaU

SOIXANTE-QUINZE ans de vie paroissiale, 1853-1928. Notre-Dame de Grâce, Montréal. Souvenir des fêtes célébrées les 13-14-15 oct. 1928 sous la présidence d'honneur de Son Eminence le Cardinal R.-M. Rouleau ... [Montréal, s. éd., 1928] [3], 43, [8] p. portr. 23 cm. Hist. religieuse de Notre-Dame de Grâce comprenant trois études: Olivier Maurault, Les origines sulpiciennes de Notre-Dame de Grâce, p. 1-10; Paul Lafleur, La phase séculière, M. Napoléon Maréchal, curé de Notre-Dame de Grâce (1867-1901), p. 11-21; Père M.-M. Labonté, Les dominicains à Notre-Dame de Grâce, p. 21-43. Pas d'index.
QQS

NOTRE-DAME DE JACQUES CARTIER (QUEBEC)

JOBIN, ALBERT. Histoire de la congrégation et de la paroisse de Notre-Dame de Jacques Cartier. [S.l., s.éd.] 1940. 158p. ill., pl.h.t., portr. 20 cm. Des origines à date de publ. Table dét. des mat. ; pas d'index.
QPC QQL QMBN QMU QMBM OTP

NOTRE-DAME DE LA GARDE (QUEBEC)

VALIQUET, ADRIEN-N. Calendrier et bulletin des paroisses françaises de la ville de Québec, année 1908. [Québec, s.éd., 1908] 97, 95p. ill., portr. 18 cm. Première partie consacrée aux annonces commerciales; la seconde contient des notes hist. - des origines à date de publ. - relatives à Notre-Dame de Québec, Saint-Roch, Saint-Jean-Baptiste, Saint-Sauveur, Notre-Dame de la Garde, Saint-Malo, Notre-Dame de Jacques Cartier. Pas d'index.
QQA QQS

NOTRE-DAME DE LA RIVIERE BATISCAN

[GOSSELIN, AUGUSTE-H.] Colonisation dans le comté de Portneuf. St-Ubald - Notre-Dame de la Rivière Batiscan, août 1872. Québec, Typ. L. Brousseau, 1872. 24p. 14 cm. Contribution à l'hist. des origines de ces deux centres de colonisation. Pas d'index. /1871: Rapport d'une visite dans le comté de Portneuf. 24p. Premier rapport sur Saint-Ubald.
QQA; NN

NOTRE-DAME DE LOURDES DE LORRAINVILLE

LA CHAMBRE DE COMMERCE DE VILLE-MARIE. Le Témiscamingue; ses possibilités et ses avantages agricoles, miniers et industriels. Notes et statistiques. [Québec, L'Action Sociale Ltée, 1929] [3], 47p. ill., tabl. stat., carte dépl. 23 cm. Préface de Camille Roy, recteur de l'université Laval. Carte de colonisation du Témiscamingue à la fin du vol. Contient de brèves notes hist. des principales paroisses notamment Ville-Marie (Notre-Dame du Rosaire), p. 31-3; Lorrainville (Notre-Dame de Lourdes), p. 35; Saint-Eugène de Guigues, p. 35-6; Fugèreville (Notre-Dame du Mont Carmel), p. 36-7; Laverlochère (Saint-Isidore), p. 37-8; Guigues (Saint-Bruno), p. 38-9; Notre-Dame du Nord (Saint-Joseph du Nord - Témiscamingue), p. 39-40; Guérin (Saint-Gabriel Lalement), p. 40-1; Nedelec (Saint-Louis), p. 41-2; Latulippe (Saint-Antoine-Abbé), p. 42-3; Bearn (Saint-Placide), p. 43; Fabre (Saint-Edouard), p. 43-4. Pas d'index.
QQS

NOTRE-DAME DE RECOUVRANCE (QUEBEC)

[LAVERDIERE, CHARLES-H.] Notre-Dame de Recouvrance de Québec. [Québec, s.éd., s.d.] 11p. plan. 18 cm. Plan des environs de la

cathédrale de Québec, p. 10. Survol de l'hist. religieuse de la paroisse. Pas d'index.
QQA

NOTRE-DAME DES ANGES (MONTREAL)

VIGER, JACQUES. Archéologie religieuse du diocèse de Montréal, 1850, par J. Viger ... Montréal, Lovell & Gibson, 1850. 36p. 20 cm. Brèves notes hist. sur les paroisses et missions suivantes: Saint-Cyprien, Saint-Placide, Sainte-Scholastique, Notre-Dame des Anges, Sainte-Marie Magdelaine, Chambly, Saint-André, Saint-Edouard, Rouville, Sainte-Mélanie, Saint-Gabriel de Brandon, Saint-Mathias, Saint-Vincent de Paul, Saint-Cuthbert. Notes bibliogr. en bas de page. Pas d'index.
QQA QQL QMBN

NOTRE-DAME DES SEPT DOULEURS (GRENVILLE)

CHAMBERLAND, MICHEL. Histoire de Notre-Dame des Sept Douleurs de Grenville, P.Q. Montréal, 1931. [10], [13], 310, [2] p. ill., pl., portr., plan, carte. 24 cm. En faux-titre: Histoire de Grenville. Lettre de M. Chamberland à Mgr. G. Forbes, p. 9; réponse, p. 11; lettre de H.-D. Brosseau à M. Chamberland, p. [4-6]. Des origines à date de publ. Append.: liste des professionnels, p. 280-305. Table dét. des mat.; pas d'index.
QPC QQL QQLa QMBN QMM QMBM OOA

NOTRE-DAME DES SEPT DOULEURS (VERDUN)

AUCLAIR, ELIE-J.-A. Histoire de la paroisse Notre-Dame des Sept Douleurs de Verdun de Montréal depuis sa fondation par Monseigneur J.-A. Richard jusqu'à ses noces d'argent, 1899-1924, par l'abbé Elie-J. Auclair ... Montréal [s. éd.] 1925. 176p. ill., portr. 23 cm. Hist. de l'enseignement à Verdun, p. [106]-27. Table dét. des mat., p. [173]-6; pas d'index.
OONL QQL QQLa QMBN QMM QMBM OOA OOP OOSJ OTU; NN

NOTRE-DAME DU CHEMIN (QUEBEC)

MAGNAN, HORMISDAS. Notes historiques sur la banlieue de Québec. Le quartier Belvédère; la paroisse Notre-Dame du Chemin ... Québec, L'Eclaireur, 1915. 35, [3] p. ill., pl., portr., plans. 25 cm. Publ. dans le Bulletin des Recherches historiques, mars 1915. Plan du quartier

Belvédère, p. [3]; banlieue de Québec d'après le plan cadastral de 1685, p. 14. Table des gravures, p. [35]; table dét. des mat.; pas d'index.
QQL QQLa QMBN QMBM BVaU; NN

NOTRE-DAME DU MONT CARMEL (CHAMPLAIN)

CARUFEL, DAVID-O.-S. DE. Notes sur la paroisse de Notre-Dame du Mont Carmel, comté de Champlain, P.Q., par l'abbé D.-O.-S. De Carufel. Trois-Rivières, La Cie d'Ed. S. De Carufel, 1907. [ii], 241p. pl.h.t., portr. 20 cm. Lettre de Mgr F.-X. Cloutier à l'auteur, p. i-ii. Hist. religieuse de la paroisse de 1843 à date de publ. Table dét. des mat.; pas d'index.
QQA QQL QQLa QMBN QMU QMBM OOA OOP OOU OTP; LC NN

NOTRE-DAME DU MONT CARMEL (FUGEREVILLE)

LA CHAMBRE DE COMMERCE DE VILLE-MARIE. Le Témiscamingue; ses possibilités et ses avantages agricoles, miniers et industriels. Notes et statistiques. [Québec, L'Action Sociale Ltée, 1929] [3], 47p. ill., tabl. stat., carte dépl. 23 cm. Préface de Camille Roy, recteur de l'université Laval. Carte de colonisation du Témiscamingue à la fin du vol. Contient de brèves notes hist. des principales paroisses notamment Ville-Marie (Notre-Dame du Rosaire), p. 31-3; Lorrainville (Notre-Dame de Lourdes), p. 35; Saint-Eugène de Guigues, p. 35-6; Fugèreville (Notre-Dame du Mont Carmel), p. 36-7; Laverlochère (Saint-Isidore), p. 37-8; Guigues (Saint-Bruno), p. 38-9; Notre-Dame du Nord (Saint-Joseph du Nord - Témiscamingue), p. 39-40; Guérin (Saint-Gabriel Lalement), p. 40-1; Nedelec (Saint-Louis), p. 41-2; Latulippe (Saint-Antoine-Abbé), p. 42-3; Bearn (Saint-Placide), p. 43; Fabre (Saint-Edouard), p. 43-4. Pas d'index.
QQS

NOTRE-DAME DU PERPETUEL SECOURS (CHARNY)

DEMERS, BENJAMIN. La paroisse de Saint-Romuald d'Etchemin, avant et depuis son érection, par l'abbé Benj. Demers ... Québec, J.-A.-K. Laflamme, 1906. 396p. ill., portr., carte dépl. 23 cm. En tête de titre: Monographie. "Siège de Québec, 1759" (carte), p. 96. "Errata", p. [397]. Des origines (1651) à date de publ. Erection de la paroisse de Notre-Dame du Perpétuel Secours de Charny, p. [345]-54. Biogr. des notables. Notes bibliogr. en bas de page. Table dét. des mat.; pas d'index

QPC QQA QQL QQS QMM QMBM OOA OOP OORD OOSU OKQ OTP OLU BVaU; LC NN; BM

HISTORIQUE de Notre-Dame du Perpétuel Secours de Charny, 1903-1928. [Québec, L'Action Sociale Ltée, 1928] [5], 37, [1] p. front., ill., portr. 22 cm. Liste des marguilliers, p. 35; "Tableau de la population de 1903-1928", p. 36. Pas d'index.
QQLa

NOTRE-DAME DU PORTAGE

PELLETIER, EDMOND. Album historique et paroissial de Notre-Dame du Portage, 1723 à 1940. Lettre du Cardinal Villeneuve. [Québec, Imprimerie provinciale, 1942] [7], 367p. ill., pl.h.t., portr., plan. 20 cm. Généalogie, p. [214]-365. Table dét. des mat., p. 366-7; pas d'index.
QPC QQL QQLa QMBN QMBM OOA OOU OTP

NOTRE-DAME DU ROSAIRE (VILLE-MARIE)

LA CHAMBRE DE COMMERCE DE VILLE-MARIE. Le Témiscamingue; ses possibilités et ses avantages agricoles, miniers et industriels. Notes et statistiques. [Québec, L'Action Sociale Ltée, 1929] [3], 47p. ill., tabl. stat., carte dépl. 23 cm. Préface de Camille Roy, recteur de l'université Laval. Carte de colonisation du Témiscamingue à la fin du vol. Contient de brèves notes hist. des principales paroisses notamment Ville-Marie (Notre-Dame du Rosaire), p. 31-3; Lorrainville (Notre-Dame de Lourdes), p. 35; Saint-Eugène de Guigues, p. 35-6; Fugèreville (Notre-Dame du Mont Carmel), p. 36-7; Laverlochère (Saint-Isidore), p. 37-8; Guigues (Saint-Bruno), p. 38-9; Notre-Dame du Nord (Saint-Joseph du Nord - Témiscamingue), p. 39-40; Guérin (Saint-Gabriel Lalement), p. 40-1; Nedelec (Saint-Louis), p. 41-2; Latulippe (Saint-Antoine-Abbé), p. 42-3; Bearn (Saint-Placide), p. 43; Fabre (Saint-Edouard), p. 43-4. Pas d'index.
QQS

POINTE-AUX-ESQUIMAUX (mission)

ASSOCIATION DE LA PROPAGATION DE LA FOI. Rapport sur les missions du diocèse de Québec, qui sont secourues par l'Association de la propagation de la foi. Janvier 1839, no 1-mai 1874, no 21. Québec, Fréchette & Cie, 1839-42; J.-B. Fréchette, 1843-5; Fréchette et Frère, 1847; A. Côté et Cie, 1849-55; J.-T. Brousseau, 1857-61; Léger Brousseau, 1863-8; P.

-G. Delisle, 1870-4. 21 fasc. cartes. 20 cm. Légère variante dans le titre des relations 1 et 4: Notice sur les missions ... Tabl. : "Echelle chronologique et historique de la religion", vol. 5, p. 136. Chaque relation contient également un tabl. des recettes et des dépenses de l'Association. Traite des missions sous la juridiction ecclésiastique du diocèse de Québec pour les années 1836 à 1874 qui furent: Missions du Saint-Maurice, du Lac Témiscaming, de la Grosse-Ile, de Sherbrooke, de Drummondville, d'Halifax, de Leeds, d'Inverness, de Frampton, du Lac Beauport et de Stoneham, de Laval, de Valcartier, du Lac Abbitibbi, de Blandford, du Saguenay, de Kennebec, de Labrador, de Gaspé, des Cantons de l'Est, du Lac Saint-Jean, de Saint-Pierre de Broughton, de Tadoussac, de Chicoutimi, de Cascapédiac, de Nataskouan, de Saint-Jérôme, des Escoumins, de Sainte-Anne de Portneuf, de Saint-Ubald, d'Anticosti, de la Pointe aux Esquimaux, de Matapédia, etc., et d'autres localités du Canada et des Etats-Unis. Pas d'index.
QQL QQS

POINTE-DU-LAC

DEUX siècles de vie paroissiale à Pointe-du-Lac. Compte rendu des fêtes du deuxième centenaire de la Pointe-du-Lac, le dimanche 31 juillet 1938. [Trois-Rivières, Impr. Saint-Joseph] 1939. 134p. ill., portr. 25 cm. (Pages trifluviennes, série A, no 21). Bref hist. de Pointe-du-Lac des débuts à date de publ. Liste des personnalités civiles et religieuses, p. 24-37; programme des fêtes du 2e centenaire, p. 44-128. Table dét. des mat, p. [133]-4; pas d'index.
QQLa

DUGRE, ALEXANDRE. La Pointe-du-Lac, par le R.P. Alexandre Dugré ... Trois-Rivières, Les Ed. du Bien Public, 1934. [6], 90p. ill., pl.h.t. 24 cm. (Pages trifluviennes, série A, no 15). Hist. religieuse et civile des débuts de la colonisation à date de publ. Les seigneurs de Pointe-du-Lac et la seigneurie de Tonnancour, p. [14]-25; liste des curés, p. 39-47. Pas d'index.
QQLa QMBN QMBM OOA OOSJ OSuL; NN

RIVIERE-AU-RENARD

RIOU, NARCISSE. Notice sur la paroisse de la Rivière-au-Renard ... [Sainte-Anne-de-la-Pocatière, Fortin & Fils] 1949. 24p. 15 cm. Causerie radiophonique présentée le 12 mai 1942 et publiée dans le journal A pleines voiles de juin 1945. Préf. de Roland English, sous-

ministre des pêcheries. Des origines à date de publ. Notes bibliogr., p. 20-2. Append.: liste des marguilliers, p. 23-4. Pas d'index.
QPC QQA QQL QMBM OOA

RIVIERE-OUELLE

CASGRAIN, HENRI-R. Une paroisse canadienne au 17e s. [par] l'abbé Casgrain. Québec, Léger Brousseau, 1880. [5], 216p. fac-sim. 16 cm. De 1672 à 1700. Append.: La pêche aux marsouins. Table dét. des mat.; pas d'index. /1914: Une paroisse canadienne au 17e s., la Rivière-Ouelle, suivi de Eclaircissements sur la pêche aux marsouins. Montréal, Beauchemin. 124p.
1880: QQA QQL QQLa QQS QLH QMBN QMU QMBM OOA OOP OOU OOSJ OKQ OTP OLU; LC; BM /1914: QQA QQL QQLa QQS QMBM BVaU

CROFF, MME E. (MARIE E. PERRAULT). Nos ancêtres à l'oeuvre à la Rivière-Ouelle. Montréal, Albert Lévesque, 1931. [7], 212, [3] p. 19 cm. (Documents historiques). Fondation, vie religieuse, civile, polit. et économique. Append.: liste des premières familles, des premiers colons, p. [199]-208. Table dét. des mat., p. [213]; pas d'index.
QRS QQA QQL QMBN QMU QMBM OOA OOP OOU OKQ OLU; NN

ROUVILLE

VIGER, JACQUES. Archéologie religieuse du diocèse de Montréal, 1850, par J. Viger ... Montréal, Lovell et Gibson, 1850. 36p. 20 cm. Brèves notes hist. sur les paroisses et missions suivantes: Saint-Cyprien, Saint-Placide, Sainte-Scholastique, Notre-Dame des Anges, Sainte-Marie Magdelaine, Chambly, Saint-André, Saint-Edouard, Rouville, Sainte-Mélanie, Saint-Gabriel de Brandon, Saint-Mathias, Saint-Vincent de Paul, Saint-Cuthbert. Pas d'index.
QQA QQL QMBN

SAGUENAY (mission)

ASSOCIATION DE LA PROPAGATION DE LA FOI. Rapport sur les missions du diocèse de Québec, qui sont secourues par l'Association de la propagation de la foi. Janvier 1839, no 1-mai 1874, no 21. Québec, Fréchette & Cie, 1839-42; J.-B. Fréchette, 1843-5; Fréchette et Frère, 1847; A. Côté et Cie, 1849-55; J.-T. Brousseau, 1857-61; Léger Brousseau, 1863-8; P.-G. Delisle, 1870-4. 21 fasc. cartes. 20 cm. Légère variante dans le

titre des relations 1 et 4: Notice sur les missions ... Tabl. : "Echelle chronologique et historique de la religion", vol. 5, p. 136. Chaque relation contient également un tabl. des recettes et des dépenses de l'Association. Traite des missions sous la juridiction ecclésiastique du diocèse de Québec pour les années 1836 à 1874 qui furent: Missions du Saint-Maurice, du Lac Témiscaming, de la Grosse-Ile, de Sherbrooke, de Drummondville, d'Halifax, de Leeds, d'Inverness, de Frampton, du Lac Beauport et de Stoneham, de Laval, de Valcartier, du Lac Abbitibbi, de Blandford, du Saguenay, de Kennebec, de Labrador, de Gaspé, des Cantons de l'Est, du Lac Saint-Jean, de Saint-Pierre de Broughton, de Tadoussac, de Chicoutimi, de Cascapédiac, de Nataskouan, de Saint-Jérôme, des Escoumins, de Sainte-Anne de Portneuf, de Saint-Ubald, d'Anticosti, de la Pointe aux Esquimaux, de Matapédia, etc., et d'autres localités du Canada et des Etats-Unis. Pas d'index.
QQL QQS

LAURE, PIERRE. Mission du Saguenay; relation inédite du R.P. Pierre Laure, s.j., 1720 à 1730, précédée de quelques notes biographiques sur ce missionnaire, par le P. Arthur-E. Jones, s.j. Montréal, Archives du Collège Ste-Marie, 1889. [3], 72, ii, [1] p. 22 cm. (Documents rares ou inédits, 1). Texte daté du 13 mars 1730. "Errata" à la fin du vol. Contribution directe à l'hist. des origines du Saguenay. Table dét. des mat.; pas d'index.
QQA QMBN QMBM OOA OTP OTRM AEU; LC NN

SAINT-AIME

LAPALICE, OVIDE-M.-H. Histoire de la seigneurie Massue et de la paroisse de Saint-Aimé, par Ovide-M.-H. Lapalice. [S.l., s.éd.] 1930. 432p. ill., portr., plans. 26 cm. Hist. de la paroisse des origines à date de publ., p. 139-415. Doc. en append., p. 416-28. Table dét. des mat.; pas d'index.
QRS QPC QQLa QMBN QMBM OOA OTP; LC NN

SAINT-ALEXIS DE GRANDE BAIE

OTIS, LOUIS-E. Saint-Alexis de Grande Baie, 1838-1938, par l'abbé L.-Eugène Otis ... A l'occasion du centenaire de la paroisse, 11 juin 1938. [Chicoutimi, 1938] 48p. ill., portr. 21 cm. (Publication de la Société historique du Saguenay, no 4). Pas d'index.
QCSHS QQL QQLa; NN

SAINT-ALPHONSE D'YOUVILLE

PAROISSE Saint-Alphonse. Jubilé d'argent, 1910-1935. [S.l., s.éd., 1935] 64p. ill., portr. 30 cm. Aperçu hist. de la paroisse des origines à nos jours, p. 6-10. Pas d'index.
QQA

SAINT-AMBROISE DE LA JEUNE LORETTE

MARTEL, ELZEAR-A. Saint-Ambroise de la Jeune Lorette, Loretteville (comté de Québec), 1904-1940. Recueil de souvenirs. [Québec, Le Courrier de Limoilou, 1949] 15, 271, [1] p. 24 cm. Table dét. des mat.; pas d'index.
QQLa QNicS QMBN QMM QMBM OOA OTP; NN

SAINT-ANDRE

VIGER, JACQUES. Archéologie religieuse du diocèse de Montréal, 1850, par J. Viger ... Montréal, Lovell et Gibson, 1850. 36p. 20 cm. Brèves notes hist. sur les paroisses et missions suivantes: Saint-Cyprien, Saint-Placide, Sainte-Scholastique, Notre-Dame des Anges, Sainte-Marie Magdelaine, Chambly, Saint-André, Saint-Edouard, Rouville, Sainte-Mélanie, Saint-Gabriel de Brandon, Saint-Mathias, Saint-Vincent de Paul, Saint-Cuthbert. Notes bibliogr. en bas de page. Pas d'index.
QQA QQL QMBN

SAINT-ANDRE DE LA SARRE

PROGRAMME-SOUVENIR. Vingt-cinquième anniversaire de la fondation de Saint-André de La Sarre, Abitibi, Qué., du 28 juin au 5 juillet 1942. [Rouyn, "La Frontière", 1942] 60p. ill., portr. 25 cm. Hist. de La Sarre de 1917 à 1942 rédigé par Mlle Carmen Bussières. Pas d'index.
QPC QMBN

SAINT-ANSELME (DORCHESTER)

BOUFFARD, ADRIEN. Saint-Anselme de Dorchester [par l'] abbé Adrien Bouffard. Une paroisse coopérative. [S.l., s.éd., 1946] 43p. ill., portr. 22 cm. Aperçu hist. de la paroisse des origines à date de publ., p. 5-16. "Références", p. 34. Le mouvement coopératif, p. 27-34. Append.: liste des curés, vicaires et maires de Saint-Anselme; liste des prêtres originaires du village, p. 35-43. Table dét. des mat.,

p. [2]; pas d'index.
QQA QQL QQLa QMBM OOA OOP

SAINT-ANTOINE-ABBE (LATULIPPE)

LA CHAMBRE DE COMMERCE DE VILLE-MARIE. Le Témiscamingue; ses possibilités et ses avantages agricoles, miniers et industriels. Notes et statistiques. [Québec, L'Action Sociale Ltée, 1929] [3], 47p. ill., tabl. stat., carte dépl. 23 cm. Préface de Camille Roy, recteur de l'université Laval. Carte de colonisation du Témiscamingue à la fin du vol. Contient de brèves notes hist. des principales paroisses notamment Ville-Marie (Notre-Dame du Rosaire), p. 31-3; Lorrainville (Notre-Dame de Lourdes), p. 35; Saint-Eugène de Guigues, p. 35-6; Fugèreville (Notre-Dame du Mont Carmel), p. 36-7; Laverlochère (Saint-Isidore), p. 37-8; Guigues (Saint-Bruno), p. 38-9; Notre-Dame du Nord (Saint-Joseph du Nord - Témiscamingue), p. 39-40; Guérin (Saint-Gabriel Lalement), p. 40-1; Nedelec (Saint-Louis), p. 41-2; Latulippe (Saint-Antoine-Abbé), p. 42-3; Bearn (Saint-Placide), p. 43; Fabre (Saint-Edouard), p. 43-4. Pas d'index.
QQS

SAINT-ANTOINE DE BIENVILLE

SCOTT, HENRI-A. Grands anniversaires. Souvenirs historiques et pensées utiles. Québec, L'Action Sociale, 1919. xiv, [2], 304, [2] p. ill., pl. h.t. 24 cm. Lettre de Mgr Louis-Adolphe Paquet à l'auteur, p. [vii]-ix. Errata, p. [xv]. Hist. - des origines à date de publ. - de Notre-Dame de Foy ou Sainte-Foy, p. 1-46; Saint-Colomb de Sillery, p. [113]-36; Cap Rouge, p. [139]-60. Notes bibliogr. en bas de page. Table dét. des mat., p. [305]-6; pas d'index.
QQA QQL QQS QSherU QMBN QMBM; LC

SAINT-ANTOINE DE LA BAIE DU FEBVRE

BELLEMARE, JOSEPH-E. Histoire de la Baie Saint-Antoine dite Baie du Febvre, 1683-1911; avec annotations de M. B. Sulte ... Montréal, Impr. "La Patrie", 1911. xxii, 664, [2] p. front., ill., pl.h.t., portr., facsim., cartes. 23 cm. Errata et addenda. Comprend: partie 1, La paroisse, p. 1-401; partie 2, La seigneurie, p. [403]-71; partie 3, Les institutions; partie 4, Les personnages. Suppl.: Les paroisses rattachées à la Baie du Febvre.
OONL QQL QQLa QMBN QMU OTP; LC NN

SAINT-ANTOINE DE LONGUEUIL

PACIFIQUE DE VALIGNY, PERE. Etudes historiques et géographiques. Extrait du Bulletin de la Société de géographie de Québec. [Québec] 1932. p. 215-64, 26p. cartes. 26 cm. Hist. de Saint-Antoine de Longueuil de 1657 à date de publ. Notes bibliogr. en bas de page. Pas d'index. /1935: Ristigouche, l'auteur. p. 321-36. front., ill., portr., cartes. Contient: Jacques Cartier à Port Daniel - Jacques Cartier à Gaspé - Ristigouche: mission Sainte-Anne - Le pays des Micmacs - Saint-Antoine de Longueuil - Missionnaires, gardiens et églises de Ristigouche.
1932: QQL QMBN QMBM /1935: NSHPL NBFU NBSM OOG; NN; BM

SAINT-ANTOINE DE POINTE A LA GARDE

[SEGOND, PAUL-J.-M.] Aperçu historique de Pointe-à-la-Garde et de sa mission [par P.-J. Calasanz, o.f.m.] Publié à l'occasion de la bénédiction de la nouvelle chapelle, 21 juin 1941. 28p. ill., portr. 18 cm. Titre de la page-couverture: Saint-Antoine de Pointe à la Garde. Hist. religieuse surtout de 1891 (Mission d'Escuminac) à date de publ.
QQA QQLa

SAINT-ANTOINE DE TILLY

ROY, PIERRE-G. Saint-Antoine de Tilly. Lévis, Bulletin des Recherches historiques, 1902. 35, [1] p. portr. 23 cm. Hist. de la paroisse des origines à date de publ. Brèves biogr. des missionnaires, curés, vicaires et prêtres nés à Saint-Antoine, p. [13]-33. Liste des marguilliers, des seigneurs, des médecins et des notaires, p. [34]-6. Pas d'index.
QQL QMBN QMBM OTP

SAINT-ANTOINE SUR RICHELIEU

ARCHAMBAULT, JEAN-B.-O. Album-souvenir de la paroisse de Saint-Antoine-sur-Richelieu. I, Curés, desservants et vicaires de la paroisse; II, Prêtres de la paroisse; III, Religieux non prêtres de la paroisse; IV, Religieuses de la paroisse. Saint-Hyacinthe, Impr. "Le Courrier de Saint-Hyacinthe", 1924. 77p. front. 22 cm. Hist. de la paroisse des origines à date de publ. Pas d'index.
QQA QMBN

SOEUR DE SAINT-JOSEPH DE SAINT-HYACINTHE. La petite histoire de chez nous, Saint-Antoine sur Richelieu, par une soeur de Saint-Joseph de Saint-Hyacinthe. [Saint-Hyacinthe] Société d'histoire régionale de Saint-Hyacinthe, 1938. 3, 99p. ill., pl. h. t., portr., carte dépl. 22 cm. (Documents maskoutains, no 3). Sources: notes recueillies par M. Louis-Joseph Cartier; Archives paroissiales et municipales ... Chap. sur la seigneurie de Contrecoeur, p. 13-21. Biogr. des curés et des maires, p. 51-74. Table dét. des mat., p. [97]-8; pas d'index.
QQLa QMBM OTU; NN

SAINT-AUGUSTIN (PORTNEUF)

BECHARD, AUGUSTE. Histoire de la paroisse Saint-Augustin (Portneuf) par A. Béchard ... Québec, Léger Brousseau, 1885. vii, [1], 395, [1] p. 19 cm. Hist. religieuse et civile des origines à date de publ. Nombreux doc.: généalogie, souvenirs, légendes et monuments, p. [315]-62; seigneurie de Maure, p. [363]-75; députés, tabl. des naissances, mariages et sépultures de 1794 à 1884, p. 383-4, etc. Table dét. des mat.; pas d'index.
QRS QPC QQL QQLa QQS QMBN QMM QMU OOA OOP OOU OOC OTU OTP AEU; LC NN

SAINT-BERNARD DE DORCHESTER

[GRENIER, AIME] Centenaire de St-Bernard, Dorchester, 1844-1944 ... [par l'abbé Aimé Grenier] [Saint-Bernard, 1944] 121, [17] p. ill., pl. h. t., portr., plans, cartes. 28 cm. En tête de titre: Brochure-souvenir. Hist. de la seigneurie de Saint-Etienne de 1730 à 1857. Vie religieuse, municipale et scolaire de Saint-Bernard et des paroisses avoisinantes, p. 4-7. Pas d'index.
QQL OOA

SAINT-BERNARD DE SULLIVAN

BENOIST, EMILE. L'Abitibi, pays de l'or. Montréal, Les Editions du Zodiaque [1938] 198, [2] p. ill., pl. h. t., carte dépl. 19 cm. (Collection du Zodiaque, deuxième). Hist. de l'Abitibi et du Témiscamingue depuis ses origines; hist. de la paroisse Saint-Bernard de Sullivan, p. [69]-75; Val d'Or, p. [76]-92; Bourlamarque, p. [93]-101. Table dét. des mat.; pas d'index.
OONL QRC QQA QQL QQLa QMBN QMM QMU QMBM OOA OOP OOSJ OOTC OKQ OTU OTP; NN

SAINT-BRUNO DE GUIGUES

LA CHAMBRE DE COMMERCE DE VILLE-MARIE. Le Témiscamingue; ses possibilités et ses avantages agricoles, miniers et industriels. Notes et statistiques. [Québec, L'Action Sociale Ltée, 1929] [3], 47p. ill., tabl. stat., carte dépl. 23 cm. Préface de Camille Roy, recteur de l'université Laval. Carte de colonisation du Témiscamingue à la fin du vol. Contient de brèves notes hist. des principales paroisses notamment Ville-Marie (Notre-Dame du Rosaire), p. 31-3; Lorrainville (Notre-Dame de Lourdes), p. 35; Saint-Eugène de Guigues, p. 35-6; Fugèreville (Notre-Dame du Mont Carmel), p. 36-7; Laverlochère (Saint-Isidore), p. 37-8; Guigues (Saint-Bruno), p. 38-9; Notre-Dame du Nord (Saint-Joseph du Nord - Témiscamingue), p. 39-40; Guérin (Saint-Gabriel Lalement), p. 40-1; Nedelec (Saint-Louis), p. 41-2; Latulippe (Saint-Antoine-Abbé), p. 42-3; Bearn (Saint-Placide), p. 43; Fabre (Saint-Edouard), p. 43-4. Pas d'index.
QQS

SAINT-CALIXTE DE SOMMERSET

JEAN RIVARD-DE-PLESSIS (Pseud.). La naissance de Plessisville, 1835-1855. Dans les Bois-Francs. [Plessisville, Impr. Houde & Houde, 1935] [3], 25p. ill. 22 cm. Concerne surtout l'hist. de la colonisation et de l'érection de paroisses: Plessisville, p. 11-6; Saint-Calixte de Sommerset, p. 17; notes à propos de la fondation de la municipalité de Plessisville, p. 20-1. Mgr F. Dupuis serait l'auteur de cette monographie. Notes bibliogr. en bas de page. Pas d'index.
QPC QQA QQLa QQS

MAILHOT, CHARLES-E. Les Bois-Francs. Arthabaska, La Cie d'Imprimerie d'Arthabaska, 1914-1920. 4 v. : vol. 1, 471, [3] p. ; vol. 2, 445p. ; vol. 3, 491p. ; vol. 4, 352p. front., ill., pl.h.t., portr. 23 cm. Vol. 1: "Errata", p. [474]; hist. générale de la région, p. 9-161; hist. des paroisses Saint-Louis de Blandford, p. 163-208; Saint-Eusèbe de Stanfold, p. 209-78; Saint-Calixte de Sommerset, p. 279-312; Saint-Norbert d'Arthabaska, p. 313-34; Saint-Médard de Warwick, p. 391-432; Sainte-Victoire d'Arthabaska, p. 433-62; "Recensements décennaux des Bois-Francs de 1840 à 1910", p. 463-4. Vol. 2: "Corrections", p. 440; paroisse de Saint-Ferdinand, p. 9-12; Sainte-Victoire d'Arthabaska, p. 51-112; Saint-Paul de Chester, p. 113-92; Sainte-Hélène de Chester, p. 193-216; les Acadiens dans les Bois-Francs et notes généalogiques, p. 217-436. Vol. 3: "Corrections", p. 485; la paroisse de Saint-Valère de Bulstrode, p. 131-43;

notice sur la paroisse du Saint-Rosaire, p. 175-7; nombreuses généalogies de familles et doc. divers. Vol. 4: "Corrections", p. 440; hist. de Sainte-Victoire d'Arthabaska, p. 51-[111]; esquisse de la paroisse Saint-Paul de Chester de 1849 à 1901, p. [113]-91; notes sur la paroisse de Sainte-Hélène de Chester depuis 1860, p. [193]-216; généalogies de familles, p. [217]-424; Sainte-Julie de Sommerset depuis 1840, p. [425]-34. Nombreux doc. stat. Table des ill. pour chaque vol.; table des mat. pour chaque vol.; pas d'index.
QQLa QSherU QMBN QMU OORD OLU OStCB

SAINT-CAMILLE DE BELLECHASSE

ROY, WILFRID. Saint-Magloire de Bellechasse, par l'abbé Wilfrid Roy. Québec [s. éd.] 1925. [7], 274p. front., pl.h.t., portr. 18 cm. En tête de titre: Monographie. Porte aussi sur l'hist. de Saint-Camille des origines à date de publ. Table dét. des mat., p. [273]-4; pas d'index.
QPC QCSHS QQL QQLa QMBN QMBM OOA; NN

SAINT-CAMILLE DE WOTTON

LEVESQUE, LUC-A. La paroisse de Saint-Camille, comté de Wolfe, par l'abbé L.-A. Lévesque. Montréal, Impr. du Messager, 1908. 122p. 19 cm. Hist. de la paroisse des origines à date de publ. Table dét. des mat.; pas d'index.
QPC QQA

SAINT-CESAIRE (ROUVILLE)

GERVAIS, ALPHONSE. L'album-souvenir du centenaire de Saint-Césaire, 7 septembre 1922. [Saint-Hyacinthe, Impr. de l'Institution des Sourds-Muets, 1922] 120p. front., ill., portr., plan. 25 cm. Plan de Saint-Césaire, p. 66. "Ephémérides de la paroisse" de 1748 à 1921, p. 67-102. Listes des curés, des religieux, des maires et des conseillers, p. 102-19. Pas d'index.
QQA QQLa

MARIE-AUGUSTE. Historique de la paroisse de Saint-Césaire et de son collège, suivi du Rapport des fêtes du Conventum, 20, 21, 22 juin 1904, par F. Marie-Auguste ... [Montréal, Impr. "La Patrie", 1904] [3], 251p. ill. 23 cm. Titre de la page-couverture: Album-souvenir, Conventum: Collège Saint-Césaire, juin 1904. Hist. de Saint-Césaire (1755-1900), p. 7-139. Pas d'index.
QQA QQL QMBN QMBM; NN

SAINT-CHARLES BORROMEE (JOLIETTE)

BULLETIN paroissial, édition publiée à l'occasion du centenaire de Saint-Charles Borromée, et préparée en collaboration. [Joliette, L'Action populaire, 1943] 157, [3] p. ill. 24 cm. Titre de la page-couverture: Bulletin paroissial, 31e année, nos 10-11, oct.-nov. 1943: Edition du centenaire de Saint-Charles Borromée. Hist. religieuse de la paroisse de 1843 à 1943. Rappel de la fondation des paroisses Saint-Pierre et Christ-Roi, p. 97-9; hist. des communautés religieuses & leurs oeuvres, p. 100-56. Nombreux doc. stat.: biogr. des prêtres & curés, p. [27] -46; liste des prêtres et religieux, p. [47]-54. Table dét. des mat., p. [159-60]; pas d'index.
QQLa

SAINT-CHARLES DE LIMOILOU (QUEBEC)

ALEXIS DE BARBEZIEUX. Histoire de Limoilou, par le T.R.P. Alexis. Québec, L'Action Sociale, 1921. 130, [1] p. front., ill., pl.h.t., fac-sim., cartes. 22 cm. Plan de La Canardière en 1690, p. 12; carte du siège de Québec par les Anglais en 1690, p. 17; Québec et ses environs, lors du siège de 1759, p. 24; carte de Saint-Charles de Limoilou vers 1873, p. 46; même carte en 1896, p. 60. Hist. de 1615 à date de publ. Table dét. des mat.; pas d'index.
OONL QPC QQL QQLa QMBN QMM QMBM OOP OOSJ OTP

MARIE-ANTOINE DE LAUZON. Saint-Charles de Limoilou. Québec, Impr. Provinciale, 1946. 150p. pl.h.t., portr. 23 cm. Faux-titre: Cinquante ans de vie paroissiale: les grandes étapes, les oeuvres, les hommes. Couvre la période de 1896 à 1946. Stat. en append., p. 131 -47. Table dét. des mat.; pas d'index.
QRS QPC QQL QQLa QQS OOA OOSU

SAINT-CHARLES DE MANDEVILLE

[DUCHARME, GONZAGUE] Histoire de Saint-Gabriel de Brandon et de ses démembrements: Saint-Damien, Saint-Didace, Saint-Charles de Mandeville, Saint-Cléophas, Saint-Edmond, etc. A travers les registres et en marge. Montréal, G. Ducharme, 1917. [7], 236, [1] p. front., ill., pl.h.t., portr., cartes dépl. 22 cm. Préface de Casimir Hébert. Lettre-préface de Benjamin Sulte. Feuillet d'errata à la fin du vol. Notes hist. concernant Saint-Damien, p. 195-8; Saint-Edmond, p. 198-9; Saint-Didace, p. 199-200; Saint-Cléophas, p. 200-1; Saint-

Charles, p. 201-3. Table dét. des mat. ; pas d'index.
QQL QQLa QMU QMBM; NN; BM

SAINT-CHRISTOPHE D'ARTHABASKA

SUZOR, PHILIPPE-H. Quelques notes sur la paroisse Saint-Christophe d'Arthabaska et sur ses premiers colons, par l'abbé Ph.-H. Suzor. [Arthabaskaville] Cie d'Impr. d'Arthabaskaville, 1892. 78p. 20 cm. Hist. religieuse surtout des origines à date de publ. Recensement de la population de Sommerset, d'Arthabaska, de Bulstrode, de Warwick, p. 34-43. Pas d'index.
QQA QQLa QMBN OOA OOSU

SAINT-CLEMENT DE BEAUHARNOIS

LEDUC, AUGUSTIN. Beauharnois, paroisse Saint-Clément, 1819-1919; histoire religieuse, histoire civile, fêtes du centenaire. Beauharnois, Presbytère de Beauharnois [Impr. par la Cie d'Imprimerie d'Ottawa] 1920. xix, 321p. ill., pl., portr., fac-sim. 31 cm. Carte de la seigneurie de Beauharnois, p. xiii; plan de la paroisse Saint-Clément de Beauharnois, p. 15. Programme des fêtes du centenaire, p. 231-304. Table dét. des mat. ; pas d'index.
QPC QQA QQLa QQS QMBN QMU QMBM OOA OOSJ OTP AEU BVaU; NN; BM

SAINT-CLEOPHAS DE BRANDON

[DUCHARME, GONZAGUE] Histoire de Saint-Gabriel de Brandon et de ses démembrements: Saint-Damien, Saint-Didace, Saint-Charles de Mandeville, Saint-Cléophas, Saint-Edmond, etc. A travers les registres et en marge. Montréal, G. Ducharme, 1917. [7], 236, [1] p. front., ill., pl.h.t., portr., cartes dépl. 22 cm. Préface de Casimir Hébert. Lettre-préface de Benjamin Sulte. Feuillet d'errata à la fin du vol. Notes hist. concernant Saint-Damien, p. 195-8; Saint-Edmond, p. 198-9; Saint-Didace, p. 199-200; Saint-Cléophas, p. 200-1; Saint-Charles, p. 201-3. Table dét. des mat. ; pas d'index.
QQL QQLa QMU QMBM OTP; NN; BM

SAINT-CLET

[DUGAS, ALPHONSE-C.] Notes sur la paroisse de Saint-Clet, comté de Soulanges, P.Q. Saint-Clet [s.éd.] 1906. 24p. 22 cm. (Le Paroissien,

no 1, déc. 1906). Notes hist. de la paroisse, de 1849 à 1851, p. [3]-11. Extraits des registres pour 1851-1852 et 1905-1906; listes des curés, p. 11-2; des syndics, p. 13-4. Table dét. des mat., p. 24; pas d'index.
QQA

DUGAS, ALPHONSE-C. Notions de géographie et d'histoire locales et coup d'oeil sur notre système municipal et scolaire pour les enfants de Saint-Clet. En souvenir du cinquantenaire de la fondation de cette paroisse, 1849-1899. Montréal, Arbour & Laperle, 1899. 32p. 22 cm. Bref hist. de Saint-Clet (p. 24-8) et du comté de Soulanges (p. 5-11) sous forme de questions et réponses. Pas d'index.
QMBM

SAINT-COEUR-DE-MARIE (QUEBEC)

DAGNAUD, PIERRE-M. La paroisse du Saint-Coeur de Marie; du berceau à ses dix ans. Souvenir du jubilé décennal. Québec, Imprimerie Laflamme, 1928. vii, 278, [1] p. front., ill., pl.h.t., portr. 20 cm. Hist. de la fondation et de l'évolution de la vie paroissiale de 1918 à 1928. Doc. en append.: recensement paroissial de 1927, p. 277; état financier de la paroisse en 1927, p. 278. Table dét. des mat.; pas d'index.
QQLa

SAINT-COLOMB DE SILLERY

SCOTT, HENRI-A. Grands anniversaires. Souvenirs historiques et pensées utiles. Québec, L'Action Sociale, 1919. xiv, [2], 304, [2] p. ill., pl.h.t. 24 cm. Lettre de Mgr Louis-Adolphe Paquet à l'auteur, p. [vii]-ix. Errata, p. [xv]. Hist. - des origines à date de publ. - de Notre-Dame de Foy ou Sainte-Foy, p. 1-46; Saint-Colomb de Sillery, p. [113]-36; Cap Rouge, p. [139]-60. Notes bibliogr. en bas de page. Table dét. des mat., p. [305]-6; pas d'index.
QQA QQL QQS QSherU QMBN QMBM; LC

SAINT-COME DE KENNEBEC

SAINT-COME (BEAUCE). COMITE DES FETES DU SOIXANTIEME ANNIVERSAIRE. Programme-souvenir historique, officiel et autorisé du soixantenaire de Saint-Côme de Kennebec, 1871-1931. Saint-Côme [s.éd.] 1931. 87p. ill., portr. 23 cm. Quelques notes hist. concernant les paroisses de Saint-Théophile et Saint-Philibert. Liste des curés, marguilliers, maires. Table dét. des mat., p. 86-7; pas d'index.
QPC QQL

SAINT-CONSTANT

LEFEBVRE, JEAN-J. Saint-Constant et Saint-Philippe de Laprairie, 1744 -1946. Hull, Les Editions de "L'Eclair", 1947. 43p. ill. 23 cm. Paru d'abord dans le Rapport 1945-46 de la Société canadienne d'histoire de l'Eglise catholique. Hist. religieuse surtout. Notes bibliogr. en bas de page. Liste et biogr. des évêques et curés des paroisses étudiées. Pas d'index.
QQLa QMBN QMU QMBM OOA OOP OOU OKQ; NN

SAINT-CUTHBERT

FRERE DE L'INSTRUCTION CHRETIENNE. Paroisse de Saint-Cuthbert et comté de Berthier. Montréal, Cadieux & Derome, 1895. 16p. 15 cm. En tête de titre: Géographie locale. Aperçu géogr. et hist., des origines à date de publ., de Saint-Cuthbert et du comté de Berthier sous forme de questions et réponses. Pas d'index.
QMBM

SAINT-CYPRIEN

VIGER, JACQUES. Archéologie religieuse du diocèse de Montréal, 1850, par J. Viger ... Montréal, Lovell et Gibson, 1850. 36p. 20 cm. Brèves notes hist. sur les paroisses et missions suivantes: Saint-Cyprien, Saint-Placide, Sainte-Scholastique, Notre-Dame des Anges, Sainte-Marie Magdelaine, Chambly, Saint-André, Saint-Edouard, Rouville, Sainte-Mélanie, Saint-Gabriel de Brandon, Saint-Mathias, Saint-Vincent de Paul, Saint-Cuthbert. Notes bibliogr. en bas de page. Pas d'index.
QQA QQL QMBN

SAINT-CYRILLE DE L'ISLET

ALBUM-SOUVENIR du centenaire de Saint-Cyrille de L'Islet, 1844-1944. [S.l., s.éd., 1944] 45p. ill. 24 cm. Bref rappel hist. de Saint-Cyrille, p. 11-20. Liste des prêtres et religieux natifs de Saint-Cyrille, p. 21-3. Pas d'index.
QPC

SAINT-CYRILLE DE NORMANDIN

[SAINT-PIERRE, YVON] Saint-Cyrille de Normandin, 1878-1949. Notes historiques. Rédigé en collaboration. [Roberval, Les Imprimeurs de

Roberval, 1949] 154p. front., ill., portr. 22 cm. Hist. religieuse, municipale et agricole. Brèves notes concernant Saint-Thomas-Didyme (p. 122-4) et Saint-Edouard-les-Plaines (p. 124-5). Pas d'index. QCSHS

SAINT-CYRILLE DE WENDOWER

ST-AMANT, JOSEPH-C. L'Avenir, townships de Durham et de Wickham. Notes historiques et traditionnelles avec Précis historiques des autres townships du comté de Drummond ... Première édition. Arthabaska-ville, Impr. "L'Echo des Bois-Francs", 1896. iii, [5], 433p. ill., pl., portr., carte dépl. 20 cm. Préface de Benjamin Sulte, p. i-iii. Hist. générale du comté de Drummond des origines à date de publ. avec accent sur: Drummondville, p. 9-384, les cantons de Durham (p. [105] -19) et de Wickham (p. [120] -30), les paroisses Saint-Cyrille de Wendower (p. [363] -76), Saint-Germain de Grantham (p. 407-15) et Saint-Jean l'Evangéliste de Wickham (p. 415-20); les cantons Kingsey (p. 376 -83), Kingsey Falls (p. 383) et Grantham (p. 384-402), la municipalité South-Durham (p. 402-6). Table dét. des mat.; pas d'index. /1932: Un coin des Cantons de l'Est. Histoire de l'envahissement pacifique mais irrésistible d'une race. Drummondville, "La Parole". [9], 534, [2] p. "Errata", p. [535].
1896: QQL QQLa QMBN QMU QMBM OOA OORD OOSU OOSJ OTP; LC
/1932: OONL QQL QQLa QSherU QMBN QMU QMG QMBM OOA OORD OOSJ OKQ OTP OLU BVaU; NN

SAINT-DAMASE DE MATANE

BEAUPRE, JEAN-B.-F. Par la foi et la charrue [par] Lambert Closse [pseud.] Notes historiques sur Saint-Damase de Matane (1874-1942). [S.l., s.éd.] 1942. 161, [1] p. front. (portr.). 23 cm. Append.: liste des confréries, sociétés, cercles; liste des religieux, maires, conseillers ... stat. vitales, etc., p. [91] -161. Pas d'index.
QRS QPC QQL QQLa QMBM OOA OOP OTU

SAINT-DAMIEN

[DUCHARME, GONZAGUE] Histoire de Saint-Gabriel de Brandon et de ses démembrements: Saint-Damien, Saint-Didace, Saint-Charles de Mandeville, Saint-Cléophas, Saint-Edmond, etc. A travers les registres et en marge. Montréal, G. Ducharme, 1917. [7], 236, [1] p. front., ill., pl.h.t., portr., cartes dépl. 22 cm. Préface de Casimir

Hébert. Lettre-préface de Benjamin Sulte. Feuillet d'errata à la fin du vol. Notes hist. concernant Saint-Damien, p. 195-8; Saint-Edmond, p. 198-9; Saint-Didace, p. 199-200; Saint-Cléophas, p. 200-1; Saint-Charles, p. 201-3. Table dét. des mat. ; pas d'index.
QQL QQLa QMU QMBM OTP; NN; BM

SAINT-DENIS SUR RICHELIEU

ALLAIRE, JEAN-B.-A. Histoire de la paroisse de Saint-Denis-sur-Richelieu, par l'abbé J.-B.-A. Allaire ... Ouvrage illustré de nombreuses gravures. Saint-Hyacinthe, Imprimerie du "Courrier de Saint-Hyacinthe", 1905. viii, 543p. ill., pl.h.t., portr., plans, cartes. 23 cm. Errata, p. [498]. Carte de Saint-Denis et des environs, p. [24]; plan de la paroisse Saint-Denis, p. [40]; plan du bourg de Saint-Denis, p. [73]; plan du village de Saint-Denis, p. [88]. De 1603 à date de publ. Notes bibliogr. en bas de page. Table des gravures, p. [541]-3; table dét. des mat., p. [499-507]; pas d'index.
QRS QPC QQLa QMBM OWA; LC NN; BM

RICHARD, JEAN-B. Les églises de la paroisse Saint-Denis-sur-Richelieu, par le Dr J.-B. Richard. [Saint-Hyacinthe] Société d'histoire régionale de Saint-Hyacinthe, 1939. [5], 75, [2] p. ill., plan. 23 cm. Plan des édifices religieux de Saint-Denis, p. [6]. Hist. religieuse de la paroisse de 1740 à date de publ. Table dét. des mat. ; pas d'index.
QQLa

RICHARD, JEAN-B. Les événements de 1837 à Saint-Denis-sur-Richelieu, par le Dr J.-B. Richard. [Saint-Hyacinthe, "Le Courrier de Saint-Hyacinthe"] 1938. [5], 47, [1] p. front., ill., portr., plan. 23 cm. Plan du champ de bataille de Saint-Denis, p. [38]; dessin de la maison de Charles Saint-Germain, p. [32]. Contribution directe à l'hist. de Saint-Denis de 1834 à 1837. Pas d'index.
QQLa

RICHARD, JEAN-B. Saint-Denis-sur-Richelieu, 1900 à 1940 avec notes supplémentaires jusqu'à 1943, par le Dr J.-B. Richard. Préf. de F.-A. Laroche. [Saint-Hyacinthe] Société d'histoire régionale de Saint-Hyacinthe [1943] 251p. ill., pl.h.t., plan, carte. 23 cm. Plan de la paroisse de Saint-Denis, 1943, p. [8]. Hist. du bourg, du village, de la municipalité et de la paroisse Saint-Denis. Table dét. des mat., p. [249]-51; pas d'index.
QQLa QMU QMG QMBM OOTC OTP

SAINT-DIDACE

[DUCHARME, GONZAGUE] Histoire de Saint-Gabriel de Brandon et de ses démembrements: Saint-Damien, Saint-Didace, Saint-Charles de Mandeville, Saint-Cléophas, Saint-Edmond, etc. A travers les registres et en marge. Montréal, G. Ducharme, 1917. [7], 236, [1] p. front., ill., pl. h. t., portr., cartes dépl. 22 cm. Préface de Casimir Hébert. Lettre-préface de Benjamin Sulte. Feuillet d'errata à la fin du vol. Notes hist. concernant Saint-Damien, p. 195-8; Saint-Edmond, p. 198-9; Saint-Didace, p. 199-200; Saint-Cléophas, p. 200-1; Saint-Charles, p. 201-3. Table dét. des mat.; pas d'index.
QQL QQLa QMU QMBM OTP; NN; BM

SAINT-DOMINIQUE DE JONQUIERE

BUIES, ARTHUR. Le Saguenay et le bassin du Lac Saint-Jean. Ouvrage hist. et descr. 3e éd. Québec, Léger Brousseau, 1896. 420p. front., ill., pl. h. t. 23 cm. Errata corrigés. Hist. et descr. de Tadoussac, p. [59]-81; de Chicoutimi, p. [141]-69; de Saint-Dominique de Jonquière, p. [171]-88; du canton Labarre, p. [189]-208; du Lac Saint-Jean, p. [209]-38; des cantons Normandin et Albanel, p. [238]-91; des Laurentides, p. [293]-362; du Saint-Maurice, p. [377]-403. Table dét. des mat.; pas d'index. /1880: 1ère éd. sous le titre: Le Saguenay et la vallée du Lac Saint-Jean; études historique, géographique, industrielle et agricole ... Québec, A. Côté. xvi, 342p. En tête de titre: Emparons-nous du sol. Errata, p. 341-2.
1880: OONL QPC QQA QMM QMU QMBM OOA OOCC OOU OKQ OTU OTY; LC NN; BM /1896: QRS QPC QQA QQLa OOP OOSJ BVaU; LC

SAINT-EDMOND

[DUCHARME, GONZAGUE] Histoire de Saint-Gabriel de Brandon et de ses démembrements: Saint-Damien, Saint-Didace, Saint-Charles de Mandeville, Saint-Cléophas, Saint-Edmond, etc. A travers les registres et en marge. Montréal, G. Ducharme, 1917. [7], 236, [1] p. front., ill., pl. h. t., portr., cartes dépl. 22 cm. Préface de Casimir Hébert. Lettre-préface de Benjamin Sulte. Feuillet d'errata à la fin du vol. Notes hist. concernant Saint-Damien, p. 195-8; Saint-Edmond, p. 198-9; Saint-Didace, p. 199-200; Saint-Cléophas, p. 200-1; Saint-Charles, p. 201-3. Table dét. des mat.; pas d'index.
QQL QQLa QMU QMBM OTP; NN; BM

SAINT-EDMOND DE GRANTHAM

ST-AMANT, JOSEPH-C. L'Avenir, townships de Durham et de Wickham. Notes historiques et traditionnelles avec Précis historiques des autres townships du comté de Drummond ... Première édition. Arthabaska-ville, Impr. "L'Echo des Bois-Francs", 1896. iii, [5], 433p. ill., pl., portr., carte dépl. 20 cm. Préface de Benjamin Sulte, p. i-iii. Hist. générale du comté de Drummond des origines à date de publ. avec accent sur: Drummondville, p. 9-384; les cantons de Durham (p. [105] -19) et de Wickham (p. [120]-30); les paroisses Saint-Cyrille de Wendower (p. [363]-76), Saint-Germain de Grantham (p. 407-15) et Saint-Jean l'Evangéliste de Wickham (p. 415-20); les cantons Kingsey (p. 376 -83), Kingsey Falls (p. 383) et Grantham (p. 384-402); la municipalité South-Durham (p. 402-6). Table dét. des mat.; pas d'index. /1932: Un coin des Cantons de l'Est. Histoire de l'envahissement pacifique mais irrésistible d'une race. Drummondville, "La Parole". [9], 534, [2] p. "Errata", p. [535].
1896: QQL QQLa QMBN QMU QMBM OOA OORD OOSU OOSJ OTP; LC
/1932: OONL QQL QQLa QSherU QMBN QMU QMG QMBM OOA OORD OOSJ OKQ OTP OLU BVaU; NN

SAINT-EDMOND DU LAC AU SAUMON

BOUILLON, ALEXANDRE. Au grand jour, ou Les évolutions d'une paroisse canadienne, Saint-Edmond du Lac au Saumon, comté de Matapédia ... Joigny - Yvonne (France), Ed. Vulliez, 1926. 312, [8] p. front., ill. 19 cm. Page d'errata. Hist. religieuse surtout des premières tentatives de colonisation - 1885 - à date de publ. Table dét. des mat.; pas d'index.
OONL QRS QPC QQA QQL QQLa QQS QMBN QMM QMBM OOA OOSJ OTU OTP; NN

SAINT-EDOUARD (MONTREAL)

AUCLAIR, ELIE-J. Saint-Edouard de Montréal, 1895-1945; précis historique, par l'abbé Elie-J. Auclair ... [Montréal, 1944] 116p. ill., portr. 23 cm. Hist. religieuse surtout.
QQA QQL QMM QMBM OOA OTU; NN

VIGER, JACQUES. Archéologie religieuse du diocèse de Montréal, 1850, par J. Viger ... Montréal, Lovell et Gibson, 1850. 36p. 20 cm. Brèves notes hist. sur les paroisses et missions suivantes: Saint-Cyprien, Saint-Placide, Sainte-Scholastique, Notre-Dame des Anges, Sainte-Marie

Magdelaine, Chambly, Saint-André, Saint-Edouard, Rouville, Sainte-Mélanie, Saint-Gabriel de Brandon, Saint-Mathias, Saint-Vincent de Paul, Saint-Cuthbert. Pas d'index.
QQA QQL QMBN

SAINT-EDOUARD DE FABRE

LA CHAMBRE DE COMMERCE DE VILLE-MARIE. Le Témiscamingue; ses possibilités et ses avantages agricoles, miniers et industriels. Notes et statistiques. [Québec, L'Action Sociale Ltée, 1929] [3], 47p. ill., tabl. stat., carte dépl. 23 cm. Préface de Camille Roy, recteur de l'université Laval. Carte de colonisation du Témiscamingue à la fin du vol. Contient de brèves notes hist. des principales paroisses notamment Ville-Marie (Notre-Dame du Rosaire), p. 31-3; Lorrainville (Notre-Dame de Lourdes), p. 35; Saint-Eugène de Guigues, p. 35-6; Fugèreville (Notre-Dame du Mont Carmel), p. 36-7; Laverlochère (Saint-Isidore), p. 37-8; Guigues (Saint-Bruno), p. 38-9; Notre-Dame du Nord (Saint-Joseph du Nord - Témiscamingue), p. 39-40; Guérin (Saint-Gabriel Lalement), p. 40-1; Nedelec (Saint-Louis), p. 41-2; Latulippe (Saint-Antoine-Abbé), p. 42-3; Bearn (Saint-Placide), p. 43; Fabre (Saint-Edouard), p. 43-4. Pas d'index.
QQS

SAINT-EDOUARD-LES-PLAINES

[SAINT-PIERRE, YVON] Saint-Cyrille de Normandin, 1878-1949. Notes historiques. Rédigé en collaboration. [Roberval, Les Imprimeurs de Roberval, 1949] 154p. front., ill., portr. 22 cm. Hist. religieuse, municipale et agricole. Brèves notes concernant Saint-Thomas-Didyme (p. 122-4) et Saint-Edouard-les-Plaines (p. 124-5). Pas d'index.
QCSHS

SAINT-EPIPHANE

CHOUINARD, LAURENT. Histoire de Saint-Epiphane (Viger). Préface de Mgr Georges-Léon Pelletier ... Montmagny, Ed. Marquis [1948] [9], 213, [2] p. front. (portr.), ill., pl. h. t. 20 cm. Hist. religieuse, p. [39]-108, municipale, p. [109]-30, militaire, p. [143]-9 de la paroisse des origines à date du publ.; canton Viger, p. 17-37. Biogr. des évêques, curés, vicaires, p. [79]-90; liste des maires, p. 114-5; liste des députés fédéraux et provinciaux, p. 184-6. Table dét. des mat., p. [209]-13; pas d'index.
QRS QPC QQL QQLa QMBN QMU QMBM OOA OTP

SAINT-ETIENNE

ALBUM-SOUVENIR publié à l'occasion du 25e anniversaire de prêtrise de Monsieur le curé William Lessard. Paroisse Saint-Etienne, ses organisations religieuses, sociales, ses oeuvres scolaires. [Montréal, Therrien Frères] 1932. 92p. ill., portr. 30 cm. Notes hist. couvrant les années 1912-1930. Pas d'index.
QQA

SAINT-EUGENE DE GUIGUES

LA CHAMBRE DE COMMERCE DE VILLE-MARIE. Le Témiscamingue; ses possibilités et ses avantages agricoles, miniers et industriels. Notes et statistiques. [Québec, L'Action Sociale Ltée, 1929] [3], 47p. ill., tabl. stat., carte dépl. 23 cm. Préface de Camille Roy, recteur de l'université Laval. Carte de colonisation du Témiscamingue à la fin du vol. Contient de brèves notes hist. des principales paroisses notamment Ville-Marie (Notre-Dame du Rosaire), p. 31-3; Lorrainville (Notre-Dame de Lourdes), p. 35; Saint-Eugène de Guigues, p. 35-6; Fugèreville (Notre-Dame du Mont Carmel), p. 36-7; Laverlochère (Saint-Isidore), p. 37-8; Guigues (Saint-Bruno), p. 38-9; Notre-Dame du Nord (Saint-Joseph du Nord - Témiscamingue), p. 39-40; Guérin (Saint-Gabriel Lalement), p. 40-1; Nedelec (Saint-Louis), p. 41-2; Latulippe (Saint-Antoine-Abbé), p. 42-3; Bearn (Saint-Placide), p. 43; Fabre (Saint-Edouard), p. 43-4. Pas d'index.
QQS

SAINT-EUSEBE DE STANFOLD

CENTENAIRE de Princeville, "le Berceau des Bois-Francs", 1849-1948. Album-souvenir. [Princeville, s.éd., 1948] 107, [1] p. ill., portr. 30 cm. Hist. de la paroisse de Saint-Eusèbe de Stanfold et de Princeville. Liste des curés, p. 77-85; liste des maires de Princeville, p. 87. Renseignements stat., p. 100-1. Pas d'index.
QQA QMBM

MAILHOT, CHARLES-E. Les Bois-Francs. Arthabaska, La Cie d'Imprimerie d'Arthabaska, 1914-1920. 4 v. : vol. 1, 471, [3] p. ; vol. 2, 445p. ; vol. 3, 491p. ; vol. 4, 352p. front., ill., pl. h. t., portr. 23 cm. Vol. 1: "Errata", p. [474] ; hist. générale de la région, p. 9-161; hist. des paroisses Saint-Louis de Blandford, p. 163-208; Saint-Eusèbe de Stanfold, p. 209-78; Saint-Calixte de Sommerset, p. 279-312; Saint-Norbert d'Arthabaska,

p. 313-34; Saint-Médard de Warwick, p. 391-432; Sainte-Victoire d'Arthabaska, p. 433-62; "Recensements décennaux des Bois-Francs de 1840 à 1910", p. 463-4. Vol. 2: "Corrections", p. 440; paroisse de Saint-Ferdinand, p. 9-12; Sainte-Victoire d'Arthabaska, p. 51-112; Saint-Paul de Chester, p. 113-92; Sainte-Hélène de Chester, p. 193-216; les Acadiens dans les Bois-Francs et notes généalogiques, p. 217-436. Vol. 3: "Corrections", p. 485; la paroisse de Saint-Valère de Bulstrode, p. 131-43; notice sur la paroisse du Saint-Rosaire, p. 175-7; nombreuses généalogies de familles et doc. divers. Vol. 4: "Corrections", p. 440; hist. de Sainte-Victoire d'Arthabaska, p. 51-[111]; esquisse de la paroisse de Saint-Paul de Chester de 1849 à 1901, p. [113]-91; notes sur la paroisse de Sainte-Hélène de Chester depuis 1860, p. [193]-216; généalogies de familles, p. [217]-424; Sainte-Julie de Sommerset depuis 1840, p. [425]-34. Nombreux doc. stat. Table des ill. pour chaque vol.; table des mat. pour chaque vol.; pas d'index.
QQLa QSherU QMBN QMU OORD OLU OStCB

SAINT-EUSTACHE DE RIVIERE DU CHENE

ANNUAIRE de Ville-Marie, suivi de recherches archéologiques et statistiques sur les institutions catholiques du Canada. Montréal, Z. Chapeleau, 1867-1879. 4 v. (404p.): 1867, L.-A. Hugnet-Latour, 128p.; 1871, C.-O. Beauchemin & Valois, [129]-256p.; 1878, J. Chapleau, [257]-379, [5] p.; 1879, J. Chapleau, [383]-404p. 19 cm. "Errata et addenda", vol. 4, p. 403-4. Vol. 1: Hist. de la paroisse de La Visitation de l'Ile Dupas, p. [1]-55; de la paroisse de Saint-Roch-de-l'Achigan, p. [57]-80; de la paroisse de Saint-Hermas, p. 81-105; de la paroisse de Sainte-Philomène, p. [107]-28. Vol. 2: Hist. de la paroisse de Saint-Eustache, Rivière du Chêne, p. [129]-208; de la paroisse de l'Enfant-Jésus-de-la-Pointe-aux-Trembles, p. [209]-56. Vol. 3: Hist. de la paroisse de Boucherville, p. [257]-379. Vol. 4: Suppl. à l'hist. de la paroisse de Boucherville. Nombreux doc. relatifs à Pierre Boucher, et doc. extraits des registres paroissiaux, p. [385]-402. Table dét. des mat.; pas d'index.
QQA QQS QMBM

SAINT-FABIEN DE BELLECHASSE

ROY, WILFRID. Saint-Magloire de Bellechasse, par l'abbé Wilfrid Roy. Québec [s.éd.] 1925. [7], 274p. front., pl.h.t., portr. 18 cm. En tête de titre: Monographie. Porte aussi sur l'hist. de Saint-Fabien des origines à date de publ. Table dét. des mat., p. [273]-4; pas d'index.
QPC QCSHS QQL QQLa QMBN QMBM OOA; NN

SAINT-FAUSTIN

SANSCHAGRIN, ANGELBERT. Mémoires paroissiaux de Saint-Faustin. [S.l.] 1928. [7], 180, [12] p. ill., pl., portr. 22 cm. Hist. des origines à date de publ., p. 13-119; liste des curés, stat. démographiques, etc., p. 123-79. Table dét. des mat., p. 120-1; pas d'index.
QQL QQLa QMBN QMBM OOA; NN

SAINT-FELIX DE VALOIS

CHAMPAGNE, JEAN-P. Historique de la paroisse de Saint-Félix de Valois (1840-1950) ... [St-Vincent de Paul] 1950. 87p. ill. 23 cm. Fait surtout de compilations diverses: curés, p. 9; banques, p. 11; maîtres de postes, p. 11; maires, p. 13-4; vicaires, p. 14-5; marguilliers, p. 15-6; prêtres et religieuses, p. 18-9; mariages, p. 23-42; nécrologie, p. 43-74. Pas d'index.
OONL QQL QQLa QMU QMBM OOA OTP; NN

SAINT-FELIX DU CAP ROUGE

SCOTT, HENRI-A. Grands anniversaires. Souvenirs historiques et pensées utiles. Québec, L'Action Sociale, 1919. xiv, [2], 304, [2] p. ill., pl.h.t. 24 cm. Lettre de Mgr Louis-Adolphe Paquet à l'auteur, p. [vii]-ix. Errata, p. [xv]. Hist. - des origines à date de publ. - de Notre-Dame de Foy ou Sainte-Foy, p. 1-46; Saint-Colomb de Sillery, p. [113]-36; Cap Rouge, p. [139]-60. Notes bibliogr. en bas de page. Table dét. des mat., p. [305]-6; pas d'index.
QQA QQL QQS QSherU QMBN QMBM; LC

SAINT-FERDINAND

[GAGNE, LUCIEN] Notice sur la paroisse de St-Ferdinand, comté de Mégantic, P.Q. Arthabaska, La Cie d'Impr. d'Arthabaskaville, 1913. [3], 46p. 19 cm. Hist. surtout religieuse de 1835 à date de publ. Pas d'index.
QPC QQA QQL QQLa OTP

MAILHOT, CHARLES-E. Les Bois-Francs. Arthabaska, La Cie d'Imprimerie d'Arthabaska, 1914-1920. 4 v.: vol. 1, 471, [3] p.; vol. 2, 445p.; vol. 3, 491p.; vol. 4, 352p. front., ill., pl.h.t., portr. 23 cm. Vol. 1: "Errata", p. [474]; hist. générale de la région, p. 9-161; hist. des paroisses Saint-Louis de Blandford, p. 163-208; Saint-Eusèbe

de Stanfold, p. 209-78; Saint-Calixte de Sommerset, p. 279-312; Saint-Norbert d'Arthabaska, p. 313-34; Saint-Médard de Warwick, p. 391-432; Sainte-Victoire d'Arthabaska, p. 433-62; "Recensements décennaux des Bois-Francs de 1840 à 1910", p. 463-4. Vol. 2: "Corrections", p. 440; paroisse de Saint-Ferdinand, p. 9-12; Sainte-Victoire d'Arthabaska, p. 51-112; Saint-Paul de Chester, p. 113-92; Sainte-Hélène de Chester, p. 193-216; les Acadiens dans les Bois-Francs et notes généalogiques, p. 217-436. Vol. 3: "Corrections", p. 485; la paroisse de Saint-Valère de Bulstrode, p. 131-43; notice sur la paroisse du Saint-Rosaire, p. 175-7; nombreuses généalogies de familles et doc. divers. Vol. 4: "Corrections", p. 440; hist. de Sainte-Victoire d'Arthabaska, p. 51-[111]; esquisse de la paroisse de Saint-Paul de Chester de 1849 à 1901, p. [113]-91; notes sur la paroisse de Sainte-Hélène de Chester depuis 1860, p. [193]-216; généalogies de familles, p. [217]-424; Sainte-Julie de Sommerset depuis 1840, p. [425]-34. Nombreux doc. stat. Table des ill. pour chaque vol.; table des mat. pour chaque vol.; pas d'index.
QQLa QSherU QMBN QMU OORD OLU OStCB

SAINT-FRANCOIS-D'ASSISE DE LA LONGUE-POINTE

MAURAULT, OLIVIER. Saint-François-d'Assise de la Longue-Pointe; abrégé historique. Montréal, 1924. 102, [2] p. front., ill., portr. 23 cm. Gravure de la Longue-Pointe en 1837 sur la page-couverture. Hist. religieuse et civile de la paroisse des origines à date de publ. Append.: recensements, p. 71-102.
QQL QQLa QMBN QMU QMBM OOA OORD OOSJ OKQ

SAINT-FRANCOIS DE BEAUCE

DEMERS, BENJAMIN. Notes sur la paroisse de St-François de la Beauce, par l'abbé Benj. Demers. Québec, Impr. C. Darveau, 1891. 151p. 18 cm. "L'histoire de la paroisse de St-François ... n'est pas autre que l'histoire de la seigneurie de Rigaud-Vaudreuil", p. [9]. Notices biogr. des missionnaires Récollets, 1737-66, p. 40-8; des curés, 1766-1891, p. 48-121; liste des marguilliers de 1782-1890, p. 133-8. Table dét. des mat.; pas d'index.
QRS QPC QQA QMM QMU QMBM OOP; NN

SAINT-FRANCOIS DE MONTMAGNY

SAINT-FRANCOIS DE MONTMAGNY. 2e centenaire 1729-1929. Programme-souvenir. [Québec, L'Action Sociale Ltée, 1929] 5, 47p. ill.,

portr. 23 cm. Survol de l'hist. religieuse de la paroisse, part. du couvent, p. 7-12, 23-9. Pas d'index.
QQS

SAINT-FRANCOIS DE SALES DE LA POINTE AUX TREMBLES (NEUVILLE)

ALBUM-SOUVENIR à l'occasion du 250e anniversaire de l'érection canonique de la paroisse St-François de Sales de la Pointe aux Trembles de Neuville. [Québec, Impr. Angers & Trudel, 1934] 20p. ill., portr. 17 cm. Hist. de la paroisse de 1679 à 1933. Hist. de la seigneurie de Neuville, p. 10. Notes bibliogr. en bas de page. Chronol., p. 16-8; prêtres et religieux originaires de la paroisse, p. 18. Pas d'index.
QQA

DEMERS, BENJAMIN. Quelques notes historiques sur les missionnaires, curés, desservants et vicaires de la paroisse de Saint-François de Sales de Neuville dite la Pointe aux Trembles. Québec, L'Action Sociale, 1915. Notes hist. des origines à date de publ. Table dét. des mat. ; pas d'index.
QQA QMBN QMU QMBM OOP

SAINT-FRANCOIS DU LAC

CHARLAND, THOMAS-M. Histoire de Saint-François du Lac [par] l'abbé Thomas-M. Charland. Ottawa, Collège Dominicain, 1942. [11], 364, [4] p. ill., portr., pl.h.t., fac-sim., plan, carte. 23 cm. Notes hist. des origines à date de publ. Notes bibliogr. en bas de page. Table des ill., p. [365].
QRS QPC QQL QQLa QMBN QMU QMBM OOA OOP OOG OOU OOCiT OKQ OKR OTP OTY AEU; LC NN

SULTE, BENJAMIN. Histoire de Saint-François du Lac. Montréal, Impr. de "L'Etendard", 1886. 120p. 23 cm. Hist. depuis 1638 contenant de nombreux doc. Notes bibliogr. en bas de page. Pas d'index.
QQL QQLa QMBN QMU QMBM OOA OOC OOU OORD OTP; LC NN; BM

SAINT-FRANCOIS-XAVIER DE BATISCAN

BELLEMARE, PIERRE-A.-A. Batiscan (St-François-Xavier de), par messieurs les abbés P.-A.-A. Bellemare et Hervé Trudel ... Trois-Rivières, Ed. du Bien Public, 1933. 55, [1] p. 25 cm. (Pages trifluviennes, série A, no 5). "Vieux sites" de Clovis Duval, p. 9. Des origines à date de publ. Table dét. des mat. ; pas d'index.
QQLa QMBM OOA OOSJ OTU; NN

TRUDEL, HERVE. Batiscan, voir: Bellemare, Pierre-A.-A.

SAINT-FRANCOIS-XAVIER DE CAUGHNAWAGA

BECHARD, HENRI. J'ai cent ans, par le R.P. Henri Béchard. L'église de Saint-François-Xavier de Caughnawaga. Montréal, Le Messager Canadien [1946] 77, [3] p. ill., plan. 21 cm. Hist. de la mission Saint-Françoix-Xavier depuis 1846. Pas d'index.
QPC QQL QQLa QMU OOA OOP OTU OTP BVaU

SAINT-GABRIEL DE BRANDON

[DUCHARME, GONZAGUE] Histoire de Saint-Gabriel de Brandon et de ses démembrements: Saint-Damien, Saint-Didace, Saint-Charles de Mandeville, Saint-Cléophas, Saint-Edmond, etc. A travers les registres et en marge. Montréal, G. Ducharme, 1917. [7], 236, [1] p. front., ill., pl.h.t., portr., cartes dépl. 22 cm. Préface de Casimir Hébert. Lettre-préface de Benjamin Sulte. Feuillet d'errata à la fin du vol. Notes hist. concernant Saint-Damien, p. 195-8; Saint-Edmond, p. 198-9; Saint-Didace, p. 199-200; Saint-Cléophas, p. 200-1; Saint-Charles, p. 201-3. Table dét. des mat.; pas d'index.
QQL QQLa QMU QMBM OTP; NN; BM

VIGER, JACQUES. Archéologie religieuse du diocèse de Montréal, 1850, par J. Viger ... Montréal, Lovell et Gibson, 1850. 36p. 20 cm. Brèves notes hist. sur les paroisses et missions suivantes: Saint-Cyprien, Saint-Placide, Sainte-Scholastique, Notre-Dame des Anges, Sainte-Marie Magdelaine, Chambly, Saint-André, Saint-Edouard, Rouville, Sainte-Mélanie, Saint-Gabriel de Brandon, Saint-Mathias, Saint-Vincent de Paul, Saint-Cuthbert. Notes bibliogr. en bas de page. Pas d'index.
QQA QQL QMBN

SAINT-GABRIEL LALEMENT (GUERIN)

LA CHAMBRE DE COMMERCE DE VILLE-MARIE. Le Témiscamingue; ses possibilités et ses avantages agricoles, miniers et industriels. Notes et statistiques. [Québec, L'Action Sociale Ltée, 1929] [3], 47p. ill., tabl. stat., carte dépl. 23 cm. Préface de Camille Roy, recteur de l'université Laval. Carte de colonisation du Témiscamingue à la fin du vol. Contient de brèves notes hist. des principales paroisses notamment Ville-Marie (Notre-Dame du Rosaire), p. 31-3; Lorrainville (Notre-Dame de Lourdes), p. 35; Saint-Eugène de Guigues, p. 35-6; Fugèreville

(Notre-Dame du Mont Carmel), p. 36-7; Laverlochère (Saint-Isidore), p. 37-8; Guigues (Saint-Bruno), p. 38-9; Notre-Dame du Nord (Saint-Joseph du Nord - Témiscamingue), p. 39-40; Guérin (Saint-Gabriel Lalement), p. 40-1; Nedelec (Saint-Louis), p. 41-2; Latulippe (Saint-Antoine-Abbé), p. 42-3; Bearn (Saint-Placide), p. 43; Fabre (Saint-Edouard), p. 43-4. Pas d'index.
QQS

SAINT-GEORGES DE HENRYVILLE

BROSSEAU, JEAN-D. Saint-Georges d'Henryville et la seigneurie de Noyan, essai de monographie paroissiale [par] Fr. J. -D. Brosseau ... [Saint-Hyacinthe, Qué.] La Cie d'Impr. et Comptabilités de Saint-Hyacinthe, 1913. [3], 238, [2] p. front., ill., pl. h. t., portr., plan, carte dépl. 21 cm. Carte de la seigneurie de Noyan, p. 32; plan de Saint-Georges d'Henryville à la fin du vol.; armoiries de Noyan, p. 6. Hist. de la paroisse des origines à date de publ. "Sources", p. 238; notes bibliogr. en bas de page. Liste des maires de Saint-Georges, 1855-1912, p. 122; généalogies des premières familles, p. 192-223. Table dét. des mat.; pas d'index.
QQL QQLa QMBN QMM QMU QMBM OOA OOP OOU OTP BVaU; LC

DEMERS, PHILIPPE. Quelques études sur notre histoire régionale, par l'honorable juge Philippe Demers. [Saint-Jean] Editions du "Canada français" [1946] [2], 55p. front. (portr.), plan. 22 cm. Plan de Saint-Georges d'Henryville, p. 52. Regroupe six études d'hist. locale et régionale: "La Vallée du Richelieu et son histoire", p. 5-16; "L'amiral du Lac Champlain", p. 17-24; "Le général Hazen ... seigneur de Bleury-Sud", p. 25-36; "Un coin de frontière", p. 44; "Histoire de la fondation du village de Henryville", p. 45-52; "Le Mont Johnson", p. 53-5. Notes bibliogr. en bas de page. Pas d'index.
QQLa

SAINT-GERARD DE MONTARVILLE

[LEMONDE, AIME] Saint-Gérard de Montarville. Mémorandum pour 1906. Saint-Gérard de Montarville [s. éd.] 1906. 56p. 14 cm. Notes sur la vie religieuse de la paroisse, p. 3-37; hist. de Saint-Gérard de 1806 à 1883, p. 37-55. Pas d'index. /1907: Histoire de Saint-Gérard de Montarville, comté de Labelle, Qué., diocèse d'Ottawa, par X ... Nominingue, Impr. du Pionnier. 44, [2] p. 18 cm.
1906: QQA /1907: QQA QQL QMBN QMBM

SAINT-GERMAIN DE GRANTHAM

ST-AMANT, JOSEPH-C. L'Avenir, townships de Durham et de Wickham. Notes historiques et traditionnelles avec Précis historiques des autres townships du comté de Drummond ... Première édition. Arthabaskaville, Impr. "L'Echo des Bois-Francs", 1896. iii, [5], 433p. ill., pl., portr., carte dépl. 20 cm. Préface de Benjamin Sulte, p. i-iii. Hist. générale du comté de Drummond des origines à date de publ. avec accent sur: Drummondville, p. 9-384; les cantons de Durham (p. [105] -19) et de Wickham (p. [120]-30); les paroisses Saint-Cyrille de Wendower (p. [363]-76); Saint-Germain de Grantham (p. 407--15) et Saint-Jean l'Evangéliste de Wickham (p. 415-20); les cantons Kingsey (p. 376 -83), Kingsey Falls (p. 383) et Grantham (p. 384-402); la municipalité South-Durham (p. 402-6). Table dét. des mat.; pas d'index. /1932: Un coin des Cantons de l'Est. Histoire de l'envahissement pacifique mais irrésistible d'une race. Drummondville, "La Parole". [9], 534, [2] p. "Errata", p. [535].
1896: QQL QQLa QMBN QMU QMBM OOA OORD OOSU OOSJ OTP; LC
/1932: OONL QQL QQLa QSherU QMBN QMU QMG QMBM OOA OORD OOSJ OKQ OTP OLU BVaU; NN

SAINT-GERMAIN DE RIMOUSKI

GUAY, CHARLES. Chronique de Rimouski, par l'abbé Chs. Guay ... Québec, P.-G. Delisle, 1873-74. 2 v.: 254, [20] p.; 261-417, [8] p. "Errata", premier vol., p. [258]. Hist. des origines à date de publ. Chap. XI, liste chronol. des prêtres ... des députés, tabl. ... de la population de 1701 à 1872, p. [137]-77. Table dét. des mat., vol. 1, p. [254-5]; vol. 2, p. [419-20]; pas d'index.
QRS QPC QQA QQL QQLa QMU QMBM OOA OTP OLU; LC NN

RIMOUSKI. Comité du Centenaire. Album-souvenir. Notes historiques, 1829-1929. Rimouski, S. Vachon [1929] xvi, [6], 84, xvii-xxiip. ill., portr. 25 cm. En tête de titre: Fêtes du centenaire de Rimouski. Append.: liste des évêques, curés, députés, maires, conseils municipaux, avocats, médecins, shérifs, agents des terres, etc., p. 65-75. Biogr., p. 83-4. Table dét. des mat., p. [5-6]; pas d'index.
QRS QPC QQA QQLa

SAINT-GILLES DE BEAURIVAGE

NADEAU, ANDRE. Histoire de la paroisse de Saint-Patrice de Beaurivage,

1871-1946. Québec, Ernest Tremblay, Impr. [1946] [5], 163, 46p. ill., portr., fac-sim. 22 cm. Hist. religieuse et civile de la paroisse et du village. Notes bibliogr. en bas de page. Nombreux doc.: liste des députés, résultats des votes depuis 1867, p. 141-54. Table dét. des mat.; pas d'index.
QPC QQA QQL QQLa QMBN QMBM OOA OTP; NN

SAINT-GREGOIRE (MONTMORENCY)

BHERER, GEORGES. Les cinquante ans de la paroisse de Saint-Grégoire de Montmorency, 1890-1940. [Québec, Charrier & Dugal, 1940] 80p. ill., pl., portr. 22 cm. Présentation de J.-M. Rod. Card. Villeneuve, p. 4; mot de l'abbé Odilon Blanchet, p. 6. Pas d'index.
QPC QQL QQLa QMBN QMBM OOA OOP OTU

SAINT-GREGOIRE (NICOLET)

DESILETS, ALFRED. Souvenirs d'un octogénaire. Trois-Rivières, P.-R. Dupont, 1922. [7], 159, [3] p. 17 cm. Brève hist. de Saint-Grégoire, depuis sa fondation, et de la famille Désilets. Table dét. des mat., p. [161-2]; pas d'index.
PC QQA QQL QMBN QMU QMBM OOP OTP BVaU; NN; BM

SAINT-GUILLAUME D'UPTON

DESAULNIERS, FRANCOIS-P. Notes historiques sur la paroisse de Saint-Guillaume d'Upton, avec la généalogie des familles DeSerre, Vanasse, Melançon, Dupuis, Desaulniers, Lessard, Houde, Adam, Blais, Gélinas, Lamoureux et Touzin, par F.-L. Desaulniers. Montréal, A.-P. Pigeon, 1905. xi, 141, [2] p. ill., portr., tabl. 23 cm. Hist. de la paroisse, p. 1-93, suivie de généalogies. Liste des gravures. Table dét. des mat.; pas d'index.
QQL QQLa QQS QMBN QMU QMBM QLB OOA OOP OTP; LC NN

SAINT-HENRI (MONTREAL)

AUCLAIR, ELIE-J.-A. Saint-Henri des Tanneries de Montréal. Montréal, Impr. De-La-Salle, 1942. 128p. ill., portr. 23 cm. Survol hist. des origines à date de publ. Bibliogr., p. 3. Table dét. des mat.; pas d'index.
QQL QQLa QMBN QMM OOA OOP

SAINT-HERMAS

ANNUAIRE de Ville-Marie, suivi de recherches archéologiques et statistiques sur les institutions catholiques du Canada. Montréal, Z. Chapeleau, 1867-1879. 4 v. (404p.): 1867, L.-A. Hugnet-Latour, 128p.; 1871, C.-O. Beauchemin & Valois, [129]-256p.; 1878, J. Chapleau, [257]-379, [5] p.; 1879, J. Chapleau, [384]-404p. 19 cm. "Errata et addenda", vol. 4, p. 403-4. Vol. 1: Hist. de la paroisse de La Visitation de l'Ile Dupas, p. [1]-55; de la paroisse de Saint-Roch-de-l'Achigan, p. [57]-80; de la paroisse de Saint-Hermas, p. 81-105; de la paroisse de Sainte-Philomène, p. [107]-28. Vol. 2: Hist. de la paroisse de Saint-Eustache, Rivière du Chêne, p. [129]-208; de la paroisse de l'Enfant-Jésus-de-la-Pointe-aux-Trembles, p. [209]-56. Vol. 3: Hist. de la paroisse de Boucherville, p. [257]-379. Vol. 4: Suppl. à l'hist. de la paroisse de Boucherville. Nombreux doc. relatifs à Pierre Boucher, et doc. extraits des registres paroissiaux, p. [385]-402. Table dét. des mat.; pas d'index.
QQA QQS QMBM

SAINT-HERMENEGILDE

GRAVEL, JOSEPH-A. Précis historique de Saint-Herménégilde. [S.l., s.éd.] 1942. [8], 38, [2] p. ill., portr., carte. 22 cm. Carte de la région de Sherbrooke, p. [10]. Hist. religieuse et civile des origines à date de publ. Table des mat., p. [39]; pas d'index.
QQLa OTU

SAINT-HILARION

BOIVIN, LEONCE. Dans nos montagnes (Charlevoix). Les Eboulements, 1941. 254p. ill., pl., portr. 20 cm. Survol hist. des origines à date de publ. Lettre de Georges Melançon à l'auteur, p. [5-6]. Doc. en append. Table dét. des mat.; pas d'index. /1942: 2e éd. /1945: 3e éd. rev. et corr. 242p.
1941: QPC QQLa QMBN QMU QMBM OOP OTP /1942: OONL QMBM OOU /1945: QQLa OTU

TREMBLAY, NEREE. Monographie de la paroisse de Saint-Hilarion. Québec, Charrier & Dugal, 1948. xv, 257, [2] p. ill., plan. 20 cm. Lettre-préface du père Benoît Mailloux, p. ix-x. "Plan de la paroisse", p. 2. Consacrée surtout à l'hist. religieuse des origines à date de publ., l'étude traite des écoles et raconte certains faits divers. Doc.: la

population depuis 1851, p. [208]; ancêtres, p. [226]-38. "Table des noms cités", p. [239]-47; "Table analytique des matières", p. [248]-57.
QCSHS QQL QQLa QMBM OOA; NN

SAINT-HIPPOLYTE DE WOTTON

[NOTES HISTORIQUES sur les paroisses du diocèse de Sherbrooke parues dans l'Annuaire du Collège de Sherbrooke] [Sherbrooke, 1949] Pag. var. 21 cm. Recueil de différentes études parues dans l'Annuaire et relié en un vol. factice. Comprend des notes hist. - généralement des origines à date de publ. - de paroisses du diocèse de Sherbrooke, notamment Saint-Michel de Sherbrooke, Saint-Philémon de Stoke, Saint-Hippolyte de Wotton, Saint-Janvier de Weedon et Saint-Pierre de la Patrie.
QQLa

O'BREADY, MAURICE. Histoire de Wotton, comté de Wolfe, P.Q. [Sherbrooke, s.éd., 1949] [9], 354p. ill., portr., fac-sim., carte. 23 cm. Carte de la subdivision du comté de Buckingham-shire en cantons (1792), p. 16-7. "Sources et références", p. 350-1. Hist. religieuse de la paroisse (Saint-Hippolyte de Wotton) et hist. civile, polit. et culturelle des municipalités de Wotton et Wottonville des origines à date de publ.; esquisse de l'hist. du comté de Wolfe, p. 125-41. Table dét. des mat.; pas d'index.
QPC QQL QQLa QSherU QMBN QMM QMU QMBM OOA OTP; NN

SAINT-HONORE DE SHENLEY

[LEMIEUX, GAUDIOSE-M.] Saint-Honoré de Shenley (Beauce). Autrefois et aujourd'hui. Québec, L'Action Sociale, 1915. [7], 60p. ill., pl.h.t., portr. 24 cm. Hist. religieuse de 1854 à date de publ.: la mission, l'érection canonique de la paroisse, les institutions religieuses, les curés, etc. Table des ill., p. 60; table dét. des mat.; pas d'index.
QPC QQA QQS QMBN QMBM

SAINT-IGNACE DU CAP SAINT-IGNACE

SIROIS, NAPOLEON-J.-T. Monographie de Saint-Ignace du Cap Saint-Ignace depuis 1672 à 1903, par l'abbé N.-J. Sirois. Lévis, Impr. à La Revue du Notariat, 1903. 119, [3] p. ill., pl.h.t., portr. 23 cm. Table dét. des mat.; pas d'index.
QPC QQA QQL QQLa QMBN OOA OTP; LC NN; BM

SAINT-IRENEE

BOIVIN, LEONCE. Dans nos montagnes (Charlevoix). Les Eboulements, 1941. 254p. ill., pl., portr. 20 cm. Survol hist. des origines à date de publ. Lettre de Georges Melançon à l'auteur, p. [5-6]. Doc. en append. Table dét. des mat.; pas d'index. /1942: 2e éd. /1945: 3e éd. rev. et corr. 242p.
1941: QPC QQLa QMBN QMU QMBM OOP OTP /1942: OONL QMBM OOU /1945: QQLa OTU

SAINT-ISIDORE (LAPRAIRIE)

CENTENAIRE de la paroisse de Saint-Isidore, comté de Laprairie, 19 août 1934. [Québec, 1934] [4], 64p. ill., portr. 29 cm. Survol de l'hist. de 1834 à 1934. Concessions, p. 12-6; biogr. des curés, p. 15; liste des religieux, p. 18-9; liste des marguilliers, p. 29; notables, p. 30-2; hist. polit. et biogr., p. 32-41. Collaboration d'Auguste Boyer, Elizée Choquette, Jean-Jacques Lefebvre, G. Toupin. Pas d'index.
QQA QQL QQLa QMBN QMBM OOA; NN

SAINT-ISIDORE DE LAVERLOCHERE

LA CHAMBRE DE COMMERCE DE VILLE-MARIE. Le Témiscamingue; ses possibilités et ses avantages agricoles, miniers et industriels. Notes et statistiques. [Québec, L'Action Sociale Ltée, 1929] [3], 47p. ill., tabl. stat., carte dépl. 23 cm. Préface de Camille Roy, recteur de l'université Laval. Carte de colonisation du Témiscamingue à la fin du vol. Contient de brèves notes hist. des principales paroisses notamment Ville-Marie (Notre-Dame du Rosaire), p. 31-3; Lorrainville (Notre-Dame de Lourdes), p. 35; Saint-Eugène de Guigues, p. 35-6; Fugèreville (Notre-Dame du Mont Carmel), p. 36-7; Laverlochère (Saint-Isidore), p. 37-8; Guigues (Saint-Bruno), p. 38-9; Notre-Dame du Nord (Saint-Joseph du Nord - Témiscamingue), p. 39-40; Guérin (Saint-Gabriel Lalement), p. 40-1; Nedelec (Saint-Louis), p. 41-2; Latulippe (Saint-Antoine-Abbé), p. 42-3; Bearn (Saint-Placide), p. 43; Fabre (Saint-Edouard), p. 43-4. Pas d'index.
QQS

SAINT-JACQUES (MONTREAL)

MAURAULT, OLIVIER. Marges d'histoires. [Tome] II: Montréal. [Montréal] Librairie d'Action canadienne-française, 1929. 297, [5] p.

19 cm. Divers articles sur l'hist. religieuse de Montréal des origines à la fin du 19e s. Saint-Jacques de Montréal, p. 203-41; Notre-Dame de Grâce, p. 241-69. Notes bibliogr. en bas de page. Table dét. des mat. ; pas d'index.
QRC QQA QQL QQLa QNicS QMBN QMU QMBM OOA OOCC OONG OOU OOSU OOSJ OKQ OTRM OLU OWtU BVaU

MAURAULT, OLIVIER. Saint-Jacques de Montréal. L'église - la paroisse. Montréal, 1923. [8], 126, [4] p. ill., portr., plans. 23 cm. Tabl. de l'incendie du faubourg Saint-Laurent, le 8 juillet 1852, p. 42; plan de l'église Saint-Jacques, p. 114. Hist. religieuse de la paroisse canonique et de la paroisse civile depuis respectivement 1823 et 1904. Chap. VIII contient des doc. stat. sur les prêtres de l'évêché et de l'hospice Saint-Joseph, les sulpiciens desservants, les prêtres auxiliaires et les prêtres chapelains; listes des congrégations et des marguilliers, p. 115-24. Notes bibliogr. en bas de page. Table dét. des mat. ; pas d'index.
QQL QQLa QMBN QMU QMBM OOA OOSJ OKQ; NC

SAINT-JACQUES DE L'ACHIGAN

[CHAGNON, FRANCOIS-X.] Annales religieuses de la paroisse de Saint-Jacques le Majeur vulgo de l'Achigan depuis son origine jusqu'à nos jours (de 1772 à 1872). Montréal, J.-A. Plinguet, 1872. vi, 104, [2] p. 19 cm. Errata, p. [105]. Hist. de l'éducation, p. [78]-91; notes biogr. des curés, p. [92]-101. Pas d'index.
QQL QMBN QMU QMBM OTP

COURTEAU, GUY. Une nouvelle Acadie, Saint-Jacques de l'Achigan, 1772-1947 [par] Guy Courteau et François Lanoue. [Montréal, 1949] 398p. ill., cartes. 23 cm. Bibliogr., p. 382. Table dét. des mat., p. 395-8.
NBFU QPC QQL QQLa QMBN QMU QMBM OOA OOP OOU OKR OTP; NN

SAINT-JACQUES LE MAJEUR DE CAUSAPSCAL

BEAUPRE, JEAN-B.-F. Un site enchanteur de la vallée de la Matapédia, Causapscal [par] Lambert Closse [pseud.] Lettre-préface par ... Philippe Cossette et introduction par ... J.-B. Lavoie ... Causapscal [s.éd.] 1928. xix, 184p. front., ill., pl.h.t., portr. 19 cm. Hist. de Saint-Jacques de Causapscal de 1833 à date de publ. Append.: listes des curés, maires, commissaires d'école et des familles, etc., p. 146-79. Bibliogr., p. [180]. Table dét. des mat., p. [181]-4; pas d'index.
OONL NBFU QRS QQL QQLa QQS QMBN QMU QMBM OOA OOP OOU OTP; NN

LAMBERT CLOSSE [pseud.] Un site enchanteur de la vallée de la Matapédia, voir: Beaupré, Jean-B. -F.

SAINT-JANVIER DE WEEDON

CHAREST, FRANCOIS-V. Notes sur la paroisse de Saint-Janvier de Weedon, par F. -Venant Charest. Sherbrooke, Impr. du Séminaire Saint-Charles Borromée, 1891. [4], 88, [3] p. 19 cm. "Errata", p. 88. Ill. du Séminaire Saint-Charles Borromée, Sherbrooke, sur le plat extérieur arrière de la couverture. Survol de l'hist. des origines à date de publ. Tabl. de la population de la paroisse en 1864, p. 67. Table dét. des mat. ; pas d'index.
QQA QQL QQLa QMBN OOA OOP

[NOTES HISTORIQUES sur les paroisses du diocèse de Sherbrooke parues dans l'Annuaire du Collège de Sherbrooke] [Sherbrooke, 1949] Pag. var. 21 cm. Recueil de différentes études parues dans l'Annuaire et relié en un vol. factice. Comprend des notes hist. - généralement des origines à date de publ. - de paroisses du diocèse de Sherbrooke, notamment Saint-Michel de Sherbrooke, Saint-Philémon de Stoke, Saint-Hippolyte de Wotton, Saint-Janvier de Weedon et Saint-Pierre de la Patrie.
QQLa

SAINT-JEAN-BAPTISTE (MONTREAL)

AUCLAIR, ELIE-J. -A. Saint-Jean-Baptiste de Montréal; monographie paroissiale, 1874-1924, par l'abbé Elie-J. Auclair ... Québec, 1924. 134, [1] p. ill., pl.h.t. 19 cm. Table des ill., p. [135]; table dét. des mat., p. [131]-4; pas d'index.
OONL QQL QQLa QMBN QMM QMU QMBM OOP OOU OOSJ OTU BVaU; NN

SAINT-JEAN-BAPTISTE (QUEBEC)

QUEBEC (VILLE). Saint-Jean-Baptiste (paroisse). Album-souvenir publié à l'occasion du 50e anniversaire de l'érection canonique de la paroisse et du jubilé d'or de Mgr J. -E. Laberge, curé. Québec, L'Action catholique, 1936. 239p. ill., portr., plan. 29 cm. Plan de la paroisse en 1879, p. 25. Hist. de la paroisse des origines à date de publ. Généalogie, p. 98-100; liste et biogr. des vicaires, p. 101-12; hist. des noms de rues de la paroisse, p. 228-33. Table dét.

des mat., p. 236-9; pas d'index.
QQLa

[ROY, PIERRE-G., éd.] Saint-Jean-Baptiste de Québec. Lévis, Pierre-Georges Roy, 1901. 30p. front. 23 cm. Hist. religieuse de la paroisse faite de textes des abbés Benjamin Demers, David Gosselin et A.-B. Routhier. Pas d'index.
QQL QMBN

VALIQUET, ADRIEN-N. Calendrier et bulletin des paroisses françaises de la ville de Québec, année 1908. [Québec, s.éd., 1908] 97, 95p. ill., portr. 18 cm. Première partie consacrée aux annonces commerciales; la seconde contient des notes hist. - des origines à date de publ. - relatives à Notre-Dame de Québec, Saint-Roch, Saint-Jean-Baptiste, Saint Sauveur, Notre-Dame de la Garde, Saint-Malo, Notre-Dame de Jacques Cartier. Pas d'index.
QQA QQS

SAINT-JEAN-BAPTISTE DE DESCHAILLONS

LEMAY, FELIX-L. Monographie de Saint-Jean-Baptiste de Deschaillons, 1674-1934 ... [Deschaillons] 1934. 248p. ill., portr. 18 cm. Hist. religieuse surtout. Table des gravures; pas d'index.
QPC QQA QQL QMBN QMM QMU QMBM OOA OTP

SAINT-JEAN-BAPTISTE DE L'ISLE VERTE

GAUVREAU, CHARLES-A. L'Isle Verte (Saint-Jean-Baptiste), par Charles-A. Gauvreau ... Lévis, Mercier, 1889. [5], 250p. 16 cm. En tête de titre: Nos paroisses. Errata au début du vol. Hist. de la paroisse des origines à date de publ. "Tableau chronologique des missionnaires et curés (1711-1888)", p. 221-3. Table dét. des mat., p. [249]-50; pas d'index. /1880: 1ère éd. Lévis, Mercier. 250p.
OONL QRS QPC QCSHS QQA QQL QQLa QQS QMBN QMU OOSJ OTP; BM

SAINT-JEAN DE MATHA

PROVOST, THEOPHILE-S. Histoire d'un établissement paroissial de colonisation, Saint-Jean de Matha, par T. Provost ... Joliette, Aux Bureaux de "L'Etudiant" et du "Couvent", 1888. 154p. 17 cm. Hist. de 1836 à date de publ. Table dét. des mat., p. [153]-4; pas d'index.
QPC QQA QQL QMBN QMBM OOA OOP OTP; BM

SAINT-JEAN-DESCHAILLONS

PROGRAMME-SOUVENIR, 2e centenaire Saint-Jean-Deschaillons, 24, 25, 26 juin 1944. [S.l., s.éd.] 1944. 32p. ill., portr. 22 cm. Chronol., p. 12; recensement de 1762, p. 17; "notes hist.", sur Saint-Jean, p. 22-3; liste des missionnaires & curés, p. 7; liste des maires, p. 27. Pas d'index.
QQA

SAINT-JEAN-L'EVANGELISTE

ST-AMANT, JOSEPH-C. L'Avenir, townships de Durham et de Wickham. Notes historiques et traditionnelles avec Précis historiques des autres townships du comté de Drummond ... Première édition. Arthabaskaville, Impr. "L'Echo des Bois-Francs", 1896. iii, [5], 433p. ill., pl., portr., carte dépl. 20 cm. Préface de Benjamin Sulte, p. i-iii. Hist. générale du comté de Drummond des origines à date de publ. avec accent sur: Drummondville, p. 9-384; les cantons de Durham (p. [105]-19) et de Wickham (p. [120]-30); les paroisses Saint-Cyrille de Wendower (p. [363]-76), Saint-Germain de Grantham (p. 407-15) et Saint-Jean l'Evangéliste de Wickham (p. 415-20); les cantons Kingsey (p. 376-83), Kingsey Falls (p. 383) et Grantham (p. 384-402); la municipalité South-Durham (p. 402-6). Table dét. des mat.; pas d'index. /1932: Un coin des Cantons de l'Est. Histoire de l'envahissement pacifique mais irrésistible d'une race. Drummondville, "La Parole". [9], 534, [2] p. "Errata", p. [535].
1896: QQL QQLa QMBN QMU QMBM OOA OORD OOSU OOSJ OTP; LC
/1932: OONL QQL QQLa QSherU QMBN QMU QMG QMBM OOA OORD OOSJ OKQ OTP OLU BVaU; NN

SAINT-JEAN-PORT-JOLY

OUELLET, GERARD. Ma paroisse, Saint-Jean-Port-Joly. [Québec, s.éd., 1946] xvi, 348, [3] p. front. (portr.), pl.h.t., portr., carte dépl. 23 cm. Carte de la seigneurie Saint-Jean-Port-Joly, p. 176. Couvre l'hist. de la paroisse et de la municipalité des origines à date de publ. Append.: liste des familles, prêtres, religieuses, etc., p. [331]-45. Bibliogr., p. [347]-8. Table dét. des mat., p. [349-51]; pas d'index.
QPC QQL QQLa QMBN QMM QMU QMBM OOA OTP BVaU

SAINT-JEROME (mission)

ASSOCIATION DE LA PROPAGATION DE LA FOI. Rapport sur les missions du diocèse de Québec, qui sont secourues par l'Association de la propagation de la foi. Janvier 1839, no 1-mai 1874, no 21. Québec, Fréchette & Cie, 1839-42; J. -B. Fréchette, 1843-5; Fréchette & Frère, 1847; A. Côté & Cie, 1849-55; J. -T. Brousseau, 1857-61; Léger Brousseau, 1863-8; P. -G. Delisle, 1870-4. 21 fasc. cartes. 20 cm. Légère variante dans le titre des relations 1 et 4: Notice sur les missions ... Tabl. : "Echelle chronologique et historique de la religion", vol. 5, p. 136. Chaque relation contient également un tabl. des recettes et des dépenses de l'Association. Traite des missions sous la juridiction ecclésiastique du diocèse de Québec pour les années 1836 à 1874 qui furent: Missions du Saint-Maurice, du Lac Témiscaming, de la Grosse-Ile, de Sherbrooke, de Drummondville, d'Halifax, de Leeds, d'Inverness, de Frampton, du Lac Beauport et de Stoneham, de Laval, de Valcartier, du Lac Abbitibbi, de Blandford, du Saguenay, de Kennebec, de Labrador, de Gaspé, des Cantons de l'Est, du Lac Saint-Jean, de Saint-Pierre de Broughton, de Tadoussac, de Chicoutimi, de Cascapédiac, de Nataskouan, de Saint-Jérôme, des Escoumins, de Sainte-Anne de Portneuf, de Saint-Ubald, d'Anticosti, de la Pointe aux Esquimaux, de Matapédia, etc., et d'autres localités du Canada et des Etats-Unis. Pas d'index.
QQL QQS

SAINT-JEROME DE MATANE

BENOIST, EMILE. Rimouski et les pays d'en-bas. Montréal, Editions du "Devoir", 1945. 193, [3] p. 19 cm. Hist., des origines à date de publ., des paroisses de Sainte-Angèle de Mérici, p. 135-9 et de Saint-Jérôme de Matane, p. 161-9. Table dét. des mat.; pas d'index.
QQL QQLa QMM QMU QMBM OOA OOP OOG OOSJ OTU OTP OHM OLU BVaU; LC NN

SAINT-JOSEPH DE BEAUCE

NADEAU, JEAN-T. Saint-Joseph de la Nouvelle-Beauce, voir: Perron, Jean-T.

PERRON, JEAN-T. Saint-Joseph de la Nouvelle-Beauce. Résumé historique d'après les notes de M. l'abbé Jean-Thomas Nadeau ... Québec [L'Action catholique] 1938. 64p. ill., portr., fac-sim. 23 cm. Hist. religieuse surtout de 1736 à date de publ. Seigneurie de La Gorgendière

au 18e s., p. 16. Maires de la paroisse et maires du village, p. 47; députés fédéraux et provinciaux, p. 57. Table dét. des mat.; pas d'index.
QPC QQL QQLa OOP

PROGRAMME-SOUVENIR officiel du deuxième centenaire de Saint-Joseph de la Beauce, 5, 6 et 7 août 1938. [Saint-Joseph, s.éd., 1938] [48] p. ill., portr. 25 cm. Contient quelques brèves notes hist. des institutions religieuses de la paroisse. Galerie des curés de la paroisse. Texte entrecoupé d'annexes commerciales. Pas d'index.
QMBM

SAINT-JOSEPH DE CARLETON

CHOUINARD, EDOUARD-P. Histoire de la paroisse de Saint-Joseph de Carleton (Baie des Chaleurs) 1755-1906, par le révérend E.-P. Chouinard. [Rimouski] Impr. générale de Rimouski, 1906. ii, 111p. 22 cm. Hist. paroissiale parue d'abord dans le Moniteur acadien et dans le Progrès du Golfe. Doc., p. [95]-105. Listes des missionnaires, des curés, des vicaires, des marguilliers ..., p. 105-11. Pas d'index.
QRS QPC QQA QQLa QMBN QMBM OTP; LC NN

SAINT-JOSEPH DE SILLERY

POULIOT, LEON. La mission Saint-Joseph de Sillery (1637-1670), par le P. Léon Pouliot, s.j. [Montréal, L'Action paroissiale, 1937] 16p. 18 cm. (L'Oeuvre des Tracts, no 218). Ecrit à l'occasion du troisième centenaire de la fondation de la mission. Notes bibliogr. en bas de page. Pas d'index.
QQL QQLa QMBM

SAINT-JOSEPH DE SOULANGES

AUCLAIR, ELIE-J.-A. Histoire de la paroisse Saint-Joseph de Soulanges, ou Les Cèdres (1702-1927), par l'abbé Elie-J. Auclair ... [Saint-Polycarpe, 1927] 416, [2] p. ill., portr. 22 cm. Append., p. 354-403. Table dét. des mat.; pas d'index.
OONL QQL QQLa QMBN QMM QMBM OOA OOSU OOSJ OTU OTP BVaU; NN

SAINT-JOVITE

MONTIGNY, BENJAMIN-A.-T. DE. Le Nord, par B.-A.-T. de Montigny. Montréal, L'Etendard, 1886. iii, 163, [1] p. 24 cm. En tête de titre: Colonisation. "Corrections", p. [164]. Descr. géogr., physique et hist. de la région du nord de Montréal. Pas d'index. /1898: Montréal, Beauchemin. iv, 350p. 22 cm. /1895: La colonisation. Le nord de Montréal ou la région de Labelle. iv, 350p. 22 cm.
1886: QQL QMBN QMBM OOA OOSJ OTP; NN /1895: QQL QQLa QMBN QMU OOA OOCiT OOSU OTP BVaU /1896: OOA OOU OKQ BVaU /1898: QQL QMBN

SAINT-JUSTIN

PLANTE, HERMANN. Saint-Justin, foyer de sérénité rurale. Avec des bois gravés du Rév. Frère Edgar Plante. Trois-Rivières, Les Ed. du Bien Public, 1937. 162p. ill., pl., portr. 24 cm. (Pages trifluviennes, série A, no 19). Présentation de l'abbé Albert Tessier, p. 5-6. Hist. religieuse et civile de Saint-Justin des origines à date de publ. Biogr., p. [124]-53. Table dét. des mat.; pas d'index.
QQL QQLa QMBN QMU QMBM OOA OOU; NN

SAINT-LAURENT (ILE D'ORLEANS)

GOSSELIN, DAVID. Pages d'histoire ancienne et contemporaine de ma paroisse natale Saint-Laurent, Ile d'Orléans, par l'abbé D. Gosselin. Québec, Dussault & Proulx, 1904. [5], 107, [1] p. ill., pl.h.t., portr. 19 cm. Préf. de F.-X. Gosselin, p. [5]-6. "Errata", p. [108]. Hist. de la paroisse des origines à date de publ., p. 7-24. Table dét. des mat.; pas d'index.
QRS QPC QQL QQLa QQS QMBN QMU QMBM OOA OOU OTP; LC

SAINT-LAURENT (MONTREAL)

GROU, ARMAND. Les origines de la paroisse Saint-Laurent dans l'Ile de Montréal, par Armand Grou ... [S.l., s.éd., 1920] [p. 722-37, [1]] 26 cm. Bref aperçu hist. de 1657 à 1850 environ. Notes bibliogr. en bas de page. Pas d'index.
QQA

SAINT-LEON-LE-GRAND

PLOURDE, AMANDA. Notes historiques sur la paroisse de Saint-Léon-Le-Grand. Trois-Rivières, Ed. du Bien Public, 1916. ii, [2], 88, [3] p. ill., pl., portr. 22 cm. Errata, p. [89]. Hist. religieuse surtout des origines à date de publ. Table dét. des mat., p. [91]; pas d'index.
QQA QQL QMBN QMBM; BM

SAINT-LIGUORI

DUGAS, ALPHONSE-C. Histoire de la paroisse de Saint-Liguori, comté de Montcalm, P.Q., avec une notice biographique du saint patron, par A.-C. Dugas ... [Montréal, La Cie d'Impr. Moderne] 1902. viii, 221p. front. (portr.). 21 cm. En tête du titre: 1852. Couvre la période 1852 à date de publ. Abrégé de la vie de Saint-Liguori, p. 1-19. Table des chap.; pas d'index.
QPC QQA QQS QMM QMU QMBM OOA OOP OORD OTP BVaU; LC NN; BM

SAINT-LIN

DION, J.-O. Saint-Lin et la journée du 9 octobre 1872. [Montréal, "La Minerve", 1872] 36p. 14 cm. Aperçu hist. de Saint-Lin en 1872. Pas d'index.
QQA QMBN QMU OOA

SAINT-LOUIS DE BLANDFORD

MAILHOT, CHARLES-E. Les Bois-Francs. Arthabaska, La Cie d'Imprimerie d'Arthabaska, 1914-1920. 4 v.: vol. 1, 471, [3] p.; vol. 2, 445p.; vol. 3, 491p.; vol. 4, 352p. front., ill., pl.h.t., portr. 23 cm. Vol. 1: "Errata", p. [474]; hist. générale de la région, p. 9-161; hist. des paroisses Saint-Louis de Blandford, p. 163-208; Saint-Eusèbe de Stanfold, p. 209-78; Saint-Calixte de Sommerset, p. 279-312; Saint-Norbert d'Arthabaska, p. 313-34; Saint-Médard de Warwick, p. 391-432; Sainte-Victoire d'Arthabaska, p. 433-62; "Recensements décennaux des Bois-Francs de 1840 à 1910", p. 463-4. Vol. 2: "Corrections", p. 440; paroisse de Saint-Ferdinand, p. 9-12; Sainte-Victoire d'Arthabaska, p. 51-112; Saint-Paul de Chester, p. 113-92; Sainte-Hélène de Chester, p. 193-216; les Acadiens dans les Bois-Francs et notes généalogiques, p. 217-436. Vol. 3: "Corrections", p. 485; la paroisse de Saint-Valère de

Bulstrode, p. 131-43; notice sur la paroisse du Saint-Rosaire, p. 175-7; nombreuses généalogies de familles et doc. divers. Vol. 4: "Corrections", p. 440; hist. de Sainte-Victoire d'Arthabaska, p. 51-[111]; esquisse de la paroisse de Saint-Paul de Chester de 1849 à 1901, p. [113]-91; notes sur la paroisse de Sainte-Hélène de Chester depuis 1860, p. [193]-216; généalogies de familles, p. [217]-424; Sainte-Julie de Sommerset depuis 1840, p. [425]-34. Nombreux doc. stat. Table des ill. pour chaque vol.; table des mat. pour chaque vol.; pas d'index.
QQLa QSherU QMBN QMU OORD OLU OStCB

SAINT-LOUIS DE GONZAGUE (BEAUHARNOIS)

FORTIER, J.-T.-DONAT. La paroisse canadienne-française et Saint-Louis de Gonzague. Sermon donné, le 10 août 1947, par le chanoine J.-T.-Donat Fortier ... [Valleyfield, "L'Oeuvre de Presse Salaberry", 1947] [5], 20p. 22 cm. Les fondements catholiques de la paroisse, son évolution hist., morale et nationale. Brefs rappels de l'organisation des principales institutions de la paroisse. Pas d'index.
QQLa

SEGUIN, OMER. Saint-Louis de Gonzague. Souvenir du centenaire, 1847-1947. [S.l., s.éd.] 1947. 128p. front., ill., portr. 23 cm. Lettre-préface de Mgr Joseph-Alfred Langlois. Hist. religieuse surtout. Table des ill., p. [127]; table des mat., p. [126]; pas d'index.
QQLa QMBM

SAINT-LOUIS DE WESTBURY

NOTES HISTORIQUES sur East Angus. Description de l'église et compte rendu des fêtes civiles et religieuses. Québec [s.éd.] 1924. [3], 36p. ill., pl., portr. 20 cm. Bref aperçu hist., de 1884 à date de publ. Pas d'index.
QQLa

SAINT-LUC-DE-LA-MOTTE

PROGRAMME-SOUVENIR. 20e anniversaire de la fondation de Saint-Luc-de-la-Motte, Abitibi, Qué., 22, 23, 24 juin 1939. [Val d'Or, s.éd., 1939] 28p. ill., portr. 27 cm. Brève hist. surtout religieuse de la paroisse, de 1914 à date de publ. Nombreuses annonces commerciales. Pas d'index.
QMBN

SAINT-LUCIEN

ST-AMANT, JOSEPH-C. L'Avenir, townships de Durham et de Wickham. Notes historiques et traditionnelles avec Précis historiques des autres townships du comté de Drummond ... Première édition. Arthabaskaville, Impr. "L'Echo des Bois-Francs", 1896. iii, [5], 433p. ill., pl., portr., carte dépl. 20 cm. Préface de Benjamin Sulte, p. i-iii. Hist. générale du comté de Drummond des origines à date de publ. avec accent sur: Drummondville, p. 9-384; les cantons de Durham (p. [105] -19) et de Wickham (p. [120] -30); les paroisses Saint-Cyrille de Wendower (p. [363] -76), Saint-Germain de Grantham (p. 407-15) et Saint-Jean l'Evangéliste de Wickham (p. 415-20); les cantons Kingsey (p. 376 -83), Kingsey Falls (p. 383) et Grantham (p. 384-402); la municipalité South-Durham (p. 402-6). Table dét. des mat.; pas d'index. /1932: Un coin des Cantons de l'Est. Histoire de l'envahissement pacifique mais irrésistible d'une race. Drummondville, "La Parole". [9], 534, [2] p. "Errata", p. [535].
1896: QQL QQLa QMBN QMU QMBM OOA OORD OOSU OOSJ OTP; LC
/1932: OONL QQL QQLa QSherU QMBN QMU QMG QMBM OOA OORD OOSJ OKQ OTP OLU BVaU; NN

SAINT-MAGLOIRE DE BELLECHASSE

ROY, WILFRID. Saint-Magloire de Bellechasse, par l'abbé Wilfrid Roy. Québec [s. éd.] 1925. [7], 274p. front., pl.h.t., portr. 18 cm. En tête de titre: Monographie. Hist. religieuse et civile de la paroisse des origines à date de publ. Table dét. des mat., p. [273]-4; pas d'index.
QPC QCSHS QQL QQLa QMBN QMBM OOA; NN

SAINT-MALACHIE

KIROUAC, JULES-A. Histoire de la paroisse de Saint-Malachie, par l'abbé Jules-Adrien Kirouac ... Québec, Typ. Laflamme & Proulx, 1909. [11], 214p. ill., pl.h.t., portr. 21 cm. "Erratum", p. [210]. Hist. religieuse surtout de 1846 à date de publ. Notes bibliogr. en bas de page. Append.: liste des marguilliers de 1846 à 1909, liste des maires de 1850 à 1909 ..., p. 187-9; recensement pour l'année 1908, p. 191-209. Table dét. des mat.; pas d'index.
QPC QQA QMBN QMBM OOA OOSJ; NN

SAINT-MALO (QUEBEC)

VALIQUET, ADRIEN-N. Calendrier et bulletin des paroisses françaises de la ville de Québec, année 1908. [Québec, s. éd., 1908] 97, 95p. ill., portr. 18 cm. Première partie consacrée aux annonces commerciales; la seconde contient des notes hist. - des origines à date de publ. - relatives à Notre-Dame de Québec, Saint-Roch, Saint-Jean-Baptiste, Saint-Sauveur, Notre-Dame de la Garde, Saint-Malo, Notre-Dame de Jacques Cartier. Pas d'index.
QQA QQS

SAINT-MARTIN

FROMENT, JOSEPH-E.-A. Histoire de Saint-Martin (comté de Laval - Ile Jésus) et compte rendu des noces d'or de son curé M. l'abbé Maxime Leblanc, par J.-Ad. Froment. Joliette, Impr. J.-C.-A. Perreault, 1915. 8, 118, [2] p. ill., portr. 22 cm. Lettre à l'auteur de l'abbé Elie-J. Auclair, p. 3-6; poèmes de Henriette, Eugénie et Elodie Dubé, p. 19. Errata, p. [115]. Hist. des origines à date de publ. Append.: tabl. des curés, vicaires, etc., p. 50-8; noces d'or de M. le curé Maxime Leblanc (28 mai 1914), p. 61-97; lettres d'Amédée Cléroux, M. Crépeau, P.-D. Lajoie, L.-G. Casaubon et Charles-T. Beaubien, p. 99-108; notice sur l'honorable P.-E. Leblanc par Elie-J. Auclair, p. 109-14. Table dét. des mat.; pas d'index.
QPC QQA QQLa QMBN QMBM OOA; LC NN

SAINT-MATHIAS

VIGER, JACQUES. Archéologie religieuse du diocèse de Montréal, 1850, par J. Viger ... Montréal, Lovell et Gibson, 1850. 36p. 20 cm. Brèves notes hist. sur les paroisses et missions suivantes: Saint-Cyprien, Saint-Placide, Sainte-Scholastique, Notre-Dame des Anges, Sainte-Marie Magdelaine, Chambly, Saint-André, Saint-Edouard, Rouville, Sainte-Mélanie, Saint-Gabriel de Brandon, Saint-Mathias, Saint-Vincent de Paul, Saint-Cuthbert. Pas d'index.
QQA QQL QMBN

SAINT-MAURICE (mission)

ASSOCIATION DE LA PROPAGATION DE LA FOI. Rapport sur les missions du diocèse de Québec, qui sont secourues par l'Association de la propagation de la foi. Janvier 1839, no 1-mai 1874, no 21. Québec, Fréchette &

Cie, 1839-42; J.-B. Fréchette, 1843-5; Fréchette & Frère, 1847; A. Côté & Cie, 1849-55; J.-T. Brousseau, 1857-61; Léger Brousseau, 1863-8; P.-G. Delisle, 1870-4. 21 fasc. cartes. 20 cm. Légère variante dans le titre des relations 1 et 4: Notice sur les missions ... Tabl.: "Echelle chronologique et historique de la religion", vol. 5, p. 136. Chaque relation contient également un tabl. des recettes et des dépenses de l'Association. Traite des missions sous la juridiction ecclésiastique du diocèse de Québec pour les années 1836 à 1874 qui furent: Missions du Saint-Maurice, du Lac Témiscaming, de la Grosse-Ile, de Sherbrooke, de Drummondville, d'Halifax, de Leeds, d'Inverness, de Frampton, du Lac Beauport et de Stoneham, de Laval, de Valcartier, du Lac Abbitibbi, de Blandford, du Saguenay, de Kennebec, de Labrador, de Gaspé, des Cantons de l'Est, du Lac Saint-Jean, de Saint-Pierre de Broughton, de Tadoussac, de Chicoutimi, de Cascapédiac, de Nataskouan, de Saint-Jérôme, des Escoumins, de Sainte-Anne de Portneuf, de Saint-Ubald, d'Anticosti, de la Pointe aux Esquimaux, de Matapédia, etc., et d'autres localités du Canada et des Etats-Unis. Pas d'index.
QQL QQS

SAINT-MAXIME-DE-SCOTT

BROCHURE-SOUVENIR et historique du 50e anniversaire de la fondation de Saint-Maxime-de-Scott, 1843-1943. [Sainte-Marie, Beauce, Impr. "Le Guide", 1943] [30], 44, [28] p. ill., portr. 23 cm. Hist. religieuse surtout de la paroisse, de 1843 à 1943, p. 6-44. Biogr. des curés, p. 7-15; chronol., p. 27-31; photos et annonces, p. 45-[72]. Pas d'index.
QPC

SAINT-MEDARD DE WARWICK

MAILHOT, CHARLES-E. Les Bois-Francs. Arthabaska, La Cie d'Imprimerie d'Arthabaska, 1914-1920. 4 v.: vol. 1, 471, [3] p.; vol. 2, 445p.; vol. 3, 491p.; vol. 4, 352p. front., ill., pl.h.t., portr. 23 cm. Vol. 1: "Errata", p. [474]; hist. générale de la région, p. 9-161; hist. des paroisses Saint-Louis de Blandford, p. 163-208; Saint-Eusèbe de Stanfold, p. 209-78; Saint-Calixte de Sommerset, p. 279-312; Saint-Norbert d'Arthabaska, p. 313-34; Saint-Médard de Warwick, p. 391-432; Sainte-Victoire d'Arthabaska, p. 433-62; "Recensements décennaux des Bois-Francs de 1840 à 1910", p. 463-4. Vol. 2: "Corrections", p. 440; paroisse de Saint-Ferdinand, p. 9-12; Sainte-Victoire d'Arthabaska, p. 51-112; Saint-Paul de Chester, p. 113-92; Sainte-Hélène de Chester, p.

193-216; les Acadiens dans les Bois-Francs et notes généalogiques, p. 217-436. Vol. 3: "Corrections", p. 485; la paroisse de Saint-Valère de Bulstrode, p. 131-43; notice sur la paroisse du Saint-Rosaire, p. 175-7; nombreuses généalogies de familles et doc. divers. Vol. 4: "Corrections", p. 440; hist. de Sainte-Victoire d'Arthabaska, p. 51-[111]; esquisse de la paroisse de Saint-Paul de Chester de 1849 à 1901, p. [113]-91; notes sur la paroisse de Sainte-Hélène de Chester depuis 1860, p. [193]-216; généalogies de familles, p. [217]-424; Sainte-Julie de Sommerset depuis 1840, p. [425]-34. Nombreux doc. stat. Table des ill. pour chaque vol.; table des mat. pour chaque vol.; pas d'index.
QQLa QSherU QMBN QMU OORD OLU OStCB

SAINT-MICHEL (SHERBROOKE)

[NOTES HISTORIQUES sur les paroisses du diocèse de Sherbrooke parues dans l'Annuaire du Collège de Sherbrooke] [Sherbrooke, 1949] Pag. var. 21 cm. Recueil de différentes études parues dans l'Annuaire et relié en un vol. factice. Comprend des notes hist. - généralement des origines à date de publ. - de paroisses du diocèse de Sherbrooke, notamment Saint-Michel de Sherbrooke, Saint-Philémon de Stoke, Saint-Hippolyte de Wotton, Saint-Janvier de Weedon et Saint-Pierre de la Patrie.
QQLa

SAINT-MICHEL-DE-LA-DURANTAYE

ROY, MARIE-A. Saint-Michel-de-la-Durantaye. Notes et souvenirs, 1678-1929, par le Rév. P. Marie-Antoine ... Québec, Charrier & Dugal, 1929. [5], 167, [1] p. 23 cm. Hist. de la paroisse et de la seigneurie de La Durantaye, p. [11]-20. Notes bibliogr. en bas de page. Append.: liste des religieux, maires, sénateurs et députés, etc., p. [151]-67. Pas d'index.
QPC QQL QQLa QQS QSherU QMM QMU OOA

SAINT-MICHEL-DES-SAINTS

PROVOST, THEOPHILE-S. Histoire d'un établissement paroissial de colonisation, Saint-Jean de Matha, par T. Provost ... Joliette, Aux Bureaux de "L'Etudiant" et du "Couvent", 1888. 154p. 17 cm. Hist. de 1836 à date de publ. Table dét. des mat., p. [153]-4; pas d'index.
QPC QQA QQL QMBN QMBM OOA OOP OTP; BM

SAINT-MOISE

MICHAUD, JOSEPH-D. Notes historiques sur la vallée de la Matapédia ... par l'abbé Jos.-D. Michaud ... Préface du chanoine Victor Côté. Val-Brillant, "La Voix du Lac", 1922. [6], 241p. ill. 24 cm. Hist. de la vallée de la Matapédia et de toutes ses paroisses, dont Saint-Moïse, des origines à date de publ., p. 16-129; hist. de la seigneurie du Lac Matapédia, p. 130-67; hist. de la paroisse de Val-Brillant, p. 168-209. Append.: liste des missionnaires, curés, marguilliers, maires, secrétaires-trésoriers, p. 210-3. Table dét. des mat., p. 237-41; pas d'index.
NBFU NBSM QRS QPC QQA QQL QQLa QMBN QMU QMBM OOA OKQ OTP OPeT OSuL BVaU; NN; BM

SAINT-NICEPHORE

ST-AMANT, JOSEPH-C. L'Avenir, townships de Durham et de Wickham. Notes historiques et traditionnelles avec Précis historiques des autres townships du comté de Drummond ... Première édition. Arthabaskaville, Impr. "L'Echo des Bois-Francs", 1896. iii, [5], 433p. ill., pl., portr., carte dépl. 20 cm. Préface de Benjamin Sulte, p. i-iii. Hist. générale du comté de Drummond des origines à date de publ. avec accent sur: Drummondville, p. 9-384; les cantons de Durham (p. [105] -19) et de Wickham (p. [120]-30); les paroisses Saint-Cyrille de Wendower (p. [363]-76), Saint-Germain de Grantham (p. 407-15) et Saint-Jean l'Evangéliste de Wickham (p. 415-20); les cantons Kingsey (p. 376 -83), Kingsey Falls (p. 383) et Grantham (p. 384-402); la municipalité South-Durham (p. 402-6). Table dét. des mat.; pas d'index. /1932: Un coin des Cantons de l'Est. Histoire de l'envahissement pacifique mais irrésistible d'une race. Drummondville, "La Parole". [9], 534, [2] p. "Errata", p. [535].
1896: QQL QQLa QMBN QMU QMBM OOA OORD OOSU OOSJ OTP; LC
/1932: OONL QQL QQLa QSherU QMBN QMU QMG QMBM OOA OORD OOSJ OKQ OTP OLU BVaU; NN

SAINT-NICOLAS

MAGNAN, HORMISDAS. La paroisse de Saint-Nicolas. La famille Pâquet et les familles alliées ... Québec, Laflamme, 1918. viii, 334p. ill., pl.h.t., portr. 23 cm. "Errata", p. 334. Hist. de la paroisse de Saint-Nicolas, des origines à date de publ., p. [1]-30. Généalogies, p. [31]-284. Notes bibliogr. en bas de page. Append.: liste des

prêtres et missionnaires de la paroisse, des religieuses à Saint-Nicolas, des maires et des greffiers de la paroisse, des présidents de la commission scolaire, des seigneurs et des députés ainsi que des navires qui firent le service entre Québec et Saint-Nicolas, p. [285]-97. Table dét. des mat. ; pas d'index.
QQL QQLa QQS QMBN QMU QMBM OOA OOSJ OTP; LC NN

PAQUET, ETIENNE-T. Fragments de l'histoire religieuse et civile de la paroisse de Saint-Nicolas ... Première partie: Prêtres natifs de Saint-Nicolas. Lévis, Typ. Mercier & Cie, 1894. xv, 398, [2] p. 18 cm. "Erratum" à la fin du vol. Des origines à date de publ. Liste des tabl. de la chapelle du Séminaire de Québec incendiée en 1888, p. [397]-8. Table dét. des mat., p. [399-400]; pas d'index.
QQA QQL QMBN QMBM OOA OTP

SAINT-NORBERT D'ARTHABASKA

MAILHOT, CHARLES-E. Les Bois-Francs. Arthabaska, La Cie d'Imprimerie d'Arthabaska, 1914-1920. 4 v. : vol. 1, 471, [3] p. ; vol. 2, 445p. ; vol. 3, 491p. ; vol. 4, 352p. front., ill., pl. h. t., portr. 23 cm. Vol. 1: "Errata", p. [474]; hist. générale de la région, p. 9-161; hist. des paroisses Saint-Louis de Blandford, p. 163-208; Saint-Eusèbe de Stanfold, p. 209-78; Saint-Calixte de Sommerset, p. 279-312; Saint-Norbert d'Arthabaska, p. 313-34; Saint-Médard de Warwick, p. 391-432; Sainte-Victoire d'Arthabaska, p. 433-62; "Recensements décennaux des Bois-Francs de 1840 à 1910", p. 463-4. Vol. 2: "Corrections", p. 440; paroisse de Saint-Ferdinand, p. 9-12; Sainte-Victoire d'Arthabaska, p. 51-112; Saint-Paul de Chester, p. 113-92; Sainte-Hélène de Chester, p. 193-216; les Acadiens dans les Bois-Francs et notes généalogiques, p. 217-436. Vol. 3: "Corrections", p. 485; la paroisse Saint-Valère de Bulstrode, p. 131-43; notice sur la paroisse du Saint-Rosaire, p. 175-7; nombreuses généalogies de familles et doc. divers. Vol. 4: "Corrections", p. 440; hist. de Sainte-Victoire d'Arthabaska, p. 51-[111]; esquisse de la paroisse de Saint-Paul de Chester de 1849 à 1901, p. [113]-91; notes sur la paroisse de Sainte-Hélène de Chester depuis 1860, p. [193]-216; généalogies de familles, p. [217]-424; Sainte-Julie de Sommerset depuis 1840, p. [425]-34. Nombreux doc. stat. Table des ill. pour chaque vol.; table des mat. pour chaque vol.; pas d'index.
QQLa QSherU QMBN QMU OORD OLU OStCB

SAINT-OURS

[COUILLARD-DESPRES, AZARIE-E.] Histoire de la seigneurie de Saint-Ours ... Montréal, Impr. de l'Institution des Sourds-Muets, 1915-17. 2 v.: vol. 1, [7], 345p.; vol. 2, [9], 473, [1] p. ill., portr., plans. 27 cm. Vol. 1: Les origines de la famille et de la seigneurie, 1330-1785; vol. 2: La famille et la paroisse de Saint-Ours, 1785-1916. Errata, vol. 2, p. [474]. Plan de la paroisse de Saint-Ours, vol. 2, p. [1]. Notes bibliogr. en bas de page. Append.: vol. 1, remarques sur les notes en bas de page, p. 319-40; vol. 2, liste des instituteurs, religieux, maires, médecins, etc., p. [451]-68. Table dét. des mat., p. [469]-73; pas d'index.
QQA QQLa QQS QSherU QMBN QMU QMBM OOA OOP OOU OKQ OTP OHM OWA SSU AEU BVaU; LC; BM

SAINT-PATRICE DE BEAURIVAGE

NADEAU, ANDRE. Histoire de la paroisse de Saint-Patrice de Beaurivage, 1871-1946. Québec, Ernest Tremblay, Impr. [1946] [5], 163, 46p. ill., portr., fac-sim. 22 cm. Hist. religieuse et civile de la paroisse et du village. Notes bibliogr. en bas de page. Nombreux doc.: liste des députés, résultats des votes depuis 1867, p. 141-54. Table dét. des mat.; pas d'index.
QPC QQA QQL QQLa QMBN QMBM OOA OTP; NN

SAINT-PATRICE DE LA RIVIERE-DU-LOUP

CENTENAIRE de Saint-Patrice de Rivière-du-Loup. 1833-1933. Album-souvenir. Rivière-du-Loup, A. Paré, 1933. [38] p. ill., portr. 23 cm. Bref hist. par Horace Cimon, p. [1-8]; hist. de la paroisse de Saint-Patrice par Mme Gabrielle St-P.D., p. [27-30]. Pas d'index.
QPC QQA QQL

SAINT-PATRICE DE MAGOG

LING, ARTHUR W. Souvenirs historiques ... Magog, Comité des fêtes du cinquantenaire de la paroisse Saint-Patrice, 1936, par Arthur W. Ling et Patricia L. Ling. [Magog, 1936] 67p. front., ill., portr. 23 cm. Titre de la page-couverture: Paroisse de Saint-Patrice de Magog, 1886-1936. Souvenirs historiques. Préf. de Léon Boucher, curé, p. 5-6; "Le Lac Memphremagog", poème de P.-M. St-Pierre, p. 51-2; texte anglais, p. 53-67: Memories of Cygone days. Pas

d'index.
QQL QMU

SAINT-PATRICK (QUEBEC)

ST. PATRICKS parish. Ninethieth anniversary of the foundation. Souvenir edition, July 7th 1833-July 8th 1923. [Quebec, The Central Printing Co., 1923] [2], 39, [2] p. ill., portr. 26 cm. Chronol. des principaux événements de la vie religieuse des Irlandais catholiques de la ville de Québec. Programme des fêtes et annonces commerciales. Pas d'index.
QQS

SAINT-PAUL DE CHESTER

MAILHOT, CHARLES-E. Les Bois-Francs. Arthabaska, La Cie d'Imprimerie d'Arthabaska, 1914-1920. 4 v. : vol. 1, 471, [3] p. ; vol. 2, 445p. ; vol. 3, 491p. ; vol. 4, 352p. front., ill., pl. h. t., portr. 23 cm. Vol. 1: "Errata", p. [474]; hist. générale de la région, p. 9-161; hist. des paroisses Saint-Louis de Blandford, p. 163-208; Saint-Eusèbe de Stanfold, p. 209-78; Saint-Calixte de Sommerset, p. 279-312; Saint-Norbert d'Arthabaska, p. 313-34; Saint-Médard de Warwick, p. 391-432; Sainte-Victoire d'Arthabaska, p. 433-62; "Recensements décennaux des Bois-Francs de 1840 à 1910", p. 463-4. Vol. 2: "Corrections", p. 440; paroisse de Saint-Ferdinand, p. 9-12; Sainte-Victoire d'Arthabaska, p. 51-112; Saint-Paul de Chester, p. 113-92; Sainte-Hélène de Chester, p. 193-216; les Acadiens dans les Bois-Francs et notes généalogiques, p. 217-436. Vol. 3: "Corrections", p. 485; la paroisse Saint-Valère de Bulstrode, p. 131-43; notice sur la paroisse du Saint-Rosaire, p. 175-7; nombreuses généalogies de familles et doc. divers. Vol. 4: "Corrections", p. 440; hist. de Sainte-Victoire d'Arthabaska, p. 51-[111]; esquisse de la paroisse de Saint-Paul de Chester de 1849 à 1901, p. [113]-91; notes sur la paroisse de Sainte-Hélène de Chester depuis 1860, p. [193]-216; généalogies de familles, p. [217]-424; Sainte-Julie de Sommerset depuis 1840, p. [425]-34. Nombreux doc. stat. Table des ill. pour chaque vol. ; table des mat. pour chaque vol. ; pas d'index.
QQLa QSherU QMBN QMU OORD OLU OStCB

SAINT-PHILEMON DE STOKE

[NOTES HISTORIQUES sur les paroisses du diocèse de Sherbrooke parues dans l'Annuaire du Collège de Sherbrooke] [Sherbrooke, 1949] Pag. var. 21 cm. Recueil de différentes études parues dans l'Annuaire et

relié en un vol. factice. Comprend des notes hist. - généralement des origines à date de publ. - de paroisses du diocèse de Sherbrooke, notamment Saint-Michel de Sherbrooke, Saint-Philémon de Stoke, Saint-Hippolyte de Wotton, Saint-Janvier de Weedon et Saint-Pierre de la Patrie.
QQLa

SAINT-PHILIPPE

LEFEBVRE, JEAN-J. Saint-Constant et Saint-Philippe de Laprairie, 1744-1946. Hull, Les Editions de "L'Eclair", 1947. 43p. ill. 23 cm. Paru d'abord dans le Rapport 1945-46 de la Société canadienne d'histoire de l'Eglise catholique. Hist. religieuse surtout. Notes bibliogr. en bas de page. Liste et biogr. des évêques et curés des paroisses étudiées. Pas d'index.
QQLa QMBN QMU QMBM OOA OOP OOU OKQ; NN

SAINT-PIERRE (ILE D'ORLEANS)

GOSSELIN, DAVID. A travers Saint-Pierre, Ile d'Orléans. Québec, Impr. Franciscaine Missionnaire, 1923. x, 50p. front. (carte), ill. 19 cm. Préf. de C. Leclerc, p. ix-x. Hist. de la paroisse des origines à date de publ. Table dét. des mat. ; pas d'index.
QQLa QMU OOU AEU

SAINT-PIERRE (JOLIETTE)

BULLETIN paroissial, édition publiée à l'occasion du centenaire de Saint-Charles Borromée, et préparée en collaboration. [Joliette, L'Action populaire, 1943] 157, [3] p. ill. 24 cm. Titre de la page-couverture: Bulletin paroissial, 31e année, nos 10-11, oct.-nov. 1943: Edition du centenaire de Saint-Charles Borromée. Hist. religieuse de la paroisse de 1843 à 1943. Rappel de la fondation des paroisses Saint-Pierre et Christ-Roi, p. 97-9; hist. des communautés religieuses & leurs oeuvres, p. 100-56. Nombreux doc. stat. : biogr. des prêtres & curés, p. [27]-46; liste des prêtres et religieux, p. [47]-54. Table dét. des mat., p. [159-60]; pas d'index.
QQLa

SAINT-PIERRE-APOTRE

CINQUANTENAIRE 1900-1950. Paroisse Saint-Pierre-Apôtre, 8 déc. 1850.

[Montréal, 1950] 40p. ill., portr. 30 cm. Notes hist. sur les origines de la paroisse, p. 15-7. Nombreuses annonces commerciales. Pas d'index.
OONL QQL OOA

SAINT-PIERRE DE BROUGHTON

ASSOCIATION DE LA PROPAGATION DE LA FOI. Rapport sur les missions du diocèse de Québec, qui sont secourues par l'Association de la propagation de la foi. Janvier 1839, no 1-mai 1874, no 21. Québec, Fréchette & Cie, 1839-42; J.-B. Fréchette, 1843-5; Fréchette & Frère, 1847; A. Côté & Cie, 1849-55; J.-T. Brousseau, 1857-61; Léger Brousseau, 1863-8; P.-G. Delisle, 1870-4. 21 fasc. cartes. 20 cm. Légère variante dans le titre des relations 1 et 4: Notice sur les missions ... Tabl.: "Echelle chronologique et historique de la religion", vol. 5, p. 136. Chaque relation contient également un tabl. des recettes et des dépenses de l'Association. Traite des missions sous la juridiction ecclésiastique du diocèse de Québec pour les années 1836 à 1874 qui furent: Missions du Saint-Maurice, du Lac Témiscaming, de la Grosse-Ile, de Sherbrooke, de Drummondville, d'Halifax, de Leeds, d'Inverness, de Frampton, du Lac Beauport et de Stoneham, de Laval, de Valcartier, du Lac Abbitibbi, de Blandford, du Saguenay, de Kennebec, de Labrador, de Gaspé, des Cantons de l'Est, du Lac Saint-Jean, de Saint-Pierre de Broughton, de Tadoussac, de Chicoutimi, de Cascapédiac, de Nataskouan, de Saint-Jérôme, des Escoumins, de Sainte-Anne de Portneuf, de Saint-Ubald, d'Anticosti, de la Pointe aux Esquimaux, de Matapédia, etc., et d'autres localités du Canada et des Etats-Unis. Pas d'index.
QQL QQS

LAPOINTE, JOSEPH-A. Saint-Pierre de Broughton. Esquisse historique par Jos.-Alfred Lapointe. [Saint-Pierre, Le Comité de l'Orgue] 1941. 79, [15] p. ill., portr. 23 cm. "Errata", p. 41. Hist. de 1825 à date de publ. Démembrements de Saint-Pierre pour former les paroisses Sacré-Coeur-de-Jésus (Broughton-Est), Saint-Coeur-de-Marie et Saint-Antoine de Pontbriand. Pas d'index.
QPC QQA QQL QMBN QMM QMBM OOA OOP OTP

SAINT-PIERRE DE LA PATRIE

[NOTES HISTORIQUES sur les paroisses du diocèse de Sherbrooke parues dans l'Annuaire du Collège de Sherbrooke] [Sherbrooke, 1949] Pag. var. 21 cm. Recueil de différentes études parues dans l'Annuaire et

relié en un vol. factice. Comprend des notes hist. - généralement des origines à date de publ. - de paroisses du diocèse de Sherbrooke, notamment Saint-Michel de Sherbrooke, Saint-Philémon de Stoke, Saint-Hippolyte de Wotton, Saint-Janvier de Weedon et Saint-Pierre de la Patrie.
QQLa

SAINT-PIERRE-DU-LAC

MICHAUD, JOSEPH-D. Notes historiques sur la vallée de la Matapédia ... par l'abbé Jos.-D. Michaud ... Préface du chanoine Victor Côté. Val-Brillant, "La Voix du Lac", 1922. [6], 241p. ill. 24 cm. Hist. de la vallée de la Matapédia et de toutes ses paroisses, dont Saint-Moïse, des origines à date de publ., p. 16-129; hist. de la seigneurie du Lac Matapédia, p. 130-67; hist. de la paroisse de Val-Brillant, p. 168-209. Append.: liste des missionnaires, curés, marguilliers, maires, secrétaires-trésoriers, p. 210-3. Table dét. des mat., p. 237-41; pas d'index.
NBFU NBSM QRS QPC QQA QQL QQLa QMBN QMU QMBM OOA OKQ OTP OPeT OSuL BVaU; NN; BM

SAINT-PIERRE-DU-LAC, 1889-1949. Programme-souvenir des fêtes du 60e anniversaire de la consécration de l'église et du dévoilement du monument de Messire Pierre Brillant ... [Val-Brillant, 1949] 111p. ill., portr. 22 cm. "Glanures d'histoire" de 1694 à 1949 par l'abbé Joseph-D. Michaud, p. 17-37; seigneurie du Lac Matapédia, p. 55-8. Liste des marguilliers (1883-1948), liste des maires de la paroisse Saint-Pierre (1891-1949) et des maires du village de Val-Brillant (1915-1949), liste des prêtres et des professionnels, p. 60-3. Pas d'index.
QQL QQLa QMBN QMBM

SAINT-PLACIDE

VIGER, JACQUES. Archéologie religieuse du diocèse de Montréal, 1850, par J. Viger ... Montréal, Lovell et Gibson, 1850. 36p. 20 cm. Brèves notes hist. sur les paroisses et missions suivantes: Saint-Cyprien, Saint-Placide, Sainte-Scholastique, Notre-Dame des Anges, Sainte-Marie Magdelaine, Chambly, Saint-André, Saint-Edouard, Rouville, Sainte-Mélanie, Saint-Gabriel de Brandon, Saint-Mathias, Saint-Vincent de Paul, Saint-Cuthbert. Pas d'index.
QQA QQL QMBN

SAINT-PLACIDE DE BEARN

LA CHAMBRE DE COMMERCE DE VILLE-MARIE. Le Témiscamingue; ses possibilités et ses avantages agricoles, miniers et industriels. Notes et statistiques. [Québec, L'Action Sociale Ltée, 1929] [3], 47p. ill., tabl. stat., carte dépl. 23 cm. Préface de Camille Roy, recteur de l'université Laval. Carte de colonisation du Témiscamingue à la fin du vol. Contient de brèves notes hist. des principales paroisses notamment Ville-Marie (Notre-Dame du Rosaire), p. 31-3; Lorrainville (Notre-Dame de Lourdes), p. 35; Saint-Eugène de Guigues, p. 35-6; Fugèreville (Notre-Dame du Mont Carmel), p. 36-7; Laverlochère (Saint-Isidore), p. 37-8; Guigues (Saint-Bruno), p. 38-9; Notre-Dame du Nord (Saint-Joseph du Nord - Témiscamingue), p. 39-40; Guérin (Saint-Gabriel Lalement), p. 40-1; Nedelec (Saint-Louis), p. 41-2; Latulippe (Saint-Antoine-Abbé), p. 42-3; Bearn (Saint-Placide), p. 43; Fabre (Saint-Edouard), p. 43-4. Pas d'index.
QQS

SAINT-PLACIDE DE CHARLEVOIX

BOIVIN, LEONCE. Dans nos montagnes (Charlevoix). Les Eboulements, 1941. 254p. ill., pl., portr. 20 cm. Survol hist. des origines à date de publ. Lettre de Georges Melançon à l'auteur, p. [5-6]. Doc. en append. Table dét. des mat.; pas d'index. /1942: 2e éd. /1945: 3e éd. rev. et corr. 242p.
1941: QPC QQLa QMBN QMU QMBM OOP OTP /1942: OONL QMBM OOU /1945: QQLa OTU

SAINT-PROSPER

TALUSIER, E. [Pseud.] Autour du clocher natal. Notes historiques sur la paroisse de Saint-Prosper, comté de Champlain. Trois-Rivières, Vanasse & Lefrançois, 1909. 11, 323p. ill., pl., portr., fac-sim. 22 cm. Hist. de la paroisse de 1849 à date de publ. Nombreux doc. en append., p. 290-319; tabl. dépl. des ancêtres de Mgr Cloutier dans les plats. Table dét. des mat.; pas d'index.
QQL QQLa QMBM; NN; BM

SAINT-RAYMOND

[LARUE, MARCEL] Cent ans de vie paroissiale, Saint-Raymond, 1942 [par Marcel Larue et Emile Marcotte] Saint-Raymond, 1942. 121, ivp. ill., portr. 22 cm. Lettre-préface de J.-E. Pichet, curé, p. [6-7].

Hist. de la paroisse depuis 1741. Append. : vieilles familles, curés, prêtres, maires, etc., p. 106-21. Table dét. des mat. ; pas d'index.
QPC QQA QQL QMM

SAINT-REMI

PROGRAMME des fêtes de Saint-Rémi, 1830-1930, les 3, 4 et 5 octobre 1930. [S.l., s.éd., s.d.] 20p. Bref hist. de la paroisse tiré du numéro de mai du Bulletin paroissial. Chronol. des événements marquants, p. 13-5; liste des curés, p. 19. Pas d'index.
QQLa QMBM

SAINT-ROCH (QUEBEC)

GAMACHE, J.-CHARLES. Histoire de Saint-Roch de Québec et de ses institutions, 1829-1929. Québec, Impr. Charrier & Dugal, 1929. [5], 335, [1] p. ill., portr., plans. 23 cm. "Plan de Saint-Roch de Québec en 1833", p. 16-7; plan de "la paroisse Saint-Roch en 1929", p. 320-1. Table dét. des mat. ; pas d'index.
QPC QQL QQLa QMM QMG QMBM OOA OOU; NN

VALIQUET, ADRIEN-N. Calendrier et bulletin des paroisses françaises de la ville de Québec, année 1908. [Québec, s.éd., 1908] 97, 95p. ill., portr. 18 cm. Première partie consacrée aux annonces commerciales; la seconde contient des notes hist. - des origines à date de publ. - relatives à Notre-Dame de Québec, Saint-Roch, Saint-Jean-Baptiste, Saint-Sauveur, Notre-Dame de la Garde, Saint-Malo, Notre-Dame de Jacques Cartier. Pas d'index.
QQA QQS

SAINT-ROCH-DE-L'ACHIGAN

ANNUAIRE de Ville-Marie, suivi de recherches archéologiques et statistiques sur les institutions catholiques du Canada. Montréal, Z. Chapeleau, 1867-1879. 4 v. (404p.): 1867, L.-A. Hugnet-Latour, 128p. ; 1871, C.-O. Beauchemin & Valois, [129]-256p. ; 1878, J. Chapleau, [257]-379, [5] p. ; 1879, J. Chapleau, [384]-404p. 19 cm. "Errata et addenda", vol. 4, p. 403-4. Vol. 1: Hist. de la paroisse de La Visitation de l'Ile Dupas, p. [1]-55; de la paroisse de Saint-Roch-de-l'Achigan, p. [57]-80; de la paroisse de Saint-Hermas, p. 81-105; de la paroisse de Sainte-Philomène, p. [107]-28. Vol. 2: Hist. de la paroisse de Saint-Eustache, Rivière du Chêne, p. [129]-208; de la paroisse de l'Enfant-Jésus-de-la-

Pointe-aux-Trembles, p. [209]-56. Vol. 3: Hist. de la paroisse de Boucherville, p. [257]-379. Vol. 4: Suppl. à l'hist. de la paroisse de Boucherville. Nombreux doc. relatifs à Pierre Boucher, et doc. extraits des registres paroissiaux, p. [385]-402. Table dét. des mat. ; pas d'index.
QQA QQS QMBM

SAINT-ROMAIN

GRAVEL, ALBERT. Précis historique de Saint-Romain. Lévis, La Cie de Publication de Lévis, 1934. 18p. 23 cm. Tirage à part des Annales de Saint-Gérard. Bref hist. de la paroisse de 1844 à date de publ. avec notes biogr. des curés. Pas d'index.
QMBN

SAINT-ROMUALD D'ETCHEMIN

CHAMBRE DE COMMERCE, Saint-Romuald d'Etchemin présente quelques notes historiques sur la paroisse de Saint-Romuald. Les avantages qu'offre Saint-Romuald pour l'établissement d'industries. Texte préparé par Albert Rioux. Saint-Romuald d'Etchemin [Impr. Laflamme] 1943. 40p. ill., portr., carte. 24 cm. Sur la page-couverture: Une paroisse d'avenir, Saint-Romuald d'Etchemin. Carte de Saint-Romuald, p. [20-1]. Bref hist. de 1651 à date de publ. Liste des curés, p. 6-7; la seigneurie de Lauzon, p. 9-10; liste des maires, p. 10-1. Pas d'index.
QQL

DEMERS, BENJAMIN. La famille Demers d'Etchemin, P.Q., par l'abbé Benj. Demers, un de ses membres. Lévis, La Nouvelle Imprimerie, 1905. 124, xvii, ivp. ill., portr. 21 cm. Nombreuses notes hist. sur la paroisse depuis 1651 avec doc. en append. Tabl. généalogique de la famille Demers, p. 122. Table dét. des mat. ; pas d'index. /1914: Un des premiers colons d'Etchemin, P.Q., Jean DuMet ou Demers. Québec, Imprimerie Vincent. 20p. 23 cm. Reprise avec corr. et additions du premier chap. de la famille Demers. DuMet s'établit à Etchemin en 1662.
1905: QQA QQL QMBN QMU OOA OOP OOU OTP /1914: QQA QMBN QMM QMG QMBM; LC

DEMERS, BENJAMIN. La paroisse de Saint-Romuald d'Etchemin, avant et depuis son érection, par l'abbé Benj. Demers ... Québec, J.-A.-K. Laflamme, 1906. 396p. ill., portr., carte dépl. 23 cm. En tête de

titre: Monographie. "Siège de Québec, 1759" (carte), p. 96; "Errata", p. [397]. Des origines (1651) à date de publ. Erection de la paroisse Notre-Dame du Perpétuel Secours de Charny, p. [345]-54. Notes bibliogr. en bas de page. Biogr. des notables. Table dét. des mat.; pas d'index.
QPC QQA QQL QQS QMM QMBM OOA OOP OORD OOSU OKQ OTP OLU BVaU; LC NN; BM

DEMERS, BENJAMIN. Un des premiers colons d'Etchemin, voir: La famille Demers d'Etchemin.

SAINT-ROSAIRE

MAILHOT, CHARLES-E. Les Bois-Francs. Arthabaska, La Cie d'Imprimerie d'Arthabaska, 1914-1920. 4 v.: vol. 1, 471, [3] p.; vol. 2, 445p.; vol. 3, 491p.; vol. 4, 352p. front., ill., pl.h.t., portr. 23 cm. Vol. 1: "Errata", p. [474]; hist. générale de la région, p. 9-161; hist. des paroisses Saint-Louis de Blandford, p. 163-208; Saint-Eusèbe de Stanfold, p. 209-78; Saint-Calixte de Sommerset, p. 279-312; Saint-Norbert d'Arthabaska, p. 313-34; Saint-Médard de Warwick, p. 391-432; Sainte-Victoire d'Arthabaska, p. 433-62; "Recensements décennaux des Bois-Francs de 1840 à 1910", p. 463-4. Vol. 2: "Corrections", p. 440; paroisse de Saint-Ferdinand, p. 9-12; Sainte-Victoire d'Arthabaska, p. 51-112; Saint-Paul de Chester, p. 113-92; Sainte-Hélène de Chester, p. 193-216; les Acadiens dans les Bois-Francs et notes généalogiques, p. 217-436. Vol. 3: "Corrections", p. 485; la paroisse Saint-Valère de Bulstrode, p. 131-43; notice sur la paroisse du Saint-Rosaire, p. 175-7; nombreuses généalogies de familles et doc. divers. Vol. 4: "Corrections", p. 440; hist. de Sainte-Victoire d'Arthabaska, p. 51-[111]; esquisse de la paroisse de Saint-Paul de Chester de 1849 à 1901, p. [113]-91; notes sur la paroisse de Sainte-Hélène de Chester depuis 1860, p. [193]-216; généalogies de familles, p. [217]-424; Sainte-Julie de Sommerset depuis 1840, p. [425]-34. Nombreux doc. stat. Table des ill. pour chaque vol.; table des mat. pour chaque vol.; pas d'index.
QQLa QSherU QMBN QMU OORD OLU OStCB

SAINT-SAUVEUR

VALIQUET, ADRIEN-N. Calendrier et bulletin des paroisses françaises de la ville de Québec, année 1908. [Québec, s.éd., 1908] 97, 95p. ill., portr. 18 cm. Première partie consacrée aux annonces commerciales; la seconde contient des notes hist. - des origines à date de publ. -

relatives à Notre-Dame de Québec, Saint-Roch, Saint-Jean-Baptiste, Saint-Sauveur, Notre-Dame de la Garde, Saint-Malo, Notre-Dame de Jacques Cartier. Pas d'index.
QQA QQS

SAINT-SEBASTIEN DE BEAUCE

RICHARD, ALPHONSE. Historique de la paroisse de Saint-Sébastien de Beauce (1869-1944) ... Joliette, L'Etoile du Nord, 1944. 195, [4] p. ill., carte. 23 cm. Traite de la vie militaire, agricole, municipale, scolaire, familiale, religieuse et sociale de la paroisse. Biogr. des curés et des notables, p. 167-89. Bibliogr., p. 194-5; notes bibliogr. en bas de page. Table dét. des mat., p. [197]-9; pas d'index.
QPC QQA QQL QMBN QMM QMU QMBM; NN

SAINT-SYLVESTRE

NADEAU, ANDRE. Histoire de la paroisse de Saint-Patrice de Beaurivage, 1871-1946. Québec, Ernest Tremblay, Impr. [1946] [5], 163, 46p. ill., portr., fac-sim. 22 cm. Hist. religieuse et civile de la paroisse et du village. Notes bibliogr. en bas de page. Nombreux doc. : liste des députés, résultats des votes depuis 1867, p. 141-54. Table dét. des mat. ; pas d'index.
QPC QQA QQL QQLa QMBN QMBM OOA OTP; NN

SAINT-THEODORE D'ACTON

LA PETITE histoire de la paroisse de Saint-Théodore d'Acton. Préf. de J.-B.-H. Archambault. [St-Hyacinthe, La Société d'histoire régionale de St-Hyacinthe, 1942] 126, [2] p. ill., pl. h. t., portr., carte dépl. 24 cm. (Documents maskoutains, no 14). Hist. de 1835 à date de publ. Table dét. des mat. ; pas d'index.
QQLa QMBM OTP

SAINT-THOMAS D'AQUIN D'HUDSON

SEGUIN, ROBERT-L. Etude monographique relative à la paroisse de Saint-Thomas d'Aquin d'Hudson, comté de Vaudreuil. Rigaud de Vaudreuil [s. éd.] 1947. [58f.] ill. 36 cm. Titre bilingue de la page-couverture: 1897-1947 Programme-souvenir des fêtes du cinquantenaire de la fondation de la paroisse Saint-Thomas d'Aquin d'Hudson, les 30, 31 août et 1er sept. 1947. Souvenir-Program of the Festival of the 50th

anniversary of the foundation of the parish ... the 30th, 31st August and Sept. 1st 1947. Hist. de la paroisse du début à date de publ. La seigneurie de Vaudreuil, p. [9-28]; biogr., p. [29-39]; la vie paroissiale, p. [49-54]; bibliogr., p. [55]. Doc.: recensement de 1871, p. [23]; stat. démographiques de 1894, p. [47].
QQLa OOA

SAINT-THOMAS DE MONTMAGNY

CASAULT, FLAVIEN-E. Notes historiques sur la paroisse de Saint-Thomas de Montmagny. Québec, Dussault & Proulx, 1906. 448p. 18 cm. Errata, p. [438]. Hist. des origines à date de publ. Table dét. des mat.; pas d'index.
QPC QQA QQL QQS QMBN QMBM OOA OOP OOU OTP; LC NN

COUILLARD-DESPRES, AZARIE-E. Histoire des seigneurs de la Rivière du Sud et de leurs alliés canadiens et acadiens [par] l'abbé Azarie Couillard-Després. Saint-Hyacinthe, Impr. de "La Tribune", 1912. xvi, 401, [1] p. ill., fac-sim., portr., plans, cartes. 22 cm. "Errata", p. 402. Lettre d'approbation de Mgr A.-X. Bernard, p. [xiii]; lettre de Mgr L.-N. Bégin, p. xiv; lettre de Mgr Paul Bruchési, p. xv; lettre de Sir J.-A. Garneau, p. xvi. Plan de Québec en 1660, p. 62; carte de l'Ile-aux-Grues, p. [99]; plan de la seigneurie de la Rivière du Sud dressé par M. de Catalogne en 1705, p. [187]; plan des seigneuries Bernier, Gagnon, Vincelotte et Bélanger, dressé par M. de Catalogne en 1705, p. [195]; plan de la seigneurie de l'Islet-Saint-Jean, par M. de Catalogne en 1709, p. [203]; plan reconstitué de Saint-Thomas de Montmagny vers 1790, p. [285]; carte de l'Acadie, vers 1650, p. [373]. Hist. de 1669 à la fin du 19e s. Nombreux doc. Généalogies. Notes bibliogr. en bas de page. Table des blasons, table des signatures, table dét. des mat.; pas d'index.
NBFU QQA QQLa QSherU QMBN QMDB QMBM OOA OOSJ OTP OPAL SSU; LC; BM

DION, ALBERT. Topographie de Montmagny par l'abbé A. Dion. Québec, L'Action catholique, 1935. [7], 208p. front. (portr.), ill., plans, cartes dépl. 23 cm. (Histoire primitive de la paroisse de Saint-Thomas de Montmagny). Plans de Québec en 1700 (p. 84) et en 1759 (p. 87 et 89). Carte de la paroisse de Saint-Thomas en 1875, p. [94]. Hist. de la paroisse et hist. de la ville, p. [95]-208. Notes bibliogr. en bas de page. Pas d'index.
QPC QQL QQLa QQS OOA OOP; LC

MONTMAGNY après 50 ans d'incorporation. Album-guide 1934-35 avec illustrations. [Montmagny] La Cie du "Peuple" [1935] 94, [2] p. ill., plan dépl. 24 cm. Notes hist. de la paroisse Saint-Thomas, p. 5-13. Biogr., p. 69-74. Index des annonceurs.
QQL

SAINT-THOMAS-DIDYME

[SAINT-PIERRE, YVON] Saint-Cyrille de Normandin, 1878-1949. Notes historiques. Rédigé en collaboration. [Roberval, Les Imprimeurs de Roberval, 1949] 154p. front., ill., portr. 22 cm. Hist. religieuse, municipale et agricole. Brèves notes hist. concernant Saint-Thomas-Didyme (p. 122-4) et Saint-Edouard-les-Plaines (p. 124-5). Pas d'index.
QCSHS

SAINT-UBALD

ASSOCIATION DE LA PROPAGATION DE LA FOI. Rapport sur les missions du diocèse de Québec, qui sont secourues par l'Association de la propagation de la foi. Janvier 1839, no 1-mai 1874, no 21. Québec, Fréchette & Cie, 1839-42; J.-B. Fréchette, 1843-5; Fréchette & Frère, 1847; A. Côté & Cie, 1849-55; J.-T. Brousseau, 1857-61; Léger Brousseau, 1863-8; P.-G. Delisle, 1870-4. 21 fasc. cartes. 20 cm. Légère variante dans le titre des relations 1 et 4: Notice sur les missions ... Tabl.: "Echelle chronologique et historique de la religion", vol. 5, p. 136. Chaque relation contient également un tabl. des recettes et des dépenses de l'Association. Traite des missions sous la juridiction ecclésiastique du diocèse de Québec pour les années 1836 à 1874 qui furent: Missions du Saint-Maurice, du Lac Témiscaming, de la Grosse-Ile, de Sherbrooke, de Drummondville, d'Halifax, de Leeds, d'Inverness, de Frampton, du Lac Beauport et de Stoneham, de Laval, de Valcartier, du Lac Abbitibbi, de Blandford, du Saguenay, de Kennebec, de Labrador, de Gaspé, des Cantons de l'Est, du Lac Saint-Jean, de Saint-Pierre de Broughton, de Tadoussac, de Chicoutimi, de Cascapédiac, de Nataskouan, de Saint-Jérôme, des Escoumins, de Sainte-Anne de Portneuf, de Saint-Ubald, d'Anticosti, de la Pointe aux Esquimaux, de Matapédia, etc., et d'autres localités du Canada et des Etats-Unis. Pas d'index.
QQL QQS

[GOSSELIN, AUGUSTE-H.] Colonisation dans le comté de Portneuf. St-Ubald - Notre-Dame de la Rivière Batiscan, août 1872. Québec, Typ. L. Brousseau, 1872. 24p. 14 cm. Contribution à l'hist. des

origines de ces deux centres de colonisation. Pas d'index.
QQA; NN

SOCIETE DE COLONISATION ... DU COMTE DE PORTNEUF. Rapport d'une visite du comté de Portneuf, août 1871. Québec, L. Brousseau, 1871. 24p. 15 cm. En tête de titre: Colonisation. Rapport rédigé par les abbés L.-E. Parent et P. Beaumont. Notes hist. sur Saint-Ubald des origines à date de publ. Pas d'index.
QQL

SAINT-URBAIN

BOIVIN, LEONCE. Dans nos montagnes (Charlevoix). Les Eboulements, 1941. 254p. ill., pl., portr. 20 cm. Lettre de Georges Melançon à l'auteur, p. [5-6]. Survol hist. des origines à date de publ. Doc. en append. Table dét. des mat.; pas d'index. /1942: 2e éd. /1945: 3e éd. rev. et corr. 242p.
1941: QPC QQLa QMBN QMU QMBM OOP OTP /1942: OONL QMBM OOU /1945: QQLa OTU

SAINT-VALERE DE BULSTRODE

MAILHOT, CHARLES-E. Les Bois-Francs. Arthabaska, La Cie d'Imprimerie d'Arthabaska, 1914-1920. 4 v.: vol. 1, 471, [3] p.; vol. 2, 445p.; vol. 3, 491p.; vol. 4, 352p. front., ill., pl.h.t., portr. 23 cm. Vol. 1: "Errata", p. 474; hist. générale de la région, p. 9-161; hist. des paroisses Saint-Louis de Blandford, p. 163-208; Saint-Eusèbe de Stanfold, p. 209-78; Saint-Calixte de Sommerset, p. 279-312; Saint-Norbert d'Arthabaska, p. 313-34; Saint-Médard de Warwick, p. 391-432; Sainte-Victoire d'Arthabaska, p. 433-62; "Recensements décennaux des Bois-Francs de 1840 à 1910", p. 463-4. Vol. 2: "Corrections", p. 440; paroisse de Saint-Ferdinand, p. 9-12; Sainte-Victoire d'Arthabaska, p. 51-112; Saint-Paul de Chester, p. 113-92; Sainte-Hélène de Chester, p. 193-216; les Acadiens dans les Bois-Francs et notes généalogiques, p. 217-436. Vol. 3: "Corrections", p. 485; la paroisse Saint-Valère de Bulstrode, p. 131-43; notice sur la paroisse du Saint-Rosaire, p. 175-7; nombreuses généalogies de familles et doc. divers. Vol. 4: "Corrections", p. 440; hist. de Sainte-Victoire d'Arthabaska, p. 51-[111]; esquisse de la paroisse de Saint-Paul de Chester de 1849 à 1901, p. [113]-91; notes sur la paroisse de Sainte-Hélène de Chester depuis 1860, p. [193]-216; généalogies de familles, p. [217]-424; Sainte-Julie de Sommerset depuis 1840, p. [425]-34. Nombreux doc. stat. Table des ill. pour chaque vol.;

table des mat. pour chaque vol. ; pas d'index.
QQLa QSherU QMBN QMU OORD OLU OStCB

SAINT-VINCENT DE PAUL

VIGER, JACQUES. Archéologie religieuse du diocèse de Montréal, 1850, par J. Viger ... Montréal, Lovell et Gibson, 1850. 36p. 20 cm. Brèves notes hist. sur les paroisses et missions suivantes: Saint-Cyprien, Saint-Placide, Sainte-Scholastique, Notre-Dame des Anges, Sainte-Marie Magdelaine, Chambly, Saint-André, Saint-Edouard, Rouville, Sainte-Mélanie, Saint-Gabriel de Brandon, Saint-Mathias, Saint-Vincent de Paul, Saint-Cuthbert. Pas d'index.
QQA QQL QMBN

SAINT-VITAL DE LAMBTON

CENTENAIRE de Saint-Vital de Lambton, 1848-1948. Programme-souvenir, 4, 5 et 6 juillet 1948. [Sherbrooke, "La Tribune", 1948] 98p. ill., portr. 23 cm. Présentation de J.-Alphonse Lapointe. Brève note hist., p. 5. Organisation et activités du centenaire; nombreuses annonces commerciales. Pas d'index.
QPC

LAPOINTE, JOSEPH-A. Historique de Saint-Vital de Lambton (1848-1948). [S.l., s.éd., 1947] 158p. ill., pl.h.t., portr., plan. 18 cm. Cadastre de la paroisse, p. 16. Hist. religieuse, sociale et économique de Saint-Vital. Chronol., p. [157]-8. Pas d'index.
QPC

SAINT-ZACHARIE DE METGERMETTE

[LECOURS, STANISLAS-I.] Saint-Zacharie de Metgermette. Hier, aujourd'hui, demain. Québec, L'Action Sociale Ltée, 1909. 46p. 20 cm. Bref hist. du canton puis de la paroisse de Saint-Zacharie depuis 1873. Pas d'index.
QPC QQA QQLa

SAINTE-ADELE

LANGEVIN-LACROIX, EDMOND. Histoire de la paroisse de Sainte-Adèle. [Sainte-Adèle, s.éd.] 1927. [7], 153, [3], [114] p. ill., portr. 19 cm. Hist. de Sainte-Adèle, de 1840 à date de publ. Notes sur Mont-Rolland et

Val-Morin, p. 88-94. Liste des maires, p. 108. Notes bibliogr. en bas de page. Table dét. des mat. ; pas d'index.
QQLa QQS QMBN QMU QMBM OOA OOU OOSJ; NN

SAINTE-AGATHE

MONTIGNY, BENJAMIN-A. -T. DE. Le Nord, par B. -A. -T. de Montigny. Montréal, L'Etendard, 1886. iii, 163, [1] p. 24 cm. En tête de titre: Colonisation. "Corrections", p. [164]. Descr. géogr., physique et hist. de la région du nord de Montréal. Pas d'index. /1898: Montréal, Beauchemin. iv, 350p. 22 cm. /1895: La colonisation. Le nord de Montréal ou la région de Labelle. iv, 350p. 22 cm.
1886: QQL QMBN QMBM OOA OOSJ OTP; NN /1895: QQL QQLa QMBN QMU OOA OOCiT OOSU OTP BVaU /1896: OOA OOU OKQ BVaU /1898: QQL QMBN

SAINTE-AGATHE-DES-MONTS

[GRIGNON, EDMOND] Album historique publié à l'occasion des fêtes du cinquantenaire de la paroisse Sainte-Agathe-des-Monts, 1861-1911. [Montréal, Compagnie de Publications commerciales] 1912. 232p. ill., portr. 22 cm. Hist. chronol. de Sainte-Agathe, principalement des notables. Annales de la vie paroissiale, municipale et professionnelle. "Liste des familles catholiques de la paroisse ... en 1912", p. 182-227; programme et membres du comité des fêtes, p. 228-30. Ta-dét. des mat. ; pas d'index.
QPC QQL QQLa QMBN QMBM OOA OOSJ; LC NN

SAINTE-AGNES

BOIVIN, LEONCE. Dans nos montagnes (Charlevoix). Les Eboulements, 1941. 254p. ill., pl., portr. 20 cm. Lettre de Georges Melançon à l'auteur, p. [5-6]. Survol hist. des origines à date de publ. Doc. en append. Table dét. des mat. ; pas d'index. /1942: 2e éd. /1945: 3e éd. rev. et corr. 242p.
1941: QPC QQLa QMBN QMU QMBM OOP OTP /1942: OONL QMBM OOU /1945: QQLa OTU

SAINTE-ANGELE DE LAVAL

SAINTE-ANGELE DE LAVAL. Historique publié à l'occasion des fêtes du 75e anniversaire, 1870-1945. [Trois-Rivières, 1945] [11], 93,

[3] p. 22 cm. Avant-propos signé L. N. D., p. [9]; vie civile et religieuse de Sainte-Angèle, p. [11]-21. Table dét. des mat.; pas d'index.
QQLa QMBN QMBM OTP

SAINTE-ANGELE DE MERICI

BENOIST, EMILE. Rimouski et les pays d'en-bas. Montréal, Editions du "Devoir", 1945. 193, [3] p. 19 cm. Hist. - des origines à date de publ. - des paroisses de Sainte-Angèle de Mérici, p. 135-9 et de Saint-Jérôme de Matane, p. 161-9. Table des mat.; pas d'index.
QQL QQLa QMM QMU QMBM OOA OOP OOG OOSJ OTU OTP OHM OLU BVaU; LC NN

SAINTE-ANGELIQUE DE PAPINEAUVILLE

ALBUM-SOUVENIR du 75e anniversaire - 1853-1928 - de la paroisse de Sainte-Angélique de Papineauville, le 25 juin 1928. [Papineauville, 1928] 47, [1] p. ill., portr. 23 cm. Liste des maires du village et de la paroisse, p. 39-40; liste des marguilliers, p. [44]; chroniques de la vie paroissiale, p. 45-6; biogr. des curés, p. 14-5, 38, 41. Pas d'index.
QQLa

SAINTE-ANNE D'YAMACHICHE

[LAMY, D.] Brève notice sur Sainte-Anne d'Yamachiche. Montréal [s. éd.] 1904. 14p. 22 cm. Origines religieuses de Yamachiche. Notes bibliogr. en bas de page.
QQA

SAINTE-ANNE DE BEAUPRE

JOUVE, ALPHONSE. Le frère Didace Pelletier [par Père Odoric-Marie, o. f.] Québec, Couvent des SS. Stigmates, 1910. 33, 458p. ill., pl. h. t., fac-sim., plans. 18 cm. Plan de Sainte-Anne de Beaupré, 1641, p. 45; plan de Dieppe et de Pollet, p. 54; carte de la Nouvelle-France, 1691, p. 160. Notes hist. des origines à date de publ. concernant Sainte-Anne de Beaupré, Percé et Trois-Rivières. Append., p. 349-453. Pas d'index.
QQA

OAKLEY, AMY. Kaleidoscopic Quebec ... Illustrations by Thornton Oakley. New York, London, D. Appleton - Century Co. [1947] xiii,

278p. front., ill. (dessins originaux). 21 cm. Cartes géographiques de la vallée du Saint-Laurent, des Laurentides et de la Gaspésie en pages de garde. Descr. surtout l'ouvrage traite de la vallée du Richelieu, p. [3]-24; de Montréal et des environs, p. [27]-79; de Québec, p. [81]-115; de l'Ile d'Orléans, p. [117]-30; de Sainte-Anne de Beaupré, p. 135-50; de la Gaspésie, p. [221]-67. Table des ill., p. ix-x.
NSHPL QQA QQLa QMBM OOA OOP OTP OH MW BVa BVaU; LC NN; BM

SAINTE-ANNE DE LA PERADE

DOUVILLE, RAYMOND. Jean Riquart, premier colon de Sainte-Anne de la Pérade, voir: Les premiers seigneurs et colons de Sainte-Anne de la Pérade.

DOUVILLE, RAYMOND. Les premiers seigneurs et colons de Sainte-Anne de la Pérade, 1667-1681. Trois-Rivières, Ed. du Bien Public, 1946. 165, [11] p. ill., pl.h.t., fac-sim., plans. 23 cm. (L'Histoire régionale). Notes biogr. en append., p. 109-63; bibliogr., p. [164]-5; notes bibliogr. en bas de page. Pas d'index. /1943: 1ère éd. Jean Riquart, premier colon de Sainte-Anne de la Pérade ... Trois-Rivières, Ed. du Bien Public. 15p. 21 cm.
QCSHS QRS QPC QQA QQL QMM QMU QMBM OOA OOP OOU OOG OTP BVaU; LC NN; BM

[RHEAULT, LOUIS-S.] Autrefois et aujourd'hui à Sainte-Anne de la Pérade [suivi de] Jubilé sacerdotal de Mgr des Trois-Rivières ... Trois-Rivières, E.S. De Carufel, 1895. 6, 218, 69p. ill., pl.h.t., portr. 22 cm. Hist. de la seigneurie, p. [3]-8 et [14]-8; hist. religieuse, municipale et polit. Sources consultées, p. 5-6. Biogr. des curés, p. 89-102, etc.; biogr. des notables, p. 169-74, etc. Table des ill., p. 69.
QPC QQA QQLa QMBM OOA OOSJ OTP BVaU; LC NN; BM

SAINTE-ANNE DE LA POCATIERE

DIONNE, NARCISSE-E. Sainte-Anne de la Pocatière, 1672-1900. Lévis, P.-G. Roy, 1900. [7], 94, [1] p. 16 cm. (Bibliothèque canadienne). /1910: Sainte-Anne de la Pocatière, 1672-1910. L'Ile-aux-Oies, 1646-1910. Québec, Laflamme & Proulx. viii, 219p. 18 cm. (Galerie historique, vol. III). Append.: liste des missionnaires, des curés, des médecins, des notaires, etc., p. [129]-45. Table onosmatique; pas d'index.

QPC QQL QQLa QMBN QMU QMBM OOA OOP OOU OKQ OKR OTU OTP OPeT SSU AEU BVaU; LC NN

[PARADIS, ODILON-M.] Notes historiques sur la paroisse et les curés de Sainte-Anne de la Pocatière depuis les premiers établissements, par M. le Curé de Sainte-Anne, en 1869. Sainte-Anne de la Pocatière, Firmin H. Proulx, 1869. 30p. 14 cm. Hist. de Sainte-Anne de 1715 à 1814. Pas d'index.
QQA QQL QQS QMBM OOA OTP; NN

SAINTE-ANNE DE PORTNEUF (mission)

ASSOCIATION DE LA PROPAGATION DE LA FOI. Rapport sur les missions du diocèse de Québec, qui sont secourues par l'Association de la propagation de la foi. Janvier 1839, no 1-mai 1874, no 21. Québec, Fréchette & Cie, 1839-42; J.-B. Fréchette, 1843-5; Fréchette & Frère, 1847; A. Côté & Cie, 1849-55; J.-T. Brousseau, 1857-61; Léger Brousseau, 1863-8; P.-G. Delisle, 1870-4. 21 fasc. cartes. 20 cm. Légère variante dans le titre des relations 1 et 4: Notice sur les missions ... Tabl.: "Echelle chronologique et historique de la religion", vol. 5, p. 136. Chaque relation contient également un tabl. des recettes et des dépenses de l'Association. Traite des missions sous la juridiction ecclésiastique du diocèse de Québec pour les années 1836 à 1874 qui furent: Missions du Saint-Maurice, du Lac Témiscaming, de la Grosse-Ile, de Sherbrooke, de Drummondville, d'Halifax, de Leeds, d'Inverness, de Frampton, du Lac Beauport et de Stoneham, de Laval, de Valcartier, du Lac Abbitibbi, de Blandford, du Saguenay, de Kennebec, de Labrador, de Gaspé, des Cantons de l'Est, du Lac Saint-Jean, de Saint-Pierre de Broughton, de Tadoussac, de Chicoutimi, de Cascapédiac, de Nataskouan, de Saint-Jérôme, des Escoumins, de Sainte-Anne de Portneuf, de Saint-Ubald, d'Anticosti, de la Pointe aux Esquimaux, de Matapédia, etc., et d'autres localités du Canada et des Etats-Unis. Pas d'index.
QQL QQS

SAINTE-ANNE DE RISTIGOUCHE (mission)

PACIFIQUE DE VALIGNY, PERE. Etudes historiques et géographiques. Extrait du Bulletin de la Société de géographie de Québec. [Québec] 1932. p. 215-64. cartes. 26 cm. Hist. de Saint-Antoine de Longueuil de 1657 à date de publ. Notes bibliogr. en bas de page. Pas d'index. /1935: Ristigouche, l'auteur. p. 321-36. front., ill., portr., cartes. Contient: Jacques Cartier à Port Daniel - Jacques Cartier à Gaspé -

Ristigouche: mission Sainte-Anne - Le pays des Micmacs - Saint-Antoine de Longueuil - Missionnaires, gardiens et églises de Ristigouche.
1932: QQL QMBN QMBM /1935: NSHPL NBFU NBSM OOG; NN; BM

SAINTE-ANNE DE ROQUEMAURE

NOISEUX, DONAT-C. Dix années de colonisation à Sainte-Anne de Roquemaure ... [Québec] Ministère de la Colonisation de la province de Québec [1943] 75, [2] p. ill., portr. 25 cm. Hist. chronol. de la fondation de la paroisse à date de publ. Index sommaire servant de table des mat.
QPC QQL QQLa QMBN QMBM OOA OOCiT OTP OLU; LC NN

SAINTE-ANNE DE VARENNES

AUDET, FRANCIS-J. Varennes. Notes pour servir à l'histoire de cette seigneurie, par Francis-J. Audet ... Montréal, Editions des Dix, 1943. 7, 38p. 22 cm. Armes de Gaultier de Varennes, p. [6]. Hist. de la paroisse Sainte-Anne de Varennes, de ses curés et desservants des origines à date de publ., p. 28-33. Notes bibliogr. en bas de page. Pas d'index.
QPC QQL QQLa QMBN QMU QMBM OOA OOU OKQ OTU OTP BVaU

SAINTE-ANNE DES PLAINES

DUGAS, GEORGES. Histoire de la paroisse de Sainte-Anne-des-Plaines, érigée sous Mgr Hubert, évêque de Québec, en l'année 1787, par l'abbé G. Dugas. Montréal, Granger Frères, 1900. vii, 207p. front., ill., pl.h.t., portr. 19 cm. Hist. religieuse surtout. Append. contenant des doc., p. 141-204. Table dét. des mat., p. [205]-7; pas d'index.
QPC QQA QQL QQLa QMBN QMU QMBM OOA OOP OORD OTP; LC NN

SAINTE-CATHERINE DE FOSSAMBAULT

POTVIN, DAMASE. Fossembault. Publié à l'occasion du 10e anniversaire de la ville du Lac Saint-Joseph. Québec, 1946. 144p. ill., portr., cartes. 25 cm. Cartes: le Fort Jacques Cartier, p. 99; carte du Lac Saint-Joseph, p. 144. Ouvrage descr. concernant le Lac Saint-Joseph, Valcartier, Sainte-Catherine, Duchesnay, Lac Sergent, Lac des Sept-Iles. Hist. du chemin à lisses "Quebec & Gosford Wooden Ry", p. 41-7. "Notes diverses sur le comté de Portneuf", par Clément-T. Dussault, p. 81-112.
QQA QQL QMBM OOA OTP; NN

SAINTE-CECILE (VALLEYFIELD)

GROULX, LIONEL-A. Petite histoire de Salaberry de Valleyfield [par] l'abbé L.-A. Groulx ... Montréal, Librairie Beauchemin, 1913. [7], 31p. 22 cm. Texte d'abord publ. dans l'Echo du Bazar de 1912. Hist. de la seigneurie et de la ville de Valleyfield de 1729 à date de publ. Pas d'index.
QQL QQLa QMBN QMU OOA

SAINTE-CLAIRE (DORCHESTER)

LES FETES de Sainte-Claire. Centenaire de la paroisse et première messe pontificale de Sa Grandeur Mgr J.-Alfred Langlois ... [1es] 24 et 25 septembre 1924. [Québec, L'Action Sociale Ltée, 1924] 66, [1] p. ill., portr. 22 cm. Notes hist. sur la paroisse Sainte-Claire, p. 57-61, rédigées par Victorin Germain. Pas d'index.
QPC QQA QQL

SAINTE-CROIX DE TADOUSSAC (mission)

[LANGEVIN, JEAN-P.] Notice historique sur la mission de Sainte-Croix de Tadoussac. Québec, Impr. de la "Vérité", 1885. 49p. Liste des missionnaires jésuites et prêtres desservants à Tadoussac, p. 47-8. Notes bibliogr. en bas de page. Pas d'index. /1864: Québec, Léger Brousseau. 40p.
1864: QQL QMBN /1885: QQA

SAINTE-CUNEGONDE (MONTREAL)

MASSICOTTE, EDOUARD-Z. La cité de Sainte-Cunégonde de Montréal. Notes et souvenirs par E.-Z. Massicotte ... Avec illustrations de Edmond-J. Massicotte. Montréal, J. Stanley Houle, 1893. 4, 198, [5] p. front. (plan), ill., portr. 15 cm. Errata, p. [203]. "Plan de la ville", en front. Hist. religieuse, polit., sociale et culturelle des origines à date de publ., p. [3]-131. Append.: biogr. des hommes publics, p. [137]-91; liste des curés, des marguilliers, des maires, des conseillers, etc., p. 192-8. Table des ill., p. [199]; pas d'index.
QQLa QMBN QMBM OOA OTP

SAINTE-DOROTHEE (MONTREAL)

LANGEVIN-LACROIX, EDMOND. Sainte-Dorothée. Cinquante ans de vie paroissiale. Montréal, Impr. au "Devoir", 1919. 85, [2] p. pl.h.t., portr. 19 cm. Hist. religieuse et civile de Sainte-Dorothée de 1868 à 1918. Notes bibliogr. en bas de page. Liste des curés, des marguilliers et des membres du Conseil municipal; recensement de 1871. Table dét. des mat., p. [87]; pas d'index.
QQLa QMBN QMBM OOA

SAINTE-EULALIE

TOURIGNY, DONAT. Album-souvenir des premiers colons de Sainte-Eulalie, par J.-D. Tourigny, instituteur, août 1931. Montréal, Impr. des Sourds-Muets, 1931. [40] p. ill., portr. 30 cm. Brève hist. de la paroisse de 1861 à date de publ. Biogr. des curés, p. [12-3]; liste des maires, p. [15]; biogr. des premiers colons, p. [18-37]. Pas d'index.
QMBN

SAINTE-FRANCOISE-ROMAINE

DUBOIS, LOUISE-A. Jubilé d'argent de la paroisse de Sainte-Françoise-Romaine, comté de Lotbinière, 1923-1948. 11p. ill., portr. 23 cm. Ouvrage non analysé. Pas d'index.
QPC

SAINTE-GENEVIEVE DE BATISCAN

MASSICOTTE, EDOUARD-Z. Sainte-Geneviève de Batiscan. Trois-Rivières, Ed. du Bien Public, 1936. 131p. ill., carte. 25 cm. (Pages trifluviennes, série A, no 18). Préf. d'Albert Tessier, p. [5]. Carte cadastrale de Sainte-Geneviève de Batiscan par Jean-Maurice Massicotte, p. [6]. Hist. des origines à date de publ. Notes bibliogr. en bas de page. En plus de nombreuses notes biogr. de "figures" du passé (p. 94-104), la quatrième partie est faite de listes des notables, civils ou religieux, p. 104-27. Table dét. des mat.; pas d'index.
QQLa QMBN QMM QMU QMBM OOA OTP

SAINTE-GENEVIEVE DE BERTHIER

MOREAU, STANISLAS-A. Précis de l'histoire de la seigneurie, de la

paroisse et du comté de Berthier, P.Q., Canada, par M. S.-A. Moreau ... Berthier, Cie d'impr. de Berthier, 1899. [1], [3], 118, [2] p. 22 cm. "Errata", p. [1]. Survol de l'hist. des origines à date de publ. de la seigneurie, p. 5-43; de la paroisse, p. 46-113; du comté, p. 114 -6. Notes bibliogr. en bas de page. Table dét. des mat.; pas d'index.
QPC QQL QQLa QMBN QMU QMBM OOA OTP BVaU; LC NN; BM

SAINTE-HELENE DE BAGOT

[MILLIER, G.-N.] Sainte-Hélène illustrée. La paroisse de Sainte-Hélène, comté de Bagot; son passé, le présent, son avenir, par G.N.M. Montréal, La Patrie [1904] 24p. ill., portr. 22 cm. Annales des événements religieux de la paroisse des origines à date de publ., p. 1-15; hist. civile de la paroisse, p. 15-24. Pas d'index.
QQA QQLa QMU

SAINTE-JULIE DE SOMMERSET

MAILHOT, CHARLES-E. Les Bois-Francs. Arthabaska, La Cie d'Imprimerie d'Arthabaska, 1914-1920. 4 v.: vol. 1, 471, [3] p.; vol. 2, 445p.; vol. 3, 491p.; vol. 4, 352p. front., ill., pl.h.t., portr. 23 cm. Vol. 1: "Errata", p. [474]; hist. générale de la région, p. 9-161; hist. des paroisses Saint-Louis de Blandford, p. 163-208; Saint-Eusèbe de Stanfold, p. 209-78; Saint-Calixte de Sommerset, p. 279-312; Saint-Norbert d'Arthabaska, p. 313-34; Saint-Médard de Warwick, p. 391-432; Sainte-Victoire d'Arthabaska, p. 433-62; "Recensements décennaux des Bois-Francs de 1840 à 1910", p. 463-4. Vol. 2: "Corrections", p. 440; paroisse de Saint-Ferdinand, p. 9-12; Sainte-Victoire d'Arthabaska, p. 51-112; Saint-Paul de Chester, p. 113-92; Sainte-Hélène de Chester, p. 193-216; les Acadiens dans les Bois-Francs et notes généalogiques, p. 217-436. Vol. 3: "Corrections", p. 485; la paroisse Saint-Valère de Bulstrode, p. 131-43; notice sur la paroisse du Saint-Rosaire, p. 175-7; nombreuses généalogies de familles et doc. divers. Vol. 4: "Corrections", p. 440; hist. de Sainte-Victoire d'Arthabaska, p. 51-[111]; esquisse de la paroisse de Saint-Paul de Chester de 1849 à 1901, p. [113]-91; notes sur la paroisse de Sainte-Hélène de Chester depuis 1860, p. [193]-216; généalogies de familles, p. [217]-424; Sainte-Julie de Sommerset depuis 1840, p. [425]-34. Nombreux doc. stat. Table des ill. pour chaque vol.; table des mat. pour chaque vol.; pas d'index.
QQLa QSherU QMBN QMU OORD OLU OStCB

ROY, PIERRE-G. Sainte-Julie de Sommerset. Lévis, Bulletin des

Recherches historiques, 1901. 16p. ill., portr. 23 cm. Hist. religieuse de la paroisse de 1840 à date de publ. Biogr. des curés et des vicaires, p. 8-16. Pas d'index.
QPC QQL QMBN QMBM

SAINTE-MADELEINE DE RIGAUD

AUCLAIR, ELIE-J. Rigaud de Vaudreuil et son Collège Bourget. Etude présentée à la Société Royale, session de mai 1941, par l'abbé Elie-J. Auclair ... [Montréal, Impr. des Sourds-Muets] 1941. 40p. 23 cm. Brève hist. religieuse et civile de Rigaud, des origines à date de publ. Notes bibliogr. en bas de page. Liste des maires, des curés, des marguilliers & des directeurs du Collège, p. 20-1. Pas d'index.
QQA QMU

SAINTE-MARGUERITE DE BLAIRFINDIE

MOREAU, STANISLAS-A. Histoire de l'Acadie, province de Québec, par l'abbé S.-A. Moreau ... Montréal [s. éd.] 1908. 162, iii, [1] p. front. (portr.), ill., pl. h. t., portr. 24 cm. Errata, feuillet à la fin du vol. Hist. des paroisses Saint-Luc, Saint-Cyprien, Saint-Jacques-le-Mineur, Saint-Blaise, p. 35-42. Généalogie de la famille Roy, p. [123]-36. Table des ill.; table dét. des mat.; pas d'index.
QQL QQLa QQS QMBN QMM QMU QMBM OOA OORD OTP OHM SSU BVaU; LC NN; BM

SAINTE-MARGUERITE-MARIE (MONTREAL)

CHARBONNIER, FELIX. Notice historique sur la fondation de la paroisse Sainte-Marguerite-Marie. Montréal [Eug. Doucet, Impr.] 1925. 47p. ill., portr. 22 cm. En page-couverture: Abbé F. Charbonneau ... Montréal, 1923-1925. Pas d'index.
QQA QMBM

SAINTE-MARIE DE BEAUCE

[GERMAIN, VICTOR] Sainte-Marie de Beauce en 1928. Souvenir du 150e anniversaire d'établissement de la chapelle Sainte-Anne. [Québec, L'Action Sociale, 1928] [84] p. front., ill., portr., fac-sim. 21 cm. Album-souvenir contenant des notes hist. sur les origines religieuses de la paroisse. Pas d'index.
QQA QQS; NN

[PROVOST, HONORIUS] Compte rendu des fêtes du deuxième centenaire de Sainte-Marie de Beauce du 5 au 9 juillet 1944. Sainte-Marie, 1944. 155p. ill., pl.h.t. 23 cm. Survol de l'hist. de Sainte-Marie depuis 1744. Textes rédigés par l'abbé Honorius Provost. Pas d'index.
QPC QQLa

SAINTE-MARIE-MAGDELAINE

VIGER, JACQUES. Archéologie religieuse du diocèse de Montréal, 1850, par J. Viger ... Montréal, Lovell et Gibson, 1850. 36p. 20 cm. Brèves notes hist. sur les paroisses et missions suivantes: Saint-Cyprien, Saint-Placide, Sainte-Scholastique, Notre-Dame des Anges, Sainte-Marie Magdelaine, Chambly, Saint-André, Saint-Edouard, Rouville, Sainte-Mélanie, Saint-Gabriel de Brandon, Saint-Mathias, Saint-Vincent de Paul, Saint-Cuthbert. Pas d'index.
QQA QQL QMBN

SAINTE-MARIE-MEDIATRICE

VINGT-CINQUIEME anniversaire de la paroisse Sainte-Marie-Médiatrice de Brigham, 1925-1950. Erection du noviciat des Chanoines réguliers de l'Immaculée Conception, 8 décembre 1850. [S.l., s.éd.] 1950. [64] p. ill., portr., plan. 25 cm. Brève hist. religieuse et civile. Pas d'index.
QQLa

SAINTE-MELANIE

VIGER, JACQUES. Archéologie religieuse du diocèse de Montréal, 1850, par J. Viger ... Montréal, Lovell et Gibson, 1850. 36p. 20 cm. Brèves notes hist. sur les paroisses et missions suivantes: Saint-Cyprien, Saint-Placide, Sainte-Scholastique, Notre-Dame des Anges, Sainte-Marie Magdelaine, Chambly, Saint-André, Saint-Edouard, Rouville, Sainte-Mélanie, Saint-Gabriel de Brandon, Saint-Mathias, Saint-Vincent de Paul, Saint-Cuthbert. Pas d'index.
QQA QQL QMBN

SAINTE-PHILOMENE

ANNUAIRE de Ville-Marie, suivi de recherches archéologiques et statistiques sur les institutions catholiques du Canada. Montréal, Z. Chapeleau, 1867-1879. 4 v. (404p.): 1867, L.-A. Hugnet-Latour, 128p.; 1871, C.-

O. Beauchemin & Valois, [129]-256p.; 1878, J. Chapleau, [257]-379, [5] p.; 1879, J. Chapleau, [384]-404p. 19 cm. "Errata et addenda", vol. 4, p. 403-4. Vol. 1: Hist. de la paroisse de La Visitation de l'Ile Dupas, p. [1]-55; de la paroisse de Saint-Roch-de-l'Achigan, p. [57]-80; de la paroisse de Saint-Hermas, p. 81-105; de la paroisse de Sainte-Philomène, p. [107]-28. Vol. 2: Hist. de la paroisse de Saint-Eustache, Rivière du Chêne, p. [129]-208; de la paroisse de l'Enfant-Jésus-de-la-Pointe-aux-Trembles, p. [209]-56. Vol. 3: Hist. de la paroisse de Boucherville, p. [257]-379. Vol. 4: Suppl. à l'hist. de la paroisse de Boucherville. Nombreux doc. relatifs à Pierre Boucher, et doc. extraits des registres paroissiaux, p. [385]-402. Table dét. des mat.; pas d'index.
QQA QQS QMBM

SAINTE-PRAXEDE DE BROMPTON

GRAVEL, JOSEPH-A.-A. Sainte-Praxède de Brompton (Bromptonville); cinquante ans de vie paroissiale dans les Cantons de l'Est. Préf. de l'abbé Elie-J. Auclair ... Sherbrooke, Typ. du "Progrès de l'Est", 1921. xii, 90, [1] p. ill., portr. 19 cm. Hist. religieuse surtout des origines à date de publ., à la fois de la ville et de la paroisse. "Liste des fondateurs", p. 21-3; "Conseils municipaux et commissions scolaires", p. 51-4. Table dét. des mat.; pas d'index.
QQA QQL QMBN QMU QMBM OOA

SAINTE-ROSALIE

ARCHAMBAULT, JEAN-B.-O. Monographie de la paroisse de Sainte-Rosalie, par le chanoine J.-B.-O. Archambault. [St-Hyacinthe] Soc. d'histoire régionale de St-Hyacinthe, 1939. 175, [1] p. ill., portr., plan, carte. 23 cm. (Documents maskoutains, no 5). Errata, p. [171]. Hist. religieuse et civile de 1757 à date de publ. Table dét. des mat.; pas d'index.
QQL QQLa QMU QMBM OOA OTP

SAINTE-ROSE DE LAVAL

AUCLAIR, ELIE-J. Sainte-Rose de Laval; notice historique sur les origines de la paroisse, par l'abbé Elie-J. Auclair ... Montréal, Beauchemin [1940] 88, [7] p. ill., portr. 25 cm. En tête de titre: Album-souvenir publié à l'occasion du deuxième centenaire. Hist. civile et religieuse de la paroisse de 1740 à date de publ. Notes bibliogr. en bas

de page. Append. : liste des curés, p. [69]-70; des marguilliers, p. [73]-7; des maires, p. [79]-82. Table des gravures, p. [91]; table des mat., p. [93]; pas d'index.
QQL QQLa QMBN QMM OOP

DEMERS, JOSEPH-U.-A. Histoire de Sainte-Rose, 1740-1947 [par l'] abbé J.-U. Demers. [Montréal, 1947] [4], 4, 392, [10] p. front., pl., portr. 25 cm. Hist. de la paroisse depuis 1740 avec notices biogr. des prêtres. Liste des maires (1855-1947), p. 156-8; des curés (1741-1929), p. 286-7; ordonnance de Gilles Hoquart, 16 mars 1740, p. 377-84. Table dét. des mat.; pas d'index.
QQA QQL QQLa QMBN QMM QMU QMBM QMDB OOA OOP OOSJ OTP BVaU; NN

SAINTE-SCHOLASTIQUE

VIGER, JACQUES. Archéologie religieuse du diocèse de Montréal, 1850, par J. Viger ... Montréal, Lovell et Gibson, 1850. 36p. 20 cm. Brèves notes hist. sur les paroisses et missions suivantes: Saint-Cyprien, Saint-Placide, Sainte-Scholastique, Notre-Dame des Anges, Sainte-Marie Magdelaine, Chambly, Saint-André, Saint-Edouard, Rouville, Sainte-Mélanie, Saint-Gabriel de Brandon, Saint-Mathias, Saint-Vincent de Paul, Saint-Cuthbert. Pas d'index.
QQA QQL QMBN

SAINTE-THERESE DE BLAINVILLE

SOCIETE HISTORIQUE DE SAINTE-THERESE DE BLAINVILLE. Cahiers historiques. Histoire de Sainte-Thérèse. [Joliette] L'Etoile du Nord, 1940. 359, [4] p. ill., portr., fac-sim. 24 cm. Régime seigneurial, colonisation et moeurs féodales, vie religieuse, vie économique, des origines à date de publ. Doc. d'archives, p. [257]-70; figures térésiennes, p. 271-343. Pas d'index.
QPC QQA QQL QQLa QQS QMM QMU QMBM OOA OOSJ OTP; NN

SAINTE-VICTOIRE D'ARTHABASKA

MAILHOT, CHARLES-E. Les Bois-Francs. Arthabaska, La Cie d'Imprimerie d'Arthabaska, 1914-1920. 4 v.: vol. 1, 471, [3] p.; vol. 2, 445p.; vol. 3, 491p.; vol. 4, 352p. front., ill., pl.h.t., portr. 23 cm. Vol. 1: "Errata", p. [474]; hist. générale de la région, p. 9-161; hist. des paroisses Saint-Louis de Blandford, p. 163-208; Saint-Eusèbe

de Stanfold, p. 209-78; Saint-Calixte de Sommerset, p. 279-312; Saint-Norbert d'Arthabaska, p. 313-34; Saint-Médard de Warwick, p. 391-432; Sainte-Victoire d'Arthabaska, p. 433-62; "Recensements décennaux des Bois-Francs de 1840 à 1910", p. 463-4. Vol. 2: "Corrections", p. 440; paroisse de Saint-Ferdinand, p. 9-12; Sainte-Victoire d'Arthabaska, p. 51-112; Saint-Paul de Chester, p. 113-92; Sainte-Hélène de Chester, p. 193-216; les Acadiens dans les Bois-Francs et notes généalogiques, p. 217-436. Vol. 3: "Corrections", p. 485; la paroisse de Saint-Valère de Bulstrode, p. 131-43; notice sur la paroisse du Saint-Rosaire, p. 175-7; nombreuses généalogies de familles et doc. divers. Vol. 4: "Corrections", p. 440; hist. de Sainte-Victoire d'Arthabaska, p. 51-[111]; esquisse de la paroisse Saint-Paul de Chester de 1849 à 1901, p. [113]-91; notes sur la paroisse de Sainte-Hélène de Chester depuis 1860, p. [193]-216; généalogies de familles, p. [217]-424; Sainte-Julie de Sommerset depuis 1840, p. [425]-34. Nombreux doc. stat. Table des ill. pour chaque vol.; table des mat. pour chaque vol.; pas d'index.
QQLa QSherU QMBN QMU OORD OLU OStCB

SALABERRY DE VALLEYFIELD

ERECTION du diocèse de Valleyfield. Consécration de son premier évêque Monseigneur J.-M. Emard, 9 juin 1892. Montréal, Arbour & Laperle, 1892. viii, 176p. tabl. 21 cm. Hist. de la ville et de la paroisse de Valleyfield de 1849 à 1892, p. 26-42. Notes bibliogr. en bas de page. Table dét. des mat.; pas d'index.
QMBM

SAULT-AU-RECOLLET

BEAUBIEN, CHARLES-P. Le Sault-au-Récollet; ses rapports avec les premiers temps de la colonie; mission-paroisse. Montréal, Beauchemin, 1898. xvi, 505, [3] p. front. (portr.), ill., portr., plan. 23 cm. Errata, feuillet à la fin du vol. Plan du fort de la Montagne, p. 128. Table dét. des mat., p. [499]-505; pas d'index.
QRS QPC QQLa QQS QMBM; BM

DESROCHERS, RENE. Le Sault-au-Récollet, "Paroisse La Visitation", 1736-1936. Fêtes du 2e centenaire. Montréal [s. éd.] 1936. [11], 155, [4] p. ill., pl., portr., plans, carte. 27 cm. Plan de la paroisse, p. 10; plan du village du Sault-au-Récollet (1728), p. [129]; plan de l'église et de son environnement, p. [158]. Hist. religieuse, p. [31]-97; hist. civile, p. [97]-146. Notes bibliogr. en bas de page.

Table dét. des mat., p. [11]-2; pas d'index.
QQL QQLa QMBN QMBM OOA OOT OTP; NN

DUGAS, GEORGES. Quelques notes historiques sur le Sault-au-Récollet, par l'abbé G. Dugas. Montréal, Librairie Beauchemin, 1910. 16p. ill. 18 cm. Origines de la mission au 17e s. Pas d'index.
QQA QMBN QMBM OOP; LC

SHERBROOKE (mission)

ASSOCIATION DE LA PROPAGATION DE LA FOI. Rapport sur les missions du diocèse de Québec, qui sont secourues par l'Association de la propagation de la foi. Janvier 1839, no 1-mai 1874, no 21. Québec, Fréchette & Cie, 1839-42; J.-B. Fréchette, 1843-5; Fréchette & Frère, 1847; A. Côté & Cie, 1849-55; J.-T. Brousseau, 1857-61; Léger Brousseau, 1863-8; P.-G. Delisle, 1870-4. 21 fasc. cartes. 20 cm. Légère variante dans le titre des relations 1 et 4: Notice sur les missions ... Tabl.: "Echelle chronologique et historique de la religion", vol. 5, p. 136. Chaque relation contient également un tabl. des recettes et des dépenses de l'Association. Traite des missions sous la juridiction ecclésiastique du diocèse de Québec pour les années 1836 à 1874 qui furent: Missions du Saint-Maurice, du Lac Témiscaming, de la Grosse-Ile, de Sherbrooke, de Drummondville, d'Halifax, de Leeds, d'Inverness, de Frampton, du Lac Beauport et de Stoneham, de Laval, de Valcartier, du Lac Abbitibbi, de Blandford, du Saguenay, de Kennebec, de Labrador, de Gaspé, des Cantons de l'Est, du Lac Saint-Jean, de Saint-Pierre de Broughton, de Tadoussac, de Chicoutimi, de Cascapédiac, de Nataskouan, de Saint-Jérôme, des Escoumins, de Sainte-Anne de Portneuf, de Saint-Ubald, d'Anticosti, de la Pointe aux Esquimaux, de Matapédia, etc., et d'autres localités du Canada et des Etats-Unis. Pas d'index.
QQL QQS

SILLERY (mission)

GRAFFIN, ROGER. Noël Brulart de Sillery et la fondation de Sillery au Canada. Reims, Impr. de l'Académie, 1902. 16p. 23 cm. Extrait du tome CXI des Travaux de l'Académie de Reims. Consiste surtout dans la biogr. de Brulart de Sillery qui contribua financièrement à l'établissement de la mission de Sillery. Brèves notes hist. sur la mission. Notes bibliogr. en bas de page. Pas d'index.
QMBM

HARPER, JOHN M. Then and now. The earliest beginnings of Canada. The Sillery mission, by J. M. Harper. Toronto, Que., The Trade Publ. Co. [1908] 26, 104, 27p. front., ill., pl. h. t. 16 cm. (Souvenir Historical Booklet). Bref aperçu hist. du Canada et de la mission de Sillery, au 17e s. Pas d'index.
QQL QMBN QMBM OOA OTP

STONEHAM (mission)

ASSOCIATION DE LA PROPAGATION DE LA FOI. Rapport sur les missions du diocèse de Québec, qui sont secourues par l'Association de la propagation de la foi. Janvier 1839, no 1-mai 1874, no 21. Québec, Fréchette & Cie, 1839-42; J.-B. Fréchette, 1843-5; Fréchette & Frère, 1847; A. Côté & Cie, 1849-55; J.-T. Brousseau, 1857-61; Léger Brousseau, 1863-8; P.-G. Delisle, 1870-4. 21 fasc. cartes. 20 cm. Légère variante dans le titre des relations 1 et 4: Notice sur les missions ... Tabl.: "Echelle chronologique et historique de la religion, vol. 5, p. 136. Chaque relation contient également un tabl. des recettes et des dépenses de l'Association. Traite des missions sous la juridiction ecclésiastique du diocèse de Québec pour les années 1836 à 1874 qui furent: Missions du Saint-Maurice, du Lac Témiscaming, de la Grosse-Ile, de Sherbrooke, de Drummondville, d'Halifax, de Leeds, d'Inverness, de Frampton, du Lac Beauport et de Stoneham, de Laval, de Valcartier, du Lac Abbitibbi, de Blandford, du Saguenay, de Kennebec, de Labrador, de Gaspé, des Cantons de l'Est, du Lac Saint-Jean, de Saint-Pierre de Broughton, de Tadoussac, de Chicoutimi, de Cascapédiac, de Nataskouan, de Saint-Jérôme, des Escoumins, de Sainte-Anne de Portneuf, de Saint-Ubald, d'Anticosti, de la Pointe aux Esquimaux, de Matapédia, etc., et d'autres localités du Canada et des Etats-Unis. Pas d'index.
QQL QQS

TADOUSSAC (mission)

[LANGEVIN, JEAN-P.] Notice historique sur la mission de Sainte-Croix de Tadoussac. Québec, Impr. de la "Vérité", 1885. 49p. Liste des missionnaires jésuites et prêtres desservants à Tadoussac, p. 47-8. Notes bibliogr. en bas de page. Pas d'index. /1864: Québec, Léger Brousseau. 40p.
1864: QQL QMBN /1885: QQA

LAURE, PIERRE. Mission du Saguenay; relation inédite du R.P. Pierre Laure, s.j., 1720 à 1730, précédée de quelques notes biographiques sur

ce missionnaire, par le P. Arthur E. Jones, s.j. Montréal, Archives du Collège Ste-Marie, 1889. [3], 72, ii, [1] p. 22 cm. (Documents rares ou inédits, 1). Hist. des origines du Saguenay. Table dét. des mat. ; pas d'index.
QQA QMBN QMBM OOA OTP OTRM AEU; LC NN

TRES-SAINT-REDEMPTEUR

JUBILE d'argent de la paroisse du Très-Saint-Rédempteur, 1913-1938. Programme-souvenir. Montréal [Impr. Le Devoir] 1938. 60p. ill., portr. 24 cm. Bref rappel de l'hist. de la paroisse et de ses institutions. Pas d'index.
QQA

VAL-BRILLANT

MICHAUD, JOSEPH-D. Notes historiques sur la vallée de la Matapédia ... par l'abbé Jos.-D. Michaud ... Préface du chanoine Victor Côté. Val-Brillant, "La Voix du Lac", 1922. [6], 241p. ill. 24 cm. Hist. de la vallée de la Matapédia et de toutes ses paroisses, dont Saint-Moïse, des origines à date de publ., p. 16-129; hist. de la seigneurie du Lac Matapédia, p. 130-67; hist. de la paroisse de Val-Brillant, p. 168-209. Append.: liste des missionnaires, des curés, des marguilliers, des maires, des secrétaires-trésoriers, p. 210-3. Table dét. des mat., p. 237-41; pas d'index.
NBFU NBSM QRS QPC QQA QQL QQLa QMBN QMU QMBM OOA OKQ OTP OPeT OSuL BVaU; NN; BM

SAINT-PIERRE-DU-LAC, 1889-1949. Programme-souvenir des fêtes du 60e anniversaire de la consécration de l'église et du dévoilement du monument de Messire Pierre Brillant ... [Val-Brillant, 1949] 111p. ill., portr. 22 cm. "Glanures d'histoire" de 1694 à 1949 par l'abbé Joseph-D. Michaud, p. 17-37; seigneurie du Lac Matapédia, p. 55-8. Liste des marguilliers (1883-1948), liste des maires de la paroisse Saint-Pierre (1891-1949) et des maires du village de Val-Brillant (1915-1949), liste des prêtres et des professionnels, p. 60-3. Pas d'index.
QQL QQLa QMBN QMBM

VALCARTIER (mission)

ASSOCIATION DE LA PROPAGATION DE LA FOI. Rapport sur les missions du diocèse de Québec, qui sont secourues par l'Association de la propaga-

tion de la foi. Janvier 1839, no 1-mai 1874, no 21. Québec, Fréchette & Cie, 1839-42; J.-B. Fréchette, 1843-5; Fréchette & Frère, 1847; A. Côté & Cie, 1849-55; J.-T. Brousseau, 1857-61; Léger Brousseau, 1863-8; P.-G. Delisle, 1870-4. 21 fasc. cartes. 20 cm. Légère variante dans le titre des relations 1 et 4: Notice sur les missions ... Tabl.: "Echelle chronologique et historique de la religion", vol. 5, p. 136. Chaque relation contient également un tabl. des recettes et des dépenses de l'Association. Traite des missions sous la juridiction ecclésiastique du diocèse de Québec pour les années 1836 à 1874 qui furent: Missions du Saint-Maurice, du Lac Témiscaming, de la Grosse-Ile, de Sherbrooke, de Drummondville, d'Halifax, de Leeds, d'Inverness, de Frampton, du Lac Beauport et de Stoneham, de Laval, de Valcartier, du Lac Abbitibbi, de Blandford, du Saguenay, de Kennebec, de Labrador, de Gaspé, des Cantons de l'Est, du Lac Saint-Jean, de Saint-Pierre de Broughton, de Tadoussac, de Chicoutimi, de Cascapédiac, de Nataskouan, de Saint-Jérôme, des Escoumins, de Sainte-Anne de Portneuf, de Saint-Ubald, d'Anticosti, de la Pointe aux Esquimaux, de Matapédia, etc., et d'autres localités du Canada et des Etats-Unis. Pas d'index.
QQL QQS

WICKHAM

ST-AMANT, JOSEPH-C. L'Avenir, townships de Durham et de Wickham. Notes historiques et traditionnelles avec Précis historiques des autres townships du comté de Drummond ... Première édition. Arthabaskaville, Impr. "L'Echo des Bois-Francs", 1896. iii, [5] p., 433p. ill., pl., portr., carte dépl. 20 cm. Préface de Benjamin Sulte, p. i-iii. Hist. générale du comté de Drummond des origines à date de publ. avec accent sur: Drummondville, p. 9-384; les cantons de Durham (p. [105] -19) et de Wickham (p. [120] -30; les paroisses Saint-Cyrille de Wendower (p. [363] -76), Saint-Germain de Grantham (p. 407-15) et Saint-Jean l'Evangéliste de Wickham (p. 415-20); les cantons Kingsey (p. 376 -83), Kingsey Falls (p. 383) et Grantham (p. 384-402); la municipalité South-Durham (p. 402-6). Table dét. des mat.; pas d'index. /1932: Un coin des Cantons de l'Est. Histoire de l'envahissement pacifique mais irrésistible d'une race. Drummondville, "La Parole". [9], 534, [2] p. "Errata", p. [535].
1896: QQL QQLa QMBN QMU QMBM OOA OORD OOSU OOSJ OTP; LC
/1932: OONL QQL QQLa QSherU QMBN QMU QMG QMBM OOA OORD OOSJ OKQ OTP OLU BVaU; NN

YAMACHICHE

BELLEMARE, RAPHAEL. Les bases de l'histoire d'Yamachiche, 1703-1903. Commémoration des premiers établissements dans cette paroisse: ses fiefs, ses seigneurs, ses premiers habitants, ses développements, son démembrement en plusieurs paroisses, et autres renseignements tirés de manuscrits inédits conservés dans les vieilles archives du Bas-Canada, par R. Bellemare ... Publié sous les auspices de la Société historique de Montréal. Montréal, C.-O. Beauchemin & Fils [1903] 448p. ill., fac-sim., plans, carte. 27 cm. Nombreux doc.: texte des concessions par seigneurs aux colons; texte des actes de foi et hommage des seigneurs, etc. Table des doc., p. 445-8; table dét. des mat.; pas d'index. /1904: Suppl. aux Bases de l'histoire d'Yamachiche: Famille LeSieur et les premiers colons du fief Grosbois. Montréal, Impr. Bergeron. 58p.
1903: OONL QQA QQL QQS QMBN QMM QMU OOA OOP OOU OORD OTU OTP OLU; LC NN /1904: OONL QQL QMBN QMBM OOA OTU

CARON, NAPOLEON. Histoire de la paroisse d'Yamachiche. (Précis historique) par l'abbé N. Caron ... Suppl. par Frs-L. Desaulniers ... Chap. spécial par Benjamin Sulte. Trois-Rivières, P.-V. Ayotte, 1892. 300, [2] p. front., ill., pl.h.t.(8). 22 cm. Errata, p. [301-2]. Hist. de la paroisse de 1703 à date de publ. Généalogies, p. 190-242; biogr., p. 243-77. Notes bibliogr. en bas de page. Table des ill., p. 300; table dét. des mat., p. [299]; pas d'index.
QQA QQL QMM QMU QMBM OOA OOP OTP; LC NN; BM

DESAULNIERS, FRANCOIS-P. Charles LeSieur et la fondation d'Yamachiche [par] F.-L. Desaulniers ... Montréal, Beauchemin, 1902. [3], 24p. portr. 19 cm. Sur la fondation d'Yamachiche. Pas d'index.
QQA QQL QMBN OOA OOP OTP; LC

DESAULNIERS, FRANCOIS-P. Réunion des paroissiens d'Yamachiche; ou Le 18 octobre 1876 [par] Frs-L. Desaulniers. Québec, Le Canadien, 1876. 64p. 17 cm. Contribution à l'hist. de la paroisse. Biogr. des prêtres qui ont desservi Yamachiche depuis son érection (1718) jusqu'en 1876. Pas d'index.
QQA QMBN QMBM OOA OTP; LC

INDEX

G

H

I

J

www.ingramcontent.com/pod-product-compliance
Lightning Source LLC
LaVergne TN
LVHW082157080826
844660LV00046B/1260

* 9 7 8 1 4 4 2 6 5 1 7 4 6 *